U0748890

"社区中国与基层善治"丛书
>>>>>>>> 刘建军 主编
天津市重点出版扶持项目

谁在治理 为谁治理 如何治理?

——中国城市基层治理的政治学

马彦银 / 著

天津出版传媒集团
天津人民出版社

图书在版编目（ＣＩＰ）数据

谁在治理 为谁治理 如何治理？：中国城市基层治理的政治学 / 马彦银著. -- 天津：天津人民出版社，2020.12

（"社区中国与基层善治"丛书 / 刘建军主编）

ISBN 978-7-201-17164-7

Ⅰ. ①谁… Ⅱ. ①马… Ⅲ. ①城市管理—社会管理—研究—中国 Ⅳ. ①D63

中国版本图书馆 CIP 数据核字(2020)第 272217 号

谁在治理 为谁治理 如何治理？——中国城市基层治理的政治学
SHEI ZAI ZHILI WEI SHEI ZHILI RUHE ZHILI：ZHONGGUO CHENGSHI JICENG ZHILI DE ZHENGZHIXUE

出　　版	天津人民出版社
出 版 人	刘　庆
地　　址	天津市和平区西康路35号康岳大厦
邮政编码	300051
邮购电话	（022）23332469
电子信箱	reader@tjrmcbs.com

策划编辑	王　康
责任编辑	郑　玥
特约编辑	郭雨莹
装帧设计	明轩文化·李晶晶

印　　刷	天津新华印务有限公司
经　　销	新华书店
开　　本	710毫米×1000毫米 1/16
印　　张	24.25
插　　页	2
字　　数	250千字
版次印次	2020年12月第1版　2020年12月第1次印刷
定　　价	88.00元

版权所有　侵权必究
图书如出现印装质量问题，请致电联系调换（022-23332469）

"社区中国与基层善治"丛书编委会

主　编：刘建军

成　员（以姓氏笔画排序）：

　　孔繁斌　刘建军　吴晓林　何艳玲　范　斌
　　罗　峰　唐亚林　唐皇凤　景跃进

总　序

　　马克思在《资本论》第一版序言中说道:"以货币形式为完成形态的价值形式,是极无内容和极其简单的。然而,两千多年来人类智慧对这种形式进行探讨的努力,并未得到什么结果,而对更有内容和更复杂的形式的分析,却至少已接近于成功。为什么会这样呢? 因为已经发育的身体比身体的细胞容易研究些。并且,分析经济形式,既不能用显微镜,也不能用化学试剂。二者都必须用抽象力来代替。而对资产阶级社会说来,劳动产品的商品形式,或者商品的价值形式,就是经济的细胞形式。在浅薄的人看来,分析这种形式好像是斤斤于一些琐事。这的确是琐事,但这是显微解剖学所要做的那种琐事。"[①]马克思解剖资本主义的终极秘密是从商品入手的,因为商品是资本主义体系的细胞。就像他在《资本论》第一篇"商品和货币"开头说的一句话:"资本主义生产方式占统治地位的社会的财富,表现为'庞大的商品堆积',单个的商品表现为这种财富的元素形式。因此,我们的研究就从分析商品开始。"[②]在很多时候,对宏大议题的主观化、简单化处理要比解剖一个细胞容易得多,因为可以任意裁剪历史,随意舍弃材料。

　　更为重要的是,马克思对商品这一细胞的解剖,并不止于窥一斑,而

----

① 《马克思恩格斯文集》(第五卷),人民出版社,2009 年,《资本论》第一版序言第 7~8 页。
② 同上,第 47 页。

是要见资本主义的全貌。就像他在《资本论》第一版序言中所说的:"本书的最终目的就是揭示现代社会的经济运动规律——,它还是既不能跳过也不能用法令取消自然的发展阶段。但是它能缩短和减轻分娩的痛苦。"①要想探究一种文明的秘密,要想洞悉一个国家治理的秘诀,无怪乎三种路径:一是自下而上和自上而下,二是由内向外和由外向内,三是由近及远和由远及近。马克思对商品的解剖兼具了由内向外和自下而上两种路径。资本主义的终极秘密,就这样在马克思抽丝剥茧式的剖析中,一丝不挂地全盘呈现出来了。

我们这套"社区中国与基层善治"丛书也是从国家治理体系和社会治理体系的"细胞"入手的,这个细胞就是一个个的社区与基层治理单元。但是中国社会中的"治理细胞"与西方社会中的"治理细胞"又有着迥然不同的属性和定位。与西方社会并行分立的、相互并不隶属的成千上万个自治单元不同的是,作为社会有机体之细胞的社区和基层治理单元,是支撑整个国家治理体系和社会治理体系的基石。借用马克思的概念来说,互不隶属、并行林立的细胞构成的像是一个不坚实的"社会结晶体",支撑整个治理体系的细胞构成的是一个经常处于变化的"社会有机体"。如果说西方社会试图通过宗教和各种公益组织的力量去填补分立单元之间的空隙,那么中国则是依靠纵向的互动和横向的联结,不断推动国家治理和社会治理的整合效应和联动效应。

这就直接牵引出了我们分析中国基层治理时的四种基本范式:一是有机统一的政治,二是关联主义的政治,三是良性互动的政治,四是生活政治。这是我们秉承"从政治理解社会""从社会理解政治"这一方法论和辩证法的延续。因为我们今天所说的经济、政治、文化、社会乃是人为制造的

---

① 《马克思恩格斯文集》(第五卷),人民出版社,2009年,《资本论》第一版序言第10页。

话语系统与概念系统,但不是世界和生活本身,建构话语、发明概念的过程其实也是一个远离真相的过程。正是基于这一反思,我们才把中国的基层治理置于社会与政治的关联体系中来审视。

当代中国政治体系不是板块式、机械式、反映不同利益集团政治诉求的三权分立,也不是神高国低的政教合一政权,而是一种有机统一的政治。有机统一的政治背后实际上就是一种政治合成、一种政治创造、一种政治发明。政治的有机统一性就体现在党的领导、人民当家作主和依法治国的统一之中。对有机统一性的捍卫与发扬则使当代中国政治文明充满活力。反之,有机统一性的破裂和被遗忘则使当代中国政治文明陷入无序和危机。有机统一政治形态落实到基层,就是党建引领、居民(村民)自治与社会秩序的有机统一。

从一定意义上来说,中国的构造原理既不是个人主义的,也不是集体主义的,而是关联主义的。关联主义讲究的是个人与家庭、社区、单位、城市与国家的情感纽带、文化纽带与利益纽带。明末清初的大儒顾炎武先生曾经有著名的"亡国"与"亡天下"之辩。他说:"有亡国,有亡天下,亡国与亡天下奚辩?曰:易姓改号谓之亡国。仁义充塞,而至于率兽食人,人将相食,谓之亡天下。是故知保天下,然后知保其国。保国者,肉食者谋之;保天下者,匹夫之贱与有责焉耳矣。"①所谓"天下兴亡、匹夫有责"就是揭示了普通人与天下国家的关联。古代统治者不管是与豪族共天下,还是与士人共天下,只能强化"保国"传统的延续。只有治理者与人民共天下的时候,才能催生出顾炎武所说的"保天下"。人民当家作主就是构建了每个人与国家的关联。所以中国的基层治理不是在个人主义、权利主义的轨道上划出一道泾渭分明的界线,以此确立互不侵犯的分立领地,而是在各种关联纽

---

①　顾炎武:《日知录集释》,岳麓书社,1994 年,第 471 页。

带的构建中最大限度地开发各种关系资源。以个人主义为原点的治理和以关联主义为原点的治理,乃是中西基层治理的最大分野。

如果说党的领导、人民当家作主与依法治国的有机统一是理解当代中国国家治理体系的理论基点,那么"政府治理、社会调节与居民自治的良性互动"就是我们理解中国基层治理的制度起点。良性互动的政治作为中国基层治理的基本范式之一,其最大的理论价值在于对"国家–社会"二元框架的突破与超越。国家与社会的分野是西方经济制度和宗教背景下的理论发明。马克思在《论犹太人问题》一文中非常清楚地道出了其中的根蒂:"犹太精神随着市民社会的完成而达到自己的顶点;但是市民社会只有在基督教世界才能完成。基督教把一切民族的、自然的、伦理的、理论的关系变成对人来说是外在的东西,因此只有在基督教的统治下,市民社会才能完全从国家生活分离出来,扯断人的一切类联系,代之以利己主义和自私自利的需要,使人的世界分解为原子式的相互敌对的个人的世界。"①原子式的个人要能够产生并且构成市民社会,就必须使得一切血缘的、半血缘的,伦理的、半伦理的,宗法的、半宗法的关系彻底解体,只有到这时才能说产生了原子式的个人,从而市民社会方得以成立。②

西方人在资本主义体系中发明出来的"社会"就是典型的基督教社会、原子式的个人社会、追逐私利的市民社会。正如马克思断言的:"这种利己生活的一切前提继续存在于国家范围以外,存在于市民社会之中,然而是作为市民社会的特性存在的。"③这样的社会当然要拒绝国家的介入和资源的再分配。但是在中国,无论是传统的乡土社会,还是后来的单位社会,以及改革开放后出现的以社区为基本单元的新型社会空间,都是与国家

---

① 《马克思恩格斯文集》(第一卷),人民出版社,2009 年,第 54 页。

② 参见吴晓明:《1978 年之后中国出现了"市民社会"吗?》,《中华读书报》,2014 年 12 月 10 日。

③ 《马克思恩格斯文集》(第一卷),人民出版社,2009 年,第 30 页。

相伴共生的。这既是由中国的文化基因和制度基因决定的,也是由中国的社会主义性质决定的。所以我们才会看到,波及千家万户的老旧小区改造会成为最高决策层中央政治局的会议议题。良性互动的背后不是谁决定谁的问题,也不是像波兰尼所说的将社会抛置荒野,更不是父爱主义的施舍与馈赠。良性互动是对各方主体性的充分尊重。这是不断变化、不断创新、不断突破的"社会有机体"思想在基层社会治理中的重要体现。

习近平说:"我们的人民热爱生活,期盼有更好的教育、更稳定的工作、更满意的收入、更可靠的社会保障、更高水平的医疗卫生服务、更舒适的居住条件、更优美的环境,期盼孩子们能成长得更好、工作得更好、生活得更好。人民对美好生活的向往,就是我们的奋斗目标。"①中国社会治理的最终落脚点是对人民美好生活的缔造。西方的古典政治学可以被界定为"政体政治学",西方的现代政治学可以被界定为"国家政治学"。政体政治学尽管指向善的政治生活,但是这里的政治生活是带有古典政治属性的,是服从于"人天生是政治动物或城邦动物"这一命题要求的。因此,在古典政治学视野中的生活是被想象出来的、排他性的、纯粹的、透明的、未经过经济染指的公共生活。现代政治学被锁定在人类社会最为重要的政治发明——现代国家的领地之内,将丰富多彩的市民生活留给了社会学和经济学。

在马克思断言的人类经过政治解放之后,在政治领域中实现平等的同时,则将不平等留在了市民社会之中。在这里,已经预设了政治与生活的分离。现代政治学之所以专注于国家权力,就是因为生活的非国家化、非政治化。但是在我们对现代政治学所鄙视的生活场景中,我们发现了完全不同于国家政治但又与国家政治有着千丝万缕关系的生活政治领域。在这个特殊的生活政治领域中,尽管没有大规模的阶级对抗,但是一个简

---

① 《人民对美好生活的向往,就是我们的奋斗目标》(2012年11月15日),载《十八大以来重要文献选编》(上),中央文献出版社,2014年,第70页。

单的生活议题可能会被引爆为国家政治动荡的前奏。也就是说,专注于公共权力、阶级政治、大人物政治的国家政治学,实际上是处于弥散性的生活政治的包围之中。从这个角度来说,国家政治、阶级政治不能完成对生活政治的替代,相反,生活政治恰恰是国家治理极为重要的投射空间。西方人宣称的"自由民主制度"依靠隐蔽的技术与技巧将生活政治排除在外,并把生活政治议题还原为一个个市场能力议题,从而把冷酷的外在统治结构消融在难以觉察的"无意识"之中。这一统治策略的最终结果必然是社会的衰败与分裂。当这一社会后果突破了政治体系所能容纳的极限时,资本主义体系的危机与困境也就降临了。如果说剩余价值是资本主义经济体系的终极秘密,那么依靠市场逻辑完成对生活政治的吞噬和消解,则是资本主义统治体系的终极秘密。"社区中国与基层善治"丛书就是在超越西方政治话语的基础上,试图把中国基层丰富多彩的生活场景、生活美学、生活艺术以及生活意义呈现在大家面前。

总之,有机统一的政治缔造了中国基层治理的理论原点,关联主义的政治提供了中国基层治理的运行轴线,良性互动的政治塑造了基层治理权、责、利相统一的制度安排,生活政治规定了基层治理的价值指向。一言以蔽之,社会治理是拯救现代性危机、克服现代性困境的最后一道底线。揭示这四重范式的理论魅力和实践智慧是这套丛书得以立足的基础。

目前,本丛书的所有作者要么是我的合作者,要么是我的学生。我感谢他们。感谢他们把如此精彩的成果列入本丛书之中。顺便说一句,我们这套丛书是开放的,不是封闭的。我们渴望有更高水平的成果能够进入这套丛书。

是为序!

刘建军

2020 年 5 月 1 日于复旦大学

目　录

第二章

治理群体 / 66

第六章 | 群体三分与组合治理 / 287

附
录

导言 中国基层治理的政治学是什么?

　　秩序是贯穿人类社会发展始终的重大政治命题。建立良好而有序的社会秩序一直都是人类社会孜孜追求的目标。中国基层治理的政治学是什么?本书的基本判断是:秩序的提供,包括秩序的建立与维系两个维度。什么是秩序? 秩序包括哪些内容? 学者对此并没有达成一个共识性的结论,仍然众说纷纭。柏拉图的秩序是合理的社会分工,亚里士多德的秩序是多样化的政体,霍布斯、洛克、卢梭的秩序是社会契约,亚当·斯密的秩序是自由放任,密尔的秩序是代议制,托克维尔的秩序是社会民主,莫尔、圣西门、傅立叶、欧文的秩序是公有制,马克思的秩序是生产关系与生产力矛盾的调和,韦伯的秩序是科层制,罗尔斯的秩序是正义的分配原则,哈耶克的秩序是自生自发状态,布坎南的秩序是宪政约束制度,达尔的秩序是多元参与机制,亨廷顿的秩序是政治制度化与政治稳定, 福山的秩序是国家、法制和负责任的政府,等等。

　　本书无意于纠缠对各种秩序概念或理论的评述,也无力构建一个囊括四海皆准之的宏大秩序概念或秩序框架。①在本书看来，中国基层治理所提供的秩序，是一种规则化的关系状态或规则化的生活状态。良好的秩序应体现为基层社会的有序、稳定、协调、发展、公正、自由的和谐状态。建立与维系良好的基层社会秩序就是基层治理追求的目标，是基层治理的最大政治学。

良好的秩序怎样提供？由谁提供？又怎么维系？尽管秩序的提供、维系有多种途径和方式，但是政府无疑是最直接、最有效的提供者，即使是其他途径的提供者，往往也是通过政府才能发挥作用。②实际情况也的确如此。自政府产生以来，秩序的提供与保障一直都是政府的基本职能。"在复杂的社会里，只有政府行为才能造就共同体，也只有政治机构才能维系它。"③那么在中国的基层治理中，政府是怎样提供、维系和谐而有序的良好秩序呢？

在古代中国，政府通过官吏分途的治理结构来提供、维系良好的社会秩序。上层结构是官僚制系统，由皇权控制；下层结构是吏制系统，由各种角色的吏役掌握。官僚系统中的官员主要由科举制选拔而出，官员都是文字化、知识化的精英，且为了避免地方割据，体制上又禁止官员在某地常任。其结果是地方和基层政府官员不仅缺乏处理社会实际问题的能力，而且对地方社会的实际情况也往往缺乏了解、不熟悉，从而无法保证地方制度与政策的相对稳定性和长期性。如何弥补这些不足？就靠吏制。"官无常任而吏有常任"，且吏都是本地的人，甚至父子相继、兄弟相传，这就决定了吏这一群体对某一部门或某一区域的行政事务支配权。更重要的是，吏制的技术取向和能力取向决定了吏是缺乏实践能力的官员所依靠的重要力量。因此，在古代中国，科举制与官僚制支撑着国家治理的上层结构，由不同角色组合而成的

---

① Shiping Tang 通过对各种秩序理论的梳理认为："秩序"是一个多维度的概念，应从 5 个层次理解"秩序"。具体内容请参见：Shiping Tang, Order: A Conceptual Analysis, Chin.Polit.Sci.Rev.(2016)1.

② 张康之：《论政府的社会秩序供给》，《东南学术》，2001 年第 6 期。

③ ［美］塞缪尔·P.亨廷顿：《变化社会中的政治秩序》，王冠华、刘为译，上海人民出版社，2008年，第 9 页。

吏制支撑着国家治理的下层结构,①通过官吏分途的治理结构提供、维系良好的社会秩序。

在清末和南京国民政府时期,中国社会一直处于秩序的失范状态,无论是国家上层治理,还是地方与基层治理都是失败的。因为在清末民初时期,北洋军阀之间的混战,本质上属于私人性质的斗争,没有正义可言,中国缺乏新秩序重建的主导力量,难以构建国家统一的秩序;在国民政府时期,尽管国民党在形式上完成了国家的统一,但国民党只在中央一级"以党统政",在地方则党政分离。中央是党政一体化,地方是党政二元化;重中央、轻地方,县以下的基层组织涣散,国民党在县以下就是一个空架子,②国民党从未有效地治理过中国。"国民政府只不过是在更大范围内——表面上是全国范围——重演了旧军阀的政权模式。"③

新中国成立后,国家治理结构重组,单位制与官僚制成为国家治理结构的两个部分,而单位制则成为支撑中国基层治理的结构。大量新的国家群众组织、农业生产组织、企事业组织,以及政府行政组织等"单位"被建立起来,这在城市体现为事业机构或企业组织,在农村体现为人民公社、生产大队和行政村等,社会成员被安置在这些单位中。④一方面,国家通过单位赋予社会成员社会行为的权利、身份和合法性,满足他们的需求,代表他们的利益;另一方面,又通过单位全面赋予他们责任与义务,控制他们的行为。单位不仅是生产组织,更是社会治理组织,大多数社会问题都要在单位中解决。单位

---

①　刘建军、马彦银:《从官吏分途到群体三分:中国地方治理的人事结构转换及其政治效应》,《社会》,2016年第1期。

②　王奇生:《党员、党权与党争——1924—1949年国民党的组织形态》,上海书店出版社,2003年,第284~292页。

③　[美]西达·斯考切波:《国家与社会革命——对法国、俄国和中国的比较分析》,何俊志等译,上海人民出版社,2007年,第300页。

④　刘建军:《单位中国:社会调控体系重构中的个人、组织与国家》,天津人民出版社,2000年,第45~50页。

成为公共组织在基层的代理机构,成为官僚系统的一部分。政府是"对组织不对个人",政府"治理"的对象是单位组织,而非社会成员,更无须自己从事社会治理。就是依靠这种上层官僚制、下层单位制的治理结构,中国的国家治理得到维系,即使国家层面经历了像"文革"这样的动荡时期,基层社会秩序依然没有被完全瓦解。①20世纪90年代中后期,伴随着中国经济与社会结构的转型,社会流动加剧,越来越多的人离开单位。以单位为中心的基层治理体系逐渐走向瓦解,原本发挥着连接、协调、应责和代表功能的社会机制也逐渐不复存在。平衡利益的社会机制不复存在,诸多社会矛盾自然找不到解决的途径和渠道,社会利益冲突和不公正感在基层社会逐渐积累,中国基层治理潜藏着巨大的危机与挑战。

正是基于当代中国基层治理的危机,党的十八届三中全会提出要"推进国家治理体系和治理能力现代化"②。各地方与基层政府也开始积极地探索基层社会治理的新路径、新方法。有的地方在实验重建"新乡绅制"或"贤达治理"模式,有的地方在积极恢复"合作社制",有的地方在探索建立"网格化社会治理"模式等,尽管形式不同,但目的都一样,都试图通过强化组织建设,重建基层社会的良好秩序,实现基层社会的有效治理。然而我们应该看到,这些意图通过重建组织功能而重建基层社会秩序的探索仅仅是零散的、局部的,而当代中国的基层治理不再仅仅是对局部的、封闭的熟人社会的治理,而是对流动的、异质化的公共社会的治理。③局部的、零碎的组织功能根本无法替代或超越更大的制度环境的作用。而且随着信息技术的发展,国家对社会的渗透能力达到前所未有的程度,政府自身有能力向基层社会提供良好的秩序、公平正义的环境等公共产品。事实也向我们有力地证明了这一

---

①③　张静:《中国社会治理:演变与危机》,《文化纵横》,2016年第5期。

②　《中共中央关于全面深化改革若干重大问题的决定》,2013年11月12日。

点：尽管单位制治理结构在当下中国已经式微，治理社会的功能也逐渐消失，但是当下中国的基层社会依然维持着良好而和谐的秩序——社会稳定、经济持续发展、人民生活水平不断提升、政治权利不断得到保障落实、生态环境逐步改善等。其原因何在? 本书认为，最主要的原因在于，当代中国在制度上建立了既符合当下实际情况、能够消解基层社会各种矛盾的，又能提供基层社会和谐秩序的新的治理结构——群体三分。

群体三分是指当代中国的地方和基层治理由官僚群体（bureaucratic group）、派生群体（derived group）、雇佣群体（employed group）三者有机组合而得以维系的群体结构。群体三分治理结构是古代中国官吏分途结构的延续与变异，但由于当下中国的地方与基层治理比古代中国的地方与基层治理更复杂、更微妙，所以官吏分途的二分演变为基层治理群体的三分。本书认为，在当下中国基层治理中，正是由于官僚群体、派生群体与雇佣群体的有机分化与组合所构成的群体三分治理结构的存在，中国基层社会才维系着和谐有序的秩序，人民才安居乐业。群体三分治理结构是怎么产生的? 怎样运转的? 又是如何提供基层治理绩效的? 等等，这些问题都将在本书中逐步展开论述。本书试图通过对群体三分治理结构的研究，揭示出当下中国城市基层治理的政治学逻辑。

第一章 导论

第一节 研究的问题和意义

一、研究的问题

如果说贯穿于西方近代以来历史延展的永恒话题是"资本的秘密",那么贯穿于中国历史延展的永恒话题就是"治理的秘密"。虽然研究"治理的秘密"的文献如汗牛充栋,但任何一种理论范式一旦与中国国家治理相遇的时候,总是显现出力不从心的迹象。本书认为,任何试图对当代中国治理的秘密进行准确把握而建构的理论范式,都不能脱离当代中国的社会现实,都不能游离于当代中国国家治理结构的制度安排之外,也都不能忽视古代中国国家治理的逻辑。所以对当代中国治理问题分析的科学性和有效性,取决于我们基于当代中国的具体现实,对传统学术资源和现代学术资源的有机整合和创造性地使用。本书以中国城市基层政府中的治理群体(官僚群体、派生群体和雇佣群体)为研究对象,通过对中国地方和基层治理中多重治理群体的复杂性、交互性与勾连性的研究,试图从另外一种角度去揭示中国国家治理的秘密,解答我们一直苦苦追寻的迷思:在中国的基层社会治理中,谁在治理? 为谁治理? 如何治理? "小政府、大社会"的政府模式是未来中国的理想政府模式形态吗?

通过对这些问题的深入研究,本书还会有助于解答以下问题:在中国城市基层政府中,为什么存在数量与规模庞大的雇佣群体? 为什么政府的层级越低(高)而官僚群体和派生群体的数量越少(多),但雇佣群体的数量越多(少)? 在我们的基层政府中,为什么官僚群体、派生群体的编制额度都存在空缺,却又招募大量的雇佣群体? 为什么雇佣群体在同一个政府机关中的不同职能部门分布情况存在较大差异? 在中国基层社会治理中,为什么会存在群体三分的治理结构? 当下群体三分的人事制度和国家治理结构的制度安排与古代中国的官吏分途模式有着怎样的延续性和再生性关系? 为了激励和加压不同的治理群体,当下中国又是通过什么样的动力学机制对三种治理群体的流动性进行调节? 中国基层社会到底是谁在治理? 为谁治理? 为什么政府机关的工作一出现问题,责任基本上都归咎于雇佣群体? 由官僚群体、派生群体和数量规模庞大的雇佣群体组合治理而形成的政府形态是我们所熟知的政治学、行政学意义上的政府形态吗? 这种政府形态的有效性对人们理想中的"小政府、大社会"的政府模式又提出了怎样的挑战呢? 等等。

二、问题提出的背景

笔者与导师长期作中国的城市基层治理研究,有次在对上海某街道办事处的领导进行访谈时,该街道办事处的主任向我们提出一个问题:上海有这么多的街道办事处,财政收入基本一样,并且每个街道办事处的机构设置和编制人员设定也都基本一样,为什么每个街道办事处对上级政府部门的政策落实情况不一样?为什么每个街道办事处给社区居民提供的公共服务情况也不一样?为什么每个街道办事处的招商引资情况也有很大的差异呢?这样的差异体现在各街道办事处的方方面面。他们认为,每个街道办事处出现的治理绩效情况差异不在于各街道的财政、正式机构设置与编制人员设定,而在于这些制度设定背后的东西。用基层政府工作人员的话说,决定基层社会治理状况的核心因素是基层政府,而不是各街道办事处的经济发展水平、社会组织发育程度、居民自身参与社区事务的积极性等因素。因为在他们看来,上海市的各个街道办事处的经济发展水平、财政收支以及政府经费支出情况都差不多,社区居民对社区事务的参与程度也相差不大,而各个社会组织参与社区治理的自主性和能力都非常不足,基本上都是依靠政府提供的资源而生存,背靠政府而受控于政府,在基层社会治理中的作用有限。

既然各街道办事处是基层社会治理的决定性因素,但原因又不在于街道办事处的正式制度,那原因又在哪里呢?这个问题引起了我们极大的兴趣。带着这个问题,我们又访谈了大量的上海市其他街道办事处的领导和工作人员。令人吃惊的是,他们给出的答案基本都是一致的:城市基层社会的治理,基层政府发挥着决定性的作用,但是基层政府中的编制人员在服务群众中发挥的作用有限,甚至大部分编制内的人员都不直接与群众接触,不与群众照面,而真正服务群众的人员却是政府雇佣的大量编外人员,这些大量的编外人员才真正处于服务社会和群众需求的第一线。在上海的基层社会治理中为什么会出现这样的奇特现象呢?借用上海市杨浦区社建办副主任的话说:"这种现象不是上海的独特现象,中国的其他地方肯定也存在,只不过编外人员存在的数量、规模有差异而已。这既是现实性的问题,同时在理论上也需要作出解答,研究这个问题很有价值。"①正是基于这样的背景,本书以治理群体,尤其是以雇佣群体为研究对象,试图揭示出治理群体在当下的中国基层社会治理中具体的角色是什么? 推动城市基层社会治理的过程是什么? 这种治理结构折射出的一系列理论问题是什么?

三、研究的意义

(一)理论意义

　　政府规模问题是政治学研究的核心问题之一。"小政府、大社会"理念上的政府模式一直以来被认为是人类社会的理想政府模式,尤其在西方社会,它成了政治家们孜孜追求的一个神话。虽然亨廷顿曾警示过:"各国之间最重要的政治分野,不在于它们政府的形式,而在于它们政府的有效程度"②,但就政府规模与政府有效程度之间关系的研究,即政府规模与治理绩效之间关系的研究在学术界一直比较薄弱,尤其是对当下中国基层政府规模与治理绩效之间关系的研究,在学术界还是处女地。而已有文献对治理绩效的研究主要集中在经济发展水平、正式制度的监督问责功能、社会资本的发育程度以及政府经济理性人行为等视角,但这些建构的理论要么脱离中国的具体社会现实,要么游离于中国的政治体制之外,要么把复杂问题简单化,而且存在以偏概全、缺乏普遍性的问题。因此,从基层政府中治理群体的视角出发探究政府规模与治理绩效之间的关系,不仅是对研究治理绩效理论的一个重要补充,也是对政府规模理论的一个有力回应。

---

① 上海市杨浦区政府社会建设工作办公室副主任的访谈,2015 年 5 月 16 日。
② [美]塞缪尔·P.亨廷顿:《变化社会中的政治秩序》,王冠华、刘为等译,上海人民出版社,2008年,第 1 页。

(二)实践意义

人事制度安排在中国国家治理与官僚体制中占据着重要地位。古代中国的官吏分途模式与当代中国的群体三分模式具有延续性和再生性。官吏之间在数量和规模上的不对称性、身份等序化差异性、流动与留滞情况、职能分等状况等方面，都与当前官僚群体、派生群体和雇佣群体差异具有相通性。因此，从古至今，中国国家治理一直面临着一个重要问题，即如何对多重治理群体的流动性进行巧妙的制度安排，以协调官僚体制内部不同群体间的紧张关系，从而激励或迫使他们积极努力地履行职能，满足基层社会治理的需求。深入研究多重治理群体间的复杂性和勾连性关系，对进一步完善中国的人事制度和国家治理结构改革具有重要的现实意义。

第二节　文献综述：
中国基层治理的多样化解释视角

在中西方的政治理论中，关于治理问题的研究成果已不胜枚举，这些文献可以归纳为四种解释视角：一是经济解释视角，即经济发展水平与治理绩效存在强的正相关关系；二是正式政治制度解释视角，即有效的治理要依靠正式制度的监督与问责功能；三是社会资本解释视角，即社会资本的充分发育能促进社会治理水平的提高；四是政府经济"理性人"解释视角，即政府的经济"理性人"行为能提升治理绩效。

一、经济解释视角

在《政治学》中，亚里士多德（Aristotle）就已经注意到了经济发展水平与良好的社会秩序之间的关系。他认为优良的政体由中产阶级构成，只有中产阶级在城邦中占多数，城邦的事务才可能被管理得井然有序。"公民们都有充分的资产，能够过小康的生活，实在是一个城邦的无上幸福。如其不然，有些人家财巨万，另些人则贫无立锥，结果就会各趋极端"①，"一旦民主政体缺乏中产阶级，穷人在数量上占绝对优势，那么麻烦就会接踵而至，城邦就会随之而解体"②。继亚里士多德对政体与阶级之间的关系进行论述之后，经济发展水平与政治动荡乃至政体崩溃的关系就成为西方政治学研究的一个重要议题。

李普塞特（Lipset）从经济发展与稳定民主制度之间的关系角度对这一研究路径进行了系统的阐释。他认为经济发展与稳定的民主制度存在强的正相关关系。"在社会各方面的联系中，政治制度与经济发展状况的联系最为普遍，国家越发达、富裕，民主维持的概率就越大。"③李普塞特从经验、实证和量化的研究模式出发，用工业化、社会财富、城市化以及教育水平等多种衡量经济发展的指标和数据，④并通过这些指标与数据链之间的关系来对经济发展与治理绩效的强正相关关系进行验证。通过验证发现，所有的例子都显示更民主的国家在财富平均水平、工业化水平与城市化程度、教育水平等方面都要高得多。他找到了经济发展水平与稳定的民主之间的关系：从稳定

① ［古希腊］亚里士多德：《政治学》，吴寿彭译，商务印书馆，1983年，第207页。

② Richard McKeon, *The Basic Works of Aristotle*, Random House, 1941, p.1222.

③ ［美］西摩·马丁·李普塞特：《政治人：政治的社会基础》，郭为佳、林娜译，江苏人民出版社，2013年，第26页。

④ 同上，第27页。

的独裁政体到有民主性的不稳定独裁政体，再到有独裁性的不稳定民主政体，最后到稳定的民主政体，其民主程度是递增的，且各政治体的经济发展水平也是递增的。换言之，李普塞特认为经济发展是稳定的民主政体的物质基础，经济发展水平越高，民主政体就越稳定。

达尔(Dahl)对经济发展水平与多头政体关系的研究结论与李普塞特对经济发展水平与稳定民主政体关系的研究结论相得益彰。达尔选取了衡量经济发展水平的5个指标——人均国民生产总值、城市化水平、农业人口比例、识字率、每千人报刊发行量，研究了141个国家的多头政体与社会经济发展水平的关系。达尔的结论是："一个国家的社会经济水平越高，其政体就越有可能是包容性的或近似的多头政体；如果政体是多头政体，它就越可能存在于社会经济发展水平较高而不是较低的国家。"①一个社会的政治竞争的可能性的确依赖于社会经济发展水平。

亚当·普沃斯基(Adam Przeworski)和费尔南多·利蒙吉(Fernando Limongi)的研究更进一步，他们把经济发展水平看成是一个动态的衡量过程，而非李普塞特和达尔的用静止的指标衡量经济发展水平。他们指出，尽管民主的生存在更富裕的国家机会更大，但是当前的经济发展水平不是决定性的，现代化进程才是最重要的。"与一个人均收入在1000—2000美元而经济发展处于下降状态的国家相比，民主更可能在一个人均收入在不足1000美元而经济发展处于上升状态的国家中存在。只要改革不断推进，民主即使在最贫穷的国家也能存在。"②虽然普沃斯基和利蒙吉强调现代进程的因素，但是归根到底他们还是在经济发展的意义上探讨经济与社会治理之间的正相关关系。

---

① [美]罗伯特·达尔:《多头政体——参与和反对》，谭君久、刘惠荣译，商务印书馆，2003年，第76页。

② Adam Przeworski and Fernando Limongi, Modernization:Theories and Facts, *World Politics*, Vol. 49,No.2,1997,pp.155–183.

但是丹尼尔·考夫曼（Daniel Kaufmann）等人通过使用覆盖 173 个国家的全球治理指标体系对拉丁美洲和加勒比地区的增长与治理绩效的关系进行实证研究后发现，一些国家的案例的确表明经济增长与治理绩效存在正相关关系，但也发现更高的经济增长并没有带来更好的治理绩效。①结合这两方面结论，考夫曼等人认为增长与治理绩效之间并不存在关系。

而亨廷顿（Huntington）对经济发展水平与社会稳定关系的研究结果，对经济发展水平与治理绩效（稳定民主制度）呈正相关关系的结论提出了致命的挑战。他指出，现代性孕育着稳定，而现代化过程却滋生着动乱。无论是从静态角度，还是动态角度来衡量，向现代性进展的速度越快，政治动乱越严重。在比较富裕的国家，发生叛乱的可能性是贫穷国家的两倍。经济增长具有两面性：在以某种速度提升物质福利的同时，也可能以某种更快的速度带来社会的怨愤。因为随着经济发展水平的提高，公民的识字率、教育水平、城市化水平以及接触媒体的机会也都随之提高，同时也提升了人们的期望和愿望。但假如这些期望和愿望得不到及时的满足，就有可能带来个人和集团的愤懑，刺激其投身于政治，这样，不稳定的因素走向极端的可能性就会极大。②因此，经济发展本身就是一个造成不稳定的过程。

此外，蔡丽莉（Lily L.tsai）通过对中国农村公共产品提供的实证研究也发现，经济发展水平与农村公共产品提供的数量、质量并不存在正相关关系。存在连带群体的农村即使经济发展水平较低，但相较于没有连带群体而经济发展水平较高的农村，却可以提供数量更多、质量更好的公共产品。③因为

---

① Daniel Kaufmann, Aart Kraay, Eduardo Lora and Lant Pritchett, Growth without Governance, *Economía*, Vol.3, No.1, 2002, pp.169~229.

② ［美］塞缪尔·P.亨廷顿：《变化社会中的政治秩序》，王冠华、刘为等译，上海人民出版社，2008年，第31~39页。

③ Lily L.tsai, Solidary Groups, Informal Accountability and Local Public Goods Provision in Rural China, *American Political Science Review*, Vol.101, No.2, May 2007, pp.355~372.

在经济发展水平较高的地区,"没有什么能保证地方政府用更多的资源去提供这些公共产品"①。从社会维稳的实践角度来看,2000—2013 年中国爆发的群体性事件的分布情况同样能够证明经济发展水平与治理绩效存在正相关关系的不真实性。2000—2013 年我国共爆发群体事件 871 起,从分布的省份看,广东发生 267 起,居全国首位,占总数量的 30.7%;紧随其后的分别是四川(54 起)、江苏(43 起)、河南(39 起)、浙江(35 起)。从分布的地区看,华南地区爆发 319 起,华东地区爆发 189 起,西南地区爆发 118 起。②可见,群体性事件的爆发主要集中于经济发展水平较高的省份和地区。

无论理论层面还是实践层面,无论是对国外还是对中国的实证研究都表明,经济发展水平与治理绩效存在强的正相关关系的结论都受到严重的质疑。而亨廷顿在否定这一研究路径的同时指出,社会的稳定程度取决于政治的制度化水平,即治理绩效的提升需要依靠正式制度的制度化水平。

二、正式政治制度解释视角

许多学者,尤其是西方学者认为,提供良好治理绩效的关键是能否设计出一种公民或更高级别政府可以对官员的行为进行有效监督和制裁的政治制度。如亨廷顿说:"复杂社会里的政治共同体依赖该社会政治组织和政治程序的力量。"③弗朗西斯·福山(Fuku.yama)认为,一个善治的政府或强而有效的政府必须具备三个因素:国家建设、法治和民主问责(democratic account-ability),而正式的民主问责只是程序上的,这些程序允许公民因政府渎职、

---

① Lily L.tsai,Accountability without Democracy,Cambridge University Press,2007,p.9.

② 参见《2014 年中国法治发展报告》,http://news.ifeng.com/mainland/detail_2014_02/24/3413490 6_0.shtml。

③ [美]塞缪尔·P.亨廷顿:《变化社会中的政治秩序》,王冠华、刘为等译,上海人民出版社,2008 年,第 10 页。

无能或滥用权力而将之完全取代。①从已有的研究成果来看,正式制度的监
督问责功能对治理绩效的作用主要体现在两个方面:一是设计出一种自上
而下的监督制度,上级官员能够对下级官员进行监督与问责;二是设计出一
种自下而上的监督制度,民众能够对政府官员进行有效的监督与问责。前者
在政治实践中体现为等级分明的官僚制(bureaucratic organization)或科层
制,后者在政治实践中主要体现为以竞争为特征的选举制。两种正式制度分
别通过由上至下和由下至上的监督与问责功能迫使政府官员更加努力地去
提升治理绩效水平。

(一)自上而下的官僚(科层)式监督问责制度

在官僚制的研究中,最具代表性和权威性的对官僚制进行成熟定义、批
判和修正的人物是马克斯·韦伯(Max Weber)。韦伯认为,每一种合法化类型
的权威统治都需要有一种支配结构与之相对应。传统型的政治统治是由家
长制支配,超凡魅力型统治是由个人权威支配,法理型统治是由最纯粹、最
典型的官僚制支配。②在韦伯的理论中,官僚制代表着理性与效率。他的重要
依据是,官僚制是按照"职务等级制原则与上诉渠道的原则确立了一种公认
的高级职务监督低级职务的上下隶属体系"③。在官僚制中,官员由上级权威
任命,上级权威通过对下级官员的考核和甄选权,实现对下级官员行为的监
督,以使下级官员以严格的非人格化的方式履行特定的官职义务。"不是选
举产生,而是某个主宰所指派的官员,从技术观点来看,通常会更加精确地
履行职能,因为这更可能由纯粹的功能动机和品质来决定对他的挑选和他

① [美]弗朗西斯·福山:《政治秩序的起源:从前人类时代到法国大革命》,毛俊杰译,广西师范
大学出版社,2012年,第315~316页。
② [德]马克斯·韦伯:《经济与社会》第二卷(上),阎克文译,上海人民出版社,2010年,第
1079~1093页。
③ 同上,第1096页。

的仕途。"①所以韦伯认为官僚制是一种理想的组织类型,与其他组织相比,官僚制具有无比的技术优越性:"精确、迅速、明晰、档案知识、连续性、酌处权、统一性、严格的隶属关系、减少摩擦、降低物力人力成本,在严谨的——尤其是独断形式的——官僚制行政都可以达到最佳状态。"②

王亚南说:"中国是一个延续了二千年之久的专制官僚统治国家",即使"到了现代,到了中国开始走上现代化旅程以后,官僚政治始终不曾离开我们"。③虽然中国现代的官僚制与韦伯意义上的官僚制在"权威类型、支配方式、合法性基础"等方面存在差异④,但作为官僚制的核心特征——其合法性的基础来自自上而下的授权,下级对上级负责,接受上级的监管,是共同的。所以从这个意义上说,韦伯的官僚制理论依然适用于中国当代官僚组织的分析。并且荣敬本、赵树凯、周黎安、周雪光、曹正汉等学者的研究成果,也证明了韦伯式官僚制理论对当下中国基层社会治理分析的重要性。

荣敬本等人认为,中国政府在运行中是一个"压力型体制",为了实现组织目标,从上级政府到下级政府,通过行政手段把政府的目标和责任一级一级地往下施压和摊派。⑤赵树凯在研究中国乡镇治理时观察到,中国地方政府的问责安排是由一整套考核体系组成。省级对地市级的考核评价体现为既定的主要经济指标的完成;地市级对县级的考核采用数字化的考核体系,不仅考核经济发展指标,还把各项工作业绩折算成分数,然后进行总体的排

---

① [德]马克斯·韦伯:《经济与社会》第二卷(上),阎克文译,上海人民出版社,2010年,第1100页。

② 同上,第1113页。

③ 王亚南:《中国官僚政治研究》,中国社会科学出版社,2009年,第165、122页。

④ 周雪光认为,中国历史上的官僚制是君主官僚制,人民共和国时期的官僚制是卡里斯玛权威与法理型权威的混合型。中国不同时期不同类型的官僚制基础没有发生根本改变,都是来自自上而下的授权。具体内容可参见周雪光:《国家治理逻辑与中国官僚体制:一个韦伯理论视角》,《开放时代》,2013年第3期。

⑤ 荣敬本:《从压力型体制向民主合作体制的转变:县乡两级政治体制改革》,中央编译出版社,1998年,第28页。

序;县级对各科室和乡镇的考核把考核办法进一步细化,他们的各项工作都被量化为分数,最后依据分数进行排序,依据排序进行奖惩;而在乡镇,考核愈加烦琐、细化,每一个部门、每一个工作人员、每一个村,都被纳入了这种量化的考核网络之中。①周黎安在解释中国上下级政府间的关系和治理模式时提出了"层层加码"和"行政发包制"两种理论。"层层加码"是指上级政府拥有监督和激励手段,通过五年规划、年度计划等形式把社会经济发展的各项任务指标"层层加码"给地方政府,地方政府迫于绩效考核、晋升等压力完成各项任务。②在"行政发包制"理论中,上下级政府通过行政权分配、经济激励和内部控制三个维度实现相互配合和内在一致。由于行政力量的存在,上级政府即发包方拥有人事控制权、监察权等正式权威,拥有不受约束的干预权和否决权等剩余控制权,把任务层层发包给下级政府,下级政府在执行任务时是否有条件有能力,是否按照规则与程序做,上级政府不考虑这些具体的过程和客观情况,最后只会按照发包时的任务指数要求考评和控制下级政府。③这种以上级政府的权威为基础,以结果为导向,以非人格化的责任分担为特征的层层发包制度确保了政府的工作效率。周雪光、练宏在研究政府治理时借鉴经济学不完全契约和新产权理论对行政发包制理论又作了进一步发展,提出了"控制权"理论。在"控制权"理论中,中央政府为委托方,中间政府是管理方,基层政府是代理方,中央政府拥有最终的控制权威,而基层政府,如各街镇政府,有责任执行落实自上而下的指令和政策,而作为中间政府的省政府、市政府或上级职能部门等,主要承担起监管下属基层政府执行政策的职责。④曹正汉认为中国是一个上下分治的治理体制,中央政府拥

---

① 赵树凯:《乡镇治理与政府制度化》,商务印书馆,2010年,第148页。

② 周黎安等:《"层层加码"与官员激励》,《世界经济文汇》,2015年第1期。

③ 周黎安:《行政发包制》,《社会》,2014年第6期。

④ 周雪光、练宏:《中国政府的治理模式:一个"控制权"理论》,《社会学研究》,2012年第5期。

有选拔、监督和奖惩官员的权力，主要执掌治官权；地方政府实际掌握管治各地区民众的权力，这种上下分治的结构既分散了执政风险，又能达到自发调节集权程度的目的，有利于维护治理体制的长期稳定。①

正如一些学者的研究成果所反映的那样，"官僚制是按照权力等级把各种公职或职位组织起来，构筑了一个指挥统一的指挥系统，沿着自上而下的等级制，由最高层级的组织指挥控制下一层级的组织，直至最基层的组织，于是便形成官僚制中层级节制的权力体系"②。这种自上而下的层级节制式监督制度对提高政府的工作效率，提升治理绩效具有重要意义。"的确，官僚组织的产生和运用，不仅提高了政府的技术化水平，而且提升了政府履行职能的效率。"③但官僚制的这种自上而下的权力监督效能在实际的政治运行中真的能够完全实现吗？

默顿（Merton）说："韦伯仅仅关心官僚组织的高效性、精确性以及可靠性的组织目标，但我们还应该关注组织实现这些目标所遇到的限制条件。"④默顿从功能主义出发对官僚制的负功能进行了分析。他指出，官僚制在运行当中如果工具价值变成了终极价值，就会造成组织目标被替代；如果官员完全按规则行事而忽视客观条件的变化，就会降低组织的创新能力而导致组织僵化；如果官员完全非人格化地执行上级的任务，就会引起官僚和公众之间的冲突与矛盾。继默顿之后，法国社会学家克米歇尔·罗齐埃（Crozier Michel）从组织内部存在的复杂权力关系角度，揭示了科层制恶性循环的弊端。他指出，科层制无法纠正自身的错误，这是由于科层制的非人格规则、决策的集权化、各等级类别的隔离以及平行权力关系所导致的。在科层组织内部，总

---

① 曹正汉：《中国上下分治的治理体制及其稳定机制》，《社会学研究》，2011年第1期。

② 李金龙、黄建红：《完善和超越官僚制：我国行政组织体制改革的理性选择》，《湖南大学学报（社会科学版）》，2007年第1期。

③ 张康之：《超越官僚制：行政改革的方向》，《求索》，2001年第3期。

④ R.K.Robert King Merton, *Bureaucratic Structure and Personality*, Free Press, 1952, p.365.

会爆发一些突发事件,当一条规则不能解决这一问题时,人们往往不是放弃这一规则,而是想办法去强化和延伸这一规则。这样,组织就会产生一些诸如低效率、适应性降低、组织成员不满等问题。不但问题没有解决,还会在科层组织内部产生新的集权化压力,导致科层组织进入恶性循环状态。[①]无独有偶,赵树凯观察到,在中国政府运行过程中,上级政府为达到对下级政府的政治控制,即地方决策要与上级政府决策原则保持一致,往往会牢固掌握着人事权。这就使得下级官员只对上级官员负责而不对民众负责,造成日常政府运行的集体说假话、集体做假事的局面。[②]而且政府在运行当中也出现了制度异化现象,问责制往往流于形式而无法落地。上级通过人事任命制度和问责制度控制基层,但这并不意味着能够对基层进行有效管理。基层政府与它的直接上级政府在执行来自更高级别的上级部门,尤其是中央政府部门的政策指令时,往往采取各种策略相互配合,以共同应对来自更高级别上级政府的政策指令与监督检查,从而导致政策指令的初衷在实际执行当中出现偏离。[③]

不可否认,官僚制是国家治理的重要基础和载体,但我们也需要正视的是,官僚组织作为一种国家治理的工具同样有自身无法克服的弊端。官僚体系是一个相对封闭的结构,其有两大特点:一是组织中的工作人员数量与规模从下往上看呈金字塔状,下层级中的人比上层级中的人多得多;二是官僚体系由多层级构成,与权力核心层级距离越远,权力中心对其控制力就越弱,其拥有的自主性就越大。此外,官僚体系的信息能否准确传递同样会影响到权力中心的监控效度。官僚体系的信息都是逐级上报的,下级政府在向

---

① 参见[法]米歇尔·克罗齐埃:《科层现象》,刘汉全译,上海人民出版社,2002年。

② 赵树凯:《乡镇治理与政府制度化》,商务印书馆,2010年,第165页。

③ 周雪光:《基层政府间的"共谋现象":一个政府行为的制度逻辑》,《社会学研究》,2008年第6期。

上级政府汇报信息时，往往会基于自身利益的需要，对上报的信息进行或缩或扩。如果官僚体系层层都进行这样的过滤或筛选，那么结果就是官僚层级越多，信息传递的速度就越慢，信息失真程度也越高，上级政府对下级政府的监控力度也就越弱。[①]可见，在当下中国的威权体制下，虽然近几年来中国的问责制不断得到健全与落实[②]，但是试图依靠自上而下的官僚组织自己监督自己、自己问责自己的正式制度的功能来提高治理绩效，还有很长的路要走。

（二）自下而上的选举式监督问责制度

与自上而下的官僚制式的监督问责制度相对应的是一种自下而上的民主选举式的监督问责制度。这一制度长期占据着西方政治学理论的中心。福山认为，今天的正式问责制在程序上的主要形式体现为选举，最好的是基于成人普选的周期性的自由而平等的多党制选举，使得公民能够选择和约束他们的统治者。[③]但这一制度的最早设计者要追溯到约翰·斯图亚特·密尔（John Stuart Mill）。密尔在《代议制政府》中讲到，理想上最好的政府形式就是主权或作为最后手段的最高支配权属于社会整个集体的那种政府；每个公民不仅对最终主权的行使有发言权，而且至少有时，被要求实际上参加政府，担任某种地方的或一般的公共职务。[④]满足这样要求的政府是全体人民都参加的政府，但全体参与在小范围是可以的，在超过一个小镇的范围就不

---

① 刘筱勤、庄国波：《科层官僚制与公共权力监督》，《广东行政学院学报》，2011年第5期。

② 2004年中办印发了《党政领导干部辞职暂行规定》，对于引咎辞职的规定更为细化，规定了9类适用类型。

③ ［美］弗朗西斯·福山：《政治秩序的起源：从前人类时代到法国大革命》，毛俊杰译，广西师范大学出版社，2012年，第316页。

④ ［英］约翰·斯图亚特·密尔：《代议制政府》，汪瑄译，商务印书馆，2007年，第43页。

行了,更何况在一个大国范围中呢? 因此,全体人民都参与政府是不现实的,一个最完善政府的理想类型是代议制政府。全体人民或一部分人民通过选举选出代表,由代表组成代议团体(议会)行使最后的控制权。密尔认为议会的职能不是管理而是代表人民监督和控制政府:把政府的行为公开出来,迫使其对人们认为有问题的一切行为作出充分的说明和解释, 谴责那些该受责备的行为,并且如果组成政府的人员滥用职权,或者履行责任的方式同国民的明显舆论相冲突,就撤他们的职,并明白地或事实上任命其后继人。①

密尔巧妙地把代议制、选举和监督问责制设计成一个完整的体系,不仅回答了对政府问责的理由, 更开创了一种相对完善的对政府监督问责的程序与结构。继密尔之后,许许多多的学者仍然深耕于这一领域当中,乔万尼·萨托利(Giovanni Sartori)就是其中一位杰出的代表。在谈到民主时,约瑟夫·熊彼特(Joseph Alois Schumpeter)把民主看成一种选择精英的程序,即精英通过竞选人民手中的选票获得决定的权利。萨托利认为熊彼特的竞争性民主理论只是关注到了政治输入而忽略了政治输出,民主应该是一个选民与官员互动的过程,选民通过选举选出官员,官员就要对选民高度负责。为此,萨托利提出了竞争–反馈式民主理论,选民选出官员,已经当选的官员如果希望在下次竞选中能够继续连任, 在作决策的时候就一定会预先考虑选民对这一决策会有什么反应,并且会受到这一反应的制约。②虽然萨托利讲的是民主制度,但是西方民主制度建立的根基就是选举制度。换言之,通过选举制度,选民选出政府官员,政府官员必须对选民高度负责,接受选民的监督。如果当选的官员制定的政策不能反映选民的偏好或者利益,选民会在下次选举中使其下台, 这样的民主制度恰恰是西方国家的自下而上的监督制度的体现。

---

① [英]约翰·斯图亚特·密尔:《代议制政府》,汪瑄译,商务印书馆,2007年,第80页。

② 参见[美]乔万尼·萨托利:《民主新论》,冯克利、阎克文译,上海人民出版社,2009年。

在实践中，西方国家自下而上的选举制式的监督问责制度已经发展成三种比较成熟的路径：直接的监督问责路径、间接的监督问责路径、复合式的监督问责路径。①如图 1 所示：

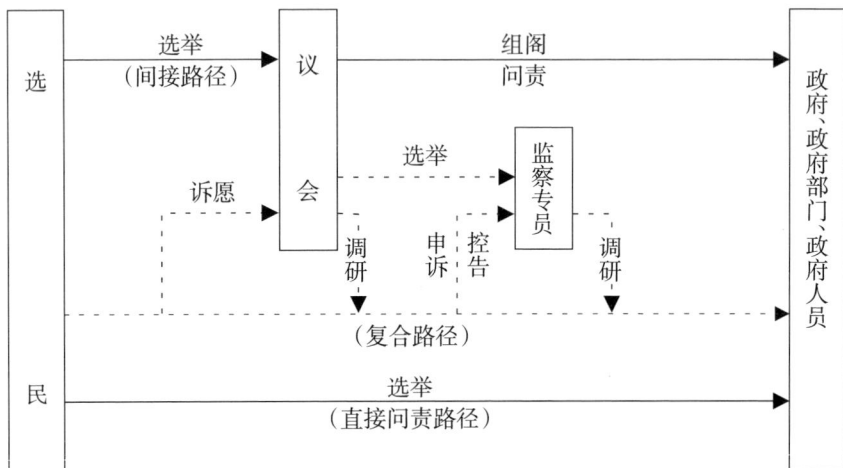

图1　自下而上的问责制路径

在直接的监督问责路径中，选民通过选举活动监督问责政府，不需要经过任何中间环节，选民就是监督问责政府的主体；在间接的监督问责路径中，选民通过选举议员组成议会，由议会通过倒阁、弹劾、质询和调查等方式对政府进行直接的监督与问责，选民只是政府的直接监督者或间接的问责者。在复合式的监督问责路径中，选民通过选举产生议会或其他监督问责单位，然后选民、议会或者其他监督单位通过诉愿方式、调解员方式和议会监察专员等方式共同启动对政府的监督与问责。

经过数百年的孕育、发展和完善，西方国家自下而上的选举式监督问责制度，无论是在理论上还是实践上都达到了非常成熟的程度。这正是西方国

---

① 朱燕：《论西方国家公民问责政府的路径——基于选举政治的视角》，载"建设服务型政府的理论与实践"研讨会暨中国行政管理学会 2008 年年会论文集。

家所标榜的自由、平等的民主模式，以及在世界范围内推行的所谓普世价值的一部分。我们先不说这一制度背后存在的金钱政治及它能够动员起多少比例的人民参与监督问责政府，人民在参与监督问责政府当中能够掌握多少信息量等问题，就看这一制度在中国基层治理中的运行状况就能说明选举式的监督问责制度对中国治理绩效的作用。并且随着市场化的不断推进，中国原有的自然村落逐渐解体，农村的空心化现象越来越严重，进城务工的农民不可能为了一次基层选举返回农村，基层选举制度在许多农村地区事实上已经名存实亡。由于中国一元化领导体制的存在，政府官员的任命权事实上是掌握在党的手中，选举制度无论是在中国的基层还是在层级更高的政府机关当中，效能边界都是有限度的。换言之，西方国家自下而上的选举式监督问责制度在中国的政治体制内事实上是不存在的，这也就决定了中国的国家治理不可能依靠选举式的监督问责制度迫使政府及官员提供更高水平的治理绩效。

官僚制和选举制在中国地方与基层治理中监督问责功能式微，那么中国的国家治理绩效为什么一直在提高呢？本书认为，这就是制度结构的奇妙所在！虽然制度结构有其僵化的一面，但也有其自主性的一面，因此中国在推进国家治理中为了弥补政治结构僵化的问题，采取了各种自主修复的措施。其中最主要的措施就是推行运动式治理模式和项目化治理模式。唐皇凤认为，在常态社会下，国家治理的常态模式是官僚制，但是运动式治理集中有限的治理资源解决社会的突出问题是国家权力的再生产与再扩充，以维持与延续政治秩序的合法性。①冯仕政认为，新中国成立后，国家对改造社会具有迫切的需要，并且对取得超常社会改造绩效具有强烈的愿望，但是与之相对应的是国家的基础权力严重滞后，国家只能凭借其强大的专断权力，不

---

① 唐皇凤：《常态社会与运动式治理——中国社会治安治理中的"严打"政策研究》，《开放时代》，2007 年第 3 期。

时以非常规、非制度、非专业的运动式治理方式，调动一切积极的因素和有限的资源去完成国家最重要最紧急的目标。①周雪光认为运动式治理机制与常规式治理是相互矛盾但又相互补充的。国家治理主要建立在官僚制的常规式治理机制上，但官僚制有其自身的困境，常导致组织出现危机与失败，因此需要运动式的治理机制予以弥补。②而欧阳静进一步指出，在实际运作中，与临时性的、非常规化的、任意发动的国家运动式治理机制不同，基层运动式治理是一种常规的行政机制，与官僚制相互依存、交织运行。③陈长虹与黄祖军认为，中国基层治理的方式从动员型的运动式治理转向了规范化、技术化和标准化的项目式治理。④渠敬东认为，项目式治理能突破原有科层体制的束缚，有效遏制市场体制所造成的分化效应，形成了中央与地方之间分级治理机制，对社会治理产生了重要影响。⑤陈家建通过对具体的项目化运作的考察认为，相较于传统的科层体制，项目制使得上级部门拥有集中的资金管理权、特殊的人事安排权以及高效的动员程序，从而使社会治理产生更快的效果，并具有持续性和增长性。⑥然而这些学者研究的焦点是运动式或项目化治理模式的运行逻辑、实施过程以及它们的积极意义和存在的风险性，但没有学者探讨运动式治理和项目化治理的具体操作的主体真正是谁？人们可能普遍认为使项目化或运动式治理真正落地的是政府的官员，即治理的任务是由官僚群体和派生群体所为，而事实上完成这些工作的不仅仅是他们，更重要的主体是没有公务员或事业编制身份的大量的雇佣群体。所

---

① 冯仕政：《中国国家运动的形成与变异：基于政体的整体性解释》，《开放时代》，2011 年第 1 期。

② 周雪光：《运动型治理机制：中国国家治理的制度逻辑再思考》，《开放时代》，2012 年第 9 期。

③ 欧阳静：《论基层运动型治理——兼与周雪光等商榷》，《开放时代》，2014 年第 6 期。

④ 陈长虹、黄祖军：《从运动式到项目化：论基层政府动员转型》，《经济与社会发展》，2014 年第 1 期。

⑤ 渠敬东：《项目制：一种新的国家治理体制》，《中国社会科学》，2012 年第 5 期。

⑥ 陈家建：《项目制与基层政府动员——对社会管理项目化运作的社会学考察》，《中国社会科学》，2013 年第 2 期。

以从这个角度而言，本书的研究恰是对从结构和行为理论研究中国治理的一个重要延伸。

三、社会资本解释视角

学术界对社会资本(Social Capital)的研究兴起于 20 世纪 90 年代。社会资本最先由社会学家提出，随后被经济学家、法学家以及政治学家采纳并广泛应用于各自的研究领域。[①]学界对社会资本的概念界定、理论演进以及社会资本的属性、构成等方面的研究，最著名的非皮埃尔·布尔迪厄(Pierre Bourdieu)、詹姆斯·科尔曼(James Coleman)以及罗伯特·帕特南(Robert Put-nam)三位学者莫属了。从他们的相关研究成果来看，社会资本的构成要素主要包括：公民社团和自治组织、规范有序的交往网络、公民的参与意识和合作精神、平等互惠的公共利益基础以及互相信任的心理认同感等。其中，公民的积极参与、社会信任以及互惠互利的规范是社会资本的最基本形式和核心要素。弗朗西斯·福山认为："对社会繁荣和竞争力而言，社会资本至关重要，但它最重要的影响力是体现在社会和政治生活方面而不是经济方面。"[②]

真正把社会资本作为一个变量与国家的治理建立起有机联系的研究者是帕特南。他在研究意大利南北地区治理绩效时发现，虽然所有的地区政府都有着同样的结构和同样的法律与财经资源，但为什么有些地区的治理绩效好，有些地方的治理绩效不好呢？他研究后发现，社会文化是影响治理绩效的关键性因素。他在分析的过程中引入了社会资本这一概念，论证了社会资本与制度治理绩效的正相关关系。他发现，在那些制度绩效高的地区存在

---

① 　Valerie Bryson,Georgina Blakeley,*Contemporary Political Concepts:A Critical Introduction*, Pluto Press,2002,pp.198–214.

② 　[美]弗朗西斯·福山:《信任:社会美德与创造经济繁荣》,彭志华译,海南出版社,2001 年,第354 页。

着许多像扶轮社、足球队、合唱团以及鸟类观察俱乐部等民间社会组织和一些互助互惠的社会规范，那里的人们相互信任、遵纪守法、普遍关心公共事务，参与和组织社会的方式是横向的、水平的。社区倡导公民参与，弘扬诚实与互助，鼓励团结与合作的品质，公民意识比较突出，公共精神比较发达，社会治理绩效也高。与之相对的是那些治理绩效比较差的地区，人们极少参与社会生活，在他们眼里公共事务就是别人的事务，即使参与公共事务，其动机也是个人化的依附和私人的贪欲，而不是集体的目标。相互猜疑、不信任、违法乱纪、腐败是常态。社会生活是按照垂直的等级制组织起来的，公民精神脆弱，甚至缺乏公民品格。[1]所以帕特南在研究意大利的公民精神传统之后作总结时说，社会资本体现在横向公民参与网络之中，它提供了政府与经济的绩效：强社会，强经济；强社会，强国家，而不是相反。[2]

　　帕特南不仅研究了意大利的社会资本对治理的影响，也关注了美国的社会资本与治理的关系。事实上，在帕特南之前托克维尔（Tocqueville）就已经注意到了美国的民主制度与社会资本的关系。托克维尔认为，美国之所以有发达的公民精神和有效的民主制度，主要原因得益于美国的自然环境、法制和民情，但法制比自然环境更有助于美国维护民主共和制度，而民情比法制的贡献更大。[3]根据托克维尔的观点，美国特有的民情是美国民主形成的最关键因素，也是美国维护民主制度的独特因素。在形成美国独特民情的诸如历史和宗教、乡镇自治传统、教育、习惯与实践经验等因素中，乡镇精神的作用最为特殊。在美国，乡镇除了有自己的制度外，还有鼓励和支持这种制度的乡镇精神。[4]在美国乡镇，政治权力被人们以巧妙的方式打碎，促进了最

---

① ［美］罗伯特·D.帕特南：《使民主运转起来：现在意大利的公民精神传统》，王列、赖海榕译，中国人民大学出版社，2015年，第131页。

② 同上，第228页。

③ ［法］托克维尔：《论美国的民主》，董果良译，商务印书馆，1991年，第354~359页。

④ 同上，第74页。

大多数人对公共事务的参与。在乡镇生活的每一个人,通过每天行使一次权利或者履行一次义务,时刻都能感觉到自己与乡镇生活有着密切的关系。美国的乡镇生活使美国社会产生一种永远积极向上又稳定有序的状态。[①]帕特南认为在 20 世纪 60 到 90 年代托克维尔笔下的那种喜好结社、喜欢过有组织的公民生活、关注公共话题、热心公益事业的美国人不见了,更多的美国人宁愿一个人在家看电视,或者独自去打保龄球,也不愿参加集体活动,美国的社会资本急剧流失。而社会资本的流失与政府治理失效共生并存,因此美国亟须提高公民对公共事务的参与度和公民的相互信任度。[②]

　　除了托克维尔、帕特南外,另一位著名的政治学大师加布里埃尔·A.阿尔蒙德(Almond,Gabriel Abraham)从政治文化的角度对社会资本与治理的关系作了经典的论述。阿尔蒙德和西德尼·维巴(Sidney Verba)基于对意大利、墨西哥、德国、美国和英国这五个国家的政治文化与民主制度的稳定性关系研究认为,一个稳定有效的民主政府,除了依靠制度化的政府结构和政治结构外,还要依靠世俗化的政治文化。公民文化非常适合于民主政治系统,它不仅是民主政治文化的形式,更是与民主的、稳定的政治系统最为协调的形式。[③]因为人们的政治偏好和认知倾向决定人们的政治行为,进而影响政治的稳定和变化。而公民文化是一种混合文化:一方面,具有传统的村落、部族自我封闭的互信;另一方面,对专业化的中央机构和统一国家又具有强烈的忠诚和认同感;同时,它还对现代复杂的政治体系与决策过程拥有强烈的参与意识和要求。在这种文化氛围中,各个利益群体和团体的政治动员与诉求对政治系统带来的压力就可以变得均衡化,政治冲突可以被保持在适度的

---

① ［法］托克维尔:《论美国的民主》,董果良译,商务印书馆,1991 年,第 75 页。

② Robert D. Putnam,Bowling Alone:America's Declining Social Capital,*Journal of Democracy*,Vol.6,No.1,1995,pp.65–78.

③ ［美］加布里埃尔·A.阿尔蒙德、西德尼·维巴:《公民文化——五个国家的政治态度和民主制》,徐湘林译,东方出版社,2008 年,第 443 页。

范围,政治系统就会免于崩溃。①

托克维尔、帕特南、阿尔蒙德等学者从社会资本的视角解剖治理绩效,对研究中国治理问题的学者产生了重要影响。俞可平从公民社会部门的角度关注治理,他把公民社会看作介于政府与企业之间的独立的"第三部门",是包括协会、公民志愿性社团、社区组织、利益团体、非政府组织以及公民自发组织起来的运动,以及独立于国家之外的民间关系与民间组织的总和。它对公民政治参与、政治公开化、公民自治、政府的廉洁与效率、政府决策的民主化和科学化等具有重要意义,是沟通政府与公民的一座重要桥梁,是社会走向善治的必要环节。②毛寿龙从市场与政府的关系角度关注治理,认为建构一个多中心的治理体系,依靠市场的力量均衡政府的职能,制约政府的权力,提高政府效率,提升制度绩效,从而提升社会治理绩效。③燕继荣从公民的归属感角度关注社区治理问题, 认为社会资本理论是研究社区治理最准确、最贴切的理论。因为良好的社区治理生态是基于社区居民的相互信任与合作,基于社区居民对社区具有的强烈集体认同感和归属感,对社区事务具有普遍的共识。只有如此,社区居民才能形成集体行动,才能成为社区的积极行动者,才能达到自我组织、自我管理、自我服务的状态,而这些恰恰都是社会资本理论所研究的内容。④因此,从社会资本的视角看,社区治理者最重要的任务就是通过各种方式增值社区的社会资本, 也就是要努力提升社区居民彼此之间的信任度,增强社区居民对社区的强烈归属感与认同感。吴光芸、杨龙同样认为由社区居民之间互信互惠的规范与传统,由社区居民织密

---

① 〔美〕加布里埃尔·A.阿尔蒙德、西德尼·维巴:《公民文化——五个国家的政治态度和民主制》,徐湘林译,东方出版社,2008 年,重版译者序言。

② 俞可平:《中国公民社会的兴起及其对政治生活的影响》,《学习时报》,2002 年 8 月 26 日。

③ 毛寿龙:《现代治道与治道变革》,《南京社会科学》,2001 年第 9 期。

④ 燕继荣:《社区治理与社会资本投资——中国社区治理创新的理论解释》,《天津社会科学》,2010 年第 3 期。

的社会参与网络所构成的社会资本,不仅是实现社区良好治理的基础,还是实现基层社会和谐与社区发展的社会资源。[1]陈捷、卢春龙同样从社会资本角度关注城市基层社会治理,他们通过对北京、成都、西安 3 个城市中 144 个城市社区的实证研究发现,共通性社会资本——包容性的社会信任与开放型的社会网络对社区治理产生了显著的积极作用;而特定性社会资本——局限性的人际信任与封闭性的社会网络对社区治理产生了显著的负面作用。[2]此外,蔡丽莉从农村公共产品提供的角度关注治理,她发现存在连带群体(Solidary Groups)(主要包括宗族组织、社区协会、寺庙和教堂)的农村比没有连带群体的农村能够提供更多的公共产品,能够有更好的治理绩效。[3]

然而一些学者也注意到中国的社会资本在近些年流失严重的情况。邱建新通过对崇川镇民间"标会"的实证研究发现,"标会"最初是基于乡土性的诚信关系而构建起来的金融互助组织,但在现代社会的欲望刺激、体制变革带来的混乱和政府的官僚主义等因素的影响下,最后却演变为一个"杀熟"化的工具。整个崇川镇因诚信文化的崩溃而导致社会几近断裂。[4]江作军、刘坤认为,当下中国出现了社会资本的结构性危机——传统社会资本与现代社会资本产生断裂。传统社会资本遭到质疑与破坏,但现代社会资本还没有进行有效的建构,从而导致中国在转型期出现种种问题与矛盾的端倪,表现在:传统道德价值体系遭到质疑,而现代法治社会又尚未成型,导致有效控制整个社会的手段缺乏或者不力,使得社会秩序在某些领域失控;政府与群

---

[1] 吴光芸、杨龙:《社会资本视角下的社区治理》,《城市发展研究》,2006 年第 4 期。

[2] 陈捷、卢春龙:《共通性社会资本与特定性社会资本——社会资本与中国的城市基层治理》,《社会学研究》,2009 年第 6 期。

[3] Lily L.tsai,Solidary Groups,Informal Accountability,and Local Public Goods Provision in Rural China,*American Political Science Review*,Vol.101,No.2,May 2007,pp.355-372.

[4] 参见邱建新:《信任文化的断裂——对崇川镇民间"标会"的研究》,社会科学文献出版社,2005 年。

众的关系渐行渐远,群众对政府不信任程度加剧,导致社会广泛动员的被动与困难;贫富悬殊、不公、腐败等现象日益突出,导致人们对正义、合理性标准提出严峻挑战;责任、诚信、规则意识在社会交往中逐渐流失,导致社会公共利益的共识难以达成。①王强认为中国的社会资本发展深受传统文化的影响,家本位思想突出但缺乏开放精神,伦理本位突出但缺乏理性精神,依附权力思想突出但缺乏民主精神,这种"异型发展"的社会资本严重阻碍了治理的普遍形成。②吴月从非营利性的社会组织的微观角度更为具体地关注了中国的社会资本发展状况。她认为政府购买社会服务,其初始目标是支持非营利组织发展,提升其参与社会治理的能力与水平,以共同致力于社会治理;但是由于深受管控维稳思维的影响,政府惯于对社会进行控制而不愿放弃对社会服务事务的实际领导,通过吸纳和控制的双重逻辑,实现"控制"手段的柔性化和隐性化,将生长中的社会力量——非营利组织纳入可控的行政轨道之中。与传统事业单位一样,非营利组织成为政府职能部门功能的延伸,甚至成为政府能够随时动员的一支体制外力量。③这些非营利性的社会组织不仅其自主性受到抑制,而且也丧失了与政府平等的地位,导致与政府的契约化合作成为一种形式。

从学者对社会资本与治理的关系研究成果来看,毫无疑问,社会资本是影响治理绩效的一个重要变量,并且在特定的时间与区域内,社会资本对治理绩效甚至产生关键性的影响。然而我们也应该看到在转型期的中国,传统中国的社会资本正在遭遇解体,而当代中国的社会资本还没有完全建立起来。如果借用帕特南的横向社会关系比纵向社会关系更能促进公民社会发育程度的结论,我们就会发现,在中国现有体制下,社会资本纵向关系的重

① 江作军、刘坤:《论当代中国社会资本的转型》,《江海学刊》,2005 年第 5 期。

② 王强:《治理与社会资本问题研究》,《内蒙古民族大学学报(社会科学版)》,2007 年第 2 期。

③ 吴月:《吸纳与控制:政府购买社会服务背后的逻辑》,《学术界》,2015 年第 6 期。

要性远远大于横向关系，横向关系处于一种极其不发达的状态。"因为在这种体制中，基于对'代价-报酬'效益的考虑，人们不是采取和同一位置的人用集体行动的方式来保护和争取自己的利益，而是采取与领导者之间建立特殊主义的庇护关系的方式来保护和争取自己的利益。"①因此，本书认为，这种"高度组织国家内的低度整合"②状态，就社会资本发育程度与治理绩效的关系而言，整个国家的公民社会还没有发达到通过自治而极大地提高中国地方和基层治理绩效的程度。

四、政府经济"理性人"解释视角

政治学的"理性人"假设是经济学中的"经济人"假设在政治学领域的应用。经济学界公认亚当·斯密（Adam Smith）是第一次把个人谋求自身利益的动机和行为系统清晰地纳入经济学的分析当中，使"经济人"思想成为经济学理论的根基和逻辑起点。斯密认为，凡生活在社会中的人，无一不心怀"自利的打算"，即"利己心"或"自爱心"人皆有之，是人类的本性，是上帝为了实现人类的幸福而赋予每个人的本能冲动。这种冲动使得人们在社会分工与职业选择时是出于"自身的利益打算"③。斯密认为"经济人"是从利己出发，追求个人利益的最大化，但在一只"看不见的手"的支配下，每个人都追求自身利益的最大化，就会提高整个社会的利益。"固然，他所考虑的仅仅是其自身利益的最大化而不是社会利益，但他对自身利益的追逐与研究也必

---

①　孙立平：《现代化与社会转型》，北京大学出版社，2005 年，第 134 页。

②　陆德全：《"关系"——当代中国的交换形态》，《社会学与社会调查》，1991 年第 5 期。

③　[英]亚当·斯密：《国民财富的性质和原因研究》（上卷），郭大力、王亚南译，商务印书馆，2013 年，第 14 页。

然会导致他的选择最有利于社会的公共利益。"①约翰·穆勒(John Stuart Mill)
肯定了斯密的"经济人"思想,并进一步明确指出,"经济人理性"是通过对人
类各种行为动机而抽象出来的,其最基本的动机就是追逐财富的最大化。基
于成本-收益的计算,经济人在面对一切机会与目标以及实现目标的手段时
都能够作出理性优化的选择。②

　　自斯密和穆勒之后,"经济人"思想不仅成为经济学的一个"公理",也被
广泛地运用到其他学科中,比如兴起于20世纪50年代的公共选择理论。该理
论把经济学的方法运用于政治学领域,认为一切政治人都是经济学中的"经
济人",政治"理性人"的需求和"经济人"的物质需求是等同的,政治过程和
经济过程是相通的,二者都是一种交易过程,且政府与官员都是经济学中的
"经济人"。在需求—利益—行为的逻辑上,政治理性人与经济人是完全一致
的:需求衍生利益,利益衍生行为。但政治理性人与经济人相比,在需求—利
益—行为的结构、内容和权力媒介等诸多方面都要复杂得多,如图2所示:③

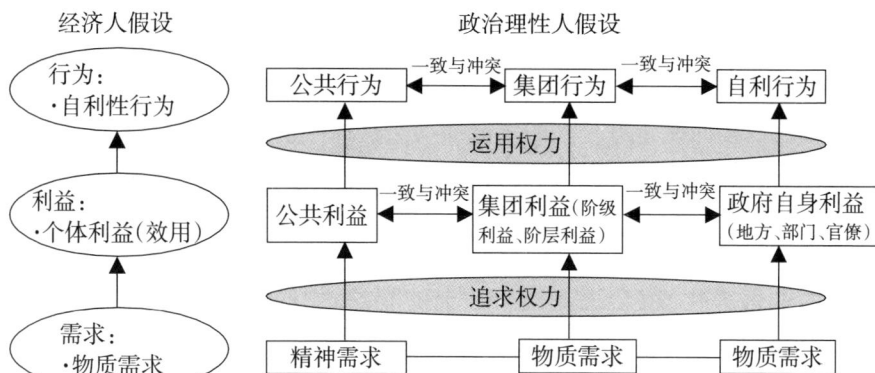

图2　政府经济"理性人"的治理结构

---

①　[英]亚当·斯密:《国民财富的性质和原因研究》(下卷),郭大力、王亚南译,商务印书馆,
2012年,第25页。

②　[英]约翰·穆勒:《论政治经济学的定义》,转引自马克·布劳格:《经济学方法论》,北京大
学出版社,1990年,第68~69页。

③　王波:《政治学基本人性假设的再探讨——论"政治理性人"的基本逻辑》,《浙江社会科学》,
2007年第6期。

在公共选择学派中著名的人物很多，如肯尼思·约瑟夫·阿罗（Kenneth Joseph Ar–row）、唐斯（Downs）、詹姆斯·M.布坎南（James M. Buchanan）、戈登·图洛克（Gordon Tullock）、埃莉诺·奥斯特罗姆（Elinor Ostrom）等,但对政治学的发展影响最大的应该是布坎南和埃莉诺·奥斯特罗姆。布坎南与图洛克的《同意的计算》是对公共选择理论的凝结,更把政治学和经济学带入一个新的境界。在该书中,他们把"经济人理性"假设的研究方法,把成本-收益的经济学分析方法应用于对政治决策的分析, 使得人们更多地关注和重视"宪法、规则以及对宪法和规则的不同选择"对参与集体决策的当事人可能产生的影响。他们认为："政治交易与经济交易在各个层次上都基本相当","比如参与一个社区或一个国家的组织对所有各方都存在益处,这样,就会有很大的可能在全体一致同意的基础上形成一个'社会契约',且对这种益处相互性的唯一检验方式就是看全体是如何达成一致意见的。"①《同意的计算》整个理论建构的基石是个人计算,因为通过对个人计算的深入分析,不仅能够非常容易地看到在立宪层次上的全体一致决定规则,还能看清在操作层面上的各种全体一致决定规则或非全体一致决定规则。②

布坎南和图洛克向我们揭示了全体一致同意规则的逻辑基础：决策成本和外部成本的理性计算决定着全体是否能够达成一致同意的规则。换言之,人的政治行为同经济行为一样,都是出于理性的计算,为了实现自身最大化利益而参与政治。布坎南和图洛克的理论与埃莉诺·奥斯特罗姆在《公共事务的治理之道》中的理论具有相通性。在解决诸如"公地悲剧""囚徒困境博弈"和"集体行动逻辑"等公共事务问题时,传统的公共事务治理理论认为,个体理性会带来集体的非理性,个体追求自身利益最大化的结果会过度

---

① 　[美]詹姆斯·M.布坎南、戈登·图洛克:《同意的计算:立宪民主的逻辑基础》,陈光金译,上海人民出版社,2014 年,第 244 页。

② 　同上,第 245 页。

消耗公共资源,最终使公共事务治理陷入困境。

　　传统方案对公共事务治理的解决方式有两种:一种是利维坦的"唯一"方案,一种是私有的"唯一"方案。但埃莉诺·奥斯特罗姆认为这两种方案都存在不足:前者由于信息的不完全性和监督成本过高不可能实现治理目标;后者由于池塘等公共资源的流动属性而无法进行分割,私有化的市场调节手段也会失灵。①那么对由许多人共用的自然资源即公共资源,怎样才能实行最佳治理呢?奥斯特罗姆提出了自主治理理论。通过对影响个人策略选择的变量、自主治理的原则、自主治理的制度设计等方面的分析,她研究了"一群相互依赖的委托人如何才能把自己组织起来进行自主治理,从而能够在所有人面对搭便车、规避责任或其他机会主义行为诱惑的情况下,取得持久的共同利益"②。奥斯特罗姆的自主治理理论不仅发展了集体行动理论,揭示了个人理性也可能促进共同行动,实现集体利益,同时也丰富了"经济人"的"利己"内涵,指出了个人在集体行动时可能表现出利他的一面,因为理性和信息具有不完全性,个人在集体行动中要获得最大化的利益,就必须与他人展开合作,这样就实现了人性的利己与利他的结合,有利于解决公共资源治理的困境,促进公共利益的最大化。

　　布坎南的一致同意规则理论、埃莉诺·奥斯特罗姆的自主治理理论等公共选择理论把经济学中的"经济人"假设、个人主义以及交易理论等知识运用于政治学领域的研究方法,对研究治理问题的学者,尤其是对研究中国基层治理的学者产生了深刻的影响。

　　魏昂德(Andrew Walder)提出"政府即厂商"的观点,认为中国地方政府

---

　　①　[美]埃莉诺·奥斯特罗姆:《公共事务的治理之道:集体行动制度的演进》,余逊达、陈旭东译,上海译文出版社,2012年,第1页。

　　②　同上,第35页。

在分权制改革后,扮演着像企业一样的角色,对经济发展进行干预。①戴慕珍
(Oi Jean)在研究中国地方政府促进地方发展时提出了"地方法团体主义"的
观点,认为地方干部为了政治和经济的利益需求将企业纳入行政序列中,构
筑了类似于公司的董事会-经营者一样的组织结构关系。随着后来研究的深
入,她还发现政府与企业会形成一种稳定的共生和包庇关系。②文克(Wank)
从权力运作的实际过程出发,提出了"共存庇护主义",认为地方政府出于自
身利益的需要与本地私营企业利益之间形成了一种双向依赖的利益关系。③
这些解释都指向了政府基于自身利益而寻租和掠夺的可能性。张静认为由
于财政制度的改革和市场化的推进,基层政权的行动逻辑开始异化,公共职
能开始功利化,地方政府的官员开始围绕着经济利益而从事各种活动,地方
政府成为一个"经营性政权"④。在张静提出的"经营性政权"概念的基础上,
杨善华和苏红分析了市场转型背景下乡镇基层政权角色的转变过程,提出
了"代理型政权经营者"和"谋利型政权经营者"的概念。⑤周业安和赵晓男基
于对经济发达地区与不发达地区的地方政府在基层治理中的经济行为的比
较,提出了"进取型地方政府""保护型地方政府"和"掠夺型地方政府"等一
系列概念。⑥

　　除了单纯聚焦于地方政府自身在地方治理中的理性行为外,研究者还

①　Andrew G .Walder,Local Government as Industrial Firms:an Organizational Analysis of China's Transitional Economy,*American of Sociology*,1995,Vol.101(2),pp.263-301.

②　Oi Jean,The Evolution of Local State Corporatism,In Andrew Walder,Zouping in Transition:*The Process of Reform in Rural North China*,Harvard University Press,1998.

③　David L.Wank,The Institutional Process of Market Clientelism:Guanxi and Private Business in a South China City,*The China Quarterly*,1996,Vol.147,pp.820-838.

④　张静:《基层政权——乡村制度诸问题》,上海人民出版社,2000年,第52、57页。

⑤　杨善华、苏红:《从代理型政权经营者到谋利型政权经营者》,《社会学研究》,2002年第1期。

⑥　周业安、赵晓男:《地方政府竞争模式研究——构建地方政府间良性竞争秩序的理论和政策分析》,《管理世界》,2002年第2期。

把政府在治理中的理性人角色放到了纵向的央地关系和横向的政府间竞争的关系去考察。就纵向的央地关系而言,周黎安等人观察到,虽然中国的上级政府通过五年规划、年度计划等形式把经济、社会发展各项指标层层加码给地方政府,但是在大多数情况下,下级官员为了晋升的理性考虑而主动要求加压,不断加码上级分配的指标和任务。[①]周雪光和练宏通过对中国环保部门的环保政策实施的研究,给我们展现出了一幅政府内部上下级部门间讨价还价谈判的栩栩如生的图景。委托方(上级环保部门)拥有财政和人事权,往往通过常规化的制度模式和临时性的动员模式向下级部门(委托方)推行环保政策,但由于下级政府部门在地方性信息和技术上拥有更多的处理能力,这就使得它们拥有更大的能力向上级政府部门进行合法性申诉,从而使得它们在有关资源分配、工作负荷、考核标准、责任分担等方面拥有更大的谈判空间。[②]孙立平、郭于华在研究中国 20 世纪 90 年代的中国乡镇政府官员在征粮的过程中采用"软硬兼施"手段,把正式权力进行非正式化运用。[③]周雪光更进一步指出,支撑帝国治理逻辑的是三个关系:"委托与代理""正式与非正式""名与实"。其中, 正式与非正式关系是帝国治理的核心所在,"正式与非正式制度的共存并行和交替使用缓和了一统体制与有效治理间的矛盾"[④]。不过,这种正式制度与非正式权力在基层治理中的并行与使用也导致了基层政府与直属的上级部门为应付更高级别的上级政府部门的检

---

①　周黎安等:《"层层加码"与官员激励》,《世界经济文汇》,2015 年第 1 期。

②　周雪光、练宏:《政府内部上下级部门间谈判的一个分析模型——以环境政策实施为例》,《中国社会科学》,2011 年第 5 期。

③　孙立平、郭于华:《"软硬兼施":正式权力非正式运作的过程分析——华北 B 镇收粮的个案研究》,《清华社会学评论》特辑,2000 年。

④　周雪光:《从"黄宗羲定律"到帝国的逻辑:中国国家治理逻辑的历史线索》,《开放时代》,2014 年第 4 期。

查与考核的"共谋"。[①]

在中国基层治理当中,地方政府通过各种形式与上级政府进行谈判、讨价还价以及正式制度的非正式使用等,都是基于自身或地方治理的政治、经济、社会利益的考量,是作为一个政治"理性"人实现自身最大化利益的体现。就横向的政府间的竞争关系而言,政府的"理性人"角色主要体现的是"竞争锦标赛"理论。该理论最早是由拉泽尔(Lazear)和罗森(Rosen)在分析企业时提出的[②],而周黎安把这一理论创造性地运用于分析中国政府治理的逻辑。他在研究中国基层官员治理模式时提出了"晋升锦标赛治理模式",即上级政府直至中央政府在行政和人事方面集权,将关心仕途的地方政府官员置于强力的控制和激励之下。晋升锦标赛体制提供了一种具有中国特色的控制和激励地方官员推动地方经济发展的治理方式,是中国经济奇迹的重要根源。[③]张五常对县域经济的研究证明了这种锦标赛体制的合理性。张五常认为中国的地区关系是上下连串,但左右不连,同层的不同地区互相竞争。

今天,中国主要的经济权力在县的手上,既不在北京,也不在各省市,更不在各村镇。县际竞争与官员权位紧密结合,对干部形成了强有力的激励,经济自然充满勃勃生机。[④]周飞舟通过对"大跃进"时期中国的央地关系考察指出,在中央集权的局面下,行政体制本身内生出一种"锦标赛"的独特现象。在这场锦标赛中,中央既是竞赛的发起人、竞赛的目标与规则的制定者,又是竞赛最后的裁判者;地方既是其上级部门指挥下的运动员,又是其下级部门的裁判员。在竞赛中跑在前面的、最终胜出的地方政府,获得中央更多

---

①　周雪光:《基层政府间的"共谋现象":一个政府行为的制度逻辑》,《社会学研究》,2008 年第 6 期。

②　Lazear Edward P,Rosen Sherwin,Rank—Order Tournaments as Optimum Labor Contracts,*Journal of Political Economy*,Vol.89,No.5,1981,pp.841–864.

③　周黎安:《中国地方官员的晋升锦标赛模式研究》,《经济研究》,2007 年第 7 期。

④　张五常:《中国的经济制度:中国经济改革三十年》,中信出版社,2009 年,第 144 页。

的经济政策方面的倾斜是一方面,更重要的一方面是,地方政府的领导人会由此获得政治荣誉和政治晋升的机会;而落后的地方政府就会被认为不积极执行中央路线,甚至被认为是执行"右倾"路线。①锦标赛体制给地方官员带来的激励作用,不仅仅体现在经济发展的绩效上,同样在政治领域、社会领域中都有体现。刘剑雄认为仅仅从经济绩效的角度考察锦标赛体制对地方政府的激励作用是不全面的,事实上政治的忠诚度、辖区的民意也是中国的政治锦标赛中上级政府考核下级政府官员的主要维度,对于地方政府官员的行为有着直接影响。②金太军和沈承诚认为政府生态治理过程无法回避政府体制中的核心行动者,而政治锦标赛模式是塑造地方政府核心行动者的生态治理意愿与合理生态治理行为,实现政府生态治理持续性绩效的有效保障。③

在大量文献揭示政府理性"经济人"行为在中国国家治理中的作用时,也有学者提出了质疑,甚至给出了否定。托尼·赛奇(Tony Saich)认为中国不同行政区域类型不同,而且处于一个不断变化的状态,地方政府的形态随环境的改变而不断发展变化。对中国地方和基层治理的研究,迄今所发展的概念工具基本上都不能令人满意,我们要考虑到当前体制的复杂多变性,要考虑到中国各个层面都存在制度多变、不确定以及混乱等情况,这在地方层级尤为明显。④陈潭、刘兴云通过实证研究认为,锦标赛体制对基层政府官员的晋升激励效果是有限的,用锦标赛体制解释中国政治体制的核心——地方

---

① 周飞舟:《锦标赛体制》,《社会学研究》,2009 年第 3 期。

② 刘剑雄:《中国的政治锦标赛竞争研究》,《公共管理学报》,2008 年第 3 期。

③ 金太军、沈承诚:《政府生态治理、地方政府核心行动者与政治锦标赛》,《南京社会科学》,2012 年第 6 期。

④ Tony Saich,The Blind Man and the Elephant:Analyzing the Local State in China,in Luigi Tomba,ed.,*On the Roots of Growth and Crisis:Capitalism,State and Society in East Asia*,AnnaleFeltrinelli,No.XXXVI,2002,pp.92-96.

官员的晋升和留任问题,忽略了政治系统的复杂性,把问题简单化了。他们的研究向我们展示了地方政治系统是一个政治剧场模式:地方官员晋升博弈犹如一个情节曲折、关系错综复杂的剧场。地方官员的晋升往往是政治剧场的前台与后台因素合力作用的结果,并且当前我国地方官员晋升竞争"密室"效应也趋于强化。[①]

总之,从已有文献研究的结果来看,经济发展水平的确与社会的治理绩效有密切关系,但二者并不存在强的正相关关系,在经济发展水平高的地区,群体性事件爆发的比例可能更高;而在经济发展水平落后的地区,社会反而更稳定,人们的幸福值可能更高。在民主制度比较成熟的西方国家,正式制度的监督问责功能对促进社会的有效治理具有巨大作用,但在中国这样一个威权体制下,自上而下的官僚制的监督问责机制往往由于信息和监督成本的问题,其监督效力的边界非常有限。而自下而上的选举制度往往受制于政治权力而流于形式,甚至当下的中国地方和基层选举制度已经名存实亡。社会资本的充分发育的确能提高人们参与公共事务治理的积极性,但由于深受中国传统文化的影响,中国社会仍然没有改变以"家"为中心的差序化格局,公民的公共精神比较缺乏,而社会组织也因为受制于资源问题,其自主性被一定程度上削弱了。从经济发展水平、正式制度的问责监督绩效功能、社会资本的发育程度的视角解释中国地方和基层治理绩效,在一定的时空条件下具有一定的合理性,但就整个国家的治理绩效而言,这些对治理绩效的解释路径受到广泛质疑。换言之,这些解释中国治理绩效的视角还没有发现影响中国基层社会治理的最关键变量。

从政府理性人行为的视角研究中国地方和基层治理绩效的学者,认识到了在当下中国体制下影响基层治理绩效的核心因素是政府行为,但是在

---

① 陈潭、刘兴云:《锦标赛体制、晋升博弈与地方剧场政治》,《公共管理学报》,2011 年第 2 期。

他们的研究视野中政府行为是政府官员个体行为加总的结果。他们只看到了作为整体性机构的行为而没有看见机构背后具体人的行为，而恰恰是治理群体之间的交互性、勾连性和复杂性导致了政府内部存在各种"黑箱"与"密室"。而且即使作为整体性的政府，其行为也不总是经济学意义上的"理性人"角色，即政府在进行社会治理时并不总是基于"成本-收益"的计算；也不是诺斯悖论意义上的政府，即总是追求自身利益最大化而不是追求公共利益最大化。因此，如果仅仅把政府以及政府官员的行为解读为"经济人"的理性行为，便无法解释中国地方和基层治理中政治体系运作的复杂性、交互性与勾连性，是把政治问题简单化。更重要的是，已经有研究成果证明，诸如竞争锦标赛理论认为的晋升激励能诱使政府官员的"经济人"行为，从而提升治理绩效的结论是错误的，政府官员晋升是多种因素共同作用的结果。并且在当下的中国城市基层治理中，基层社会良好的治理绩效是否如我们表面看到的那样，仅仅是地方和基层政府官员行为的结果？实际上，真正影响中国城市基层社会治理绩效的关键变量不仅仅是地方和基层政府中的官员，还有地方和基层政府中数量与规模庞大的雇佣群体。

五、群体三分解释视角

虽然已有的研究文献对中国基层治理的实践作出了多样化的理论解释，但不能否认的是，任何一种理论都有不完美的地方，任何一种理论都有适用的时空局限性。本书的立意不是要否定这些理论在学术上的贡献，而是在承认这些理论对中国基层治理状况具有一定解释力的基础上，试图去拓展、完善这些理论。换言之，本书以治理群体，尤其是雇佣群体为研究对象去揭示中国城市基层治理的诸多政治逻辑和问题，并不否定经济发展水平、正式制度、社会资本以及政府经济"理性人"行为等因素对中国基层治理绩效的影响,而是试图提供一种新的解释基层治理绩效的视角,是对学界已有的解释基层治理理论的增砖添瓦。

古代中国的基层治理模式是官吏分途。综观中国近现代漫长的历史发展,基层社会治理逻辑仍然没有脱离古代中国官吏分途治理结构的逻辑。正如费正清所言,中华帝国的一个最不可思议之处就是它能用一小部分有编制的官员有效地统治众多的人口。①古代中国是州县官带领着一批没有编制身份的衙役、书吏、长随、幕友进行基层社会治理;清亡以后,民国时期虽然对官僚制度进行了改革,并努力试图在县以下建立统一的区乡行政和系统的基层民编组织,②但是治理中国基层社会依靠的仍然是一批没有编制身份的赢利性国家经纪人;③到了民国时期,尽管之前的世袭书生在民国政府组织中也不存在了,书吏弄文舞弊的事实也被销毁,但"我们没有分级负责的习惯,政府一切设施都有长官负责,而实际上处理公务的人还是科员,我们的政治是科员政治,仍然不能完全摆脱书吏政治的臭味"④。

在新中国成立后,尤其在改革开放后,随着政府职能的日益增量,政府需要更多的工作人员。尽管国家进行了多次的政府机构改革,但始终无法跳出"膨胀—精简—膨胀—精简"的用人怪圈,并且在当下的城市基层政府中,由于财政软约束制度、编制硬约束制度等因素的存在,雇佣群体的数量和规模是官僚群体和派生群体的数倍。这些雇佣群体是政府从市场上雇佣而来的,没有行政或事业编制,待遇与官僚群体和派生群体相比差异悬殊,但是他们在政府机关工作,吃的是财政饭,履行的是政府职能,工作量甚至比官

---

① 〔美〕费正清、刘广京编:《剑桥中国晚清史:1800—1911 年》(上卷),中国社会科学出版社,1985 年,第 20 页。

② 魏光奇:《官治与自治——20 世纪上半期的中国县制》,商务印书馆,2004 年,第 183 页。

③ 参见〔美〕杜赞奇:《文化、权力与国家:1900—1942 年的华北农村》,王福明译,江苏人民出版社,2010 年。

④ 张纯明:《中国政治二千年》,当代中国出版社,2013 年,第 68 页。

僚群体和派生群体都要大，更为重要的是他们承担的职能都是直接服务于群众，直接把国家的政策方针落实到群众家门口，是国家与群众(社会)联系衔接的中间枢纽。换言之，数量和规模庞大的雇佣群体在当代中国的国家城市基层治理中发挥着关键性作用。如果我们再考虑到政府机关中官僚群体和派生群体在基层社会治理中的作用，那么相较于古代中国基层治理的官吏分途结构而言，本书尝试把当代中国城市基层治理的结构称之为群体三分治理结构，即官僚群体、派生群体和雇佣群体的组合型治理结构。因此，本书聚焦城市街道政府，以治理群体为研究对象，通过对基层政府中不同身份的治理群体在基层社会治理中承担的不同角色与职能，以及相关问题的研究，试图揭示当下中国城市基层治理的逻辑，从而为解释中国的国家治理，尤其是基层治理提供一个新的理论解释视角。

第三节 核心概念、主要观点和分析路径

一、核心概念

基层政府:在《中华人民共和国宪法》中，我国的行政区域分为省、自治区、直辖市;省、自治区分为自治州、县、自治县、市;县、自治县分为乡、民族乡、镇。基层政府就是指我国最低一级行政区域内的政府。根据《中华人民共和国宪法》和《中华人民共和国组织法》的规定，基层政府在农村是指乡、民族乡和镇政府;在城市指的是不设区的市和市辖区一级的政府。而为了便于行政管理，我国城市的基层政府都设置了自己的派出机构——街道办事处。所以从组织结构的理论上讲，城市的街道办事处并不是我们的基层政府，而

是城市基层政府的派出机构。但是在实际的政治体制运行当中,城市的街道办事处与乡镇政府在职能分配、机构设置、人事设定等方面都趋于一致,二者虽然在理论上不是同一个行政级别,但是在实际上相当于同一个行政级别。基于政治体制的现实和本书研究需要这两个方面的因素,基层政府在本书中的含义既包括农村的乡、民族乡与镇政府,又包括城市的不设区的市、市辖区政府以及街道办事处。基层政府处于国家行政系统中的底端,是国家行政系统的基础,直接联系民众,管理日常性公共事务。

基层社会:由城乡居民构成,处于社会系统的最底端,是国家社会系统的基础,是参与政府治理和实行自治的最重要的社会力量。①

治理:“治理”一词是一个舶来品,在当今世界乃至中国,其运用领域都非常广泛,其概念包含多重解释。在《现代汉语规范词典》中,“治理”是作为一个动词被解释:(1)统治、管理;(2)整治、改造;②在学术界,“治理”的含义充满争议而富有生命力。③“治理”在本书中作为一个动词使用,治理的主体是政府机关的工作人员,治理的客体是社会公共事务,其含义就是指政府机关中的工作人员决策、执行、落实党和国家关于社会治理方面方针政策的过程。

编制:指机构编制管理机关核定的行政机关和事业单位的人员额度和领导职数。编制的种类可分为行政编、事业编、企业编、工勤编等多种类型,但 2007 年之后编制就分为行政编制与事业编制两种形式。④本书研究的编

---

① 张继良:《推进基层治理的十个理论问题》,《中国社会科学报》,2016 年 2 月 18 日。

② 李行健:《现代汉语规范词典》,外语教学与研究出版社,2010 年,第 1699 页。

③ 详细了解“治理”概念在学术界的演变、发展的过程,可参见包国宪、郎玫:《治理、政府治理概念的演变与发展》,《兰州大学学报》(社会科学版),2009 年第 2 期。

④ “编制”在本书的定义来自《地方各级人民政府机构设置和编制管理条例》,2007 年。有的学者在研究编制时,把编制分为广义概念、狭义概念和更狭义概念三种,可参见曹康泰:《地方各级人民政府机构设置和编制管理条例解读》,中国法制出版社,2008 年,第 46 页;赵子建:《基层政府人员编制膨胀问题研究》,国家行政学院出版社,2013 年,第 43 页。

制仅指中国基层政府机关中的行政编与事业编的额度、实际人员数量等问题。行政编也称机关编制，是指拥有公务员身份的编制人员，各种福利待遇由国家财政全额拨款。事业编是参照公务员体系，辅助公务员队伍履行国家职能的人员，其各种福利待遇分为参公事业编、国家财政全额拨款事业编、差额拨款事业编和自收自支事业编四种情况。行政编人员的晋升是按照"级别"，由最低级的科员到科级、县处、司厅局级、省部级，再到最高的国家级的通道晋升的，而事业编制人员的晋升一般都是经各自行业的"职称"通道，按照职级由低到高的通道晋升。

行政编不仅适用于行政机关的工作人员，还适用于其他各类机关，包括中国共产党机关、国家权力机关、审判机关、检察机关、政协机关、民主党派机关以及人民团体机关等中，除了工勤人员以外的工作人员。虽然法律规定事业编只能用于事业单位，但在政府机关中也存在大量的事业编制人员，行政编人员与事业编人员在同一个政府机关中是同时存在的。中国基层政府中的工作人员以及下派到各居民区的政府工作人员，除了行政编和事业编人员外，其余都称之为编外人员。本书研究的行政编、事业编人员以及编外人员是指基层政府的行政机关、立法机关以及党委、人民团体等机关单位的人员，而不包括学校、医院、军队、司法机关等性质的单位。需要强调的是，行政编人员、事业编人员以及编外人员之间是能够流动的，界限不是绝对刚性的。

治理群体：所有从事党和国家关于社会治理方面方针政策的决策、执行与落实的政府机关工作人员都是治理群体。政府机关中的治理群体包括官僚群体、派生群体、雇佣群体。

群体三分：官僚群体、派生群体和雇佣群体因身份等序的差异，相互分化与组合而形成的三分结构。

官僚群体：拥有行政编制或机关编制、公务员编制身份的治理群体，即公务员群体。根据公务员职位的性质、特点和管理需要，可分为综合管理类、专业技术类和行政执法类三大类别。根据公务员职位类别设置公务员职务序列,职务分为领导职务和非领导职务,其中,领导职务分为国家级正职、国家级副职、省部级正职、省部级副职、厅局级正职、厅局级副职、县处级正职、县处级副职、乡科级正职、乡科级副职;非领导职务层次在厅局级以下设置。此外,综合管理类的非领导职务分为:巡视员、调研员、主任科员、科员。[①]官僚群体广泛分布在我国的党政机关、检察院、法院、人民团体机关以及中国人民解放军等机关中,本书研究的官僚群体主要指在基层政府机关从事工作的人群,不包括检察院、法院以及军事机关等单位中的官僚群体。

派生群体:拥有事业编制身份的治理群体。从事业单位功能的宏观角度看,事业编制身份的人群可分为承担行政性职能的,从事公益服务职能的和从事生产经营职能的三个大类。[②]从事业单位内部的工作性质上看,事业编制身份的人群可分为管理岗位、专业技术岗位和工勤技能岗位三个类别。同时,从纵向的行政级别角度看,这一群体又可以分为国家级、省部级、地厅级、县处级、区科级乃至股员级等。[③]本书研究的派生群体仅指在基层政府机关中享有事业编制身份的工作人员,但不包括基层政府区域内其他事业单位中的事业编制工作人员。基层政府中的这部分派生群体存在于政府与市场、政府与社会之间,但他们与国家权力的关联程度远远高于与社会的关联程度。之所以称之为派生群体,是因为他们从事的职能是从国家政权派生出来的,受制于"小政府、大社会"原则的约束,这些职能从官僚群体中派生出来转移到基层政权的代理性机构之中。派生群体进则为官僚群体,退则为雇佣群体抑或非政府人员。

雇佣群体:没有编制(机关事业编)身份的治理群体。这些群体的类别较

---

① 《中华人民共和国公务员法》,2018 年 12 月。

② 中央编办:《关于事业单位分类试点的意见》,2010 年 8 月。

③ 中华人民共和国人事部:《事业单位岗位设置管理试行办法》,2006 年 7 月。

多,大致可以分为五类:人事代理人员、社工人员、40、50后人员(主要是协管员)、退休返聘人员,以及非编制身份的警察、协警、辅警、网格化管理人员等。有些地方还把40、50后人员以及退休返聘人员称为辅工,即辅助社区工作的人员。相对于官僚群体和派生群体的在编身份而言,雇佣群体都是政府机关中的编外人员或者超编人员,属于人们平时所说的体制外人员。雇佣群体是半行政半社会化人员,他们在身份上不享有国家编制,但他们吃的是国家财政饭,即工资、津贴、福利、保障等费用由国家(基层政府)财政承担,并由基层政府使用与管理,履行的是政府职能。事实上,雇佣群体处于国家与社会的交会点上,承载着基层政府分配下的各种治理任务,是国家与社会贯通的连接器,属于国家机关的工作人员,是政府规模的重要组成部分。

官僚群体与派生群体拥有编制身份,属于人们平时所说的体制内人员,而雇佣群体不享有编制身份,属于体制外人员。

干部群体:官僚群体中担任党政领导职务的人员。在乡(镇)机关中,干部群体指乡(镇)党委书记、副书记,乡(镇)长、副乡(镇)长,人大主席以及各所的所长、副所长等;在街道机关中,干部群体主要指街道党工委书记、副书记,办事处主任、副主任,人大主席以及各科室的科长、副科长等。即官僚群体或派生群体中行政级别是副科级或相当于副科级以上的人员都称为干部群体。

流动:不同治理群体的晋升、调动、降级、辞职等现象。治理群体的流动包括三种类型:垂直流动、水平流动和层级流动。

垂直流动:治理群体的纵向流动现象。在同一行政区域内(同一街道办事处辖区或同一个区政府辖区内等),体制外的人员(编制外人员)向体制内(编制内)流动,体制内的人员(编制内的人员)行政级别低(高)的向行政级别高(低)的流动以及人员退休等流动形式都称之为垂直流动。雇佣群体流向派生群体和官僚群体,派生群体流向官僚群体,官僚群体中非干部群体流向干部群体,行政级别较低的干部群体流向行政级别较高的干部群体,以及行政级别高的干部群体降为行政级别较低的干部群体,治理群体的退休等现象都属于垂直流动。垂直流动既加强了政府上下级行政部门之间的连续性,也加强了上级行政区与下级行政区之间的连续性。

水平流动:不同行政区域内或不同政府职能部门内的人员平级(行政级别相同或都无行政级别)的调动、交流以及转任等形式的横向流动现象。雇佣群体从一个街道辞职到另一个街道工作,派生群体与官僚群体在同一个街道不同职能部门的平级调动任职,官僚群体从一个街道平调到另一个街道任职等现象都属于群体的水平流动。群体的水平流动有助于加强同一行政区域内的地域联系与平行的不同职能科室部门之间的联系。

层级流动:跨区域升迁的流动现象。层级流动主要发生在官僚群体中,街道的科员或副科级干部跨部门晋升为副科级或正科级干部,一街道某科级干部调往另一街道任处级干部,街道的科级干部调往区级政府部门任处级干部,以及区级政府机关部门的科级干部调往街道任处级干部等现象都属于层级流动。层级流动模式建立的网络纽带加强了政府内部各部门之间以及上下级部门之间等级制的联系性,也加强了不同地域的政府之间的联系性。[①]

留滞:治理群体不能成功进入流动序列(垂直流动、水平流动、层级流动),即被甩出流动序列之外,无法实现晋升或转岗、转单位,被迫留在原工

---

① 周雪光在研究中国地方干部或官员流动问题时,提出"层级分流"的概念,即每一行政层级上的大部分官员通常在该行政区域内留滞或流动,只有处于这一层次最高位置的极少数官员有机会向外地或上一层级流动,而且在官僚体制的各个层级均呈现类似的趋势。本书的层级流动概念与周雪光的"层级分流"概念不同,"层级分流"仅包括官员向外地或向上一级层次流动,而层级流动是包括向外地、向上一级政府部门晋升,也指上级部门级别较低的官员到下级政府中级别更高的岗位上任职。具体内容可参见周雪光:《从官吏分途到层级分流:帝国逻辑下的中国官僚人事制度》,《社会》,2016年第1期。

作岗位、原工作单位以及原工作行政系统的现象。

正式政府：由官僚群体和派生群体构成的官僚制政府形态，有明确的公共载体，有人们看得见的存在形式。

"非正式政府"：由雇佣群体构成，隐藏在正式制度的背后，没有明确的载体存在形式，但承担了公共行政机关派给的各项任务。

组合治理：看得见的正式官僚制政府与看不见的隐藏在正式政府背后的"非正式政府"相互合作，功能相互补充，共同治理基层社会。

政府规模：学界对政府规模的衡量标准主要有两点：一个是从政府财政的角度去衡量，另一个是从政府中的工作人员规模去衡量。本书中的政府规模主要是从政府中的工作人员的角度进行衡量，包括在政府机关中工作的所有人员，无论是官僚群体、派生群体还是雇佣群体，都属于政府规模的组成部分。

三规制：指根据有无编制和编制类别把治理群体分为官僚群体、派生群体和雇佣群体三种不同的身份，然后通过三种差异化的标准分别对三种治理群体实行相对独立化的人事制度管理，其主要内容体现在政治待遇、经济保障和社会认可三个维度。

职能分等：不同的治理群体在基层社会治理中履行不同的政府职能。它是不同治理群体履行职能特征的反映，而非具体职能内容的反映，其主要指不同治理群体对谁负责的不同和服务对象的不同，体现的是治理群体职责履行的纵向关系。职能分等不是把基层政府的职能分成三六九等，职能没有地位高低的差异，仅有内容、类别和负责对象的差异。

体制内维稳：通过体制再吸纳的方式把原来属于体制内（编制内）的人重新纳入体制或者或半体制内，以解决其生活生产问题，从而维护社会稳定。本书主要指基层政府对原国有企业职工的再就业安排，以维护基层社会秩序的稳定。

二、主要观点

　　官吏分途作为古代中国国家治理的人事制度安排，在当下中国国家治理中依然具有延续性与再生性。当下中国地方与基层治理中，官僚群体、派生群体与雇佣群体的三分治理结构与古代中国地方治理的官吏分途结构具有异曲同工之妙。官僚群体、派生群体和雇佣群体在数量和规模上的不对称性、身份等序化的差异性、流动与留滞情况以及职能分等状况等方面，都与古代中国基层政府中官吏之间的差异具有相通性。正如官吏分途是支撑古代中国基层社会治理的结构一样，群体三分则是支撑当下中国城市基层社会治理的结构。治理群体的行为是影响城市基层治理绩效的主要变量。然而在当下中国的"编制硬约束"限制下，官僚群体和派生群体的数量与规模在城市基层治理中是一个"常量"，而雇佣群体的数量与规模则成了一个"变量"。雇佣群体的数量与规模是派生群体和官僚群体数量与规模的几倍、十几倍，更是官僚群体中干部群体的数十倍。不同治理群体的数量与规模在基层政府中呈现一个倒三角形状，如图 3 所示：

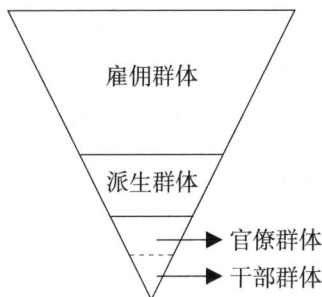

图3　基层政府中治理群体数量与规模呈倒三角状

　　注:图中面积大小代表治理群体数量与规模的多少,面积越大表示治理群体的数量和规模越大,反之亦然。

谁在治理　为谁治理　如何治理？

本书的核心观点是，在中国的城市基层治理中，实际上存在两种形式的政府形态：一种是由数量与规模较小的官僚群体与派生群体组成的官僚制正式政府，另一种是由数量与规模庞大的雇佣群体组成的隐藏在正式政府背后的"非正式政府"。官僚群体与派生群体组成的正式的官僚制政府主要对更高级别的政府或更高级别的干部群体负责，在职能分等上主要是对上负责，为下服务；由雇佣群体构成的"非正式政府"主要为基层社会和基层群众的需求服务，在职能分等上主要是对下负责，为下服务。正式政府与"非正式政府"相互组合、功能互补，共同实现当下中国城市基层社会的有效治理。

但是在当下中国城市基层社会这种组合式治理当中，真正影响基层治理绩效的关键因素有两个：一是官僚制正式政府中那些进入流动序列①的官僚群体，尤其是官僚群体中的干部群体和精英群体（主要体现为街道办事处的领导班子成员）；二是真正将公共政策措施落实到每个居民家庭的数量与规模庞大的雇佣群体。一方面，进入流动序列的极少数官僚群体中的干部群体是城市基层治理中各项公共政策与措施的制定者与决策者，他们是城市基层社会治理的引领者；另一方面，数量与规模庞大的雇佣群体是各项公共政策的执行者与落实者，是城市基层社会治理所依靠的核心力量。雇佣群体的规模和数量是社会稳定、政策落实、强化国家与社会交接和贯通的决定性因素。同样，如果官僚群体中的那部分少数干部群体或精英群体在素质和远见上出了差错，雇佣群体缺乏有效的约束、激励与刺激，且在规模和数量上难以满足经济和社会发展的需要，那么城市基层治理的问题就会层出不穷。而官僚制正式政府中那些未进入流动序列的非干部身份的官僚群体和派生群体，他们是官僚群体与派生群体的绝大多数者，在当下的中国城市基层治理中作为辅助性因素的色彩越来越浓，甚至出现了不作为的情况。

---

① 流动序列主要指垂直流动、层级流动以及水平流动。

三、分析路径

在当下的中国人事制度和国家治理结构中，如何通过群体三分治理结构的巧妙制度安排来实现中国基层社会的有效治理呢？

首先，国家通过编制硬约束制度的刚性划分，把治理群体分为官僚群体、派生群体和雇佣群体三种不同身份的群体,且对官僚群体与派生群体的具体数量与规模都作了硬性的刚性限定，而对雇佣群体的数量与规模只作了弹性规定。这样,在城市基层政府中,官僚群体与派生群体的数量与规模就成了一个"常量",历年几乎一样,没有什么增长,而雇佣群体的数量与规模则成了一个"变量",历年急剧增长。这种刚性的人为制度上的身份划分和官僚群体、派生群体数量与规模的刚性定额,雇佣群体数量与规模增量的要求,除了受制于"小政府、大社会"原则的约束,紧缩政府规模和财政供养规模外,更重要的原因在于基层社会政治、经济、社会、环境发展以及流动人口的急剧上升导致基层政府实际职能大量增加,官僚体制内的考核游戏规则导致基层政府职能的虚增,以及官僚群体和派生群体的职能转移,基层政府的体制内维稳等。这些因素使得群体三分在城市基层政府中的存在又有了现实性的需求。同时,以盘子财政、自收财政、项目转移财政、人事优先财政等形式的财政软约束制度为群体三分的存在提供了隐蔽的财政支撑。这样,在当下的中国城市基层政府中,治理群体一分为三,出现官僚群体、派生群体和雇佣群体三分划分就有其必然性了。如图 4 所示:

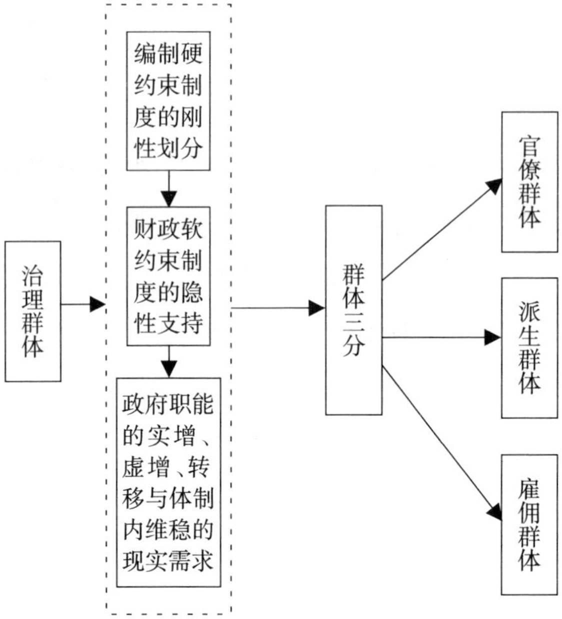

图4 治理群体三分

　　治理群体一分为三,出现官僚群体、派生群体与雇佣群体的三分划分是各种因素共同作用的结果。但官僚群体、派生群体和雇佣群体三种不同身份的治理群体,其身份的差异具体是如何体现的呢? 国家通过"三规制"的人事管理制度和激励机制,以三种不同的标准从政治待遇、经济保障和社会地位三个维度,把官僚群体、派生群体和雇佣群体的身份差异彻底体现出来,构成了治理群体身份的等序化差异,并通过"三规制"固化了不同治理群体的这种等序化的身份差异。如图 5 所示:

	官僚群体	派生群体	雇佣群体
政治待遇 → 行政晋升 岗位聘任	有通道 有优先权	有通道 有相对优先权	无通道 无优先权
经济保障 → 工资薪酬 社会保障 其他福利	级别等级 国家标准 全额享有	职称等级 国家标准 部分享有	半行政半市场化标准 企业最低标准 无
社会认可 → 他人认可 自我认可	社会地位高 有归属感和平等感	社会地位较高 有归属感和平等感	社会地位低 无归属感和平等感

（身份差异）

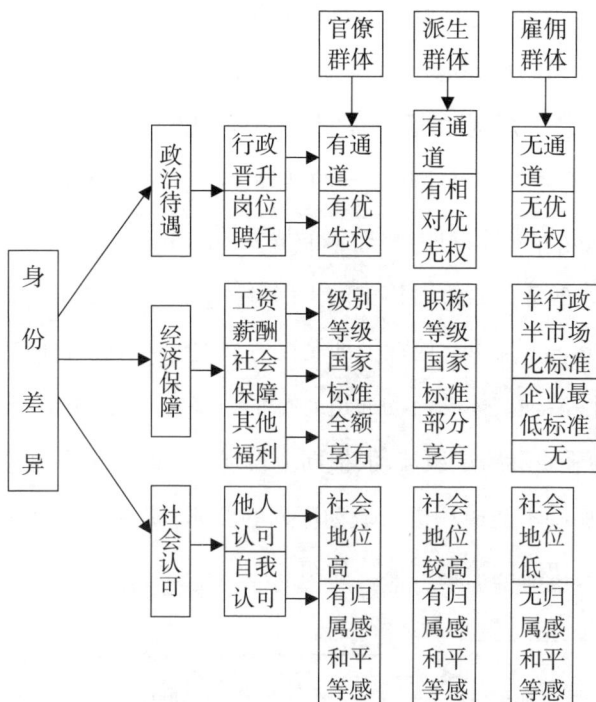

图5 "三规制"中治理群体的等序化身份差异

在政治待遇上，官僚群体的行政晋升通道比派生群体要宽阔，岗位聘任也要优先于派生群体，而雇佣群体没有直接的行政晋升权，也不具有行政岗位的优先聘任权。在经济保障上，官僚群体的平均工资薪酬普遍高于派生群体，派生群体工资薪酬普遍高于雇佣群体，且大部分雇佣群体只享有当地的最低工资水平；由于各项社会保障金建立在基本工资薪酬的基础上，其结果自然是官僚群体享有的社会保障金高于派生群体，派生群体享有的社会保障金高于雇佣群体，甚至在一些地方和基层政府中，部分雇佣群体根本不享有各项社会保障金。在其他福利方面，三种不同治理群体的差异就更大了，只要国家规定的其他福利，官僚群体基本都享有，而且有些基层政府还开辟途径给官僚群体创造国家规定之外的额外福利；相较于官僚群体享有的各项福利，派生群体只能部分地享有其他福利；雇佣群体普遍无法享有其他各项福利。在社会地位上,官僚群体与派生群体的他人认同和自我认同普遍都比较高,享有较高的社会地位,而雇佣群体无论是他人的认同还是自我认同都非常低。通过"三规制"的管理体制,不同治理群体在身份上构成了等序化的差异。治理群体身份等序化差异的结果,必然导致治理群体之间发生流动。哪些人能成为雇佣群体,哪些人能成为派生群体,哪些人能成为官僚群体,又有哪些人能成为官僚群体中的干部群体？国家又通过一系列的制度安排,比如公务员考试制度、党管干部制度等,使各种治理群体之间能够有机流动,只是不同治理群体的流动通道有宽窄的差异而已。群体流动的形式在纵向上表现为垂直和跨层级流动,横向上表现为平级的水平流动。群体有流动就有留滞,那些不能成功进行流动序列的群体,就在各自的岗位或单位上留滞下来,成为留滞的治理群体。如图6所示:

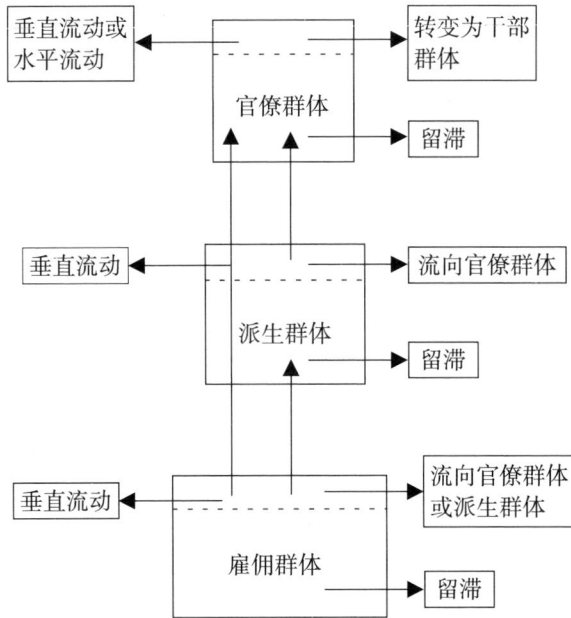

图6　群体的流动与留滞模型

通过流动与留滞的制度安排,那些进入官僚群体与派生群体的治理群体,进入官僚群体中的那些干部群体,主要对上级政府或更高级别的干部群体负责,即对上负责,但为群众服务。进入流动序列的这些干部群体是基层社会治理各种政策与措施的制定者和决策者,在基层社会治理中起到引领的作用;而绝大多数的官僚群体、派生群体因为不能成功进入流动序列而在岗位上留滞下来,在基层社会治理中往往起到信息的上传下达和行政性服务工作的作用,辅助性色彩的角色越来越浓厚。大量的雇佣群体由于制度安排和自身素质等原因,无法进入官僚组织的群体流动序列,就成了似公实私的半行政化人员(没有国家编制身份却履行政府职能),执行国家的各种政策方针和惠民措施,成为基层社会服务的主体,主要对群众负责,为群众服务。这样,官僚群体、派生群体和雇佣群体就在职能上形成了分等:官僚群体,尤其是干部官僚群体中的干部群体主要对上(上级政府或更高行政级别的领导)负责,为下服务;派生群体辅助性职能越来越突出,主要从事信息的上传下达与机关的行政服务性工作,为上下服务,但主要对上级政府或更高行政级别的干部群体负责;雇佣群体主要为基层社会发展和群众的需求服务,对群众负责,为群众服务。如图7所示:

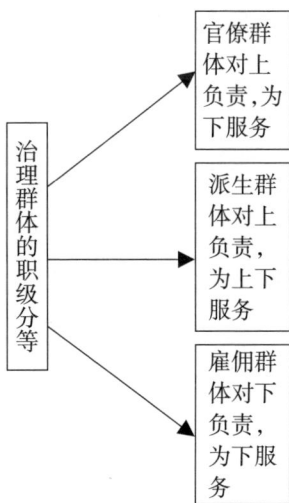

图7 治理群体的职能分等

　　治理群体的这种职能分等状况在政治实践中，是国家通过一系列的机制促使其真正落地。这些机制包括差序化的权力压力机制、晋升锦标赛的激励机制、使命政治的内在约束机制、半行政半市场化的赎买机制等。从治理群体的职能分等状况看，真正决定基层社会治理绩效的是官僚群体中进入垂直流动与层级流动序列的干部群体和留滞下来的数量与规模庞大的雇佣群体。前者是基层社会治理的引领者，后者是把各项惠民措施落实到群众家门口的主体力量，且因其规模大、职能和覆盖面广，以及国家与社会的嵌入性，所以正是城市基层社会治理所需求的。尽管如此，仍然不能忽视非干部身份的官僚群体与派生群体在基层治理中的辅助性职能，他们与干部官僚群体和雇佣群体一样，都是当下中国基层社会治理中不可或缺的部分。因此，在当下的中国城市基层治理中，群体三分治理结构就形成了一个组合式政府治理模式，即由官僚群体和派生群体构成一个官僚制的正式政府形态，主要为上服务，对上负责，引领基层社会治理；由规模庞大的雇佣群体构成一个隐藏在正式政府背后的"非正式政府"形态，即隐性政府(invisible government)，执行和落实各项公共政策与措施，两种形态的政府功能互补，共同推进城市基层社会的有效治理。基于以上内容的分析，本书的逻辑分析示意图如下所示：

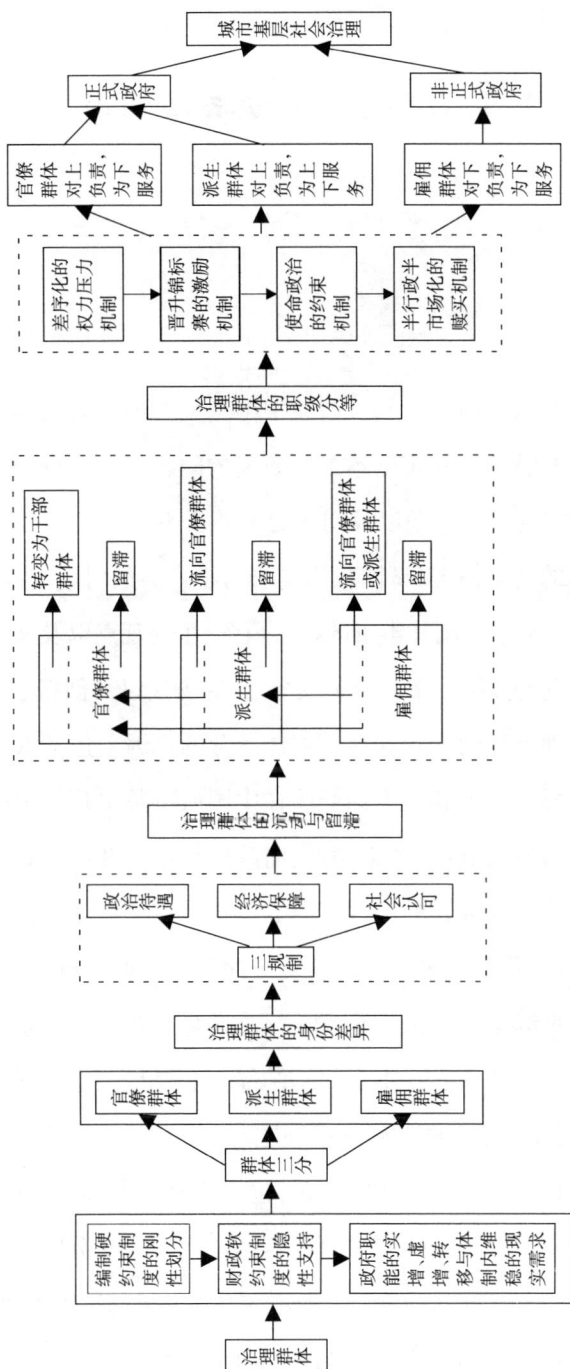

图8 本书逻辑示意图

第四节　章节安排、研究方法与创新

一、章节安排

本书一共包括导言及六章内容。导言回答中国基层治理的政治学是什么，搞清楚这个最基本的问题后，确定了本书要研究的问题。第一章导论的第一节主要介绍本书研究的主要问题以及问题的由来、研究的意义。第二节主要介绍本书研究问题的文献情况，试图找出本书与学术界的对话空间，确定本书的研究视角。第三节主要阐释本书的核心概念、主要观点以及文章的逻辑分析路径。第四节主要介绍本书的章节安排、研究方法以及创新之处。

第二章主要研究治理群体的现状和存在群体三分的原因，包括六节内容：第一节主要介绍治理群体，尤其是雇佣群体在中国城市基层政府中的存在状况；第二、三、四节分别从编制硬约束制度、财政软约束制度以及政府职能三个视角分析治理群体三分存在的原因；第五节主要追溯群体三分的历史路径依赖，即古代中国基层和地方治理的官吏分途模式，阐释群体三分治理结构是官吏分途模式的延续者与变异者；第六节主要阐释当代中国基层治理的群体三分治理结构的具体内容；本章的总结部分主要是讨论从官吏分途到群体三分，中国基层社会治理的逻辑转换问题。

第三章主要研究治理群体身份差异的问题，包括四节内容：第一节主要介绍导致治理群体身份差异的"三规制"的具体内容；第二、三、四节分别从政治待遇、经济保障以及社会认可三个维度介绍治理群体身份差异的具体体现；本章的总结部分主要讨论群体的身份差异的结果与群体流动性之间的关系。

　　第四章主要对治理群体的流动与留滞的问题进行研究,包括五节内容:第一节主要是建立治理群体流动与留滞的模型;第二、三节分别从纵向的垂直流动和横向的水平流动两个视角分别阐释基层政府中治理群体的流动与留滞的实际状况;第四节主要介绍兼具治理群体垂直流动与水平流动特征的层级流动状况;第五节主要对治理群体的留滞特征和状况进行研究;本章的总结部分主要是对治理群体的流动性背后的原理展开讨论,并指出流动与留滞的结果必然会导致治理群体的职能分等。

　　第五章主要研究治理群体的职能分等状况,包括五节内容:第一节主要描述、分析治理群体的职能分等具体状况;第二、三、四、五节主要介绍了对固化和促进治理群体在实际的基层治理中落实职能分等的四种机制:差序化的权力压力机制、晋升锦标赛的激励机制、使命政治的约束机制以及半行政半市场化的赎买机制;本章的总结部分主要讨论治理群体的职能分等现象所反映出的政治原理,即中国基层治理结构和基层政府的形态问题。

　　第六章主要对本书的研究进行理论总结和学术对话,包括四节内容:第一节主要对当下中国城市基层治理结构进行探讨,即组合治理结构,回答谁在治理、为谁治理、这些重大学术和现实问题。第二节主要通过对"小政府、大社会"理论的文献梳理,世界上主要国家的政府规模的比较研究和实证研究,讨论中国基层政府的规模问题。第三节主要讨论中国城市基层政府未来的改革与发展方向问题,即对群体三分治理结构的优化路径进行讨论,提出官僚群体向职业化方向、派生群体向规范化方向、雇佣群体向社会化方向发展以及政府机关未来对治理群体的消化。第四节主要介绍本书的研究不足和未来将继续努力的研究方向。

　　余论部分主要以上海为例,探讨了雇佣群体未来如何被消解,为其他地方更好解决雇佣群体面临的各种难题,进一步激发雇佣群体内生动力活动提供一些思路。

本书最后的内容是附录、参考文献等部分,其中附录是本书某些章节观点的证明材料,是本书的主要构成部分。

二、研究方法

本书的研究方法主要采用了定性分析的案例研究。美国波士顿大学教授约翰·戈宁(John Gerring)在其书 *Case Study Research:Principles and Practices* 中对案例研究的设计进行了深入探讨。他认为案例研究主要包括单案例、多案例以及大样本案例研究,每一种案例研究都有其规范与科学的设计方式,如图 9 所示:①

Cases	Spatial Variation	Temporal Variation: *No*	Temporal Variation: *Yes*
One	*None*	1. [logically impossible]	2. Single-case study (diachronic)
One	*Within-case*	3. Single-case study (synchronic)	4. Single-case study (synchronic+diachronic)
Several	*Cross-case & Within-case*	5. Comparative method	6. Comparative-historical
Many	*Cross-case*	7. Cross-sectional	8. Time-series cross-sectional
Many	*Cross-case & Within-case*	9. Hierarchical	10. Hierarchical time-series

Note:Shaded cells are case study research designs.

图9　案例研究方法

本书的案例研究采用的主要是单案例研究中的第 4 种研究方法,即 Within-case 中 single-case study(synchronic+diachronic)研究方法,在单案例

① John Gerring, *Case Study Research:Principles and Practices*, Cambridge University Press, 2007, p.28.

中采用子案例的横向与纵向的对比研究。本书以上海的基层政府(主要是街道办事处)为研究对象,尽管选择的是上海这一单案例,但是本书分别选取了上海中心城区 K 区的 8 个街道办事处的数据,并详细解剖分析了 K 区 SK5 街道办事处的实际状况;选取了上海郊区 D 区的 5 个街道办事处、7 个镇政府以及区政府机关各部门的数据,同样详细剖析了 D 区 SD1 街道办事处的实际状况,这样就实现了上海的中心城区的各街道办事处与郊区的各街道办事处、镇政府的数据和具体情况的对比,也实现了对中心城区SK5 街道办事处与郊区 SD1 街道办事处各个方面的对比。另一方面,本书还追踪了上海市中心城区 K 区和郊区 D 区的人事制度和治理群体规模的历史发展过程,从时间的跨度上对两地区不同治理群体的状况进行对比。因此,本书的单案例研究,既做到了子案例的横向空间的对比,又进行了纵向历史时间的对比研究。

本书的研究方法从总体上说采用的是案例研究,但在具体的操作过程中,还采用了比较分析、人类学访谈、参与式观察以及文献研究等研究技术和方法。

比较分析法。本书既比较分析了上海市中心城区 K 区各街道办事处与郊区 D 区各街道办事处或镇政府中的治理群体的具体情况,又具体比较了中心城区 SK5 街道办事处与 SD1 街道办事处各职能部门治理群体的具体状况。同时,尽管本书主要的研究方法是单案例研究,但本书还分析了广东省东莞市 B 区 8 个街道办事处的治理群体的实际状况,北京海淀区 13 个街道办事处的雇佣群体存在状况以及陕西省县乡政府的超编情况,即将全国其他城市基层政府的治理群体存在状况与上海市进行比较,从多角度说明治理群体,尤其是雇佣群体在中国城市基层政府中的具体存在情况。

人类学访谈法。本书在研究过程中制定了详细的访谈提纲(见附录 4),深入访谈了大量的官僚群体、派生群体与雇佣群体。访谈的形式主要有以下五种：一是熟人介绍式的访谈；二是笔者通过电子邮件约定时间后，在工作时间进行正式访谈；三是私下吃饭、喝茶式的聊天式访谈；四是参加街道活动时随意随机式的访谈；五是在与街道办事处合作的过程中，把访谈的问题嵌入课题中进行访谈。通过这些访谈方式，最终形成了10余万字的访谈资料，这些深入的访谈资料深刻地反映出治理群体，尤其是雇佣群体在基层政府中大量存在的原因，揭示了当下中国城市基层政府的真实存在状态。这些一手访谈资料是支撑本书观点的主要事实依据。

参与式观察法。由于本书研究对象的特殊性，很难从官方对外公布的资料中得到关于治理群体，尤其是雇佣群体的真实数据。即使在访谈中，也有很多政府主管部门的领导直接告诉笔者，很多数据是不对外公布的，因为这些问题太敏感。事实上也的确如此，比如基层政府中雇佣群体的真实数据，不同治理群体的经济待遇差距状况以及不同治理群体每天的真实工作状态等问题。为此，笔者一方面进行了深入访谈；另一方面，借助与街道办事处合作课题的机会，分别在SK5街道办事处、SD1街道办事处进行蹲点调研与观察，蹲点的时间从2015年11月一直持续到2016年8月，前后历时10个月左右的时间，零距离地观察不同治理群体的日常工作状态，聆听他们的内心想法以及各职能部门的实际情况和运行状态。

文献研究法。本书通过查阅大量的人事志、地方志、统计年鉴、党和国家的相关文件、学术研究文献等资料，全面搜集、掌握与本书研究对象相关的资料，去伪存真、去粗取精，力求既能全面准确地反映本书所研究的问题，又能真实揭示出研究现象背后所蕴含的政治学原理。

三、研究创新

本书的创新之处可以归纳为以下四点：

第一，发现了一个影响基层社会治理的新的重要变量:雇佣群体。学界对治理问题的研究主要是从正式的政治制度、社会资本、经济发展以及政府经济理性人等视角入手，即使有许多学者把研究对象聚焦在基层政府，但分析的对象是地方和基层政府中的干部群体，认为干部群体是影响基层社会治理绩效的主要因素。而本书的贡献是看到了隐藏在制度背后的那部分治理群体，即雇佣群体，他们才是在基层社会中执行党和国家政策方针的真正主体，是保证基层社会秩序稳定、满足居民实际需求的真正力量。

第二，提出了一个新的分析基层社会治理的框架：群体三分与组合治理。与古代中国基层社会治理结构——官吏分途相对应的是，当下中国城市基层社会治理结构是群体三分。群体三分治理结构是官吏分途治理结构的延续者与变异者，但比官吏分途治理结构更复杂。群体三分治理结构揭示了当下中国基层政府中官僚群体、派生群体以及雇佣群体之间的相互性与复杂性，揭示了不同治理群体在当下城市基层社会治理中扮演的不同角色，揭示了基层政权的日常运行逻辑——组合治理模式，即由官僚群体、派生群体组成的正式政府，由雇佣群体组成的非正式政府，前者在基层社会治理中主要履行政策的决策与信息的上传下达职能，后者主要履行政策的贯彻落实职能，二者相互合作，形成一个组合政府形态，共同推进基层社会的治理。本书通过群体三分和组合治理的框架把城市基层政府中不同治理群体在基层社会治理中的角色和功能，以及他们之间的复杂关系清楚地揭示出来。

第三，提出了一些新的分析现实问题的概念。本书根据中国城市基层治理的现实和已有的研究成果提出"官僚群体""派生群体""雇佣群体"等概念，把公务员、事业编人员以及编外人员的身份学术概念化;"群体三分"概括了当下中国城市基层治理的人事结构和治理结构特征;"编制硬约束"制度概括了中国编制制度的刚性特征;"财政软约束"制度概括了中国财政收支制度缺乏刚性约束力的特征;"体制内维稳"描述了基层政府招聘大量原属于体制内的雇佣群体的原因；"常量"与"变量"描述了基层政府中官僚群体、派生群体与雇佣群体的数量规模变化的特征；"流动""留滞""垂直流动""水平流动"等概念描述了官僚群体、派生群体与雇佣群体的升迁与调度特征；"实增""虚增""转移"等概念描述了基层政府的职能特征；"差序化权力"概括了不同群体与政治权力的距离特征；"三规制"概念描述了不同治理群体之间身份差异的制度安排的特征；"半行政半市场化赎买"机制概括了雇佣群体的管理和激励方式；"正式政府""非正式政府""组合治理"概括了当下中国基层政府的真实形态等。

第四，提供了一系列实证的一手新数据和新资料。寇艾伦(Allen Carlson)等人认为，新的研究资料也是写作创新的一部分，尤其是在研究当下中国的政治问题时。①笔者从 2015 年 11 月份开始一直到 2016 年 8 月，前后断断续续在上海的各个街镇进行调研、访谈，选择一个中心城区和一个郊区蹲点，在中心城区的 SK5 街道办事处蹲点 3 个月时间，在郊区的 D 区区政府机关和 SD1 街道办事处访谈的时间有 4 个月左右。并且笔者也走出上海，对河南等地方政府的治理群体情况进行访谈和了解。本书中提供的官僚群体、派生群体以及雇佣群体的数据在政府的实际工作中都是不对外公布的，尤其是雇佣群体的数量，基层政府都把其视为极其敏感的事情，基本都不愿意去碰这一块内容，而且在工作当中雇佣群体的管理也比较松散，有许多数据也根本没有统计在册。在这样的情况下，笔者只能通过参与式观察和深入访谈的方式，一点一点地搜集材料；还有通过充分发挥导师的人脉关系，通过联系更高级别的领导为访谈提供条件和便利。但有时候在领导安排的访谈中，有些人员包括很多雇佣群体不愿意讲真话，也放不开讲，笔者只能私下一次又一次地联系他们，如推销员那样"推销"自己的写作意图，打消他们对

---

① See Allen Carlson, Mary E. Gallagher, Kenneth Lieberthal, Melanie Manion: *Contemporary Chinese Politics: New Sources, Methods, and Field Strategies*, Cambridge University Press, 2010.

我找麻烦、"揭盖子"的担心,消除他们的敏感神经。精诚所至,金石为开。最终,访谈对象在讲的时候都比较坦诚。因此,本书提供的一手数据与访谈资料都是真实有效、弥足珍贵的。

第二章 治理群体

韦伯说:"从技术的角度来说，大规模的现代国家绝对要依赖于一种官僚制基础，国家越大，而且越要成为一个强国，就越是无条件依赖这个基础。"①建立一个强大而有效的官僚体制是现代国家构建的核心内容之一。"正如迈向资本主义进步是衡量中世纪以来经济现代化的确凿标准一样，向官僚制官员进步同样是衡量国家现代化的确凿标准。"②国内外的学界和政界普遍认为，新中国成立后,中国很好地推进了现代国家构建,建立了一个相对完善的现代官僚体系。"1949 年革命胜利的意义在于,共产党通过社会动员和革命战争的手段,对外有效地争取到了国家主权独立和领土完整统一,在平等、互利、自主的基础上发展同其他国家的关系;对内按照民主集中制的原则建立了相对完备的国家行政体系，使中央政府的政令通过遍布国中

---

① ［德］马克斯·韦伯:《经济与社会》第二卷(上),上海人民出版社,2010 年,第 1110 页。
② 同上,第 1561 页。

的党组织网络贯穿到基层……"[①]改革开放后,中国更是依靠其强大而高效的官僚体制,通过常规化和非常规化的方式,动员各种资源、各种力量,在经济发展、政治稳定、社会进步、民生改善以及环境保护等方面不断创造奇迹。[②]那么中国的官僚组织是如何完成国家建设任务,推进社会治理的呢?

学者的研究成果表明:官僚组织通过财政分权、晋升锦标赛的激励机制和干部管理制度的约束机制,在常规模式下,上级政府组织层层加压,把任务整体发包给下级主要官员,再由相关职能部门负责具体执行。虽然官僚组织是通过层层加压的方式进行行政性发包,但在其过程中任务确定、派发、执行、考核等谈判环节贯穿整个过程,这就不可避免地出现常规方式的失效。当常规方式无法达到上级官僚组织的目的时,上级官僚组织就会通过财政资源对下级组织进行局部动员的项目制运作,或通过政治动员对整个官

---

① 陈明明:《在革命与现代化之间——关于党治国家的一个观察与讨论》,复旦大学出版社,2015年,第298页。相关文献还可以参见林尚立:《国家建设:中国共产党的探索与实践》,《毛泽东邓小平理论研究》,2008年第1期;王正绪:《国家建设、现代政府和民主之路:六十年来中国的政治发展》,《马克思主义与现实》,2010年第1期;Philip A Kuhn,Political Participation and the Chinese Constitution:The Role of the West,*Chinese Historians*,Vol.5,No.2,Fall 1992.

② 张五常认为,地方政府以强大的官僚垄断权来主导地方经济发展,为中国经济发展提供了强大的动力,是中国改革开放后近三十年经济起飞的主要驱动力。张五常:《中国的经济制度:中国经济改革三十年》,中信出版社,2009年,第144页。

僚体系进行整体动员的运动式治理。①换言之,学界普遍认为自新中国成立以来,尤其是改革开放以来,中国取得令世界瞩目的成绩最重要的原因之一就是建立了一个强有力的官僚组织,依靠专业化的、非人格化的、具有丰富行政经验的职业化官僚队伍执行组织任务,推动国家治理体系和治理能力的现代化。然而推动当下中国社会治理,尤其是推进中国城市基层社会治理的力量是我们表面看到的这样,只是由职业化的官员队伍完成组织任务,进行政策落实的吗？其实不然,真实情况是在当下中国城市基层社会治理中,真正把国家的法令、政策执行、落实到群众当中的治理群体是基层政府中没有编制身份的、规模庞大的雇佣群体,而不是仅从表面看到的那样,是具有公务员身份的官僚群体和具有事业编制身份的派生群体。在中国城市基层社会治理中,尽管官僚群体的政策措施的决策作用、派生群体的信息上传下达以及行政性服务工作的辅助性作用不可忽视,但数量和规模庞大的雇佣群体才是真正影响基层社会治理绩效的核心因素。为什么会是这样？在中国城市基层政府中,官僚群体、派生群体和雇佣群体的数量和规模的真实状况

① 相关文献可参见荣敬本等:《从压力型体制向民主合作体制的转变:县乡两级政治体制改革》,中央编译出版社,1998 年;周黎安:《转型中的地方政府:官员激励与治理》,格致出版社、上海人民出版社,2008 年;周黎安:《行政发包制》,《社会》,2014 年第 6 期;周黎安:《中国地方官的晋升锦标赛模式研究》,《经济研究》,2007 年第 7 期;周黎安等:《"层层加码"与官员激励》,《世界经济文汇》,2015 年第 1 期;周雪光:《运动型治理机制:中国国家治理的制度逻辑再思考》,《开放时代》,2012 年第 9 期;陈家建:《项目制与基层政府动员——对社会管理项目化运作的社会学考察》,《中国社会科学》,2013 年第 2 期;陈家建、边慧敏、邓湘树:《科层结构与政策执行》,《社会学研究》,2013 年第 6 期;王汉生、王一鸽:《目标管理责任制:农村基层政权的实践逻辑》,《社会学研究》,2009 年第 2 期;冯仕政:《中国国家运动的形成与变异:基于政体的整体性解释》,《开放时代》,2011 年第 1 期;周飞舟:《锦标赛体制》,《社会学研究》,2009 年第 3 期;林毅夫、刘志强:《中国的财政分权与经济增长》,《北京大学学报 (哲学社会科学版)》,2000 年第 4 期;赖诗攀:《中国科层组织如何完成任务:一个研究述评》,《甘肃行政学院学报》,2015 年第 2 期;Oi JC, Fiscal Reform and the Economic Foundations of Local State Corporatism in China, *World Politics*, 1992, p.45(1);Li H and Zhou L-A, Political Turnover and Economic Performance:the Incentive Role of Personnel Control in China, *Journal of Public Economics*, 2005, p.89;Edin M, State Capacity and Local Agent Control in China:CCP Cadre Management from a Township Perspective, *The China Quarterly*, 2003, p.173;等等。

是什么样的？为什么会出现官僚群体、派生群体和雇佣群体的三分结构划分？雇佣群体在当下城市基层政府中大规模存在，仅仅是在当下的中国环境才有的现象吗？古往今来，中国基层社会治理的逻辑又是怎样展开的？这些问题都在本章——作出解答。

第一节　治理群体现状

一、治理群体研究现状

据上文对治理群体的定义，治理群体包括政府机关中的官僚群体、派生群体和雇佣群体。无论是官僚群体、派生群体，抑或是雇佣群体，他们都是政府职能的履行者和实施者，都在中国社会治理中扮演着极其重要的角色。然而国内外学界对当前中国治理群体关注的焦点是官僚群体和派生群体，而对雇佣群体研究的成果寥若晨星。正如赵世瑜在谈到学界对古代中国的胥吏研究时所说的那样："所有关于胥吏的著作加在一起，与国内外对中国官僚制度研究相比，也只是沧海一粟。"[1]事实上，在中国的城市基层治理中，雇佣群体才是真正将公共政策落实到每一个居民家庭的执行者，是强化国家与社会交接和贯通的决定性因素。因此，我们的研究不但不能忽视雇佣群体的存在，反而应该更加重视对这一群体的关注。令人欣喜的是，在最近几年，学术界涌现出一些关于雇佣群体，尤其是关于中国基层政府机关中的雇佣群体的研究成果。

---

① 赵世瑜：《吏与中国传统社会》，浙江人民出版社，1994年，作者序第3页。

根据贾栋对中国政府机构超编问题的研究,2003 年在中国的 32 个省市区中普遍存在超编现象。其中,行政编制超编的省市区有 11 个,政法专项超编的省市区有 18 个,县乡事业编制超编的省市区有 16 个,乡镇事业编制超编的省市区有 15 个。具体到陕西省党政机关的超编情况而言, 在 1988—2005 年,陕西省的行政编、事业编均出现超编现象,其中行政编超编现象最严重的行政区是县级单位,每年的超编率均在 10% 以上,有的县的超编率甚至达到了 51.78%;而事业编超编率均在 9.59% 以上,有的年份全省总体超编率达 32.42%,个别县市的超编率超过 56%。①贾栋的统计数据在一定程度上得到了朱光磊、李利平的研究支持,他们指出:中国行政编制数额太少,2004 年中国政府部门雇佣的编外人员或超编人员的比重是 45.3%。②赵子建在 2006 年对北京海淀区各街镇(乡)的行政编、事业编和编外人员也作了调研,根据他的调研情况,海淀区各街镇(乡)在编人员与编外人员的数量与规模统计,如表 1 所示:③

表 1　海淀区部分街镇行政事业编与编外人员数量比较　　　单位:人

乡镇街道	行政编人员	事业编人员	外聘协管员和临时工
海淀乡	55	42	135
温泉镇	53	47	112
甘家口街道	83	34	212
羊坊店街道	86	34	210
万寿路街道	90	36	218
八里庄街道	80	30	204
田村路街道	69	25	185
中关村街道	86	34	258

---

① 贾栋:《超编问题的人员编制管理研究——以陕西省人员编制研究为例》,西北大学硕士学位论文,2007 年。

② 朱光磊、李利平:《公务员占人口的适当比例问题刍议》,《中国行政管理》,2009 年第 9 期。

③ 赵子建:《基层政府人员编制隐性膨胀问题研究》,国家行政学院出版社,2013 年,第 88 页。

乡镇街道	行政编人员	事业编人员	外聘协管员和临时工
香山街道	55	27	114
苏家坨镇	56	67	209
四季青镇	56	59	194
学院路街道	86	30	222
上地街道	68	19	161

从表 1 中可以看出,海淀区各街镇(乡)行政编人员与事业编人员的数量与规模都远远小于编外人员的数量与规模,且编外人员的数量是行政编与事业编人员数量的几倍。换言之,在海淀区各街镇(乡)中,雇佣群体的数量与规模远远大于官僚群体与派生群体的数量与规模,三者形成巨大反差。叶静对中国东部某省的 L 县以及辖区 Q 镇的辅警人员调研数据更是显示在编人员与雇佣的编外人员在数量、规模上的巨大反差:该县 2015 年在编公安人员是 1700 多名,而雇佣来的辅助治安队伍即辅警人员由 2004 年的 2000 多名发展到目前的 7511 人,编外人员的辅警数量是正式编制警员数量的 4.4 倍多;辖区 Q 镇正式编制的警员数量是 24 名,但到 2015 年初雇佣而来的辅警数量达到 348 名,编外人员的辅警数量是正式编制警员数量的 14.5 倍。[①]尹然对山东省 K 镇政府部门工作人员的数量统计,则反映了在中国的乡镇机关中不仅存在严重的超编现象,而且对雇佣群体还存在管理疏漏的现象。山东 K 镇政府的编制是 70 人,其中行政编是 36 人,事业编是 34 人,而事实上 K 镇的实际在职人员达到 223 人,雇佣的编外人员多达 153 人,但是这 153 人中只有 100 人在册在岗,另外 53 人在册而不在岗。[②]

---

① 叶静:《地方软财政支出与基层治理——以编外人员扩张为例》,《社会学研究》,2016 年第 1 期。

② 尹然:《我国乡镇政府人员编制管理研究——以山东省 K 镇政府为例》,燕山大学硕士学位论文,2013 年。

这些研究成果所反映的现象是，在中国政府机关中，尤其是在中国地方与基层政府中存在大量的雇佣群体，且雇佣群体与官僚群体、派生群体在数量和规模上呈现巨大的反差。这仅仅是学界碎片化的研究成果，而笔者对上海市中心城区 K 区和城乡接合部的郊区 D 区的基层政府调研情况，不仅给雇佣群体大规模存在的现象予以真实的印证，并且笔者的最新调研数据更放大了基层政府中雇佣群体与官僚群体、派生群体在数量与规模上的巨大反差问题。

二、上海基层政府中的治理群体

K 区位于上海市中心城区东北部，全区面积 23.48 平方千米，辖下有 8 个街道，226 个居委会，常住人口 78.52 万人，户籍人口 77.5 万人，人口密度 3.4 万人/平方千米，是上海人口密度最高的区。2014 年全区实现财政总收入 145.88 亿元（比 2013 年增长 14.23%），其中，区级财政收入 78.62 亿元，各街道财政收入 67.26 亿元。[①]K 区各街道办事处中的不同治理群体的额度和实际人员数量，统计结果如表 2 所示：

———————
① K 区地方志编撰委员会：《K 区年鉴（2015）》，上海社会科学院出版社，2015 年，第 3~4 页。

表2 K区各街道(SK)办事处工作人员数量统计

单位:人

街道	居委会(个)	人口		公务员		事业			社工	未纳入就业年龄阶段		退休返聘人员		实际人员(不含机关事业)	实际总计
		户籍人口	实有人口	额度	实际	额度	实际	居委会		街道聘用	协管员	居民区	街道和各中心		
SK1	32	116155	81724	60	61	46	33	12	195	14	89	48	58	404	510
SK2	18	60764	66352	60	53	37	27	4	131	43	45	44	42	305	389
SK3	37	118305	107059	60	55	50	31	6	143	57	104	93	52	449	541
SK4	36	155033	109401	60	61	42	30	4	132	31	103	142	47	455	550
SK5	22	89698	114858	60	55	39	30	3	144	42	101	92	51	430	518
SK6	24	82633	99185	60	50	41	26	9	142	60	54	77	28	361	446
SK7	27	68245	94474	60	48	37	23	7	138	19	78	94	34	363	441
SK8	30	84726	112192	60	48	37	22	6	163	40	94	123	51	471	547
总计	226	775559	785245	480	431	329	222	51	1188	306	668	713	363	3238	3942

注:(1)数据统计时间截至2015年8月31日。

(2)数据来源于对K区的调研。

(3)社工,未纳入就业年龄阶段、退休返聘人员都是雇佣群体。在2015年之前,这三部分人都是按照市场原则,通过劳动合同或协议的形式,由街道雇佣而未履行政府职能的。由于这些人员的数量与规模越来越庞大,为了对这批人员进行更规范的管理,2015年上海市在各街道成立社工站,通过设置社工岗,把这批人当中的部分人纳入一个拥有新的身份的队伍中,即拥有社工编制的人员。是否有社工证等条件,对街道区域内的有编制人员进行有梯度的划分,把这批人当中的部分人纳入一个拥有新的身份的队伍中,即拥有社工编制的人员。社工编制分为18个等级,从第1级到第18级,每个级别的人员在工资、福利待遇等方面都存在差异,级别越低,工资、福利待遇越低。社工编制之外取得社工资格,还未纳入社工编制的人被称为未纳入就业年龄阶段,有的街道还把未纳入就业年龄阶段的人员或未纳入就业年龄阶段的人员称为辅工。编外人员从第1级到第18级,还未纳入社工相对于行政编和事业编来说,还不是真正的"编制"。用街道办事处有关人员的话说:"社工编是编制外的'编制',是社会编。说它是编制,因为未纳入社工人员招聘都是由区统一招聘了,是有名额和财政供养比例限制的,既然有名额和财政供养比例的限部门的调研。

制，就是一种'编'，但不是真正的编制。"①社工编人员的待遇比之前未进入社工编时提高一些，比辅工和退休返聘人员待遇也要高，但社工编人员最高工资薪酬也不到事业编制人员的最低薪酬。他们的工资、管理、考核依然掌握在市级层面，工资、福利、社会保障金等待遇也是掌握在各街道镇政府手中，而不像公务员和事业编制的人员，录用、管理、考核是由区财政统一承担。②他们的录用权、管理权、考核权还由市或区级财政承担。所以社工编的人员不是真正地拥有编制，还是处于编制外的一种相对规范的管理方式。

无论是社工，还是未纳入就业年龄阶段、退休返聘人员，他们都是由街道办事处承担责任性的工作。实际上，街道由居委会承担服务和管理性的工作。实际上，街道的雇佣群体即编外人员不仅包括社工，未纳入就业年龄阶段辅工（包括协管员），退休返聘人员，还包括人事代理人员和社区公益服务人员两类人。人事代理人员也是由街道办事处承担全部经费保障和统一使用管理的从业人员。他们受聘后主要在街道机关各科和各服务中心工作或在社区工作。退休返聘人员主要在街道办事处辅工，其人事关系在政府人事部门所属的人才服务中心。人事代理人员由街道办事处统一使用管理，主要在街道办事处各职能科室从事服务性工作。社区公益服务人员是指社区具有政府补贴托底安置责任、无任何其他收入来源，由各级财政承担全部资金的社区劳动组织中从事公益性劳动的一些人员。包括助老队伍、助困队伍、助残队伍、助学队伍、助医队伍、卫生员①等人。以及居委会的"五大员"（宣传员、安全员、社保员、调解员、计划生育者队伍、市容队伍、文化活动队伍，维护稳定队伍的一些人员。

（4）此数据不包括街道办事处的人事代理人员与公益性服务人员。据SK5街道办事处的科长和科员说，在街道的职能部门中，人事代理人员有30个左右，公益性岗位的人员有50多个，而整个社区中从事保洁、保绿、助老、助残的公益服务人员有900个左右。事实上到底有多少，他们并没有统计过。③同时，此表中的数据也不包括各街道政府机关中的借调人员，不包括公检法等机关人员。

---

① K区SK5街道人力资源办的科长L的访谈，2015年9月3日。

② 根据2015年上海市有关政策规定，社工编人员的工资，社会保障金等人头费由区财政统一承担，但是从2016年下半年的调研中得知，区财政并没有承担社工编人员的人头费，仍然由各街镇自己承担。

③ K区SK5街道人力资源办的科长L和科员G的访谈，2015年9月3日。

　　从表 2 中我们可以看到，在 K 区的各街道机关中存在大规模的雇佣群体，且官僚群体、派生群体与雇佣群体的数量与规模的反差是惊人的：在雇佣群体数量最少的 SK2 街道，雇佣群体的数量是官僚群体数量的 5.75 倍，是派生群体数量的 9.84 倍；在雇佣群体数量最多的 SK8 街道，雇佣群体数量是官僚群体数量的 9.81 倍，是派生群体数量的 16.82 倍！需要指出的是，K 区各街道中的工作人员统计还不包括公益岗位的人员数量，不包括公检法等政府部门的雇佣群体，如果再加上这些岗位和单位的雇佣群体，那么雇佣群体与官僚群体、派生群体在数量与规模上的反差程度更大。官僚群体、派生群体和雇佣群体在街道的各职能部门是如何分布的呢？本书以隶属于 K 区的 SK5 街道为例，具体看一下官僚群体、派生群体和雇佣群体在街道各个职能部门的详细分布情况，如表 3 所示：

单位：人

表3　SK5街道各科室工作人员数量统计和分布情况

办公室（所）	公务员	事业·事务中心	事业·网格化	事业·党建中心	社工工作者·合同	社区服务中心·合同	社区服务中心·协议	综合协管中心·合同	企业·合同	企业·区派驻	其他单位·合同	其他单位·协议	其他单位·其他	合计
领导	15													15
党政办公室	8		2						4		3			17
人大代表联络室	1													1
社区党建办公室	4				1		1			1				7
纪工委	1													1
妇联	1				1									2
工会														0
团工委														0
文化中心				1			3		1	1				6
图书馆			1		3	4		1		1				10
党建服务中心			1		3	6		1						10
青少年社工											3			3
社区管理办公室	3	1			3				2					9
网格化中心		1			5				1					7
市容环境协管员								21						21

续表

办公室（所）	公务员	事业			社区工作者	社区服务中心		综合协管中心	企业	区派驻	其他单位			合计
		事务中心	网格化	党建中心	合同	合同	协议	合同	合同		合同	协议	其他	
公益保洁人员											18	3		21
社区服务办公室	6	1					1							8
社区事务中心		6			26		3			2			3	40
劳动监察协管员						3								3
就业援助助理员						16								16
社会保险协管员						2								2
助残员											24			24
敬老院服务员											4	15		19
居家养老服务员											22		20	42
社区平安办公室	4	2			1		1			1			2	11
综治中心			4		1		8			1				14
禁毒社工											6			6
综治社队员											20			20

续表

办公室（所）	公务员	事业			社区工作者	社区服务中心		综合协管中心		其他单位			合计
		事务中心	网格化	党建中心	合同	合同	协议	企业合同	区派驻	合同	协议	其他	
特种设备协管员						2							2
社会综合协管员						27							27
社区自治办公室	3											1	4
社区发展办公室	3	1	1					11					16
中广公司								10					10
申全公司								5					5
申欣公司								4					4
人力资源办公室	4	2									1		7
司法所	2	1	1		1							2	7
司法社工										4			4
居委会					82	2	78		2			1	165

注：（1）数据统计时间截至2015年11月2日。

（2）数据来自对SK5街道人力资源办的调研。

（3）数据是街道职能部门所有的工作人员，包括SK5街道的公务员、事业编制人员、人事代理人员、社工、辅工、退休返聘人员、部分公益服务人员，以及从辖区内有关企业或从所属居委会借调的部分的司法机关和派出所等部门的工作人员。

（4）合同、协议都是雇佣的形式之一，在本质上都是一样的，都是按照市场原则雇佣，招募工作人员。这些雇佣人员的工资、福利等待遇都由街道或财政支付。这些人员的招聘、清退、考核等人事管理权也都由街道政府掌握。

在表3中我们可以看到，当SK5街道的雇佣群体中不包括街道借调和一些公益性岗位人员时，雇佣群体的数量是官僚群体的6.29倍，是派生群体数量的11.53倍；而在包括部分公益岗位人员和借调人员的表3中，雇佣群体在街道的每一个职能部门中都存在，且雇佣群体的数量是官僚群体的9.09倍，是派生群体的16.67倍，其反差程度令人咋舌！再具体到SK5街道的各部门时，官僚群体、派生群体与雇佣群体的分布情况也令人费解，有的部门只有官僚群体或派生群体，而有的部门只有雇佣群体（其原因将在下文第五章中予以解答）。

K区作为上海市中心城区，雇佣群体在各街道以及街道各职能部门中大量存在，而且雇佣群体的数量与规模是官僚群体与派生群体的几倍，甚至是十几倍。那么上海市中心城区街道的治理群体状况在上海的其他地方也是如此呢？下面以上海市的城乡接合部D区为例，看看上海边远城区中的政府机关中不同治理群体的数量、规模与分布情况。

D区位于上海市西北部，临近江苏省，总面积463.55平方千米。辖下有5个街道，7个镇，141个居委会，150个行政村。截至2016年3月，D区户籍人口是60万左右，实际人口是160万左右。[①] 2015年全区实现财政总收入797.1亿元（同比增长6.4%），其中属地收入624.6亿元。[②] D区各街镇机关中不同治理群体的额度和实际人员数量统计状况，如表4所示：

---

① 数据来自对D区公安分局人口办的调研，2016年4月12日。
② 数据来自：《2015年上海市D区国民经济和社会发展统计公报》，2016年2月17日。

单位：人

表4 D区各街(SD)镇(TD)政府工作人员数量统计

街道	居或村委会(居+村)	人口		公务员		事业编(或参公或享)					其他人员(非机关事业)额度	实际其他人员(非机关事业)	实际人员(含机关事业)
		户籍人口	实有人口	额度	实际	额度	实际	居委会	参公(城管执法队)	其他			
SD1	17+0	59579	74542	52	51	78	76	18		58	69	295	422
SD2	12+3	47982	108803	45	39	56	46			46	50	391	476
SD3	8+4	29153	77852	45	35	44	34	4		30	41	287	356
SD4	11+1	27431	59269	38	39	46	35	3		32	48	218	292
SD5	13+20	63900	167648	55	42	67	44	6		38	63	632	718
TD1	12+8	58753	171196	50	46	115	62		20	42	68	473	581
TD2	20+42	91419	255647	55	61	137	95	10	22	63	85	581	737
TD3	24+16	76475	280889	50	47	138	69	9	15	45	75	823	939
TD4	18+16	58745	183407	50	45	128	82	2	27	53	72	592	719
TD5	2+19	30986	89434	50	43	101	76		13	63	30	535	654
TD6	2+11	24378	41135	50	35	99	59		13	46	24	269	363
TD7	2+10	30796	85701	50	40	101	74		14	60	28	282	396
总计	141+150	599597	1595523	590	523	1110	752	52	124	576	653	5378	6653

注：(1)数据统计截止时间是 2016 年 3 月 11 日。

(2)数据来源于对 D 区的区编制办、区人力资源和社会保障局和各街道的党政办、人力资源科等部门的调研以及 D 区公安分局人口办的内部工作报告等资料。

(3)其他人员主要包括：各街镇政府机关中的人事代理人员、社工人员；区级各政府部门、街镇派遣的在居民区做辅助性工作或服务性工作的社工人员；街镇招聘的协管员、退休返聘人员等，这些人员都是以合同或协议的形式由基层政府（区、街镇）招聘而来，都是非机关事业编制人员，都属于雇佣群体。

（4）此数据不包括公检法等机关的工作人员数量，不包括因政府服务外包而履行政府职能的人员数量，不包括保洁、保绿、助残、助老等公益性岗位的人员数量；不包括 D 区各街镇的非机关事业编制的警察。据 D 区人力资源局副局长和相关工作人员称，他们估计各街镇的辅助人员编制的警察共有 2800 多人，辅警和城市网格化管理人员数量有 3000 人左右，城市网格化管理人员是按照与该机关事业编制人员数量的 1:1 比例配备。但事实上是超过 1:1 比例的，具体多少他们也没有统计过，因为这些单位的辅助人员也大量存在，因为机关事业编制的机关事业编制人员更多，流动性也比较大，自始至终没有进行过统计。而 40、50 后的公益性岗位的人员数量，也始终是一个近似值。因为机关

（5）此表中的非机关事业编人员，即编外人员的数据是现有条件下能够统计到的最真实的数据，但也只是一个近似值。因为他们的人员结构比较复杂，他们的流动性相对较事业编制内的数据都是精确的，但是非机关事业编人员数量统计的难度非常大，因为他们是各职能部门招聘的，管理散乱。所以据区编办、人力资源局以及高，并且他们是由不同的政府部门招聘的，有些是各个街镇招聘的，有些是各个职能部门招聘的，管理散乱。所以据区编办、人力资源局以及各街道的相关人员反映，在政府机关中，没有哪一个职能部门能够说清楚非机关事业编制人员的数量具体是多少，也没有一个职能部门能够真正统计过。

从表 4 中我们看到,D 区的各街镇官僚群体数量是 523 人,而派生群体是 752 人,二者都没有超出编制的额度,但雇佣群体的数量为 5378 人,是官僚群体的 10 倍多,是派生群体的 7 倍多,是二者总和的 4 倍多。需要强调的是,雇佣群体数量是不包括公检法等机关中的雇佣群体和各街道 40、50 后等公益性岗位上的雇佣群体数量,并且现在统计的雇佣群体数量是各个部门上报的已知数量,不排除存在有些职能部门少报的情况。换言之,表 4 中的雇佣群体数量有可能是 D 区各街镇雇佣群体总数的最小值。如果我们把这些因素都考虑在内的话,D 区各街镇的政府机关中的雇佣群体数量与规模就会更多、更大、更惊人。与之相对的是,街镇政府机关中的雇佣群体与官僚群体、派生群体在数量与规模上的反差也就会更大。D 区各街镇中的各种治理群体在各个职能部门是如何分布的呢? 我们以 SD1 街道办事处为例,看看各种治理群体在 D 区各街镇职能部门的分布情况,如表 5 所示:

表 5　D 区 SD1 街道(部分)科室工作人员数量统计和分布情况　　单位:人

科室 (站、所)	党政办公室(人大代表联络室)	社区党建办公室	社区管理办公室	社区服务办公室	社区平安办公室(信访办)	社区自治办公室	社区发展办公室	社区文明办公室	社区事务受理服务中心	联勤中心	文化中心	总计
公务员	2	7	2	2	2	2	5	0	1	1	2	26
事业(或享)	3	2	6	6	2	4	10	3	8	1	5	50
非机关事业编	2	12	4	8	4	3	7	3	38	42	16	139

注:(1)数据统计时间截至 2016 年 3 月 20 日。

(2)数据来自对 SD1 街道办事处组织人事科的调研。此表是 SD1 街道部分科室的人员分布状况,不是街道机关科室的全部数据,且政府各部门以及镇委派到各村(居)委会做协助性工作的各种社工人员和协管员不包括在表中非机关事业编的数据中。据组织人事科科长说,其中派到各村(居)委会工作的社工有 187 名左右,协管员有 80 名左右。如果把这些雇佣群体全部加在一起,那么 SD1 街道的雇佣群体数量将达到 400 人以上。①

(3)街道各科室的非机关事业编人员主要包括两类:人事代理人员和社工。

———————

①　数据来自对 SD1 镇组织人事科的调研,2016 年 4 月 6 日。

　　D区各街镇政府是如此,那么在区级政府各机关中,是不是也存在着这样大规模的雇佣群体呢?雇佣群体与官僚群体、派生群体在数量规模上也存在这样巨大的反差呢?本书就根据对D区区级机关的调研情况,分别选取部分政府单位、党的机关以及区人大、政协、人民团体单位等,具体看一看区级国家机关中不同治理群体的存在情况。首先,看一看D区部分政府单位中的治理群体状况,如表6所示:

表6　D区政府(部分)机关部门工作人员数量统计　　　　单位:人

部门	编制额度	实际			
		公务员	事业编(或参公)	人事代理或社工	总计
区人民政府办公室(区府办)	41	27	4	14	45
区发展改革与委员会(发改委)	38	34	12	57	103
区经济委员会(经委)	52	42	29	45	116
区建设和管理委员会(建管委)	38	31	107	65	203
区农业委员会(农委)	35	28	57	98	183
区科学技术委员会(科委)	31	27	25	10	62
区财政局	42	42	38	14	94
区规划和土地管理局(规土局)	33	31	33	29	93
区市场监督管理局	106	59	6	233	298
区审计局	37	34	16	3	53
区民政局	30	25	52	49	126
区人力资源和社会保障局(人社局)	42	39	96	35	170
区卫生和计划生育委员会(卫计委)	39	35	25	199	259
区文化广播影视管理局(文广局)	39	17	61	28	106
区体育局	9	8	33	38	79
区城市管理行政执法局	10	2	2	28	32
区安全生产监督管理局(安监局)	12	9	18	14	41
区环保局	15	14	71	23	108
区司法局	32	18	0	62	80
区住房保障和房屋管理局(房管局)	25	16	6	151	173
区水务局	18	15	54	23	92

续表

部门	编制额度	实际			
		公务员	事业编（或参公）	人事代理或社工	总计
区机关事务管理局(机管局)	9	9	37	18	64
区绿化市容管理局	17	8	1	86	95
区行政服务中心	15(事业)	7	4	148	159
区网格化管理中心	29(事业)	0	7	36	43
	794	577	794	1506	2877

注:(1)此表数据统计截至 2016 年 4 月 12 日。

(2)行政服务中心、网格化管理中心是区事业单位,二者的编制是事业编制,此表中其余单位的编制都是机关编制。D 区编办副主任 H 说,按照国家有关文件规定,理论上机关单位的工作必须由机关编制的人员来做,事业编的人员只能在事业单位或参公单位工作。所以各机关单位在编制设定上都是机关行政编制,事业单位或参公单位编制设定都是事业编,机关事业编不能混用。但在实际工作当中并没有严格执行相关编制政策。在政府机关行政岗位上存在事业编,在事业单位岗位上也存在机关编制人员,机关事业编混用现象比较突出。这样的混用,也是地方与基层政府根据实际工作需要对编制作的一种灵活调整。①

(3)区级政府职能部门中的非机关事业编制人员主要包括人事合同代理人员、社工人员以及后勤服务人员(比如保洁人员等),但后勤服务人员在 D 区属于政府的购买服务,故这部分人员不在此表统计中。

(4)此表数据的总计中还不包括各单位向下属机构或其他有关职能部门或向国有、集体企业等单位临时借调的人员。

从表 6 中我们可以看到,在 D 区级政府机关中,基本上每个政府职能部门中都存在着雇佣群体,而且相对于各街镇来说,官僚群体与派生群体的数量与规模明显上升。在许多政府职能部门中,比如区府办、审计局、建管委、人社局等与社会交集比较少的单位,官僚群体甚至是派生群体的数量都远远大于雇佣群体。但是那些与社会交集比较多,与群众联系比较密切,甚至需要直接面对群众、解决群众实际需求的部门,雇佣群体的数量和规模依然比较庞大,比如区市场监督管理局、区卫计委、区行政服务中心、区绿化市容管理局、区网格化管理中心等,雇佣群体的数量是官僚群体的数倍,甚至是

---

① D 区编制办副主任 H 的访谈,2016 年 4 月 12 日。

数十倍。甚至有的职能部门中,没有官僚群体或派生群体,只有大量雇佣群体存在。为什么会出现这种现象呢? 本书将在后面的内容中作出解答。下面我们再看看 D 区部分区级党委机关中不同治理群体的存在状况,如表 7 所示:

表7 D 区党委(部分)机关部门工作人员数量统计   单位:人

部门	编制额度	实际			
		公务员	事业编(或参公)	人事代理或社工	总计
区委办公室(区委办)	22	15	3	13	31
区委组织部	26	22	7	15	44
区委宣传部	13	14	7	14	35
区委统一战线工作部(统战部)	18	17	6	4	27
区精神文明建设委员会办公室(文明办)	5	2	1	22	25
区委区级机关工作委员会(党工委)	7	3	0	5	8
区纪律检查委员会、监察局(纪委)	30	13	1	23	37
区委政策研究室	9	9	0	2	11
区委、区政府信访办公室	15	11	3	32	46
区档案局	13	13	15	14	42
区社会建设工作办公室(社建办)	14	13	4	9	26
区机构编制委员办公室(编办)	9	3	3	5	11
总计	181	135	50	158	343

注:(1)此表数据统计截至 2016 年 4 月 20 日。
(2)此表中的编制额度是指机关行政编制。
(3)此表中的数据不包括各单位向其他单位借调的人员。

从表 7 中我们看到,D 区党委机关中的雇佣群体数量和规模相对于各街镇和政府机关来说,明显有所下降。但党委机关中雇佣群体的存在情况与各街镇或者政府机关中的雇佣群体存在情况相比,尽管存在的数量减少了,所占总量的比例也下降了,但有两点是相同的:一是各个党委机关单位中依然都存在雇佣群体,只是数量存在差异;二是与社会交集较多,与群众联系较紧密的党委部门的雇佣群体数量依然比较庞大,比如区文明办、区信访办等部门。这就告诉我们两个事实:第一,在地方与基层政府中,无论是在区级政府,还是在各街镇政府,雇佣群体都是大量存在的,且几乎每个部门中都有雇佣群体存在;第二,雇佣群体在基层政府各职能部门中的存在数量与该部门履行的职能和人民群众的联系程度紧密相关。在那些与社会交集较多,与群众联系密切的单位,雇佣群体的数量和规模相对较大,反之亦然。

我们再来看一看区人大、政协以及一些人民团体单位中的不同治理群体的存在情况,如表8所示:

表8　D区人大、政协、人民团体(部分)机关部门工作人员数量统计　单位:人

部门	编制额度	实际			
		公务员	事业编(或参公)	人事代理或社工	总计
区人大常委会	26	29	1	7	37
区政协	19	12	1	14	27
区总工会	14	1	0	1	2
团区委	9	9	0	0	9
区妇联	10	1	0	1	2
区工商联	8	5	0	5	10
区残联	6	9	8	7	24
区红十字会	3	3	3	7	13
总计	95	69	13	42	124

注:(1)此表数据统计截至2016年4月20日。
(2)此表中的编制额度是指机关行政编制。
(3)此表中的数据不包括各单位向其他单位借调的人员。

从表8来看,即使是在人大、政协和人民团体这样与社会交集较少的机关单位中依然存在着一些雇佣群体。只是由于这些机关单位的自身性质等因素,相对于各街镇和区级政府行政部门、党委部门而言,雇佣群体的数量相对较少。

从上面的内容我们可以看到,无论是在上海的中心城区基层政府中,还

是郊区的基层政府中，雇佣群体都是大量存在的；无论是在区级政府单位中，还是在街镇政府单位中，雇佣群体同样大量存在。"政府机关中存在大量的编外人员是普遍的现象，这是一个敏感问题，平时我们对这一问题都是避而不谈，能回避就回避……现在我们区级政府部门对编外人员的进入口子已经收紧了，基本上是在做减法，但是街道层面就不一样了，本身市级政府是有要求的，为了应对基层社会的有效治理，要增加人员力量，这样，街镇层面的编外人员数量还是继续在增长的。"①但是这些数据显示的仅仅是一个切面的状况，即该数据显示的仅仅是基层政府目前的一个状况。在之前的历史时期内，上海市基层政府机关中是否也有数量和规模庞大的雇佣群体存在呢？我们以 K 区和 D 区的行政机关为例，看一看 K 区在不同历史时期内，治理群体的存在和变化情况，如表 9 所示：②

---

① D 区编制办副主任 H 的访谈，2016 年 4 月 12 日。

② 有关数据可参见《上海人事志》，上海社会科学院出版社，2010 年，第 486~489 页；《K 区志》，上海社会科学院出版社，1999 年，第 897~898 页；《上海市 K 区志（1994—2007）》，方志出版社，2011 年，第 351~353 页。

表 9 K 区行政编制和实有人员数量统计表（1949—2007 年）

单位：人

年份	1949	1950	1951	1952	1958	1959	1960	1961	1962	1963	1964	1965	1979	1980	1981	1984
额度	—	—	186	251	—	—	—	—	1892	1696	1349	1351	2298	2302	810	852
实有	76	76	154	282	1759	1507	2773	2540	2119	1796	1379	1334	2337	2276	2518	2562
年份	1990	1993	1994	1995	1996	1997	1998	1999	2000	2001	2002	2003	2004	2005	2006	2007
额度	858	1071	1854	1807	1752	1705	1752	1760	1760	1535	1477	1504	1536	1564	1635	1713
实有	3888	4625	4144	4102	3341	3252	3436	3962	4011	3602	3647	3716	3779	3791	3884	3897

注：（1）数据根据《上海人事志》《K 区志》《上海市 K 区志（1994—2007）》等资料和有关部门访谈整理而成。
（2）实际人员包括行政编制内人员和编制外的人员。
（3）表中的数据包括 K 区的区委、区人大、区政府、区政协、区纪委，各街道以及人民团体机关的工作人员数量，但不包括公安、检察院、法院的人员数量。

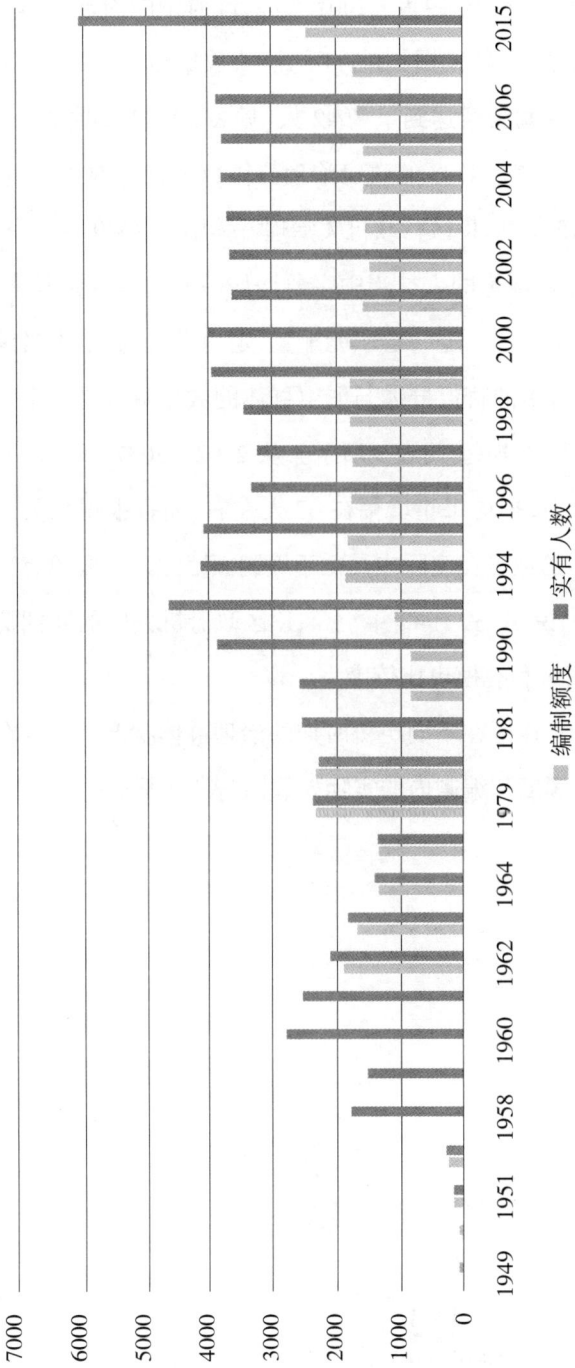

图10　K区1949—2007年(有间断)编制额度与实际人员数量的对比

从表 9、图 10 可以看到，K 区从 1949—2007 年间，政府中的治理群体实际数量基本都大于编制额度，尤其是据 2015 年的访谈数据显示，仅辖区的各街道实际治理群体的数量就已经达到了 3942 人（见表 2），如果再加上区级政府中的治理群体数量，整个 K 区的政府治理群体数量就有 6000 个左右。[1]换言之，从 2007—2015 年间，K 区行政机关治理群体增加 2000 多个，平均每年增加 250 个左右，而在增量的人员当中主要增加的人员是雇佣群体，因为从 2002 年国家各地方实行"三定"（定职能配置、定内设机构、定人员编制）制度以来，全国各级政府中的官僚群体与派生群体的数量基本是一个常量，历年的数量变化很小，甚至不变（如表 9 所示），从 2002—2007 年 K 区官僚群体的额度变化幅度很小，平均每年增幅在 47 人左右，而且根据相关编制制度规定，K 区官僚群体的数量在实际中是低于编制额度的，大概留有额度的 10%空余。[2]这就更加说明，从 1949 年至今，K 区政府机关中的雇佣群体数量在不断增加，而且数量和规模也比较庞大。

我们再看看上海市郊区 D 区在不同历史时期的治理群体状况。D 区在 1958—1985 年间机关编制额度和编制内的实际人数，如表 10 所示：

---

① 　K 区编办副主任 U 的访谈，2015 年 9 月 5 日。

② 　SK5 街道办事处人力资源办科长 L 的访谈，2015 年 11 月 10 日。

表 10　D 区 1958—1985 年机关编制额度和编制内实际人员数量统计

单位：人

年份	1958	1959	1960	1961	1962	1963	1964	1965	1979	1980	1981	1982	1983	1984	1985
编制额度	—	—	—	—	529	695	712	728	1357	1359	684	700	636	766	—
编内实际人员	547	1098	1198	1224	527	719	728	710	1727	2068	2088	734	954	948	1025

注：(1)数据根据《上海人事志》①整理而成。

(2)D 区在 1992 年撤县建区，此时的 D 区应该称为 D 县。

而 D 区在 1949—1987 年间实际的机关人员数量，包括编制内和编制外人员，如表 11 所示：

表 11　D 区 1949—1987 年机关单位实际人员（含编制内与编制外）数量统计

单位：人

年份	1949	1952	1956	1962	1966	1971	1976	1978	1980	1983	1984	1987
实际人数	1013	1949	2037	3759	4700	6370	8008	8610	9546	10333	10442	11171

注：(1)数据根据《D 县志》整理而成。②

(2)D 区在 1992 年撤县建区，此时的 D 区应该称为 D 县。

① 《上海人事志》，上海社会科学院出版社，2010 年，第 488~490 页。

② 《D 县志》：上海人民出版社，1992 年，页码不详。

如果我们结合表 10 和表 11 的有关数据,选取同一年的 D 区(县)的机关编制额度、编制内实际人员数量以及机关单位实际人员(含编制内、编制外)数量对比就会发现,政府中的编外人员即雇佣群体的数量远远大于上海中心城区 K 区政府机关中的雇佣群体数量,如图 11 所示:

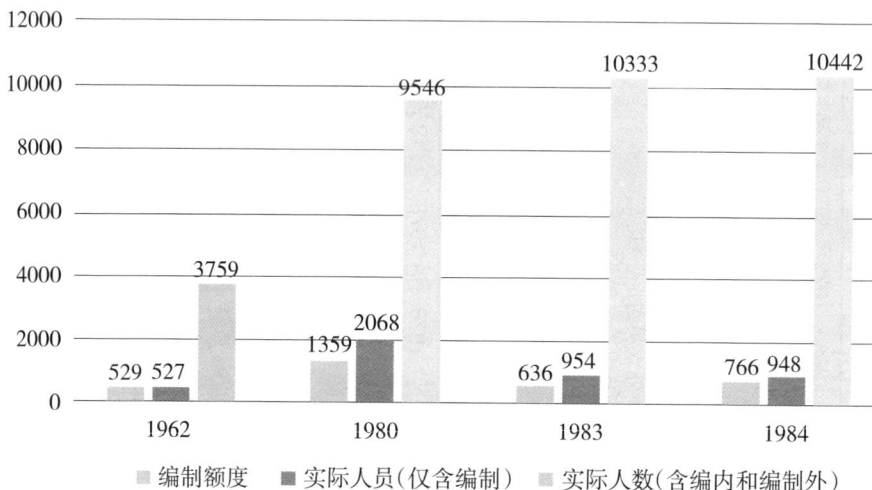

图11　D区部分年份编制额度、编制内实际人员与实际工作人员数量对比

无论是从上海市中心城区 K 区,还是从郊区的 D 区来看,基层政府中雇佣群体的数量都比较庞大;无论从 K 区、D 区(县)基层政府的现状,还是从历年的历史状况来看,基层政府中的雇佣群体数量也都存在,并且呈现不断增加的态势。实际上,城市基层政府机关中存在大量雇佣群体的现象不仅存在于上海市,在中国其他省市的地方与基层政府中也同样存在。下面我们来看一看全国其他省市的地方与基层政府机关中治理群体的存在状况。

三、其他省市基层政府中的治理群体

首先看一看广东省东莞市的治理群体存在状况。根据有关资料统计,东莞市 1985 年撤县建市,在撤县建市之前和之后,在其政府中都有一定数量的雇佣群体存在。下表是对东莞市 1985 年撤县建市后主要年份各级政府机关的编制额度和政府中实际人员数量统计:

表 12　东莞市主要年份政府机关实有人员数量统计　　　单位:人

年份	1985	1990	1995	2000	2005	2010	2011	2012	2013
编制额度	3712	5003	4906	7460	4365	—	—	—	—
实有人数	5846	7887	10183	14722	28119	41032	42276	45619	47087

注:(1)数据根据《东莞统计年鉴 2013》《东莞统计年鉴 2014》《东莞市志(1979—2000)》等资料整理而成。[①]

(2)实有人数包括党政关、人大和政协以及人民团体机关的实际行政编制人数和编外人员。

(3)编制额度不包括公安、安全、检察、法院、司法、税务部门编制,实际人员亦不包括这些部门人员。

2002 年之后,国家开始在全国各地方实行"三定"方案等编制硬约束制度。从 2002 年开始,全国各省市区的机关编制额度基本趋于稳定态势,增幅非常小。如果东莞市 2010—2013 年的机关编制额度都以 2005 年的编制额度为基准的话,那么东莞市各级政府中的雇佣群体数量是非常惊人的。

---

① 《东莞统计年鉴 2013》,中国统计出版社,2013 年,第 85~87 页;《东莞统计年鉴 2014》,中国统计出版社,2014 年,第 83~85 页;《东莞市志(1979—2000)》(中卷),广州人民出版社,2013 年,页码不详。

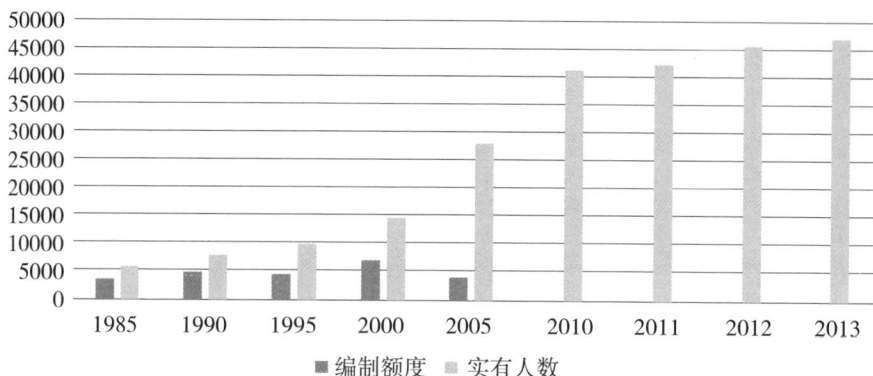

图12　东莞市主要年份政府实际工作人员数量增长

　　不同治理群体在上海、广州等东部省份基层政府中的存在状况，也得到了一些学者的研究印证。有学者在 2014 年 10—12 月通过深入的访谈调研发现：

　　东部沿海某经济发达省份的省会城市中的某街道，有 24 名官僚群体，24 名派生群体，而各类雇佣群体有 263 名，其数量与规模是官僚群体与派生群体总和的近 5.5 倍；东部沿海某经济特区的街道，有 30 名官僚群体，37 名派生群体，而各类雇佣群体有 286 名，其数量和规模是官僚群体与派生群体总和的近 4.3 倍；东部沿海某特大城市的一个街道，雇佣群体与派生群体的总量是 100 名左右，而雇佣群体的数量则超过 1000 名，其数量与规模是官僚群体与派生群体总和的 10 倍之多。[①]

　　以上案例主要是中国经济比较发达的东部省份的数据，下面我们看一看中国中部地区某省会城市 B 区的各街道治理群体的存在状况。

　　B 区隶属于中国中部某省省会，辖区有 8 个街道办事处，其面积 340 平

---

　　① 吕芳：《中国地方政府的"影子雇员"与"同心圆"结构——基于街道办事处的实证分析》，《管理世界》（月刊），2015 年第 10 期。

方千米,常住人口 126 万。各街道的治理群体的存在状况如下表:①

表 13　中部某省 B 区各街道(SB)工作人员数量统计　　　　单位:人

街道	公务员		事业编		聘用人员
	额度(总数/领导)	实有(总数/领导)	额度	实有	
SB1	14/9	22/12	44	41	59
SB2	30/31	26/15	32	26	58
SB3	12/9	17/13	47	65	149
SB4	7/7	5/5	18	5	108
SB5	14/9	15/12	14	47	39
SB6	9/9	24/11	12	48	47
SB7	40/9	48/16	40	45	23
SB8	10/9	29/15	14	34	38
总计	136/72	186/99	221	311	521

注:此表数据中不包括 B 区各街道的 974 名网格管理人员(协管员);不包括国土协管员、环保协管员、出租屋协管员、计生员、社保协管员等人员。如果将各街道的各类协管员也计算在内,那么 B 区街道的雇佣群体的总数量大约是 1666 名。

　　从上文可以看到,上海市中心城区 K 区、郊区 D 区的基层政府机关中存在大量的雇佣群体, 且数量和规模是官僚群体与派生群体的数倍甚至数十倍;通过统计年鉴、地方志等相关资料整理,我们发现在中国其他沿海东部城市基层政府中也存在大量的雇佣群体, 且雇佣群体的规模甚至超过上海地方基层政府中的雇佣群体的规模,比如广东东莞市。同时,通过学术界已有的研究成果,同样可以发现,在中国中西部地区的地方基层政府中,比如上文中提到的中部某省 B 区以及陕西等地方,也存在大量的雇佣群体,且数量和规模都不小。从特大城市上海,到中西部地区的其他省市城市,小到一个部门、一个城管稽查队,大到一个街道、一个镇、一个区,都不同程度地存在着雇佣群体。那么在中国的城市基层政府中为什么会有数量、规模如此庞

---

① 数据来自吕芳:《中国地方政府的"影子雇员"与"同心圆"结构——基于街道办事处的实证分析》,《管理世界》(月刊),2015 年第 10 期,根据行文需要,数据略有改动。

大的雇佣群体呢?这些雇佣群体是如何产生的呢?为什么官僚群体与派生群体的额度普遍存在空余,基层政府机关还要招募大量的雇佣群体?在城市基层政府中,为什么有些职能部门只有官僚群体或派生群体,而有些职能部门又全是雇佣群体?官僚群体、派生群体和雇佣群体在中国城市基层政府中共存的现象是当下中国特有的政治现象吗?这些都是本章将要一一给予解答的问题。首先我们来看一看,在当下中国城市基层社会治理中为什么会出现大量的雇佣群体?为什么会出现治理群体的二分结构划分?黑格尔说:"凡是合乎理性的东西都是现实的,凡是现实的东西都是合乎理性的。"[①]群体三分结构存在于当下中国城市基层治理中有其历史必然性。下文将在第二、三、四节分别从编制硬约束制度、财政软约束制度、政府职能与体制内维稳等多个维度解释城市基层治理中雇佣群体大规模存在以及治理群体三分结构产生的机制和原因。

第二节　编制硬约束制度

　　尽管学术界对编制的概念有不同的理解,但正如前文所言:编制是指人员编制,即政府机构中人员数量和领导职数的定额。既包括政府机关中的行政编人员额度和领导职数额度的限定,也包括事业编人员额度和领导职数额度的设定。在《地方各级人民政府机构设置和编制管理条例》出台前,尽管编制在分类上主要划分为行政编制、事业编制和企业编制[②],但实际中的编

---

① ［德］黑格尔:《法哲学原理》,范扬、张企泰译,商务印书馆,1979年,序言第11页。

② 例如:新中国成立后,上海的机关编制分为机关行政编制、机关事业编制和机关企业编制三类。其中,大部分机关配置的是机关行政编,少数机关配置的是事业编和企业编。参见《上海市人事志》,上海社会科学院出版社,2008年,第465页。

制分类比较混乱,除了行政编、事业编、企业编外,还包括政法专项编、老干编、军转编、周转编、临时编等十多种编制。[①]自2007年《地方各级人民政府机构设置和编制管理条例》出台后,编制分类得到规范管理,编制只分为行政编与事业编两类。条例把编制刚性二分,带来的结果必然是治理群体在身份上的行政编与事业编以及无编制的三分,即官僚群体、派生群体与雇佣群体的身份三分。所谓编制硬约束制度是指为了规范机构和人事编制管理,减少财政供养规模,节约行政运行成本,提高行政效能,国家制定了一系列政策性、规范性、法制性的文件,对政府机关人员的编制额度和领导职务额度进行刚性规定。编制硬约束制度由编制"三定"规定、编制配置标准化、编制"一支笔"审批制度、编制实名制、编制信息公开制等一系列制度构成。当下的地方与基层政府机关中存在数量与规模庞大的雇佣群体,治理群体的三分结构划分都与编制硬约束制度有直接的关系。

一、编制"三定"规定

"三定"规定是对一个部门的主要职能、内设机构、人员编制及领导职数等内容进行刚性限制,通过定职能、定机构、定编制的程序硬性设定人员编制额度,以紧缩财政供养人员规模。首先,根据职能总量定人员总额。先确定本级政府的总职能数量,再对总职能进行划分,分成若干个子职能,然后依据子职能分设各种职能机构,并根据职能性质和机构特征核算出各机构需要的编制总额。其次,根据职能定处室。在各个子职能的基础上继续对政府职能进行划分,把子职能再分为职能项、职能组,然后以此内设各个司局、处室。最后,根据处室定人员额度。在各处室职能划分的基础上,把任务分解,

---

① 曹康泰:《地方各级人民政府机构设置和编制条例解读》,中国法制出版社,2008年,第24页。

把各处室职能任务划分到每个具体的人身上,职能任务由组织转移到个人。各处室再根据自己职能任务需要的人数确定人员编制额度。行政编的设定遵循"三定"规定,而事业编的设定程序同样是"定事—定编—定人"。①"三定"规定不仅适用于行政编制,同样也适用于事业编制。

"三定"规定的前身是"三定"方案。1988 年第一次提出,此后在我国的各地方和基层政府中得到普遍推行。1998 年"三定"方案改为"三定"规定,在形式上更加正式与规范。2007 年《地方各级人民政府机构设置和编制管理条例》出台后,"三定"规定更是有了法律性的效力。"三定"规定依据政府职能核定政府人员编制额度是地方各级政府和机构进行人员编制定额与调整的基本依据,是编制硬约束制度的重要组成部分。"行政机构的'三定'规定是行政机构履行职能的重要依据,也是录用、聘用、调配工作人员,配备领导干部和核拨经费的依据"②,"行政机构应当按照'三定'规定……不得突破规定的行政编制和领导职数"③,"现在机关单位的编制额度都是根据'三定'规定确定的,编制人员的额度是一条红线,我们不能突破"④。

"三定"规定对基层政府机关单位的官僚群体与派生群体的额度都作了刚性的定额设定,额度不能突破。"之前机关单位超编现象比较严重,自从'三定'规定实施后,超编现象基本不存在了,倒是编制不满额现象普遍存在。因为'三定'规定实施前,机关单位的人超过编制也是可以的,但是'三定'规定后,机关单位进入就不能突破核定额度。"⑤如果基层政府需要增加基层社会治理的人员力量,那么只能增加编外人员数量。"2014 年以前,我们街道办事处是没有人事代理这部分人员的,但是从 2014 年开始,区编制办

---

① 　徐刚:《事业单位人员编制:取向、机制与策略》,《中国人民大学学报》,2010 年第 5 期。

②③ 　上海市人民政府:《上海市行政机构设置与编制管理办法》,2013 年 5 月。

④ 　D 区编制办副主任 H 的访谈,2016 年 4 月 12 日。

⑤ 　D 区科委副主任 J 的访谈,2016 年 4 月 16 日。

突然要求我们街道的事业编制人员停招两年，严格把事业编制人员数量控制在额度以内，而公务员在这两年内总共招了 1 人，但是在这 2 年内我们街道办事处的公务员和事业编人员退休了 2 批共 12 人。这些人退休了，但是工作总得有人继续来做，可编制内又严格把控，不让招，我们只能从社会上招一些学历和素质比较高的编外人员充实到我们队伍中来。"[1]新中国成立以来，政府机构历经多次精简机构的改革，"三定"规定出台后，官僚群体与派生群体的额度是刚性的，而精简下来的人员也只能划拨到雇佣群体的范畴。[2]因此，在一定程度上，"三定"规定直接导致了治理群体三分结构的刚性划分。

二、编制配置标准化

为解决机关单位人员臃肿问题，自新中国成立以来，国家一直重视机关编制配置的标准化问题。1952 年政务院出台《关于调整机构、紧缩编制的决定（草案）》，要求各机关单位按照 1950 年出台的《关于统一全国各级人民政府、党派、群体团体员额暂行编制（草案）》的编制标准减缩编制额度。[3]国务

---

[1]　D 区 SD1 街道办事处党政办主任 Z 的访谈，2016 年 4 月 25 日。

[2]　从 1982 年到 2013 年，国务院和地方各级政府共历经 15 次政府机关改革，以 1998 年的地方各级政府改革为例：1991 年国务院发布《关于地方政府机构改革的意见》，到 2002 年 10 月底各级政府改革完成，省级政府机构设置平均由 55 个减到 40 个，人员编制精简 47%；市（地）级政府机构设置平均由 45 个减少到 35 个，县级政府机构设置平均由 28 个减少到 18 个，人员编制精简 19%，全国精简行政编制共计 115 万人（数据来自中国机关编制网：http://www.scopsr.gov.cn/zlzx/zlzxlsyg/201203/t20120323_35151.html，2016 年 7 月 3 日访问）。减少的这些人怎么安排呢？根据我们对上海各区以及街道办事处的有关负责人的访谈，在他们看来，精简的人中大部分依然还是在政府机关工作，工资、待遇依然由政府财政支出，只是身份发生了变化，由编制内人员变为编制外人员了（D 区编制办编制科科长 N 的访谈，2016 年 4 月 12 日）。

[3]　《上海市人事志》，上海社会科学院出版社，2008 年，第 467 页。

院决定,各项行政编制调整方案应分级统一进行规划,各地区的编制调整要根据农村人口多少、地区大小、农业合作化程度等条件确定。1986年人民公社体制改制完成,全国建立起乡镇政权,中央要求各乡镇的人员编制配备标准要以人口密度为依据。1995年中央直接确定各乡镇的编制人员配置标准:一类乡镇45人,二类乡镇30人,三类乡镇15人。[①]各地可以根据实际情况在这些范围内进行适当调整,但是必须经中央编制办同意。

在中央的要求下,各级地方政府也都相应地制定了编制配置的标准化。比如北京市对各街道办事处的行政编制人员配置的标准化规定如表14:[②]

表14　北京市各街镇行政编制配置标准

人口数	街道类型	编制数量(1995年)	编制数量(2000年)
人口数≤40000	三类	59人左右	55人左右
400000<人口数≤79000	二类	110人左右	80人左右
79000<人口数	一类	130人左右	100人左右

目前,北京市各街道办事处现在的编制标准基本上是延续2000年制定的编制配置的标准。广东省2006年对各乡镇的行政编制标准作了新的核定,如表15:[③]

---

① 赵子建:《基层政府人员编制隐性膨胀问题研究》,国家行政学院出版社,2013年,第65~66页。

② 数据根据《北京志·人事志》,北京出版社,2004年,第507、551、557等页的相关数据整理而成。

③ 数据来自《关于印发广东省乡镇机构改革试点实施意见的通知》,2006年8月16日。

表 15 广东省各街镇行政编制配置标准

乡镇	综合指数	编制配置标准
一般乡镇	150 人以下	20—35 人
较大镇	150—300 人	35—65 人
特大镇	300—400 人	80—100 人
	400—500 人	100—120 人
	500 人以上	120—150 人

注:综合指数根据乡镇的常住人口、土地面积、财政三项标准按照相应的权数运算后的一个总数值。

上海市对各乡镇、街道编制人员配置标准设定,一直走在全国的前列,1950 年时就对各乡镇与街道的编制人员配置设定了标准,如表 16:①

表 16 上海市各街镇行政编制配置标准

年份	编制配置标准
1950 年	辖区人口 2 万以下配 4 人,2 万以上每增 5000 增配 1 名
1951 年	辖区人口 2 万以下配 5 人,2 万以上每增 5000 增配 1 名
1952 年	平均每个街道配 9.86 人;平均每个乡镇配 4 人
1956 年	街道每 3000 人口配 1 人;乡镇每 1500 人口配 1 人
1981 年	平均每个街道配 33 人;平均每个乡镇配 14 人
1986 年	街道辖区人口 4 万以下配 30 名,4 万至 6 万配 33 名,6 万以上配 36 人;乡镇按人口的 1.3‰的标准配
1986 年之后	平均每个街道 50 人;平均每个乡镇 40 人

上海市在 1995 年之后,根据中央的要求和上海的实际情况,各乡镇与街道的编制标准设定基本沿袭了上海市 1986 年的标准。根据 2016 年的调研,上海市每个街道的行政编额度是 50 人左右,事业编额度是 35 人左右;乡镇的行政编额度是 60 人左右,事业编额度是 80 人左右。但是在现实中,

---

① 根据《上海市人事志》,上海社会科学院出版社,2008 年,第 467 页;D 区编制办副主任 H、编制科科长 N 的访谈,2016 年 4 月 12 日;K 区 SK5 街道人力资源办科长 L、科员 G 的访谈,2015 年 11 月 10 日的相关数据整理而成。

无论是行政编人员的实际数量，还是事业编的实际数量都要低于设定的编制额度,在一般情况下,编制额度都要空余 10% 左右。①现在各街道和乡镇的基层政府机关有这么多的雇佣群体存在,原因之一"就是编制标准控制得太死,我们的编制人员太少。我们下辖的各街镇的编制额度是建立在 20 世纪 80 年代核定的数目基础上，虽然后来又经过几次的扩编，但是扩编幅度太小,基层政府没有增加几个人。在 80 年代核定编制时,人少,事情也少,编制额度自然就少了,而现在的基层政府有多少事? 但编制还是沿袭 80 年代的标准,而这个标准一旦核定,编制的实有人数就不能突破这个标准和额度,既然不能突破,事情总得有人来做,我们只能从编外想办法了,这样,政府的编外人员自然就多了"②。

编制配置标准化不仅严格划定了基层政府机关的官僚群体、派生群体的额度，更重要的是当下中国城市基层政府的编制配置标准使用的仍然是 20 世纪 80 年代的标准,这与当下的实际情况完全不符合。当下基层社会治理工作需要更多的人员力量,而人员编制配置标准陈旧,但又必须得遵守,基层政府只能招募更多的雇佣群体。

三、编制"一支笔"审批制度

"一支笔"审批制度是指机构编制事项必须按规定权限和程序由机构编制部门专项办理的一项制度。只要涉及政府机构、政府职能、人员编制额度以及领导职数调整的,都必须统一由编制部门机关进行审核与管理,并按规定程序报同级机构编制委员会或者党委、政府审批,其他任何单位和部门都

---

① K 区 SK5 街道人力资源办科员 G 的访谈,2015 年 11 月 10 日。

② D 区科委副主任 J 的访谈,2016 年 4 月 16 日。

没有对机构编制事项进行决定的权力。[①]"一支笔"审批制度的本质是对机构设置和人员编制审批实行统一领导、集中管理。始终坚持两大原则：坚持有关机构编制的所有事项都应由主管编制的领导批准或决定，并且以专题文件的形式下达，其他领导不能随意决定或审批的原则；坚持编制问题由编制主管部门提出报告、办理并由其向主管编制工作的领导提出审查与处理建议，其他部门不能以任何形式自行决定或下达有关编制问题的决定的原则。真正做到编制事项由编制部门一家受理、一家承办、一家行文，统一管理。自"一支笔"审批制度实施以来，各级编制主管部门根据其要求，做到"一支笔"严控机构设定，对需要增加的机关内设机构，严格按照审批权限审批，超出审批权限的及时上报，切实落实不越权审批，不违规审批，不超额审批；做到"一支笔"严控编制审批，以编制先行严控用编进人总量，坚持每进编一个人都要在核定编制额度内进行审批。只要涉及机构编制相关事项，均统一由机构编制部门管理和"一支笔"审批。[②]

　　"一支笔"审批制度的实施有效地遏制了政出多门，多种文件、多种渠道随意批准增设机构、增加人员编制的乱象，对严格控制官僚群体与派生群体的额度与总量，精简政府规模发挥了重要作用。同样需要强调的是，"一支笔"审批制度对官僚群体与派生群体的增量具有刚性的约束力，但是对于雇佣群体的数量与规模没有任何约束力。结果可能是"一支笔"审批制度的刚性约束力越强，对基层政府中的官僚群体与派生群体的规模控制得越紧，而雇佣群体的规模就可能越大，这就会进一步加重基层社会中不同治理群体数量与规模的不对称性。

---

　　① 中国机构编制网：http://www.scopsr.gov.cn/zlzx/bzcs/201203/t20120326_55624.html，2016年7月3日访问。

　　② 赵子建：《基层政府人员编制隐性膨胀问题研究》，国家行政学院出版社，2013年，第69页。

四、编制实名制

编制实名制是指编制额度、实有人员数、财政供养数相对应的一种实名制。实施编制实名制的过程是,首先由机构编制部门核定机构编制,其次由组织人事部门根据编制额度使用编制、招聘人员,最后由财政部门按照编制的实际使用情况核定预算、核拨人头经费。实名制是机构编制部门、组织人事部门以及财政等相关部门协调配合,共同推动实现行政编制数、实有人员数、财政供养数相对应的实名制目标的一种编制管理制度。[①]实施的目的是严格控制机构编制与人员规模,遏制各级政府机关单位超限额设置机构、超编进人、混用编制、"吃空饷"等违法乱纪现象的发生。编制实名制在实践中主要体现为三种管理类型:一是通过《机构编制管理手册》实施实名制管理;二是通过《机构编制管理证(卡)》实施实名制管理;三是通过编制与财政公开的监督制实施实名制管理。[②]不管是什么样的编制实名制管理类型,其基本的管理流程都是一样的。第一步要登记在册,对所有的编制人员进行登记造册;第二步要严格程序,制定明确而规范的人员进编、出编以及编制调整的具体操作步骤;第三步要建立各机构协调配合机制,建立完善的编制与财政的勾连机制,以便层层把关。

编制实名制的实施对严格控制政府规模,规范基层政府编制管理发挥了重要作用,但是编制实名制带来的一个客观结果是反而促进了基层政府中雇佣群体数量的增加。"地方政府为适应经济社会发展的需要,用本级财政供养不占编制名额的编外人员,有其合理性的一面,但编制实名制管理的目的是严格规范与控制编制数量,而对编外人员没有任何约束力,恰恰是编

---

① 《关于加快推进机构编制实名制管理工作的通知》,2009 年 12 月 15 日。
② 刘为民、游博:《机构编制实名制的管理学分析》,《中国行政管理》,2007 年第 3 期。

制数量控制得越紧,编外人员的数量就越多,这就形成了编制管理的悖论。"①

五、编制信息公开制

编制信息公开制是将政府机构设置与调整、机构职能、人员编制、领导职数等有关的编制信息通过多种方式依法向社会公开的制度。编制信息公开制度在我国有其重要的法律性依据。国务院在 2007 年出台并实施了《中华人民共和国政府信息公开条例》,要求各机关单位要主动公开"反映本行政机关机构设置、职能、办事程序等情况"②的信息。各级地方政府根据中央的要求,在编制信息公开制度方面作了许多探索与实践。以湖北省为例,湖北省编办于 2007 年先后出台了《湖北省机构编制政务信息公开办法(试行)》《湖北省机构编制政务信息依申请公开办法(试行)》《湖北省机构编制政务公开信息审查审批办法(试行)》等条例,对申请人申请编制信息公开的方式、程序,编制信息公开的内容、方式以及公开信息的真实性等相关事项作了明确的规定。在申请人申请编制信息公开的方式上,"申请人可以采用信函、电报、传真、电子邮件、来访等方式向机构编制部门依法提出公开申请"③。在编制信息公开的内容上,要求编制部门依法公开:①机构编制部门的主要职责、内设机构和办事程序;②机构编制工作方面的法律法规、政策规定、管理制度、工作纪律、服务承诺等;③机构编制和人员总体情况;④部门、单位主要职责情况;⑤部门、单位机构编制基本情况;⑥部门、单位内设机构基本情况;⑦部门、单位在职人员情况。④在编制信息公开的方式上,要求采取多种方式,"机构编制政务信息公开的形式应方便灵活,要便于群众知晓,利

---

① 刘为民、游博:《机构编制实名制的管理学分析》,《中国行政管理》,2007 年第 3 期。

② 《中华人民共和国政府信息公开条例》,2007 年 1 月 17 日。

③ 湖北省编制办:《湖北省机构编制政务信息依申请公开办法(试行)》,2007 年 11 月 1 日。

④ 湖北省编制办:《湖北省机构编制政务信息公开办法(试行)》,2007 年 11 月 1 日。

于群众办事。除通过财政与编制政务公开网站公开外,还要充分利用报刊、广播、电视、政务公开栏、宣传册等多种形式公开"①。在公开的信息真实性上,要求"编制政务公开信息真实、准确、全面、及时"②,"各级机构编制部门要主动、全面、准确、公正地公布机构编制的相关信息。如发现错误或者不完整的机构编制政务信息,或发现影响或者可能影响社会稳定的机构编制政府信息,编制部门应当在其职责范围内及时公开准确的编制信息并澄清错误的编制信息"③。对于"在职权范围内不按要求公开机构编制政务信息的,不及时更新机构编制政务信息的部门或人员,据情节轻重及造成的后果,给予批评教育或按有关规定给予相应处分"④。

除了上文提到的编制信息公开制度与编制实名制管理制度外,我国还存在编制的核查制度以及"12310"编制举报电话受理制度等,它们一起构成了我国编制管理制度的重要内容,更是社会各界监督编制管理、知情编制信息的重要途径。这些编制管理监督制度的建立对遏制超编进人、占编吃空饷现象,控制官僚群体与派生群体规模,规范政府人事制度管理都具有重要意义。

由编制"三定"规定、编制配置标准化、编制"一支笔"审批制度、编制实名制、编制信息公开制等一系列制度构成编制硬约束制度,一方面从身份上把基层政府中的治理群体刚性地划分为官僚群体、派生群体与雇佣群体不同身份的治理群体,另一方面又从制度上对官僚群体与派生群体的数量和规模进行严格的刚性控制,而对雇佣群体的数量与规模实行松软的约束,甚至根本没有任何约束。其结果是,在中国城市的地方与基层治理中,官僚群体与派生群体的数量和规模就成为一个"常量",而雇佣群体的数量与规模则成为一个"变量"。我们从上文中的 K 区 1949—2007 年的行政编制额度就

---

① 湖北省编制办:《湖北省机构编制政务信息公开办法(试行)》,2007 年 11 月 1 日。

②③ 湖北省编制办:《湖北省机构编制政务公开信息审查审批办法(试行)》,2007 年 11 月 1 日。

④ 湖北省编制办:《湖北省机构编制政务信息依申请公开办法(试行)》,2007 年 11 月 1 日。

能看出,官僚群体的数量基本维持在一个大致的范围,没有大幅度的变化。而从 D 区 1958—1995 年机关编制额度,编制的实际人数以及 1949—1987 年机关单位全部实际人数的对比同样会发现,官僚群体与派生群体的编制额度基本维持在 700 人左右(除了 1979、1980 年),实际数量维持在 1200 人以下(除了 1980、1981 年),而雇佣群体的数量与规模却从 1000 人左右增加到万人以上。根据 2016 年的调研数据,D 区 5 个街道 7 个镇的雇佣群体的数量是 5378 人,而官僚群体的实际数量是 518 人,派生群体的实际数量是 752 人。官僚群体与派生群体的数量和规模与雇佣群体的数量和规模的差距令人惊叹!而造成官僚群体、派生群体与雇佣群体之间的这种数量与规模巨大反差的最直接因素就是编制硬约束制度的存在。

尽管治理群体的这种身份的结构化划分、数量与规模的巨大反差化在制度上是由于编制硬约束制度的刚性作用所导致。但需要强调的是,在实际中,我国的财政软约束制度也为这一结果提供了隐性的支持,政府职能的实增、虚增与转移以及体制内维稳等因素也为这一结果提供了现实的需求支撑。

第三节 财政软约束制度

一、财政软约束制度

财政制度包括的内容比较广泛,[①]本书的财政软约束制度实质上是指财

---

① 一般情况下,财政内容涉及税、费、债、利等方面,财政制度包括财政预算制度、税收制度、国家债务制度、社会保险制度、国家专项基金制度等,而预算制度在财政制度中占据重要地位,是财政制度的基础。

政预算软约束制度。一个国家的财政预算具有法律性效力，它既是政府行为计划的反映，也是对政府行为的规范与制约，因此财政预算制度对政府的行为具有刚性的硬约束力。在理论上，中外学者对这一点已经达成共识，但在实际中，有些学者却发现，许多地方财政预算制度并不具备刚性的硬约束功能，反而是一种软性的约束功能。最早注意到这个问题的是科尔奈，他观察到，一些公有制企业在生产经营过程中，一味追求产出而不注重效率，当出现资源短缺或亏损时，就试图突破预算的刚性约束，不断向上级部门索取资源以补亏空。[1]财政预算制度的刚性硬约束功能变成了软约束功能，形同虚设。"预算软约束"这一概念一经提出，不仅被学术界广泛接受，而且内涵得到不断的丰富；[2]不仅应用于经济领域分析企业、金融机构的行为，也广泛应用于政治领域分析地方政府的行为。[3]在政治领域中，"预算软约束"制度的原意是指下级政府突破财政预算制度的硬约束限制，不断向上级部门索取资源。周雪光基于中国经验的实证研究发现，上级政府自上而下地强化财政约束，基层政府也自上而下地攫取计划外的财政收入或其他资源，为自己提供超出财政预算硬约束之外的财政收入。他把这种突破预算硬约束制度的自上而下的攫取资源的方式称之为"逆向软预算约束"现象。[4]周雪光的研究表明，"不仅可能存在约束体自上而下地向支持体追要资金以突破预算约

---

[1] Janos Kornai, The Soft Budget Constraint, *Kyklos*, Vol.39, No.1, 1986, p.3.

[2] 研究财政预算软约束制度的文献有很多，代表性的有：David Li, Insider Control and the Soft Budget Constraints: A Simple Theory, *Economics Letters*, Vol.61, No.3, 1998, p.307; Eric S. Maskin, Theories of the Soft Budget-constraint, *Japan and the World Economy*, Vol.8, No.2, 1996, p.125; Yingyi Qian, A Theory of Shortage in Socialist Economies Based on t he Soft Budget Constraint, *The American Economic Review*, Vol.84, No.1, 1994, pp.145—156; 艾立可·马斯金、许成钢：《软预算约束理论：从中央计划到市场》，《经济社会体制比较》，2000年第4期。

[3] Wildasin D E. Externalities and Bailouts, Hard and Soft Budget Constraints in Intergovernmental Fiscal Relations, Policy Research Working Paper, 1997; Bai, Chongen and Wang, Yijiang, Bureaucratic Control and the Soft Budget Constraint, *Journal of Comparative Economics*, Vol.26, No.1, 1998, p.41.

[4] 周雪光：《"逆向软预算约束"：一个政府行为的组织分析》，《中国社会科学》，2005年第2期。

束,同时也可能存在约束体自下而上地向支持体摊派来突破预算约束"①。

本书的财政软约束制度是指上级政府为了支持下级基层政府的基层社会治理需求,突破财政预算硬约束制度的规定与程序而向下级地方政府拨付资源的机制;同时也指下级基层政府为了满足基层社会治理的需求,突破财政预算硬约束制度的规定与程序而向上级政府索取资源或者变相执行预算制度的机制。这一概念不同于已有学者关于预算软约束机制的观点,主要体现在三个方面:第一,不仅指基层政府突破财政硬约束制度的限制,自上而下地攫取资源,还指基层政府自下而上地索取资源;第二,不仅指下级政府突破财政硬约束制度的限制行为,还指上级政府突破财政预算硬约束制度的规定与程序而支持下级政府的行为;第三,不仅指地方政府之间资源获取或拨付方式突破财政预算硬约束制度的限制,还指基层政府变相执行财政预算的行为。财政软约束制度的内涵在本书更加富有弹性,它体现在地方政府的盘子财政、自收财政、项目制财政、人事优先财政等一系列内容上。从财政的机制上讲,基层政府中大规模雇佣群体的存在与基层政府的财政状况有密切关系,但财政状况并不是主要因素,而财政收支与预算制度的软性约束机制才是最主要因素。②

二、盘子财政

盘子财政指上级政府在拨付基层政府办公经费时,把各种经费支出整盘打包放在一起全盘发给基层政府,而基层政府对总盘子经费具体怎样使用,用在哪些事项上,上级政府一般不作具体规定,也不会干涉和督查。盘子

---

① 狄金华:《政策性负担、信息督查与逆向软预算约束——对项目运作中地方政府组织行为的一个解释》,《社会学研究》,2015 年第 6 期。

② 叶静:《地方软财政支出与基层治理——以编外人员扩张为例》,《社会学研究》,2016 年第 1 期。

财政隐蔽地支持着各街道政府供养大量的雇佣群体。根据我国的编制硬约束制度,只有官僚群体与派生群体的人头费才由国家财政作保障,而没有编制身份的雇佣群体的人头费,国家财政是不负担的,所以地方各级政府中存在的雇佣群体的人头费都是由本级政府或单位自己负担的。对上海市的各街道政府来说,自己招人自己用,自己负担人头费。盘子财政为基层政府招募、供养大量的雇佣群体提供了通道。上海市 D 区的区编制办工作人员告诉我们:

> 街道和镇因工作需求,自己雇佣的编外人员自己养,区财政是不管的,区财政只管编制内人员的人头费。但是每年我们给各街镇办公经费时,我们都是放到一个总盘子里一起拨付给各街道办和镇政府的,他们可以从经费总盘子里拿出一部分钱来支付那些编外人员的工资和社会保障金。尽管每年各街镇的财政预算中没有这一块儿经费支出,但是我们考虑到下面的特殊情况,基层社会治理需要大量的人员力量,编制内人员数量有限,我们对下面政府的这种做法基本上是默认的。①

> 街道招编外人员都是自己招人自己说了算,他们不需要去人事局申请,也不需要向财政局申请。区财政给街道划拨经费的时候也不是一个一个人头给他们算,都是所有的经费一起拨付的,至于他们怎么使用,这是街道自己的事。②

D 区的 SD1 街道办事处党政办主任 Z 同样告诉我们:

---

① D 区编制办副主任 H 的访谈,2016 年 4 月 12 日。
② D 区编制办编制科科长 N 的访谈,2016 年 4 月 12 日。

　　2015 年区财政给我们街道拨付了 1.2 亿的使用经费。这 1.2 亿经费的总盘子中包括街道办事处安排的各种活动和项目的费用，也包括我们街道所有工作人员的人头费，不仅仅是街道的编外人员的，还有公务员和事业编人员的人头费。尽管行政编与事业编人员的人头是由区财政统一发，但是区财政在给我们拨付年度总经费时，是分好几块儿的，其中一块儿就是人头费。编外人员的人头费当然也从经费总盘子出了。按照编制制度和每年的街道预算支出安排，编外人员的人头费是不可以从办公经费中出的，但是上面把经费一起拨下来，我们把一部分用在编外人员身上，他们既不管，也不会查。其实，区政府的各部门领导们估计也知道这样的情况，不是他们不想管，这应该是全国的一个普遍现象，根本没法管。[①]

　　上级政府与基层政府以彼此默认的方式，共同突破财政预算的硬约束限制，从每年财政预算经费的总盘中拿出部分资金用于供养政府中的雇佣群体，这是城市基层政府实际运行中的一个普遍现象。盘子财政在使财政预算制度对基层政府的刚性约束功能荡然无存的同时，反而以一种隐蔽的方式支持着雇佣群体在基层政府中的存在。

三、自收自支财政

　　自收财政是指基层政府通过各种途径获得的超过财政预算计划外的收入或所得。基层政府的自收财政中最重要的部分就是通过招商引资而获取

---

　　① D 区 SD1 街道办事处党政办主任 Z 的访谈，2016 年 4 月 25 日。

的收入。1988年上海市开始实行市对区(县)的"包干上缴"的财政管理体制，同时，区(县)对各街道(乡镇)也实行"财政包干"；1993年市对区(县)实行财政的分税制，而区(县)同时对各街道(镇)实行分税制。以上海市D区为例，在财政包干的财政体制下，D区规定，把1987年的财政收入与支出作为包干的基数，按每年比上年环比递增包干上缴财政。经核定各乡镇1987年的财政收入是16622万元，支出是1790万元，上缴的包干基础是14832万元，而环比递增率是3.92%，①上缴任务完成后，剩余的财政经费都归各乡镇自己支配。根据资料统计，1989年D区的20个乡镇在上缴包干的财政后全部都有结余，最多的结余有439万元，最少的有20万元，而结余的经费都由各乡镇自主支配。②1993年实行分税制改革，1994年各街道和乡镇上缴的财政基数是以1993年各街道和乡镇的包干上缴额为基础，加上1993年扩包的全额收入、中央贡献金、风险金等，1994年分税制上缴的基数是18380万元。而对于增量部分的处理，采取的方式是各街道和乡镇的固定收入超过1993年增量，全部作为各街道与乡镇自己的收入，增值税种超过1993年基数的增量，70%的部分返还给各街道和乡镇，作为自己的收入。1995年市政府又对各街道和乡镇的财政结算作新的补偿：凡1994年增值税完成区下达指标的街道、乡镇，其超过1993年基数的部分按照17.5%结算返还。③而对各街道和乡镇的招商引资部分的返还比例是按照招商企业所缴纳税收的7%的比例返还到各街道与乡镇的。④

　　无论是在包干制的财政体制下，还是分税制的财政体制下，各街道和乡镇都能够获得自己的财政收入，而且数额比较庞大，可以自主支配。K区SK5

---

① 《D区财政志》，学林出版社，2008年，第26页。

② 同上，第239页。

③ 同上，第28页。

④ K区SK5街道财政科科长F的访谈，2016年4月28日。

街道财政科科长说："SK5 街道 2015 年的财政收入共计是 1.13 亿元，其中区财政划拨给我们的办公经费总额是 7500 万元左右，而街道因招商引资返还的财政收入有 5000 万左右。"[1]基层政府自收的财政经费是雇佣群体存在的一个重要原因。D 区编制办编制科科长说："之前街镇都有自己的经费，他们招编外人员就更加自由了。"[2]D 区 SD1 街道办事处组织人事科科长说："我们街道雇佣的编外人员的工资、待遇由我们自己承担，我们有自己的财政收入，区财政拨付的经费不够用时，我们自己补补就过去了。"[3]而 K 区 SK5 街道人力资源办的科长说："之前，我们街道的各个职能科室都有自己的经费，编制内的人不够用时，我们就从社会上招聘一些编外人员，这些编外人员都是由各职能科室自己招的，钱都是他们自己出，平均每个科室也有两三名编外人员，但是具体有多少，我们也没有具体统计过，都是各科室自己的事。"[4]

2014 年初，上海市出台了创新基层治理，加强基层建设的"一号课题"，要求取消各街道办事处招商引资的职能，但是各街道自收部分的财政经费依然得到了保障：

> 上海市"一号课题"把街道一级的招商引资职能取消了，那么街道因为招商引资这块获得的财政收入就会没有了，都收到区级层面了，但是现在区财政再给各街道划拨经费时就要通盘考虑了。不管怎么样，我们还是要考虑到各街道之前的一个经济总量的。虽然街道的经济职能被取消，招商引资的资金表面上看与各街道没有关系，但实际上还是有

---

① K 区 SK5 街道财政科科长 F 的访谈，2016 年 4 月 28 日。

② D 区编制办编制科科长 N 的访谈，2016 年 4 月 12 日。

③ D 区 SD1 街道办事处组织人事科科长 Q 的访谈，2016 年 4 月 25 日。

④ K 区 SK5 街道人力资源办科长 L 的访谈，2015 年 11 月 10 日。

关系的。区财政收入的部分来自哪个街道区域内的招商引资,区财政还是要给予一定返还的,只不过这种返还的比例没有之前那么明晰,勾连性也没有那么强了。而且除了这个之外,区财政在给各街道划拨经费时,也会考虑到该街道之前的财政支出状况。比如,一个街道在经济职能被取消前,它的财政支出大概是 1 个亿,那么我们现在在划拨经费时仍然会给它 1 个亿,它的经费是可以得到充分保障的。尤其是"一号课题"出来后,要求加强基层社会建设,确保基层工作人员力量,只要是市级或区级政府认可的各街道或乡镇招聘的工作人员额度,虽然是编外人员,但区财政会把这些人的人头费统一给他们的。这也是刚才我提到的通盘考虑的意思。①

虽说街道的招商引资职能被取消,街道自收部分的财政也基本没有,但经费基本上还是够用的。因为区财政给我们现在划拨的经费是在上一年我们街道经费支出的基础上给的,也就是说上一年我们街道的经费支出是多少,区政府现在也基本按照这个数给我们。每一年我们机关单位需要花钱做的事或项目都差不多,这些经费基本都能满足了。②

四、项目转移财政

为了解决财政失衡问题,各级政府之间通过项目制的形式转移财政资金以提供各种公共物品的现象,不仅在中国的地方和基层治理中司空见惯,

---

① D 区编制办副主任 H 的访谈,2016 年 4 月 12 日。
② D 区 SD1 街道办事处党政办主任 Z 的访谈,2016 年 4 月 25 日。

且成为近几年学术界研究的热点之一。①但项目制与基层治理中人事结构关系的研究却是一片空白。实际上,在我国的城市基层治理结构中,通过项目制的形式转移财政资金以供养政府中的雇佣群体是财政软约束制度隐性支持治理群体身份三分的一种重要方式。D区编制办编制科科长说:

> 街道之前有自己的财政,因工作的需要,招聘了一些编外人员,但是现在经济职能取消了,街道自身的财政收入基本没有了,而基层的工作还需要做,还需要大量的工作人员,并且"一号课题"出来后,市政府要求加强基层社会治理,增加基层人员力量,但是街道没有了自己的财政收入支持怎么办? 除了区财政每年拨付给街道的办公经费外,我们还通过项目制,比如,成立社区文化活动中心,成立网格化治理中心等,以这样的专项项目的形式给街道提供经费保障。按照规定,这些专项项目的资金只能用来建设项目,不能挪用,但是街道办事处在这个过程中抽取一部分用于支付编外人员的人头费,我们一般也是不管的。其实,像各街道的文化活动中心、老年活动中心、社区服务站等服务性机构的工作人员基本上都是编外人员,从建设、维护这些项目的经费中拿出一部分资金支付这些编外人员的工资和社保金,也应该是这些专项项目资金正常支出的一部分。②

---

① 关于中国地方和基层治理中的项目制研究成果众多。比如,渠敬东:《项目制:一种新的国家治理体制》,《中国社会科学》,2012年第5期;陈家建:《项目制与基层政府动员——对社会管理项目化运作的社会学考察》,《中国社会科学》,2013年2期;陈家建等:《项目制与政府间权责关系演变:机制及其影响》,《社会》,2015年第5期;周雪光:《项目制:一个"控制权"理论视角》,《开放时代》,2015年第2期;黄宗智等:《"项目制"的运作机制和效果是"合理化"吗? 》,《开放时代》,2014年第5期,等等。

② D区编制办编制科科长N的访谈,2016年4月12日。

D 区的 SD1 街道办事处党政办主任说：

> 如果我们的财政经费不够用了，我们就会向区财政申请费用。区财
> 政会以"项目制"的形式给我们拨付一定的资金，我们可以利用项目资
> 金来供养一部分人员。这种情况在之前是平常的，但是以后估计会越来
> 越少了，因为项目制经费划拨过来后，具体怎么使用，之前上级部门几
> 乎不怎么过问，但是最近两年管得比较严了，上级部门对各个流程进行
> 把控、监督，以后项目制的经费使用会越来越明晰化。以项目制的形式
> 为政府中的编外人员提供经费支持的空间会越来越小。[1]

相对于上级政府的盘子财政拨款和基层政府的自收财政为雇佣群体的
存在提供经费保障而言，项目制的财政资金转移方式提供的经费保障力度
要小很多，但是我们不能因此而忽略了这种财政软约束制度形式的存在。而
且随着各街道经济职能的取消，街道自收财政的萎缩，通过项目制的形式对
基层政府中的雇佣群体提供工资和社会保障金等经费的支持应该会成为越
来越重要的财政保障形式。尽管项目资金的使用越来越透明化、规范化，但
正如 D 区编制办编制科科长所说，支付项目中工作人员的工资与保障金应
该是项目制资金的内容之一。

五、人事优先财政

盘子财政、自收财政和项目制资金转移三种形式的财政软约束制度都
是以资金的形式对基层政府中治理群体的存在提供隐性的经费支持，而人

---

[1] D 区 SD1 街道办事处党政办主任 Z 的访谈，2016 年 4 月 25 日。

事优先财政则是从财政预算的程序上突破财政预算的刚性硬约束机制,为治理群体的存在提供隐蔽的经费支持。

人事优先财政是指在基层政府的各项财政经费支出中,优先给予经费保障的事项是人事经费的支出。换言之,基层政府的财政经费支出,首先要满足政府中治理群体的人头费需求,然后才是其他各项事宜经费需求的满足。D 区的 SD1 街道办事处党政办主任说:

> 每年的 1 月初,我们街道办事处都要召开街道各科室会议,要求大家申报这一年的经费预算情况。如果各科室的经费总额超过街道财政经费的总额,我们就会对一些可做可不做的项目进行瘦身,或者直接砍掉不做了,或者往后拖一拖,下一年再做。而街道中的工作人员,不仅是编制内的人员,还包括人事代理人员、社工、协管员等编制外的人员,他们的人头费是首先给予保障的。街道每年该做的事情、该开展的活动、该要完成的惠民工程等,如果街道的财政经费不足,那么这些事情就往下压,如果有些事情实在压不下去,不做的话,群众的意见比较大,我们就以"项目制"的形式向上级部门申请专项拨款。①

K 区 SK5 街道财政科科长说:

> 街道财政经费紧缩时,街道的经费支出首先得保障街道工作人员的人头经费,总得给大家发工资吧。而街道之前做的事情或项目,就按照轻重缓急的标准往下砍啊,能砍的就砍(能不做的就不做),能拖到下一年做的就拖到下一年做,必须要做的就去做,这样的话,经费还是够

---

① D 区 SD1 街道办事处党政办主任 Z 的访谈,2016 年 4 月 25 日。

用的。反正整个经费盘子都在那里放着了,每年都是看经费做事。[①]

人事优先财政在基层政府的财政支出程序上给予治理群体的工资、社会保障金等费用优先的保障,这就给不同治理群体,尤其是雇佣群体能够到基层政府中从事基层社会治理工作以更多的吸引力。这可能也恰是基层政府中大规模雇佣群体存在的一个重要原因。

盘子财政、自收财政、项目制转移财政、人事优先财政四种财政收支形式构成了中国城市地方和基层政府的财政软约束制度的具体内容。财政软约束制度既为基层政府招聘大量雇佣群体提供资金、程序上的隐蔽支持,又加剧了官僚群体、派生群体与雇佣群体三种治理群体的不同身份差异。财政软约束制度加剧不同治理群体身份差异这一点,本书将在第三章再议。

本书还要强调的是,财政软约束制度是基层政府中雇佣群体存在的经济根源,但是反过来,雇佣群体的大量存在也是基层政府节约人力成本、节省政府财政开支的一个重要因素。换言之,从控制政府财政供养规模,节约政府财政开支的角度看, 财政同样是基层政府中大量雇佣群体存在的重要因素。

从理论上讲,各级政府有编制人员了,就不能使用编外人员了。实际上,区领导让我们编制部门管编制,还是从"控"的角度出发的,不是要给他们增加人员力量,而是要严格控制财政供养规模的。[②]

> 聘用大量的编外人员是上级政府(区级政府)为了减少财政供养规模。前些年的经济发展有限,区财政的支付能力有限,机关事业编制人员的工资、福利待遇等人头费都是由国家和区财政承担的,公务员的数

----

① K区SK5街道财政科科长F的访谈,2016年4月28日。
② D区区编办副主任H的访谈,2016年4月12日。

量规模越大,上级政府的财政负担越重。而编外人员的人头费普遍都比机关事业编制人员的人头费低,雇佣编外人员相对机关事业编制人员来说,财政的负担更小。[①]

> ……节省政府财政开支。正式编制的职工费用很高,但是协管员的费用就相对较低。我们科员一年12万左右,但是协管员他们拿的是上海市的最低工资,之前就更低了。虽然他们也有"五险一金",但是由于工资低,政府为他们缴纳的额度也就相对较低。这样算下来,街道每年节省了不少财政支出。[②]

事实上,随着我国经济社会的发展,基层政府的职能的确增加了许多(下文详议),基层社会的治理需要更多的人员力量。但是基层政府的财政是有限的,根本无力承担起大量的官僚群体与派生群体的人员经费。SK5街道办事处财政科科长F告诉我们:街道现有55名官僚群体,30名派生群体,500多名雇佣群体,这些人员的人头费每年消耗街道办事处60%左右的财政。其中,街道现有的55名官僚群体和30名派生群体,再加上一些退休的官僚群体和派生群体,其人头费需要占街道办事处整个财政支出的45%左右,而500多名雇佣群体的人头费只占到街道办事处财政支出的16%左右。[③]试想,如果SK5街道办事处的治理群体全部是官僚群体与派生群体即全部是有编制的人员,那么街道办事处需要增加多少财政开支?因此,从控制政府财政开支的角度看,基层政府同样需要大量的雇佣群体存在。

---

① D区区科委副主任J的访谈,2016年4月16日。

② D区SD1街道办事处城管科员I的访谈,2016年4月27日。

③ K区SK5街道办事处财政科科长F的访谈,2016年4月28日。

第四节　政府职能与体制内维稳

治理群体的身份三分结构划分，一方面是因为编制硬约束制度对治理群体身份的刚性划分，另一方面是因为财政软约束制度的隐性支持。除了这两点之外，治理群体身份三分结构的出现，以及雇佣群体的大规模存在，与政府职能也存在密切的关系。实际上，许多学者就基层政府人员扩张与政府职能之间的关系已经作了大量的研究。"政府规模扩张是政府职能扩张的直接结果"①，且近几年来，无论是行政编还是事业编，在整体的调整中都呈现出微弱递增的趋势，这与政府职能和工作量近几年呈几何倍增加的趋势基本是同向的，②但是又不相适应。翟校义也认为，中国多数政府机关都存在雇佣群体，地方政府最为突出，而导致这一状况的最主要原因是人手不够。③根据一项对基层政府机关内部人员的调查显示：78.3%的基层政府内部人员认为，人手不够才需要招募雇佣群体。④毫无疑问，基层政府职能不断增加是基层政府人员规模，尤其是雇佣群体大规模存在的重要原因。但是学者的研究忽视了政府职能增量的内部结构情况与治理群体之间的关系，尤其是忽略了受制于编制硬约束制度的刚性约束，在官僚群体与派生群体的数量基本是"常量"的情况下，政府职能增量与雇佣群体的数量之间的关系。本书从基层政府职能的实增、虚增、转移与政府体制内维稳等多个维度分析基层政府

---

① 朱应皋、吴美华：《论政府规模扩张及其治理》，《江淮论坛》，2002 年第 4 期。

② 参见赵子建：《基层政府人员编制隐性膨胀问题研究》，国家行政学院出版社，2013 年，第 69 页。

③ 参见翟校义：《当代中国公共人事制度运行现状调查分析》，中共中央党校出版社，2010 年，第 66、69 页。

④ 参见石亚军：《中国行政管理体制专项问卷调查数据统计》，中国政法大学出版社，2008 年，第 242 页。

职能与治理群体,尤其是雇佣群体数量与规模增加之间的关系,即基层政府哪些方面职能的增加导致了雇佣群体大规模的存在。

政府职能的原意是指政府依法对国家与社会的各种公共事务进行管理时应该承担的职责与功能。本书把那些因社会经济发展与群众生产生活真正需求而导致的职能增量,称为政府职能的实增,而把那些不以解决经济社会发展与群众的实际需求为目标,而是因应付上级政府各种检查、敷衍完成各项任务而导致的职能增量,称之为政府职能的虚增。职能转移主要指官僚群体或派生群体把自己应该履行的职能转移给雇佣群体来完成。

一、政府职能的实增

周黎安曾从官民比的角度对 1989—2006 年间我国政府官僚群体与派生群体的数量和规模的变化进行了分析。他发现一个惊人的事实:这个比例是一个高度稳定的趋势值,大约是 0.86%,即 10 个人当中是政府机关行政人员的不足 1 人。并且他指出,以人员规模和财政支出计算的地方政府的相对规模也都指向一个共同的事实:在中国经济社会大转型的过程中,地方政府的地位保持了惊人的稳定性。[1]那么问题就来了:在1989—2006 年间,中国政府的行政人员的数量与规模即官僚群体和派生群体的数量与规模保持惊人的稳定,而随着中国经济总量的迅速增长与人口的大幅度流动,中国政府尤其是基层政府的职能必然随之增长, 而这些延伸出来的大量政府职能由谁执行呢? 我们以上海市街道办事处为例,看看我国基层政府增加的大量职能是如何被消化的。

近年来,上海市街道办事处职能的实增主要体现在两个方面:一方面,

---

[1]　周黎安:《转型中的地方政府:官员激励与治理》,格致出版社、上海人民出版社,2008 年,第 8 页。

街道办事处承担了许多本来应由市、区政府职能部门提供的公共产品和服务的职能。自2006年起，上海市在各街道建立了隶属于街道社区的行政服务中心，对街道辖区的各类服务性事务实行"一口受理、一门办理"。而根据2009年上海市《社区事务受理服务中心建设服务规范》的标准，15大类、193项事务被纳入各街道的行政服务中心的服务范围，如表17所示：①

表17　上海各街道行政服务中心受理的项目数量

类别	劳保局	民政局	医保局	计生委	信息委	工会	退管局	粮食局	房地局	残联	老龄委	征兵办	税务	妇联	卫生局	总计
事项	87	18	16	18	6	10	1	3	3	24	3	1	1	1	1	193

另一方面，上海的各街道办事处协调上级政府职能部门参与社区治理的范围不断扩大，程度不断加深。自2007年起，上海在全市范围推行街道对市、区职能部门在本辖区的派出机构拥有管理权的双重行政管理体制。把原属于市、区职能部门的日常工作，比如城市公共管理、民生保障、公共基础设施建设、公共服务、社区文明、社会治安综合治理、社区自治等有关社区管理与服务的工作下沉到街道，在各街道开设服务性窗口。因这些工作与群众的切身利益直接相关，客观上就要求街道提供更高的治理和服务水平，因此上级政府把这些任务的治理和服务水平纳入对街道政府的考核体系之中，比如K区对SK5街道办事处的考核内容，如表18所示：②

---

① 刘玉东：《街道职能改革视角下社区治理模式的建构》，《岭南学刊》，2015年第6期。

② SK5街道党办事处副主任C的访谈，2016年3月17日。

表18　K区对SK5街道在公共管理与服务职能方面的考核内容

考核内容	目标名称	具体内容	权重
公共管理	社区网格化管理	建成5个片区网格工作站,形成"1+5+22"的三级网格模式。完善问题的发现与处置协调机制,形成网格化中心、各职能单位、街道各办、所、居委会各司其职,协同配合的良好局面。	15%
		为提高社区居民安全感和满意度,在治安薄弱的小区内安装并接入一批网格化管理监控探头。	
	达标补贴	推进街道售后公房物业管理达标补贴工作。	
	拆违工作	确保新的违法建筑及时发现,及时整治,零增长;逐步减少存量违法建筑。完成全年拆除存量违法建筑目标。	
公共服务	社区综合服务片区建设	完成东北片区综合服务中心建设。	15%
	社区"三中心"建设	社区文化活动中心管道改造,内部修缮,区域调整,强弱电系统和室外建筑立面维修等工程项目。	
		做好社区事务受理服务中心整体修缮工作,不断提升综合服务片区服务能级。	
	无分就业社区建设	积极做好创业带就业,扶持有创业愿望的社区青年自主创业,扶持小微企业发展。积极控制失业无业总数,促进社区失业无业人群无分就业。	
公共安全	安全社区建设	着力整治安全隐患,夯实城区安全运行基础。	15%
	人口管理	推进"实有人口网格化"建设,强化居民区实有人口基层数据库的应用,做好实有人口数量巩固。	
	防汛防台	认真做好防汛防台工作,切实减少台风带来的损失,保障辖区群众的生命财产安全。	
社区文明	文明社区建设	通过群众推荐、自我举荐等方式评产生候选人,最终以大众投票、评委环节选出社区"第六届十佳好人、十佳好事"并进行表彰及后续宣传推广活动;巩固文明城区创建成果,深化文明小区创建。	5%

续表

考核内容	目标名称	具体内容	权重
社区自治	居民自治	落实年度居委会"两室"改造计划,通过新建、改扩建、购买或租赁的方式推进"两室"建设。提升居委会"两室"在议事居民协商、自治家园建设、便民服务方面的功能和影响力。	3%
	服务社区企业	配合区投促办做好服务属地企业的工作。	
社区发展	景观道路改造	完成景观道路的建设。努力美化辖区市容市貌。全年增设墙体绿化 1300 平方米。	15%
	实事项目建设	推进综合改造工程,改善居民生活环境。	
社区事务办理	社区事务"自下而上"的评价	以需求和问题为导向,想群众所想,办群众所盼,做好有关服务群众的工作。	
办理工作	提案议案、书面意见处理	做好人大议案、书面意见,政协提案,社区代表书面意见的办理工作,按期办复率和走访率确保 100%。规范制度和程序,不断提高解决率和满意率。	1%
交办任务	职能职责和交办要求	认真履行职能,完成交办任务。	2%

上海市以上两个方面的街道体制改革,使得各街道办事处的实际职能大大扩展。2015年底,D区对各街道办事处职能进行了重新的"三定",细化形成街道的11条主要职责,梳理形成街道的"三份清单",包括47项行政权力清单、375项事权清单、404项服务清单。①2016年5月底,又进一步梳理各镇事权清单目录共计751项、行政权力清单目录共计73项、服务清单目录共计441项。②在基层政府职能实增的同时,必然带来治理群体数量与规模的增加。根据资料统计,D区TD4镇1991年实际的官僚群体是83人,派生群体是59人;2001年实际的官僚群体是112人,派生群体是71人;2002年实际的官僚群体是108人,派生群体是55人;2007年的实际官僚群体是113人,派生群体是63人。③从1991年到2007年,随着基层政府实际职能的不断增量,官僚群体与派生群体的数量也随之增加。但是我们应该看到,因街道政府实际工作量的增加而导致的官僚群体与派生群体数量的增加值与因同样原因而导致的雇佣群体数量的增加值相比,仍然差距甚远。"编制调整的幅度还非常有限……这种调整幅度在政府职能迅速转型的背景下是非常微不足道的。"④来自基层政府职能部门的领导更是向我们证实了这点:

这几年基层政府的职能大幅度增加,导致基层人力资源不够用。尽管后来街道和镇政府的编制几次扩编,但是现在我们这里的每个街道和镇的行政编与事业编放在一起就七八十个,即使满编,你能指望这几十个人满足基层社会治理的人力需要?比如TD5镇,现在的年财政收入有3个亿左右,它的户籍人口有7万左右,而外来人口将近20万,这么

① 内部资料:《D区关于创新社会治理加强基层建设工作的自查报告》。
② 内部资料:《D区关于进一步理顺条块关系加强条块对接工作推进情况的汇报》。
③ 数据来自《TD4镇志》,学林出版社,2009年,根据第78、81、243、345、569、573页有关资料整理而成。
④ 赵子建:《基层政府人员编制隐性膨胀问题研究》,国家行政学院出版社,2013年,第136页。

一个经济量和人口量的镇,指望镇政府中的几十个编制人员能满足区域治理的需要? 实际上,TD5镇的所有工作人员加起来有700多人,而多出来的600多人都属于编外人员了。①

有学者就指出,尽管现有的编制人员很难满足实际的社会治理需求,但是在编人员并没有感觉到履行职能的压力,人员编制的现实需求与实际需求之间事实上已经出现明显的矛盾,而解决这一矛盾不是靠挖掘现有在编人员的潜力,而是增加编外人员的数量,由编外人员来承担新增的政府职能。②"城管的工作职责达到了100多项,承担了21世纪的工作量,使用的却是20世纪的编制,小马拉大车,这导致了一些单位被迫使用编制外人员。"③这些观点与基层政府中的官员一致,恰如其分地表达了基层政府中雇佣群体存在的原因。

二、政府职能的虚增

建立一个严密有序的科层制组织制度,贯彻自上而下的行政命令和政策意图,从而保证不同属地与中央政府的步调一致是国家有效治理的重要机制之一,但实际情况是,地方政府往往各行其是,以致偏离失控。④因此,"国家治理的诸多机制大多是在'用'官僚机器以实现其意图,又不得不'治'官僚体制偏离其意图这一矛盾中产生的"⑤。上级政府职能部门为了实现其行政命令与政策意图,控制下级政府的偏离,采取的非常重要的措施之一就是建立完善而严格的工作考核指标体系。每一年"上级政府总是事先制定好

① D区科委副主任J的访谈,2016年4月16日。
② 赵子建:《基层政府人员编制隐性膨胀问题研究》,国家行政学院出版社,2013年,第150页。
③ 《"临时工"几乎遍布所有机关单位》,《新京报》,2013年6月8日。
④ 周雪光:《权威体制与有效治理:当代中国国家治理的制度逻辑》,《开放时代》,2011年第10期。
⑤ 周雪光:《国家治理逻辑与中国官僚体制:一个韦伯理论视角》,《开放时代》,2013年第3期。

详细的任务指标、考核程序以及奖惩责任等,下级部门的党委书记和行政负责人必须签字,立下军令状"①。通过各种考核指标体系的建立,上级政府把权力与资源都集中在自己手中,基层政府的活动空间就只能围绕着考核的指挥棒转。工作的常态是完成上级政府职能部门交代的各种任务,迎接他们的各种检查。当然,上级政府职能部门的政策也是为了促进经济社会发展、满足群众的生产生活,只是有些政策偏离基层社会的实际,执行的结果是浪费人力、物力与精力,不产生任何实际性的结果,但基层政府又必须想尽各种办法满足上级政府的要求,完成上级政府的各种考核指标。基层政府一部分职能的增加主要是由官僚组织自身的运行机制造成的,正是因为这样的运行机制,使得基层政府的职能更加"虚胖"。尽管消化"虚胖"职能的人员力量主要是官僚群体与派生群体,但客观上却加剧了基层治理对雇佣群体的需求量。

周雪光说:"国家治理逻辑的深层秘密是解决国家权力与官僚组制之间的紧密且紧张的关系。"②事实上,国家治理逻辑的深层秘密是解决上下级权力之间的关系。建立严密而有序的官僚制,通过各种调控手段使官僚群体与派生群体始终围绕上级政府转,而真正满足基层社会有效治理的群体却是数量与规模庞大的雇佣群体。这可能也恰恰是中国解决"权威体制与有效治理之间矛盾"③的重要方式。

---

① Kevin J and Lianjiang Li,Selective Policy Implementation in Rural China,*Comparative Politics*,Vol.31,No.2,1999,pp.167–186.

② 周雪光:《国家治理逻辑与中国官僚体制:一个韦伯理论视角》,《开放时代》,2013年第3期。

③ 周雪光说,中国政体内部有一个深刻矛盾:威权体制与有效治理之间的矛盾。它集中表现在中央管辖权与地方治理权之间的紧张与不兼容:前者趋于权力、资源的集中,从而削弱了地方政府解决实际问题的能力和这一体制的有效治理能力;而后者又常常表现为各行其是,对威权体制的中央产生威胁。在威权体制中,这一矛盾无法得到根本解决,只能在动态中寻求某种暂时的平衡。参见《权威体制与有效治理:当代中国国家治理的制度逻辑》,《开放时代》,2011年第10期。如果把这一观点放到整个官僚体制内来看,中国国家治理也同样面临着上级政府与下级政府之间的这种紧张的矛盾问题,但是基层社会能够实现有效治理,本书认为一个重要原因是,基层政府从官僚体制外部引入了雇佣群体。这一变量的产生,在一定程度上平衡了官僚组织上下级之间的矛盾关系。

三、政府职能转移

　　建立权责分明、分工合理、执行顺畅的行政执行体制,是现代官僚体系的基本要求。实现基层政府职能在不同的治理群体之间的有机分配,既是官僚组织正常运行的需要,又是城市基层社会有效治理的客观需要。但在当下的城市基层政府中,治理群体间的职能分配从表面上看似乎分工合理,而实际上却是"闲的闲死,忙的忙死"。造成基层政府中这种状况出现的原因有很多,但职能在不同治理群体之间的转移是一个重要原因。基层政府中的一些职能,尤其是基层社会治理与服务性的职能,从官僚群体、派生群体身上转移到雇佣群体身上,是基层政府中大量雇佣群体存在的又一重要原因。

　　官僚群体与派生群体把职能转移给雇佣群体的现象,在一些学者的研究中也得到了证实。一项针对中国政府内部人员的公共人事调查结果显示,在被调查的对象中,有58.3%的人认为政府中存在雇佣群体是因为正式员工不干活。[①]更何况在政府机关中还有数量众多的"吃空饷"的官僚群体和派生群体呢? 根据相关媒体报道,江西省武宁县一个县就清理出各类"吃空饷"人员85人;河南周口市清理出"吃空饷"人员5731人;四川、海南、重庆、湖南、河南、宁夏、内蒙古7个省、自治区、直辖市清理出"吃空饷"者达7万多人,全国"吃空饷"者至少80万人。[②]这些"吃空饷"之人的身份是什么? 他们的职能由谁来执行? 毫无疑问,这些"吃空饷"之人基本上都是官僚群体与派生群体,而在编制硬约束制度下,这些人占据编制身份却不干活,其结果必然需

---

　　① 石亚军:《中国行政管理体制专项问卷调查数据统计》,中国政法大学出版社,2008年,第242页。

　　② 数据来自《检察日报》,2012年4月19日,http://news.sohu.com/s2013/kongxiang/,访问时间2016年7月9日。

要招聘更多的雇佣群体来履行他们的职能。"目前,一些单位'有事没人干',一些单位'有人没事干',聘用编外人员的目的在于'承担'编内人员的工作,由编外人员把编内人员'养'起来。"①

四、大包大揽与体制内维稳

政府职能的增加(包括实增与虚增)与转移是基层政府中雇佣群体产生的重要因素,除此之外,政府治理社会的思维没有发生根本转变,依然大包大揽,同样是基层政府中雇佣群体大规模存在的重要原因。在基层社会治理中,基层政府依然是促进基层社会发展,维护基层社会稳定,满足基层社会需求的主导者,对基层社会的管控色彩依然浓厚,总是试图把基层社会牢牢地掌控起来,对基层社会的各项事务进行把控。

"我们政府治理社会的思维还没有转变过来。虽然我们提出治理社会,提升治理能力,但实际上我们对社会的治理不是真正的治理,还是停留在管理的层面。我们对社会的治理还是单方面的。"②

为了进一步创新社会治理,加强基层建设,上海市在2014年底出台了"一号课题"和"1+6"文件。根据相关文件的要求,全市基层政府必须增加基层工作人员的力量:各街道办事处或镇政府要按照社区居民数量与社区工作者数量的355∶1的标准配备社区的工作者。③"这一要求已经纳入我们的工作考核体系中了,如果街道办事处辖下的社区工作人员的数量达不到这一标准,基层政府在年度工作考核中要扣除相应的分值。"④基层社会增加大量

①　《"临时工"几乎遍布所有机关单位》,《新京报》,2013年6月8日。

②　D区编制办副主任H的访谈,2016年4月12日。

③　中共上海市委、上海市人民政府:《中共上海市委上海市人民政府关于进一步创新社会治理加强基层建设的意见》(沪委发〔2014〕14号),2014年12月31日。

④　D区SD1街道办事处党政办主任Z的访谈,2016年4月25日。

的人员力量，其目的是为了进一步加强基层社会的管理，维护基层社会秩序，但本质还是我们的政府对基层社会事务的大包大揽。中央政府一直强调要转变政府职能，政府该管的要管好，不该管的就不要管，但是我们的地方政府与基层政府依然是该管的也要管，不该管的也要尽量管。在基层社会治理中，不是真正地放手给基层社会，而是试图抓在自己的手中，地方政府为什么要这样做？其实，在我国的基层社会治理中，长期以来都是稳定压倒一切，维稳管控是基层政府的最核心工作。当下的基层社会治理依然不能脱离这一根本性的轨道。所以随着城市人口的迅速增长，各种矛盾日益突出，地方政府要求增加基层社会工作人员力量，还是维稳管控、大包大揽思维的结果。这样的社会治理思维只能进一步加大基层政府的职能负担，客观上要求基层政府招聘更多的雇佣群体。因为基层政府的官僚群体与派生群体的编制额度是不能突破的，如果增加基层政府在社区中的工作人员力量，就只能增加雇佣群体的数量。

基层政府维稳管控而大包大揽导致雇佣群体产生还有一种表现形式就是体制内维稳。所谓体制内维稳是指通过体制再吸纳的方式把原来属于体制内（编制内）的人重新纳入体制或者半体制内，以解决其生活生产问题，从而维护社会稳定。本书主要指基层政府对原国有企业职工的再就业安排，以维护基层社会秩序的稳定。根据调研，在基层政府中有大量"40、50后"的社区工作者，他们都是上海之前的国有企业职工，因企业改制而下岗。这些人员的年龄偏大，文化程度不高，再就业比较困难。基层政府雇佣这些人员主要在基层社会做一些协管类的工作，不过他们工作的积极性并不高，工作的效果也不是很好，但是基层政府还是要雇佣这些人员从事城市协管类的工作。

因此，在地方与基层社会治理中，地方政府与基层政府的维稳管控思维所造成的基层政府大包大揽与体制内维稳，同样是基层政府雇佣群体产生的重要因素。

近年来,随着我国政治、经济和社会的发展,人民群众对政府的服务性需求日益上升,基层政府的职能随之不断增加。尤其是作为中国特大城市的上海,在2006年街道与乡镇体制改革后,各街镇不仅承担了一些原属于市、区政府职能部门的职能,还被赋予了更多的基层社会公共管理与服务的职能,从而使得街道与镇的实际职能大大增加。再加上基层政府出于维稳管控的目的,对基层社会事务大包大揽以及体制内维稳的托底化,这就客观上要求城市基层社会的治理需要更多的人员配备。正如上文我们看到的一样,基层政府中官僚群体与派生群体的数量实现了增额。但受制于编制硬约束制度的刚性控制,官僚群体与派生群体数量增加的幅度非常有限,他们的数量基本上是一个"常量"。再加上官僚制自身运行中因内在机制而导致的基层政府职能的"虚胖",使得官僚群体与派生群体的主要任务是忙于应付来自上级政府职能部门的各种要求与考核,无暇致力于基层社会的治理。令人吃惊的是,基层政府中竟然仍存在一些"上班等下班"和"吃空饷"的官僚群体与派生群体,其职能也必然转移到其他人员身上。这些因素叠加在一起,在城市基层社会治理中存在大量的雇佣群体履行基层政府的职能就成了客观的需求。更何况我国的财政软约束制度对基层政府中不同治理群体的存在又提供了隐蔽的物质支持,为雇佣群体进入官僚组织,成为半行政半社会化人员提供了经费支撑。

编制硬约束制度对官僚群体与派生群体数量与规模的刚性约束,基层政府职能实增、虚增、转移与大包大揽、体制内维稳等客观上加剧了对雇佣群体的迫切需求,财政软约束制度对治理群体的存在又给予了隐蔽性的物质支持。这三大机制共同作用,导致了一个客观存在的事实:在城市基层政府中存在大量的雇佣群体,且雇佣群体的数量与规模是官僚群体和派生群体数量与规模的几倍甚至几十倍。官僚群体、派生群体和雇佣群体之间相互分化与组合,构成了具有中国城市基层治理特色的治理结构——群体三分。

第五节　官吏分途

在当下的中国城市基层政府中,官僚群体、派生群体与雇佣群体在数量和规模上的不对称与古代中国基层政府中官吏之间在数量和规模上的不对称具有相通性,二者具有异曲同工之妙。官吏分途作为古代中国国家治理的人事制度安排, 在当前的中国国家治理与官僚体制中依然具有延续性和再生性,[1]是当前中国城市基层治理结构——群体三分的历史路径的延展。那么官吏分途的人事制度安排和治理结构是怎样的呢?

古代中国的官僚制度不仅有官制,而且有吏制。官制在古代中国的官僚制中占据着核心地位, 而 "吏役制度是以传统中国之官僚政治制度为依托的"[2],是官制的必要补充,"由'非专家'的官员操作中国的官僚制度,由'专家的幕友们在某种程度上予以弥补"[3]。而且官、吏、役在政治组织结构中具有共生性,相互需要。正如清人陈宏谋所说:"有官必有吏,有官必有役……盖居官者责无旁贷,事有兼资,抱案牍,考章程,备缮写,官之赖于吏者不少;拘提奔走,役之效力于官者亦不少,凡上下文移,不曰该管官吏,则曰一应官役。吏役盖未可忽矣。"[4]甚至顾炎武认为:"夺百官之权而一切归之吏胥,是所谓百官者虚名,而柄国者吏胥而已。"[5]事实上,官、吏、役都是古代中国政

---

① 参见刘建军、马彦银:《从官吏分途到群体三分:中国地方治理的人事结构转换及其政治效应》,《社会》,2016 年第 1 期。

② 周保明:《清代地方吏役制度研究》,上海人民出版社,2009 年, 第 20 页。

③ 瞿同祖:《清代地方政府》,范忠信等译,法律出版社,2011 年,第 315 页。

④ 陈宏谋:《分发在官法戒录檄》,收编于《皇朝经世文编》卷二十四《吏政十吏胥》,第 619 页。

⑤ 顾炎武:《日知录集释》(全校本),上海古籍出版社,2006 年,第 486 页。

府职能的履行者,都是政府机构中的治理群体,在中国几千年的历史发展过程中,官与吏的区分并不是那么清楚,吏与役也常常混为一谈。①他们之所以被称为"官""吏""役",是后人根据他们在古代中国国家机器中的职位职责的不同和在古代中国社会中的身份地位差异进行的划分。阎步克在研究古代中国的官僚等级制度时提出了"职位分等""品位分等"两个分析概念:职位分等重效率,以"事"为中心,根据工作职责和贡献的大小确定待遇的职位分等;品位分等重身份,以"人"为中心,根据地位高低确定待遇的品位分等。②而历朝历代对政府人员的管理都不是单纯地使用职位职责或身份差异中的一种方式,即不是单单地使用"品位"或"职位"分等中的一种标准,而是把二者结合起来混合使用,只不过有的朝代侧重于"品位分等",有的朝代侧重于"职位分等"。所以根据"职位分等"或"品位分等"的划分标准,整个古代官僚队伍就出现了分层、分类的现象,即官吏分途现象。"官吏分途现象是对政府公务人员进行分类管理,分层管理,是等级管理制度发展的产物。"③那么在古代中国的官僚体系中,什么是官? 什么是吏? 什么是役? 官、吏、役之间的数量与规模是怎样的呢? 他们的职能分工和社会地位又是怎样的呢?

一、官、吏之说及分途

　　钱穆认为,古代中国官吏分两途的根本原因是流品,西方社会是有阶级无流品,中国社会是有流品无阶级……在古代中国的政治结构中,官有品级而吏无品,吏自然属于低贱职业,被人看不起。④学界对官、吏的概念众说纷

---

① 参见赵世瑜:《吏与中国传统社会》,浙江人民出版社,1994年,第4页。

② 参见阎步克:《品位与职位——传统官僚等级制度研究的一个新视角》,《史学月刊》,2001年第1期。

③ 叶炜:《南北朝隋唐官吏分途研究》,北京大学出版社,2009年,第12页。

④ 参见钱穆:《中国历代政治得失》,生活·读书·新知三联书店,2001年,第124~125页。

纭,至今没有形成一个准确的表述。但一般来说,官被认为是职官,有品级,入流,有不断升迁的可能性。而吏就是吏员、书吏、吏典、胥吏等,无品流,进入职官阶层的机会渺茫,升迁的渠道基本被堵死。即使吏在古代中国的某些历史时期中有品流,也是处于权力金字塔结构的最底端,向上流动的可能性比较小,尤其是隋唐以后,吏基本上没有升迁的可能性。役是古代中国的普通百姓在政府部门服的一种徭役,由民户轮流担当。相对役而言,吏是一种固定的职务,还有一定的报酬,但到了清代后期,想做吏的人反而必须向国家缴纳一定的钱作为捐纳,才有资格成为吏。虽然吏与役的具体职能有所不同,但他们的社会地位没有本质上的差别,在古代社会都属于贱职,都是士人看不起的职业,所以后人常常把他们合起来称为吏员、吏役,或者直接笼统地称为"胥吏"。①胥吏种类庞杂、数量繁多、分布领域广泛,古代中国各级政府机关中的各类具体的办事人员都可以被称为胥吏。正如叶炜所说:"中国古代历史上的'胥吏',是在中央和地方政府机构中办理文书、处理具体事务的专门人员。"②《周官》很早就讲到了吏役这批人,它把吏役分成府、史、胥、徒四类。其实,《周官》中的胥与徒基本上与后来的三班衙役、牢子、捕快等胥吏,以及里甲之首等最基层的行政头目类似,而府、史类同于后代的吏,是以脑力劳动为主的文秘办事人员,主管文书的起草、收发、存管等工作。吏与官有关,胥与役有关。③《周官》有府史胥徒之名,唐汉以后,名称不一,职

---

① 实际上,"吏"在古代中国是一个比较模糊的概念。从广义上说,古代所有的官员与吏员都可以称为吏。史书典籍中的"长吏"往往就是指一政府部门的长官,而负责管理所有官员、吏员的部门又称为吏部。一般来说,一个部门的下属,相对于长官来说,都可以称为吏,就是所谓的"僚吏""佐吏""属吏",这些"吏"一般都是有品级的,且有些人还官高位重。而本书的吏是一个狭义的概念,吏是与官相对应的那些人,主要指那些"职掌人""吏胥""胥吏""吏员""吏役"等人,官吏分途中的"吏"在本书中就是指这些人。

② 叶炜:《南北朝隋唐官吏分途研究》,北京大学出版社,2009 年,第 253 页。

③ 参见刘建军:《中国古代政治制度十六讲》,上海人民出版社,2009 年,第 193 页。

掌则同。"①

官与吏的分途在古代中国官僚体系的发展历史中，是一个逐步演变的过程，每一个历史时期都呈现出不同的特征。春秋战国至两汉时期，官与吏是相通的，"汉以前吏胥，士也"②。官与吏没有明确的界限划分，官、吏二者相互重叠，吏可以直接转任官，吏包括在官的范畴当中，还没有形成一个独立的职业集团。先秦时期"庶民在官"现象的存在和秦朝"以吏为师"的统治政策，都说明了当时的官与吏没有严格的区别。魏晋南北朝时期，尽管官与吏还存在一定程度的重叠，一部分吏还在官的体系内，但是已出现了刀笔吏与服役吏的区别，服役吏的社会地位大幅度下滑，成为与国家编户不同的吏户，与兵户等并列。③并且由于世家大族对九品中正制的侵蚀，致使上品无寒门、下品无士族的现象出现。上流阶层的士族耻于为吏，吏为上流社会所贱，吏在传统社会中的地位开始滑落，出现官贵吏贱的政治局面。

隋唐是官吏分离的转折时期，官僚集团与吏役集团分离的标志是"流"。"流"是品级、等级之意，有流内与流外之分，流内官有品级，流外官名义是官，而事实上是无品级的或处于品级的最低端。吏役被划为流外官范畴，被置于政府低级公务员的位置上，不同于按时更替的职役。④并且随着科举取士制度的确立，吏役转任士职的通道变得异常狭窄，即使流外官通过八考、十考最终能"入流"，也只有资格做低级官员。流内官与流外官的区分，使得官与吏明确分离开来，这是古代中国第一次在政治体制上对官吏分途作出的清晰界定。

宋朝是吏役制完善的朝代，无论是吏役的选任、转迁、离职，还是在职能

---

① 陈宏谋:《分发在官法戒录檄》,收编于《皇朝经世文编》卷二十四《吏政十吏胥》,第619页。

② 牟愿相:《说吏胥》,收编于《皇朝经世文编》卷二十四《吏政十吏胥》,第619页。

③ 参见赵世瑜:《吏与中国传统社会》,浙江人民出版社,1994年,第28页。

④ 参见刘建军:《中国古代政治制度十六讲》,上海人民出版社,2009年,第195页。

分工、待遇等方面都有严格的制度规定。宋朝的政府公务人员中除了官员外,还有吏员、公人、役人三个层次,[1]虽然有学者认为公人不应包括在胥吏当中,[2]但吏员与役人的分离,则充分说明这样的事实:在宋朝不仅官与吏,而且吏与役的分途都是非常清楚的。

除了这一点外,宋朝的官吏分途还有一个重要特征就是吏强官弱。宋朝的统治者为了巩固政权,改变唐朝后期节度使尾大不掉的局面,通过科举制度大量招募士人。这就造成了三个严重后果:其一,有官就有吏,官员的数量与规模成倍增加,胥吏的数量与规模就会成数倍地增加,这就导致胥吏集团的膨胀;其二,通过科举考试招募的官员,往往不通政务与吏事,导致官员对胥吏的依赖性越来越强,胥吏对官员的控制就越来越强,胥吏集团的实际政治地位上升,开始作为一支独立的政治力量出现在历史舞台上;其三,由于科举成为取士的唯一途径,宋朝由吏转官的现象已不存在,吏与官的社会地位差异再次被拉大,吏成为社会的卑贱职业,吏与役的社会地位趋于一致。

元代是一个特殊的朝代,除了推行种族等级制度外,还推行社会等级制度。社会等级的排序是:一官、二吏、三僧、四道、五医、六工、七猎、八民、九儒、十丐。吏的社会地位仅次于官,而且官与吏可以相互转任。由官而吏,由儒而吏,由吏而官的现象在元代都是普遍存在的。因此,有人就认为元代的吏制也是官制。

明朝初期,统治者对官员的选任不仅继承了元代由吏而官的做法,还采用了科举、监生而官的方式,即以"三途并用"的方式选任官员,并且对由吏而官的原则也作出了规定:三年一升转,九年三考出职。明代时的官、吏、役的范畴都已经非常明确,哪些人属于官,哪些人属于吏,哪些人属于役,一目

---

① 参见穆朝庆:《宋代中央官府制论述》,《历史研究》,1990 年第 6 期。

② 赵世瑜认为狭义的吏不包括公人,而广义的胥吏集团包括吏。具体内容可参见赵世瑜:《吏与中国传统社会》,浙江人民出版社,1994 年,第 73~79 页。

了然,即使是吏,也只分为司吏、典吏两级,公务人员的制度管理明晰而简单。然而当科举取士成为唯一的独木桥时,胥吏的社会地位又回到名不副实的状态,呈现官高吏低的政治状态,吏的社会地位之卑贱,比之前各朝代有过之而无不及。明代的制度明确规定吏员出身的官员最高不能高于七品,而且绝大多数吏职只可任杂职官。吏员在行政管理体制中被定位在只是办事员而不是管理人员,他们的地位不能与因科举而官的人相提并论,企图把吏员固定在从属的地位上,即使有变化,变化的空间也是非常之狭小。①

官吏分途的政治现象到清代时已被完全确定下来,官与吏泾渭分明。但就整个清代的政治特质而言,清代是吏与幕友共天下的时代。幕友是官员私人聘请的,具有较高的文化水平,主要负责刑名和钱谷等具体事务以及监督胥吏。幕友与吏员一道,成为清代政府中拥有实权的人物。如果以清代的地方政府为例,我们就能非常清楚地看出清代官吏分途的以上特征。清代的州县政府就是一人政府,只有州县官一名政府官员,因为按照清代制度规定,只有州县官一职独享政治权力,对所属区域内一切事务负责。但在具体的政务处理当中,州县官有四大辅助集团:书吏、衙役、长随和幕友。幕友是州县官的私人秘书或顾问,干的都是脑力活;书吏负责州县官的文字工作,干的是文书起草之类的工作;衙役负责缉捕、行刑、抬轿、传递、守卫之类的体力活;长随是州县官用来监督另外三者的,并在三者之间传达州县官的指令,照顾州县官的生活起居。②这四类人都围绕州县官一人转动,官与吏的角色清楚,定位明确,如图13所示:

---

① 参见赵世瑜:《吏与中国传统社会》,浙江人民出版社,1994 年,第 160 页。
② 参见瞿同祖:《清代地方政府》,范忠信等译,法律出版社,2011 年,序言第 8 页。

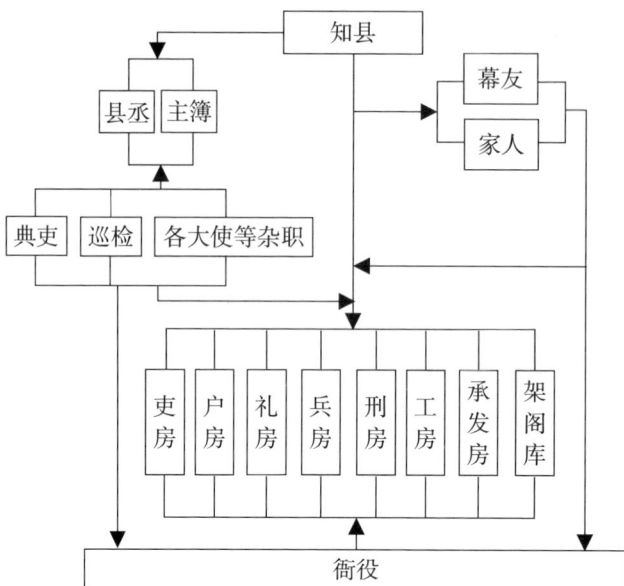

图13 清代州县组织结构①

注:图中典吏、巡检、各大使等杂职属于书吏范畴;吏房、户房、礼房、兵房、刑房、工房、承发房、架阁库属于胥吏范畴;家人指长随,而县丞、主簿属于佐贰、属官、杂职的范畴。"属官,特备是佐贰——常被称为'闲曹'(闲散官员)或'冗官'(多余的官),在地方政府中仅具有极少的功能。"②

从图中可以看出,官与吏各司其职,分工明确,角色清楚,官完全处于指挥者的地位,而吏处于从属性地位,但幕友与吏却掌握着处理州县具体事务的实际权力,即清代是幕友与吏共天下。

二、官与吏的数量和规模

负责办理文书和具体事项的胥吏在历朝历代的政府机构中都存在,并且在中央和地方各级政府部门中也都存在。由于研究的需要,本书仅对古代中国基层政府中的官员与胥吏的数量和规模进行考察。本书所考察的古代

① 参见周保明:《清代地方吏役制度研究》,上海人民出版社,2009年,第108页。
② 瞿同祖:《清代地方政府》,范忠信等译,法律出版社,2011年,第24~25页。

中国基层政府指的是州、郡、县政府或与此行政级别相当的政府机构。

两汉之前,虽然官吏相通,但无法把官与吏真正区分开。而从秦汉时期的零碎资料中,我们依然能窥视出郡县中那些相当于后代吏之角色的数量和规模。根据《西汉会要·职官三》的记载,郡守之下的郡掾,如主簿、书佐、史、狱小吏等,有 35 种,县官之下有令史、县史、功曹、乡吏、门下掾等,有 17 种。①虽然不是每个郡县都设置这么多的职位,但是这些人员的数量还是相当大的。例如,《后汉书》记载:洛阳有县令 1 人、县丞 3 人,员吏 796 人,乡有秩、狱吏 56 人,佐史、乡佐 77 人,斗食、令史、啬夫、假 50 人,官掾史、干小史 250 人,书佐 90 人,修行 260 人。②洛阳县政府机构中属于吏之范畴的人员数量和规模是官的数倍,甚至数百倍。尽管洛阳县机构人员数量和规模不能完全代表当时全国县的实际情况,但我们依然能够由此看出,吏在当时整个国家基层政府中的庞大规模以及官与吏在数量和规模上的严重不对称性。

魏晋南北朝时期,由于政权分立,地方所设的郡、县数量相较于两汉时期有所增多,地方政府中的官与吏的数量自然就增多了。曹魏时郡太守属下的吏员少者百人,多者二百多人。晋之州有 19 个,每州有吏 41 人,卒 20 人(有的州偏多,如凉州、益州有吏 85 人,卒 20 人),约有吏 800 人;晋之郡有 156 个,约有吏 1.3 万余人;晋之县有 1109 个,每县约有 61 人,县吏总数约 6.8 万余人。南北朝时的北齐郡属官、佐史有 2.4 万余人,其中佐史所占比例 2/3 以上;北齐的县级属官、佐史在上上县有 54 人,上中县有 49 人,上下县有 44 人,中上县有 38 人,中中县有 33 人,中下县有 32 人,下上县有 31 人,下中县有 29 人,下下县有 28 人,北齐有县 365 个,属官、佐史数目在 1 万人以上。北齐的地方政府机构中的吏员总数在 4 万~5 万人。③

① 参见徐天麟:《西汉会要·职官三》,中华书局,1955 年,第 326~346 页。

② 参见范晔:《后汉书·志第二十八·百官五》,李贤等注,中华书局,1999 年,第 2474 页。

③ 参见赵世瑜:《吏与中国传统社会》,浙江人民出版社,1994 年,第 31~34 页。

隋唐时期官与吏的区分相对比较清楚,州县机关中的吏员数量统计就更加清楚。下面两张表分别是唐代州、县政府机关吏员的数量统计与分布状况:①

表 19　唐代州政府机关中吏员的数量统计与分布状况

职别／州别	录事	司功参军事		司仓		司户			司兵		司法		司士							市令				经学博士		医学博士
	史	佐	史	佐	史	佐	史	帐史	佐	史	佐	史	佐	史	参军事	执刀	典狱	门事	白直	令	丞	佐	史	师	史	师
上州	2	3	6	3	6	3	7	1	3	6	4	8	3	6	4	15	4	6	20	1	1	2	2	2	4	1
中州	2	2	4	2	4	3	5	1	3	4	3	6				10	12	6	16	1	1	2	1	3		1
下州	2			2	4	3	5	1			2	4				10	8	4	16	1	1	1		3	2	1

表 20　唐代县政府机关中吏员的数量统计与分布状况

职别／县别	录事		司户		司法		典狱	问事	白直	市			学			
	录事	史	佐	史	佐	史	史	史	史	令	佐	史	师	仓督	博士	助教
上县	2	3	4	7	4	8	10	4	10	1	1	1	2	2	1	1
中县	2	3	3	5	3	6	8	4	8	1	1	1	1	1	1	1
中下县	2		2	4	3	4	6	4	8	1	1	1	1		1	1
下县		3	2	4	3	4	6	4	8	1	1	1	1		1	1

从这两张表中可以看到,在唐代的上州政府中书写吏(佐、史)大约有 68 个,中州有 39 个,下州有 26 个,平均每州有 45 个左右,而上州政府中的职役(执刀、典狱、门事、白直)有 47 人,中州有 44 人,下州有 38 人,平均有 43 人。如果以天宝年间的 362 个州计算,唐代州政府一级就有书写吏大约 1.6 万人,职役大约有 1.5 万人,共有吏役超过 3 万人。而县政府中的吏大约有 52 个,而唐代有县 1521 个,共有胥吏近 8 万人。综合州县政府吏之数量,唐代

---

① 参见张九龄等:《唐六典·卷三十》,无具体页码。

基层政府中的吏员规模有 10 万人左右，而州县官却只有 3000 人左右。虽然这些数据都是根据唐代经制数额推测出来的，与当时实际的准确数据存在差距，但是这在一定程度上仍然能够反映出唐代地方政府中的官吏数量与规模的悬殊。

无论是北宋还是南宋，都没有留下关于地方官吏数额统计的详细资料，而且不同时期不同地方的官吏数额也都不一样，但是我们仍然能够从现存北宋时期的一些地方志中管窥蠡测，对整个宋代地方政府中的官吏数量和规模进行大致的估算。

宋代的地方行政单位分为路、府、州、县，但最为重要和典型的还是州县两级。北宋时全国有州 234 个，县 1021 个。[1]根据《嘉定赤城志》的记载，台州州政府中有胥吏 311 人，分布如下：[2]

表 21　台州州政府中胥吏分布

职别	衙前	祗侯典	贴司	造帐司	院虞侯	散从官	人吏	斗子	揩子	枰子	拦头	杂职	总计
人数	46	1	25	5	70	65	50	18	9	3	12	7	311

同样来自《嘉定赤城志》的记载，台州辖下有 5 个县，而福州辖下有 12 个县，是北宋时的大藩，但其吏役职名与台州基本一致，而福州州政府中的胥吏总额则达到 459 人。[3]如果宋代的州政府中的胥吏人数以台州和福州的平均值 385 人来计算，北宋州一级的胥吏总数大约有 9 万人。而在县一级的政府机构中，平均每个县有胥吏 107 人左右，《嘉定赤城志》所载台州所辖五县的胥吏情况如下表所示：

①　参见赵世瑜：《吏与中国传统社会》，浙江人民出版社，1994 年，第 84 页。

②　参见《嘉定赤城志》卷十七，《吏役·门州役人》，第 7415~7417 页。

③　参见赵世瑜：《吏与中国传统社会》，浙江人民出版社，1994 年，第 85 页。

表 22　台州辖下 5 县的胥吏数量统计①

吏役职名＼县名	人吏	贴司	乡书手	手力	斗子	库子揺子	枰子	拦头	所由	杂职
临海	20	20	18	52	2	(7)1	阙	阙	(9)2	8
黄岩	20	20	12	49	2	(3)1	1	(6)7	1	6
天台	15	20	4	35	(6)8	(18)7	(1)2	(14)1	(14)2	(4)3
仙居	15	20	6	40	(6)1	(10)6	库子并充	4	(10)3	(3)5
宁海	15	20	6	40	(15)4	7	1	(8)2	(3)1	(2)4

注:表格中括号里的数字表示该县的编制胥吏额度,而不加括号的数字表示该县的实际胥吏数量。

北宋有 1021 个县,那么县级政府中的胥吏总额约有 10.9 万人。结合州政府中的胥吏人数,北宋时期地方政府机构中(不包括路、府)胥吏数量差不多有 20 万人。这个数字与赵世瑜对宋代地方政府的吏员数量估计是一致的,"即胥吏总数应该为 16 万到 24 万这样的规模"②。

元朝的地方行政体制分为行省、路、府、州、县几个级别,而行省主要起监督地方官的作用,所以元代地方最重要的行政单位是路、府、州、县。元代的吏职名目繁多,"曰掾史、令史,曰书写、铨写,曰书吏、典史,所设之名,未易枚举"③。许凡把他们分为 4 类 10 种:④

表 23　元代的吏职名目

种类	案牍吏员	翻译吏员	传达吏员	其他吏员
职别	令史、司史、书吏、必阇赤	译史、通事	宣使、奏差	知印、典史

①　转引自甄一蕴:《官民之间:北宋胥吏阶层研究》,西北民族大学硕士学位论文,2014 年。

②　赵世瑜:《吏与中国传统社会》,浙江人民出版社,1994 年,第 86 页。

③　《元史》卷八一《选举志一》,页码不详。

④　参见许凡:《元代的吏员出职制度》,《历史研究》,1984 年第 6 期。

这 4 类 10 种吏役在元代的路、府、州、县的政府机构中有多少呢？根据赵世瑜的研究,元代有路 185 个,府 33 个,州 359 个,县 1127 个,共有吏约 8.2 万人以上。①

明代的吏员数目相较于官员数目比较庞大, 是官员数目的几倍甚至十几倍。据缪全吉统计,两京吏额共 1798 人,加上五府吏额 215 人,共 2013 人,如果再加上两京武职衙门吏额 2477 人,共 4490 人。②而朱国祯根据《大明会典》统计的两京衙门胥吏总数是 4603 人,官员是 1974 人。③无论两京的胥吏总数是 4490 人还是 4603 人,都是两京官员的两倍多,而洪武年间重设六部官制,官、吏 548 人,其中官是 105 人,吏是 443 人,官与吏之比大约是 1:4。④明代的地方政府机构中有多少吏员呢？根据《大明会典》的记载,明有 13 个布政使司(相当于省)、45 个府、245 个州、1165 个县,如果每州的吏员数目以大兴县的 39 人为标准,那么州政府机关中有吏员 9500 多人;如果每县的吏员数目以宛平县的 38 人为标准,那么县政府机关中有吏员 44000 多人,⑤明代的州县政府机构中就有吏员 5 万多人。赵世瑜基于全国各地 30 多处的地方志对全国州县的吏员经制额度进行了统计:平均每府有吏 33 人,每州有吏 21 人,每县有吏 20 人,全国有州县 1564 个,共有吏额近 4 万人。⑥从表面上看,这两处的明代州县吏员数据相差 1 万多人,两处的数据似乎有问题,但事实上这两处数据都是可信的,因为前者统计的是明代州县实际吏员的数量,后者统计的是州县官方的经制吏员的额度,而实际的州县政府中的吏员数量是远远大于经制额度的。

---

① 参见赵世瑜:《吏与中国传统社会》,浙江人民出版社,1994 年,第 109 页。

② 参见缪全吉:《明代胥吏》,台北嘉新水泥公司文化基金会,1969 年,第 22~32 页。

③ 参见朱国祯:《涌幢小品》卷八《官数》,页码不详。

④ 参见李洵:《论明代的吏》,《明史研究》,第 4 辑。

⑤ 转引自赵毅:《明代吏员与吏治》,《史学月刊》,1987 年第 2 期。

⑥ 参见赵世瑜:《吏与中国传统社会》,浙江人民出版社,1994 年,第 131 页。

清代吏员的数量之庞大,超过之前各朝各代。根据清代官方规定的地方经制吏役额度,仅省以下的地方衙门(包括州县衙门)中的书吏、典吏、攒典(不含吏书、书班或散官)数有 31276 人,全国地方各级衙门经制书吏、典吏和攒典有 31 万多人。①这一数据是建立在全国州县中最高的经制典吏和攒典是 29 人,最少的是 5 人的资料统计基础上的,而清代的实际情况是,大多数时候国家所允许的经制书吏都在 200 人以上。②不仅如此,这些数据只是官方核定的经制额度,并不代表清代地方政府中的吏员数量。"州县为亲民之官,所用吏胥本有定额,乃或贴写,或挂名,大邑每至两三千人,次者六七百人,至少亦不下三四百人。"③州县衙门中的实际衙人数,包括经制的、额外的、挂名的,远远超过政府规定的额度,仅浙江仁和县与钱塘县的衙役总数就有 1500~1600 人,④更有甚者,四川巴县县衙曾有衙役 7000 多人。⑤清初侯方域说:"今天下大县以千数,县吏胥三百,是千县则三十万也。"⑥这仅仅是县衙门的胥吏数量,还不包括省、府、州等级别政府机构中的胥吏数量。尽管如此,如果按照侯方域的算法,清代全国有 1200~1300 个州县,⑦平均每个州县以1000 个吏员(包括经制、非经制与挂名的吏员)的标准计算,清代的州县衙门有 120 万~130 万吏员。而且这些数据只是对清代地方政府中的经制吏员数量和实际吏员数量进行的统计、推算,在这些数据当中并不包括政府机关中的幕友群体。幕友群体在州县政府中是州县官私人招募的处理政务的专业型群体,在州县政府中与官僚、胥吏共同构成古代中国地方治理的一个三维体系,其数量同样有相当大的规模。

---

① 参见周保明:《清代地方吏役制度研究》,上海人民出版社,2009 年,第 202 页。

② 同上,第 207 页。

③ 游百川:《皇朝经世文书续编》卷二十八,《请惩治贪残吏胥疏》。

④ 参见瞿同祖:《清代地方政府》,范忠信等译,法律出版社,2011 年,第 92~93 页。

⑤ 同上,第 93 页。

⑥ 侯方域:《皇朝经世文编》卷二十四,《额吏胥》。

⑦ 参见瞿同祖:《清代地方政府》,范忠信等译,法律出版社,2011 年,第 6 页。

从先秦到明清时期，古代中国的官与吏走过了一个官吏相通（两汉之前），贵官轻吏（魏晋南北朝），官吏相分（隋唐）、吏役相分（隋唐），吏强官弱（宋），一官二吏（元），官高吏低（明），吏与幕僚共天下（清）的曲折过程。在这一过程中，一方面，封建统治越来越集权，吏的职位、社会地位越来越低贱，官与吏分别被置于封建等级官僚体系的顶端和底端，政治、社会地位出现巨大反差；另一方面，官与吏的职能分工越来越明确，各自的角色愈发清晰，官被渐渐地固定在指挥性的职能上，吏被渐渐地固定在负责处理文书、处理具体事务的职能上，但吏的作用却愈发突出，尤其在古代中国地方治理当中，吏介于官与民两大社会阶层之间，构成一个独特、独立的社会阶层。[1]他们直接与百姓接触，执行上级政府的政令、政策，起到连接百姓与政府的桥梁作用，是官与民之间交接的枢纽，"天下之治，始于里胥，终于天子"[2]。官吏分途不仅仅停留在古代中国的政治体制层面，还深入到传统社会层面。官与吏不仅在数量和规模、行政级别、社会身份等级上形成了差别，甚至在道德品质等级上也形成了差别，官吏分途作为一种政治结构和社会治理模式逐渐走向成熟。

从上文对古代中国各个历史时期地方政府（主要是州县政府）中的吏员数量和规模的统计情况可以看到，吏的数量和规模在每个历史时期都非常庞大，都是官的数量的几倍，甚至十几倍，官与吏的数量比例存在严重的不对称性。这恰好说明官与吏在古代中国基层社会治理中扮演的不同角色，尤其是吏，是基层社会治理的不可或缺之角色。官吏分途模式作为古代中国的人事制度安排和治理结构，在当代中国城市基层治理中得到延续与发展。从官吏分途到群体三分完成了中国基层治理结构的逻辑转换。

---

① 叶炜：《南北朝隋唐官吏分途研究》，北京大学出版社，2009年，第173页。

② 顾炎武：《日知录集释》（全校本），上海古籍出版社，2006年，第472页。

第六节　群体三分

　　所谓群体三分是指在当代中国的地方和基层治理中,官僚群体、派生群体和雇佣群体三者相互分化与有机组合而形成的治理结构。群体三分治理结构是古代中国官吏分途结构的延续与变异,但由于当下中国的地方与基层治理比古代中国的地方与基层治理复杂得多,因此官吏分途的二分演变为基层治理群体的三分。群体三分与官吏分途一样,都是中国国家治理结构和人事结构的制度安排,二者有着异曲同工之妙。在治理群体的数量和规模上,官吏分途结构中的吏员数量和规模是官员数量和规模的几倍,甚至十几倍;群体三分结构中雇佣群体的数量和规模同样是官僚群体或派生群体的几倍,甚至数十倍。在治理群体的职能分等上,官吏分途治理结构中的官员是国家公共政策的制定者与决策者,吏员是国家政令的执行者,是官与民的连接枢纽;在群体三分治理结构中的官僚群体,尤其是干部群体同样是基层治理的各项公共政策的制定者与决策者;雇佣群体则是国家政策的执行者,是国家与社会连接的桥梁;而非干部官僚群体与派生群体在基层治理中的辅助性色彩越来越浓厚。在治理群体的社会地位上,官吏分途结构中的官与吏分别被置于封建等级制度的顶端与底端,社会地位呈现巨大差异;群体三分结构中同样呈现出社会地位的不平等性,雇佣群体在机关单位中处于身份阶梯的最末端,而官僚群体,尤其是干部群体处于身份阶梯的最顶端。在治理群体的流动与留滞上,官吏分途结构中的吏向上流动,进入官职的通道基本被堵死,出现了官无封建而吏有封建的特征;群体三分结构中的雇佣群体向上流动而直接进入官僚群体或者派生群体的机会同样渺茫,垂直晋升流动率在1%以下,而派生群体的垂直晋升流动率在1.1%左右(垂直晋升流动率内容在本书第四章具体阐释)。

绝大多数的雇佣群体、派生群体留滞原岗位或原单位,而官僚群体的垂直流动率、层级流动率和水平流动率都远远高于派生群体和雇佣群体。因此,当下中国城市基层治理中的群体三分结构不仅与古代中国基层治理中的官僚分途结构具有相通性,而且是官吏分途结构的延续与再生。换言之,与官吏分途结构的性质一样,群体三分模式是当代中国在人事管理和基层社会治理方面的一种制度安排,是当代中国独特的人事制度安排和国家治理结构,是具有中国特色的政治制度和政治现象。

群体三分治理结构的制度安排是国家通过编制硬约束制度的刚性划分,把治理群体分为官僚群体、派生群体和雇佣群体,并对官僚群体与派生群体的数量与规模进行刚性控制,对雇佣群体的数量与规模实施弹性管理。这样,在城市基层政府中,官僚群体与派生群体的数量与规模就成为一个"常量",雇佣群体的数量与规模则成为一个"变量";通过以盘子财政、自收自支财政、项目转移财政和人事优先财政为主要形式的财政软约束制度,给予多重治理群休的存在以隐性的财政支持。这些制度安排的背后是基于经济社会发展而导致的基层政府职能实增、体制内考核游戏规则而带来的政府职能的虚增,官僚群体和派生群体的职能转移以及国家体制内维稳等政治社会现实的需求。这样,在当下的中国城市基层社会治理中,治理群体一分为三,他们的行为共同影响了基层治理的绩效状况。然而通过进一步的深入研究发现,群体三分治理结构中,真正决定城市基层治理绩效水平的因素实际上可以浓缩为两个:一是官僚群体中进入流动序列的那部分极少数干部群体,二是规模和数量庞大的雇佣群体。一方面,进入流动序列的极少数干部群体是城市基层治理的引领者和决策者,他们承担的是领导、决策和指挥性的职能;另一方面,数量与规模庞大的雇佣群体是真正将公共政策落实到每个居民家庭的执行者,他们承担的是国家法令、公共政策的执行职能,承担的是反映人民群众的利益诉求,调节社会矛盾,解决社会冲突的职能,是基层社会治理所倚重的力量。雇佣群体的庞大规模和数量是中国城市基层社会稳定、政策落实、强化国家与社会交接和贯通的决定性因素。同样,如果进入层级分流的那一部分少数精英群体在素质和远见上出了差错, 雇佣群体缺乏有效的激励,且在规模和数量上难以满足经济和社会发展的需要,那么城市基层治理的问题就会层出不穷。而未进入层级分流序列的官僚群体和派生群体在中国城市基层治理中作为辅助性因素的色彩越来越浓,甚至出现不作为的情况。

如果用 P 表示中国城市基层的治理绩效(performance),用 C 表示进入流动序列的干部群体在城市基层治理中的行为结果(effect of cadre group's behavior),用 E 表示雇佣群体在城市基层治理中的行为结果(effect of employed group's behavior),那么衡量中国城市基层治理绩效的公式就可以表示为:

$$P \approx C+E$$

在当下中国人事制度和国家治理结构中, 如何通过巧妙的制度安排来实现"$P \approx C+E$"的治理模式呢?

国家通过"三规制"将治理群体在政治待遇、经济保障和社会地位上彻底区别开来,构成治理群体身份差异的等序化。官僚群体在工资、福利待遇方面普遍高于派生群体和雇佣群体,而派生群体的工资、福利待遇又普遍高于雇佣群体。官僚群体、派生群体在人事制度管理上被称为公务员或者事业单位人员,在体制内,属于国家公务人员;而雇佣群体是政府通过合同或协议雇佣而来,完全是市场行为的结果,是政府的编外人员,在体制外,属于社会人。更重要的是官僚群体,以及一小部分派生群体可以晋升为领导,而雇佣群体不具有编制身份,不是制度认可的国家公务人员,就不能担任领导职务,处于等序化的末端。同时,官僚群体、派生群体和雇佣群体在社会认可度上也存在巨大差异。官僚群体,甚至派生群体常被人们称之为"官",而雇佣群体常被人们称之为"民"。"官"在古代中国以及当下中国的社会背景下都享有最高的社会地位，"官"就是"爷"，而"民"则是"草民""贱民"，社会地位不能同日而语。正是由于工资、福利待遇、身份以及社会地位等诸多方面的差异，群体三分的等序化格局才实现了一种动态平衡。正如官吏分途在古代中国是常态一样，三分群体的等序化在当下中国也是一种常态。官吏分途是本，官吏之间的流动是末。群体等序化也是本，三分群体之间的流动是末。尽管如此，正如官吏分途在古代中国并不是绝对刚性的一样，在当下中国城市基层治理中的群体三分的界线也不是绝对刚性的。不同群体之间有着向上流动的通道和机会。

如果说古代中国官吏之间的流动是不得已而为之，那么当下中国地方和基层社会中三分群体之间的流动则是一种巧妙的治理机制和激励机制。派生群体中个别成员向官僚群体的流动、雇佣群体中个别成员向派生群体的流动，具有非常强烈的示范效应和激励效应。因为这种流动是由杂途转为正途的象征。从大的方面来说，雇佣群体是基层政府借助市场机制购买来的，但是雇佣群体个别成员向派生群体和官僚群体的流动，则证明基层政府在面对雇佣群体时，除了使用市场化调控手段，还为其注入了政治化调控手段。群体有流动就会有留滞，且进入流动序列的治理群体是少数，而留滞的治理群体数量却是绝大多数。那些进入官僚群体与派生群体的治理群体，尤其是进入官僚群体中的那些干部群体，其主要职能是为群众服务，对上级政府或更高级别的干部群体负责；而绝大多数的官僚群体、派生群体，因为不能成功进入流动序列而在岗位上留滞下来，在基层社会治理中履行的职能主要是信息的上传下达和行政性服务工作，辅助性色彩越来越浓厚，既为上级或更高级别的政府部门和官僚群体服务，也为基层群众服务，但主要对上级政府部门和上级领导负责；大量的雇佣群体，由于制度安排和自身素质等因素，无法进入官僚组织的群体流动序列，就成了似公实私的半行政化人员，成了服务基层社会发展和群众生产生活需求的主体人员，其主要职能是为基层社会的群众服务，对群众负责。

官僚群体、派生群体和雇佣群体在职能上的分等，在中国城市基层社会治理中，就形成了一个组合式治理模式：由官僚群体和派生群体构成一个官僚制的正式政府形态，是各项公共政策与措施的制定者和传达者，引领基层社会治理，主要对上负责；由数量与规模庞大的雇佣群体构成一个隐藏在正式制度背后的非正式政府形态，即隐形政府，是各项公共政策与措施的执行者、落实者，主要对下负责。由群体三分结构而演化出的正式政府与非正式政府组合治理模式，实现了当下中国城市基层社会的有效治理。群体三分治理结构和组合治理模式是如何展开的？其背后的复杂过程又是怎样的呢？本书将在下面的章节中一一具体展开。

总结　中国基层治理结构的逻辑转换

瞿同祖说，州县官是地方权力的化身，州县政府所有的职能由州县官一人负责，所以州县官是"一人政府"[1]。但是在古代中国的官僚体制内，官无封建而吏有封建，官有迁调而吏无变更，且科举取士导致官员普遍缺乏政治实践能力。那么在这样的背景下，州县官一人如何能凭一己之力实现地方社会的治理呢？韦伯说，官员不通晓当地方言，只能依赖同译者的辅助，对当地的风俗、惯例（古代中国的许多地方是基于惯例、风俗而非法律进行治理）不熟悉，只能依靠精通当地风俗的、非官方身份吏员做顾问。[2]于是，在古代中国

---

[1]　瞿同祖：《清代地方政府》，范忠信等译，法律出版社，2011年，第315页。

[2]　[德]马克斯·韦伯：《中国的宗教：儒教与道教》，康乐、简惠美译，广西师范大学出版社，2010年，第90页。

的地方政府中就形成了一种特殊的现象：不断变更且缺乏经验的州县官们领导着一帮久居其职、久操其职且老于世故的当地之吏进行地方社会的治理。①这就造成古代中国的地方权力实际上掌握在非官方的本地吏的手中，也就决定了吏在处理各种具体的和专业化的事务上，在传统基层社会治理上具有不可替代的作用。吏作为一种特殊的独立群体或集团，在传统社会治理中所发挥的重要作用已在学术界达成共识。事实上，吏的角色不仅存在于古代中国的政治体制内，在近代中国和当下中国的政治体制内依然存在，只是吏的形式发生了改变和变异，而吏在基层社会治理中的角色和作用仍然得到延续和再生。

在 20 世纪之前的清末时期，清政府利用"国家经纪"处理乡村行政事务，比如法律诉讼、维护社会治安，特别是赋役管理，包括土地登记、发放催单、纳税执照、挨户催粮以及捆绑欠户等公务。②国家经纪包括两种类型：一种是知县下面的各级书吏和差役，一种是乡村社会的集体组织。他们来自乡村，与民众直接接触，办起事情来比官员更加有效。只是由于封建国家政权不愿意承认下层社会的统治职能由中间商代为执行，所以长期以来在国家结构中就没有给予这些人合法的地位和一个适当的名称。③

民国初年，各官署最初沿袭的是清代的组织体系。民国三年（1914），政府颁布了官署《组织条例》，规定：各机关分设各种科室，设科长和若干科员。之后，民国政府逐渐完善相关制度，对科长、科员的职务、职责也都作出明确的规定。而且之前的世袭书在民国政府组织中也不存在了，之前书吏弄文舞弊的事实也被销毁，但是这有何意义呢？"我们没有分级负责的习惯，政府一

---

① ［德］马克斯·韦伯：《中国的宗教：儒教与道教》，康乐、简惠美译，广西师范大学出版社，2010年，第60页。
② 杜赞奇：《文化、权力与国家：1900—1942年的华北农村》，王福明译，江苏人民出版社，2003年，第28页。
③ 同上，第203页。

切设施都有长官负责,而实际上处理公务的人还是科员,我们的政治是科员政治,仍然不能完全摆脱书吏政治的臭味。"①民国的地方政府,尤其是在县政府中,旧式书吏的角色依然发挥着重要作用。例如,在河北各县,经手征收旧赋的人员基本上都是清代末留下来的书吏、衙役们,因为民国政府没有田赋的征收册,征收册都掌握在这些书吏、衙役的手中。②如果民国政府不用他们,钱粮就无法征收。尽管此时他们不被称为书吏、差役,但他们仍然发挥着"吏"的作用。在民国时期,除了这些旧书吏外,基层政府机关中的确有大量雇员存在:"警察力量不够,各县办理警务的人员除了公安和保卫团两个固定的组织外,还有建立了一种临时的协防组织——保安队。保安队是一种变态的警卫行政,他们不是普通警察,也不是正式的军队,但人数众多,估计起来,全国各省市共有二十多万人。"③

新中国成立到改革开放前,中国建立起高度集中的计划经济体制,重要的经济、文化、教育和城乡活动都置于政府的管理之下,造成政府组织迅速扩张,干部网络也将国家权力扩展到了最遥远的农村地区。④此时,尽管在名义上政府机关中不存在"吏役"角色,但这些"吏役"角色的功能依然存在,只不过他们的角色被一些具有干部身份的人员所代替。改革开放后,尽管中国已经具备韦伯式的科层制特征:官员任期固定,职责分明,且受过专业化的训练,从政经验丰富;行政机构设计完善,分工明确,且具有严格的职位等级结构和权威服从关系;组织体系的运行强调制度化、规范化、程序化、约束化和技术化。⑤但在 20 世纪 80 年代以后,中国各地的基层政府机关中就开始

---

①② 张纯明:《中国政治二千年》,当代中国出版社,2013 年,第 68 页。

③ 程房:《中国县政概论》(下册),商务印书馆,1939 年,第 252~253 页。

④ Shue, V., *The Reach of the State: Sketches of the Chinese Body Politic*, Stanford Press, 1998.

⑤ 参见[德]马克斯·韦伯:《经济与社会》第二卷(上),上海人民出版社,2010 年,第 1095~1097 页;并参见[德]马克斯·韦伯:《支配社会学》,康乐、简惠美译,广西师范大学出版社,2010 年;[德]马克斯·韦伯:《支配的类型》,康乐译,广西师范大学出版社,2010 年。

出现不同程度的超编现象,①政府中的雇佣群体角色又原模原样地重新回到了中国政治的舞台。尤其是在当下的中国,官僚组织体系比历史上任何一个时期都更加完善,更强调职能分工、规则化与程序化运作,且公务员的选拔考试更注重素质和技术能力,②但官僚体系中却出现了比以往任何历史时期数量更多、规模更大的政府雇佣群体。"这些人员介于正式的官员和普通的民众之间,他们在政府部门工作,执行政府政策,接受来自政府的薪金,但是没有政府的正式编制,与政府签订的是劳动合同或劳动派遣协议,与正式公务员的待遇存在较大的差别。"③

　　在当下的基层政府机关中,除了有雇佣群体和拥有公务员身份的官僚群体外,还有一部分拥有事业编制身份的派生群体。如果我们只是将官吏分途模式直接转化为对当下中国官吏双重身份群体的分析,似乎是把中国基层治理问题简约化了。如果把古代中国的官吏分途、清末的"国家经纪"、民国的科员政治与当下中国地方治理人事制度中的结构性问题结合起来,我们就会发现,从官吏分途到当下的群体三分是中国基层社会治理的结构性转换。当下中国官僚组织中官僚群体的地位类似于古代中国政府中的官员,派生群体在政治地位上类似于古代中国居于官吏之间的幕僚群体和师爷群体,只不过古代中国的幕僚群体和师爷群体是私人性的,而不是国家性的,而当代中国的派生群体是国家性的、公共性的,而且他们要承担与幕僚群体和师爷群体完全不同的职能,所以只能说在地位上有点相似。而雇佣群体则是完全依靠市场化机制构建起来的辅助群体,他们居于国家与社会的交汇点上,承载着政府分配下来的任务。从这个角度来说,雇佣群体更接近于古

---

　　①　有关数据可参见赵子建:《基层政府人员编制隐性膨胀问题研究》,国家行政学院出版社,2013年,第56~63页。

　　②　渠敬东、周飞舟、应星:《从总体支配到技术处理——基于中国30年改革经验的社会学分析》,《中国社会科学》,2009年第6期。

　　③　叶静:《地方软财政支出与基层治理——以编外人员扩张为例》,《社会学研究》,2016年第1期。

代的吏，与古代社会的吏相似。

实际上，我们笼统地说古代中国地方治理是在官吏分途的结构分化中展开的，但吏所对应的实际群体，在不同朝代则是有很大差别的。官吏分途在具体的展开和运作过程中是极为复杂的。科举制和官僚制支撑着国家治理的上层结构，由不同角色组合而成的吏制则支撑着国家治理的下层结构。尤其是吏制的技术取向和能力取向，是缺乏实践能力之官僚群体所赖以仰仗的重要力量。当代中国的地方和基层治理与古代中国相比，显然更加复杂。于是，官吏分途中的"一分为二"就逐渐演变为基层治理群体的"一分为三"。一分为三是指地方治理者表现为官僚群体、派生群体和雇佣群体的分化与组合。正如古代中国官吏分途的界限并不是绝对刚性的一样，在当代中国，这三种群体之间的界限也不是绝对刚性的。派生群体成员向官僚群体成员的转化、雇佣群体成员向派生群体成员的转化通道是存在的，只不过有宽窄之别而已。

在古代中国基层政府中，吏的数量与规模是官的数倍，官吏分途的魅力在于吏而不在于官。同样，由于编制硬约束制度、财政软约束机制的存在，在当下中国群体三分的治理结构中，依靠市场机制购买来的雇佣群体的数量与规模基本上是一个变量，而作为政府代理者的派生群体与官僚群体的数量与规模基本是一个常量，雇佣群体的数量与规模是派生群体或官僚群体的数倍，甚至数十倍，群体三分的奥秘所在依然是政府机关中的雇佣群体。而且随着社会治理的技术导向日渐强化，雇佣群体的数量反而有增无减。有学者就非常敏锐地看到了这一发展趋势背后的动因：从近些年一线特大城市的社会治理实践来看，政府部门和管理者在寻求解决方法时，还是回到了传统的治理经验——依赖"技术治理"和"项目制"相结合的治理模式。由此带来了这样的结果：由于高度技术化的治理权力运作，不断强化了行政的纵向秩序整合系统；借助于这一轮高度技术化的制度机制建设，行政的纵向秩序整合系统在财力支持、机构设置、政策保障乃至工作思维等方面形成了一套自我强化机制。①

结构导向的社会治理(在国家–社会关系中展开的社会治理)、技术导向的社会治理、项目导向的社会治理和综合治理导向的社会治理,都刺激着雇佣群体的膨胀与扩大,从而强化了官僚群体、派生群体和雇佣群体在规模和数量上的非对称格局。我们会很容易回答这样一个被熟视无睹的问题:为什么正式制度在各个地方都是一样的,而治理绩效却千差万别?答案不在于正式制度,而在于正式制度背后的秘密。韩振说,古代中国地方政府可以分"显"和"隐"两类:显政府就是看得见的政府,由各个官员组成;隐政府是看不见的政府,由各类书吏组成。②实际上,当下中国的地方政府形式同样可以分为"显性政府"(visible government)和"隐性政府"(invisible government)两类:"显性政府"由各级官僚群体和派生群体组成正式政府形态;"隐性政府"则由数量和规模庞大的雇佣群体组成非正式政府形态。很多人把注意力集中于官僚群体和派生群体,但是看不到这些群体在编制硬约束等条件下只是地方治理和基层治理当中的"常量",也看不到地方治理和基层治理坚实的支撑者乃是政府借助市场机制购买来的雇佣群体。而恰恰是雇佣群体才是决定地方和基层治理绩效高低的重要因素。但是这一因素是不太容易被发现的,尤其是其规模、数量、职能、覆盖面以及国家与社会的相互嵌入性质,都是隐藏在正式制度背后的。③

官吏分途作为古代中国国家治理结构和人事制度安排,在中国国家治理与官僚体制中具有延续性和再生性。当下中国城市基层治理中的群体三

---

① 参见李友梅:《城市社会治理》,社会科学文献出版社,2014年,第3~4页。

② 参见瞿同祖:《清代地方政府》,范忠信等译,法律出版社,2011年,第148页。

③ 刘建军、马彦银:《从"官吏分途"到"群体三分":中国地方治理的人事结构转换及其政治效应》,《社会》,2016年第1期。

分结构是官吏分途的延续者与变异者。从官吏分途到群体三分是中国地方治理的人事结构和治理结构的基因传承与逻辑转换，是具有中国特色的地方与基层社会治理结构。

第三章　身份差异

上一章我们讨论了官僚群体、派生群体与雇佣群体在当下城市基层政府中的数量与规模问题，讨论了导致雇佣群体大量存在以及治理群体身份三分结构划分的机制和因素：编制硬约束制度、财政软约束制度，政府职能的实增、虚增、转移与体制内维稳。群体三分这一人事制度结构与古代中国基层社会治理的官吏分途结构在逻辑上是相通的，只是比官吏分途结构更为复杂，更具奇妙性。群体三分结构相较于官吏分途结构更为复杂与奇妙的地方不仅仅体现在不同治理群体之间的交互性、勾连性上，同时也体现在官僚群体、派生群体与雇佣群体身份差异的等序化制度安排上。导致不同治理群体身份等序化差异的制度，本书将其称为"三规制"。实际上，"三规制"现象在我国的政府机关中早已存在，只是我们习惯于把它称为"双轨制"。

"双轨制"把不同治理群体之间的身份差异仅仅认为是编制内与编制外的区别，但是本书认为，不同治理群体之间的身份差异不仅仅表现为编制内与编制外的差异，即使在编制内的官僚群体与派生群体之间同样存在巨大的差异，甚至官僚群体内部之间、派生群体内部之间，由于职级、职务的不同，编制内的治理群体之间同样存在较大的身份差异。因此，本书认为，如果仅仅用"双轨制"的概念笼统地分析不同治理群体之间的身份差异问题,不足以准确地说明不同治理群体之间身份差异的复杂性,而"三规制"概念却能更清楚、准确地揭示出雇佣群体、派生群体与官僚群体之间复杂的等序化身份差异问题。

第一节　"三规制"

"三规制"指根据有无编制和编制类别把治理群体分为官僚群体、派生群体和雇佣群体三种不同的身份,然后通过差异化的标准分别对这三种治理群体实行相对独立化的人事管理制度。"三规制"的主要内容体现在政治待遇、经济保障和社会认可三个维度。换言之,国家通过"三规制"的制度安排,对官僚群体、派生群体与雇佣群体在政治待遇、经济保障和社会认可度等方面分别执行不同的人事制度管理标准,形成了不同治理群体身份差异的等序化,从而将三种治理群体的身份差异淋漓尽致地表现出来。如图5所示:

身份差异			官僚群体	派生群体	雇佣群体
政治待遇	行政晋升岗位聘任		有通道 有优先权	有通道 有相对优先权	无通道 无优先权
经济保障	工资薪酬 社会保障 其他福利		级别等级 国家标准 全额享有	职称等级 国家标准 部分享有	半行政半市场化标准 企业最低标准 无
社会认可	他人认可 自我认可		社会地位高 有归属感和平等感	社会地位较高 有归属感和平等感	社会地位低 无归属感和平等感

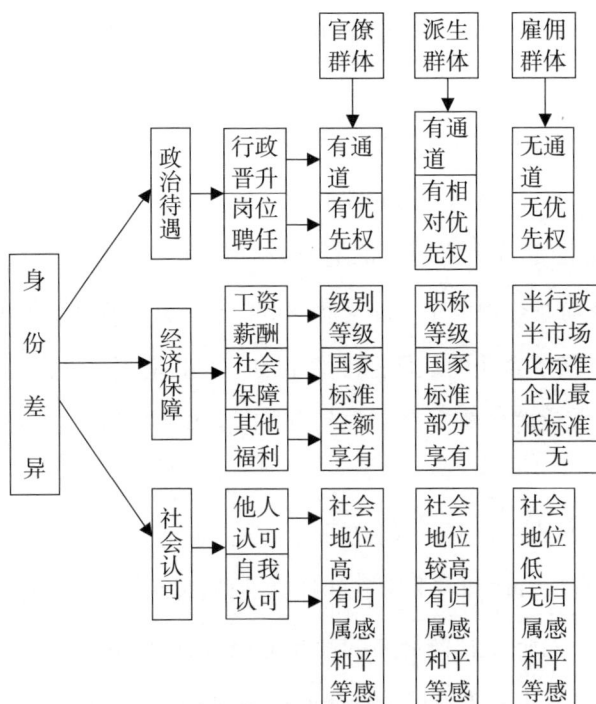

图5　"三规制"中治理群体的等序化身份差异

政治待遇的差异主要体现在两个方面:行政晋升与岗位聘任。在行政晋升上,官僚群体与派生群体有直接的晋升通道,而雇佣群体无直接的晋升通道。在行政岗位应聘上,尤其是行政领导岗位的应聘上,官僚群体享有最大的优先权,其次是派生群体,而雇佣群体没有优先权,甚至没有资格竞聘。

经济待遇的差异主要体现在三个方面:工资薪酬、社会保障和其他福利。官僚群体是按照行政级别标准划分工资薪酬,级别越高,工资薪酬越高。派生群体是按照职称等级标准划分工资薪酬,职称越高,工资薪酬越高。雇佣群体是按照半行政半市场化的标准领取工资薪酬。所谓半行政半市场化标准是指不完全按照市场化的人才薪酬标准,也不完全按照政府机关工作人员的薪酬标准,而是综合这两方面的因素给雇佣群体分发工资薪酬,且雇佣群体的工资薪酬既低于政府工作人员的薪酬标准,也低于市场化同等级别人才的薪酬。一般而言,三种治理群体在工资薪酬上,官僚群体普遍高于派生群体,而派生群体普遍高于雇佣群体。在社会保障金缴纳方面,官僚群体与派生群体都享有国家规定的各种社会保障,比如"五险一金"等,且都是按照国家规定的标准缴纳。而雇佣群体有的享受社会保障的全部内容,有的享受社会保障的部分内容,比如,有些雇佣群体只享有"五险",不享有"一金",有些不享有社会保障金。即使雇佣群体享有社会保障,他们所享有的社会保障金也是按照企业的最低标准缴纳的。在其他福利方面,如住房补贴、交通补贴等,官僚群体享有全额福利,派生群体享有部分福利,而雇佣群体一般都不享有。

社会认可度的差异主要体现在两个方面:他人认可和自我认可。在他人认可度方面,官僚群体拥有非常高的社会地位,而派生群体同样拥有较高的社会地位,但相对低于官僚群体的社会地位,而雇佣群体的社会地位更低,并与官僚群体、派生群体出现悬殊化的社会地位差异。在自我认可度方面,官僚群体与派生群体相对雇佣群体而言普遍具有职业的自我归属感和身份的平等感,而雇佣群体不仅没有职业的归属感,更没有身份的平等感。

"三规制"通过不同的标准将官僚群体、派生群体与雇佣群体的身份差异在政治待遇、经济保障与社会认可度三个维度上完全体现出来,形成了治理群体身份差异的等序化,且通过"三规制"固化了这种身份差异。那么"三规制"中的治理群体在政治待遇、经济保障和社会认可度上的差异,具体是如何体现的呢? 下文将在第三、四节分别对此作出回答。

第二节　政治待遇

一、行政晋升

行政晋升是指按照职务或职级的等级从低级向高级升迁。官僚群体与派生群体都有各自的行政晋升通道,只是晋升通道有宽窄差异而已,而雇佣群体却没有直接的行政晋升通道。官僚群体的晋升通道分两种类型:领导职务与非领导职务。领导职务从低级到高级分为乡科级副职、乡科级正职、县处级副职、县处级正职、厅局级副职、厅局级正职、省部级副职、省部级正职、国家级副职、国家级正职 10 个层次,对应职级是 27 级。非领导职务主要设在厅局级以下,综合管理类的非领导职务从低到高可分为:科员、主任科员、调研员、巡视员四个层次。

为了激励基层官僚群体工作的积极性,2015 年中共中央办公厅和国务院办公厅共同出台了《关于县以下机关建立公务员职务与职级并行制度的意见》(下文称《意见》),更加完善了基层官僚群体的晋升职级通道。《意见》提出,对县以下机关的官僚群体设置 5 个职级,由低到高依次为:科员级、副科级、正科级、副处级和正处级。根据《意见》内容,官僚群体晋升职级,主要依据任职年限和级别。具体条件分别为:晋升科员级须任办事员满 8 年,级别达到 25 级;晋升副科级须任科员级或科员满 12 年,级别达到 23 级;晋升正科级须任副科级或乡科级副职、副主任科员满 15 年,级别达到 20 级;晋升副处级须任正科级或乡科级正职、主任科员满 15 年,级别达到 19 级;晋升正处级须任副处级或县处级副职满 15 年,级别达到 17 级。任职年限,从晋升职级或正式任命职务之日起按周年计算,满 12 个月为 1 周年。任现职级或职务期间每有 1 个年度考核为优秀等次,任职年限条件缩短半年;每有 1 个年度考核为基本称职等次,任职年限条件延长 1 年。凡是达到规定任职年限和级别条件的官僚群体,依据其德才表现和工作实绩,在本单位或规定的范围内进行民主测评,经考核合格的皆晋升职级。①

2016 年 7 月 14 日,中共中央办公厅与国务院办公厅出台了《专业技术类公务员管理规定(试行)》(下文称《规定 1》)与《行政执法类公务员管理规定(试行)》(下文称《规定 2》)对专业技术类和行政执法类官僚群体分别制定了职位设置、职务升降等方面的规定,对官僚群体进行分类录用,分类考核。《规定 1》规定,专业技术类官僚群体按照专业技术类官僚群体的职务序列进行管理。专业技术类官僚群体职务,分为 11 个层次。职务由高至低依次为:一级总监、二级总监、一级高级主管、二级高级主管、三级高级主管、四级高级主管、一级主管、二级主管、三级主管、四级主管、专业技术员。专业技术类官僚群体职务,从专业技术员到一级总监对应官僚群体的 26 级到 8 级。任一级、二级总监和一级高级主管,应当具备正高级专业技术任职资格;任二级、三级、四级高级主管,应当具备副高级以上专业技术任职资格;任一级、二级主管,应当具备中级以上专业技术任职资格;任三级、四级主管和专业技术员,应当具备初级以上专业技术任职资格。《规定 1》的出台畅通了专业型官僚群体职业发展通道。②《规定 2》规定,行政执法类官僚群体按照行政执法类官僚职务序列进行管理。行政执法类官僚群体的职务,分为 11 个层次。通用职务名称由高至低依次为:督办、一级高级主办、二级高级主办、三级高级主办、四级高级主办、一级主办、二级主办、三级主办、四级主办、一级行政

---

① 中共中央办公厅、国务院办公厅:《关于县以下机关建立公务员职务与职级并行制度的意见》,2015 年 1 月 15 日。

② 中共中央办公厅、国务院办公厅:《专业技术类公务员管理规定(试行)》,2016 年 7 月 14 日。

执法员、二级行政执法员。行政类官僚群体从行政执法员到督办对应官僚群体的第 29 级到第 10 级。行政执法类官僚群体的职务晋升，只要具备拟任职务所要求的思想政治素质、工作能力、文化程度、任职年限和任职经历等方面的基本条件，并在规定任职年限内的年度考核结果均为称职以上等次即可。[①]

对基层官僚群体而言，在《意见》与《规定 1》《规定 2》没有出台之前，他们的晋升渠道是千军万马过独木桥，因为我国县乡两级的官僚群体数量庞大，而提供给他们的晋升职务数量有限，晋升空间狭小，但在《意见》《规定 1》与《规定 2》出台后，基层官僚群体不仅仅局限于职务晋升一个通道，还开辟了职级晋升的通道。更重要的是，职级晋升不是万人挤独木桥，而是为每个官僚群体都提供了晋升的康庄大道，只要符合晋升条件，皆可晋升。换言之，中国基层政府中的官僚群体拥有职务与职级双向晋升通道。

派生群体的晋升通道与派生群体所处的岗位有着密切联系，不同岗位晋升的通道不同。派生群体的岗位分为三类：综合管理岗位、技术岗位、工勤岗位。综合岗位的职员级别从低到高分为办事科员、科员、科级副职、科级正职、处级副职、处级正职、厅级副职、厅级正职、部级副职、部级正职 10 个层次，由第 10 级到第 1 级。技术岗位分为高级、中级、处级三个层次。高级层次又分为正高级与副高级两个层次共 7 级，正高级岗位是 1—4 级，副高级岗位是 5—7 级。中级层次岗位分为 3 个等级，是 8—10 级。处级岗位也分为 3 个等级，是 11—13 级，其中第 13 级是员级岗位。工勤岗位分为 5 个层次，由低到高分别对应初级工、中级工、高级工、技师、高级技师 5 个级别。[②]以管理岗位为例，派生群体的行政晋升条件包括学历和工作年限两个条件。在学历

---

① 中共中央办公厅、国务院办公厅：《行政执法类公务员管理规定（试行）》，2016 年 7 月 14 日。

② 人事部：《事业单位岗位设置管理试行办法》，2006 年 7 月 4 日。

上,职员岗位要达到中专以上学历,6级以上职员岗位要达到大专以上学历,4级以上岗位要达到本科以上学历。在工作年限上,7级、8级职员岗位,需要分别在8级、9级职员岗位上工作3年以上;4级、6级职员岗位,需要分别在5级、7级职员岗位上工作3年以上;3级、5级职员岗位,需要分别在4级、6级职员岗位上工作2年以上;1级、2级职员岗位按照国家有关规定执行。[①]派生群体在不同的岗位上,无论是综合管理岗位、技术岗位还是工勤岗位,只要达到所在岗位职员等级晋升所要求的标准,就能实现由低等级向高等级的上升。

需要强调的是,尽管不同岗位的派生群体都有晋升通道,但在实际中,派生群体的岗位总数、结构比例和最高等级的设置都是有限的,即每个等级岗位上所需要的人员数量是有限的,因此派生群体的晋升通道是比较狭窄的。晋升困难、交流不畅是基层政府中派生群体面临的困境之一。不过,这些问题已经引起了政府有关部门的注意,下一步就要改革派生群体的晋升体制,理顺其发展通道:对于那些年轻的,已是副科级身份的派生群体干部,要给其创造政治成长与发展的空间,使其有机会进入基层政府的领导班子;对于优秀的中层派生群体干部要拓宽其晋升至事业编制副科级干部或考入官僚群体的通道;对于有能力走职称通道的派生群体,要帮助其打开职称晋升渠道。[②]

与官僚群体的职务与职级双向晋升通道,派生群体的岗位职员等级晋升通道形成鲜明对比的是,雇佣群体在政府机构中没有属于自身的行政晋升渠道。"编外人员的流动性比较大主要原因是现在还没有一个合理的晋升

---

① 人力资源和社会保障部、民政部:《关于印发民政事业单位岗位设置管理指导意见的通知》,2008年10月8日。

② 高建设:《乡镇事业编干部队伍面临的困境与出路——基于江西15387个样本的调查分析》,《国家治理》,2016年第17期。

渠道或方式。"①"如果拥有编制身份对编外人员来说是一种晋升,那么只有通过参加统一公开招考的公务员和事业编考试、面试才能进入编制内,除了这种渠道,编外人员进入编内没有任何其他渠道。进入不了编制内,就没有晋升通道。编外人员没有晋升通道是很多编外人员在这(街道办事处)干一段时间就走的一个重要原因。其实,我们也为编外人员的晋升想了一些办法,比如说,对于人事代理人员,如果他们在单位干得非常好,尽管他们没有行政晋升的通道,但是我们会参照事业编制体系,使他们享受副科级或正科级待遇。尽管在身份上不是真正具有副科级或正科级职级,但是在经济上我们可以使他们完全享有。"②

事实上,不仅雇佣群体没有行政晋升的通道,而且雇佣群体的管理也相当松散和混乱。"我们街道办事处各个职能部门到底有多少编外人员我们自己也说不清楚,我们只统计我们自己街道发工资、缴纳社保金的这部分编外人员的数量,而那些助老、助残、保洁、保绿等公益性岗位的编外人员,他们的工资、社保金都是由区财政托底,尽管他们人归我们管理,履行我们街道的服务性职能,但是他们的具体人数我们没有统计过。之前我们拿到一个不完全名单,初步算了下,大概有900人。"③"不要说这些人了,即使我们街道自己发工资的编外人员,在2014年之前,我们也不知道具体有多少。因为之前我们街道每个职能科室都有自己的经费,大家用自己的经费,每个科室基本上都雇2—3个编外人员干活,谁也没有严格管过这事,也都没有具体查过街道各科室到底有多少编外人员。"④实际上,"我们的人事管理制度依然存在不完善的地方,基层政府中的工作人员由多个部门管理,编制办要管,

① D区编制办编制科科长N的访谈,2016年4月12日。
② D区SD1街道党政办主任Z的访谈,2016年4月25日。
③ K区SK5街道人力资源办科长L的访谈,2015年11月10日。
④ K区SK5街道人力资源办科员G的访谈,2015年11月10日。

人事局要管,人力资源局要管,各个部门也要自己管自己部门的,这样,多个部门都插一脚,反而滋生很多漏洞"①。"从实际情况来看,编外人员这部分人的数目是比较大的,因为我们没有对各条线部门的真实人员数量情况进行过统计,而且由于各部门的职责和对应的条线部门不同,也没有哪个部门能真正说清楚机关单位中到底实有的工作人员数量是多少。"②基层政府中雇佣群体数量统计这样最基本的管理工作都如此混乱,都不知道具体的雇佣群体有多少,又怎么能建立完善的雇佣群体晋升通道呢?

二、岗位聘任

对不同的治理群体而言,岗位聘任具有潜在的先后顺序。一般而言,官僚群体的岗位聘任优先权要高于派生群体,而派生群体的岗位聘任优先权又高于雇佣群体,甚至雇佣群体没有应聘大部分行政岗位的权利。

根据我国机关事业单位的相关规定,机关单位的行政职位必须由编制内的官僚群体或派生群体担任,而雇佣群体没有任职资格,人事编制部门对雇佣群体的提拔任用科级领导职务资格不予审批。除了领导岗位雇佣群体没有资格应聘外,各地方每年的上级政府机关事业单位的职员岗位在面向基层的官僚群体或派生群体进行遴选时,雇佣群体也没有资格参与遴选聘任。下面的两条官僚群体与派生群体的遴选公告,恰如其分地反映了这一点:

上海市《2014年公务员公开选调交流216人公告》,选调的范围是在市、区县和街道、乡镇机关,以及参公单位处级及以下的公务员(参公

---

① D区编制办副主任H的访谈,2016年4月12日。
② D区编制办编制科科长N的访谈,2016年4月12日。

人员)职位中进行。选调的对象是本市各级机关中已进行公务员登记备案且在编在岗的公务员或参公人员。①

《河南省省直机关 2016 年公开遴选公务员公告》,遴选的范围与条件是在河南省省辖市、县(市、区)和乡(镇、街道办事处)机关(含参照公务员法管理单位)中,在编在岗、担任正科级及以下职务的公务员(含参照公务员法管理单位工作人员)。②

从这两条对官僚群体与派生群体的岗位选调或遴选的对象与条件来看,基层政府中的雇佣群体被直接排除在外,没有资格应聘。南京市在 2013 年出台《关于严格规范市级机关和事业单位编外人员管理的意见》更是规定:市级机关事业单位的行政执法岗位不得使用雇佣群体,公务员岗位不得使用雇佣群体,涉密岗位不得使用雇佣群体,现有编制内的官僚群体与派生群体人员能够保证工作正常开展的岗位不得使用雇佣群体。③这些规定严格限制了雇佣群体的岗位应聘资格。

尽管法律法规与规章制度等明确规定雇佣群体在许多岗位上不具有应聘资格或没有优先应聘资格,但是在实际的工作当中,大量的雇佣群体却在这些岗位上履行职能,干着这些岗位需要完成的任务。"在机关事业单位中,尽管我们在规定上说,有些岗位不能聘用编外人员,而且要把主要业务与辅助业务分开,编外人员也不能从事机关事业单位的主要业务,只能在一些辅助性岗位上做辅助性业务,而在实际的工作当中,很多编外人员的工作能力

---

① 中共上海市委组织部、上海市公务员局:《2014 年公务员公开选调交流 216 人公告》,2014 年 8 月 20 日。

② 中共河南省委组织部、河南省人力资源和社会保障厅、河南省公务员局:《河南省省直机关 2016 年公开遴选公务员公告》,2016 年 5 月 30 日。

③ 中共南京市委办公厅、南京市人民政府办公厅:《关于严格规范市级机关和事业单位编外人员管理的意见》,2013 年 5 月 29 日。

非常强,不管是主要业务(行政性事务),还是辅助性业务都能胜任,甚至比编制内的公务员和事业编制的人员都做得更好,也做得更多。"①换言之,在各级政府机关事业单位中,尽管在制度上规定,雇佣群体不具有诸多岗位的应聘资格,但在实际工作中,他们凭借自己的能力和素质依然获得了一些岗位的聘任,只是获得聘任的权利远远低于官僚群体与派生群体,且获得聘任的这种权利不是制度上规定的应聘权利,而是凭借自己能力获得的事实上的应聘权利,但待遇仍然是按照雇佣群体的标准执行,而不是按照岗位要求的编制身份条件执行。这种制度上的无资格应聘权利与事实上的应聘权利的同时存在是造成我们熟知的,在机关单位中"同工不同酬""拿钱的不干活,干活的不拿钱"等现象的根源所在。

雇佣群体在岗位应聘的优先权与官僚群体、派生群体相比有着巨大的差距,而派生群体与官僚群体相比,在岗位应聘上同样有很大的差距。在对乡镇事业编制干部的调研中获悉,基层政府的工作多而杂,不仅有大量的雇佣群体在基层政府中履行政府职能,而且基层政府中的"混编混岗"现象同样非常突出。其实,在基层社会治理的实践中,(非干部身份的)官僚群体与派生群体做的工作没有实质性的区别,但由于二者身份不同,他们获得行政晋升的机会和岗位聘任的优先权存在较大差距。基层的一些派生群体干部告诉我们:"跟公务员做的事完全一样,但是提拔的机会就不一样。例如,有的地方党政办主任(事业编制干部)一直无法挪动,但手下的公务员却一直通过遴选考试流动,好似'铁打的营盘流水的兵'。"②

基层政府中的官僚群体、派生群体与雇佣群体在政治待遇上的差异,通过行政晋升与岗位应聘两个方面充分地体现出来。官僚群体的晋升通道与

---

① D区编制办副主任H的访谈,2016年4月12日。

② 高建设:《乡镇事业编干部队伍面临的困境与出路——基于江西15387个样本的调查分析》,《国家治理》(周刊),2016年第17期。

机会,岗位应聘的优先权都远远高于派生群体与雇佣群体;而派生群体的晋升通道与机会,岗位应聘的优先权尽管有限,但是也远远高于雇佣群体。雇佣群体不仅没有属于自己的行政晋升通道,而且岗位应聘的资格非常受限,甚至在大多数情况下,雇佣群体对诸多岗位根本就没有聘任的资格。

第三节　经济保障

一、工资薪酬

工资薪酬包括基本工资、绩效工资、津贴与补贴等。基层政府中的官僚群体、派生群体与雇佣群体的工资薪酬是按照不同的标准执行,不同治理群体间的工资薪酬差距较大。即使是在官僚群体、派生群体与雇佣群体各群体内部,由于行政级别、职称、学历、工作年限等条件的差异,群体内部间的工资薪酬也存在较大差距。[①]

官僚群体的工资薪酬是按照国家标准执行,其工资薪酬待遇由职务、职级与工作年限决定。《中华人民共和国公务员法》第七十三条规定:公务员实行职务与级别相结合的工资制度。[②]一般而言,官僚群体的职务决定职级,职级随职务而变化,并获得相应的工资薪酬。官僚群体的工资薪酬与职级呈正比例关系,级别越高,工资薪酬就越高。派生群体的工资薪酬标准也是按照国家标准执行,其工资薪酬与岗位的等级挂钩。派生群体的岗位级别越高,工资薪酬就越高。而雇佣群体的工资薪酬是按半行政半市场化的标准执行。

---

① 本书讨论的不同治理群体工资薪酬的问题是基于治理群体间的一个大致平均薪酬水平。

② 《中华人民共和国公务员法》,2006 年 1 月 1 日。

换言之,雇佣群体的工资薪酬没有一个具体的标准,只是基层政府参照官僚群体与派生群体的工资标准,再结合市场化的标准,综合考量而定。雇佣群体内部有些人常年拿着国家规定的最低工资标准的薪酬,而有些人拿的薪酬与参公身份的派生群体相当。

基层政府中不同治理群体之间的工资薪酬差异到底有多大呢?

表24　中部某省的基层政府中不同治理群体的薪酬差异

街道办事处	行政编人员工资(万元)	事业编人员工资(万元)	编外人员工资(万元)
S1	10	8	6
S2	11	9	6
S3	11.5	10.8	4
S4	14	11	6.5
S5	10	8	6
S6	14.9	13.9	10.2
S7	8.8	7.9	2.7

有学者对同一单位工作的雇佣群体的薪酬机构与官僚群体和派生群体的薪酬结构作了比较,发现在不同治理群体的工资薪酬中,基本工资的差距远远小于津贴、奖金等方面的差距,如图14所示:

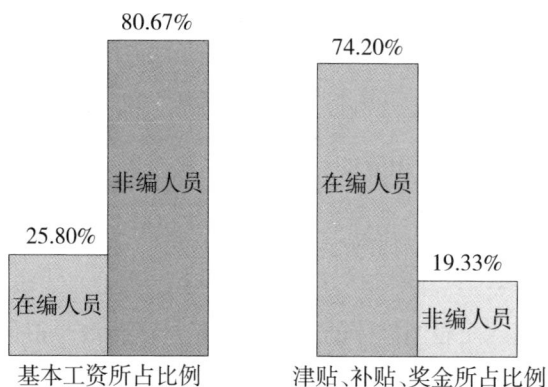

图14　雇佣群体与官僚群体、派生群体之间的薪酬结构对比

因此,无论是在上海市的街道办事处,还是在中国其他省份的街镇(乡)政府,不同治理群体之间的工资薪酬都存在一定程度的差距。官僚群体与派生群体之间的工资薪酬差距相对较小,而官僚群体与雇佣群体、派生群体与雇佣群体之间的工资薪酬差距较大,尤其是官僚群体与雇佣群体之间,工资薪酬差距小者几倍,多者达十几倍。

二、社会保障

社会保障主要指"五险一金"的缴纳情况。"五险一金"指养老保险、医疗保险、失业保险、生育保险、工伤保险以及住房公积金。有的地方也把"五险一金"称为社会保障金、社保金等。《中华人民共和国公务员法》第七十七和七十九条分别规定:国家建立公务员保险制度,保障公务员在退休、患病、工伤、生育、失业等情况下获得帮助和补偿;公务员工资、福利、保险、退休金以及录用、培训、奖励、辞退等所需经费,应当列入财政预算,予以保障。[1]《事业单位人事管理条例》第三十五条规定:事业单位及其工作人员依法参加社会保险,工作人员依法享受社会保险待遇。[2]从我国的相关法律、条例中可以看出,官僚群体与派生群体都享有社会保障。2015年国务院出台《关于机关事业单位工作人员养老保险制度改革的决定》,但该决定仅适用于按照公务员法管理的单位、参照公务员法管理的机关(单位)、事业单位及其编制内的工作人员,[3]编外人员即雇佣群体没有纳入参保范围。事实上,基层政府机关中的雇佣群体也享有养老保险,只是参与养老保险的标准与官僚群体和派生群体的参与标准有差别。一般而言,官僚群体与派生群体享有的社会保障金

---

① 《中华人民共和国公务员法》,2006年1月1日。

② 国务院:《事业单位及其工作人员依法参加社会保险,工作人员依法享受社会保险待遇》,2014年4月25日。

③ 国务院:《关于机关事业单位工作人员养老保险制度改革的决定》,2015年1月14日。

是按照国家标准执行,而雇佣群体享有的社会保障金是按照企业的标准执行。上海的社会保障制度比较完善,一直走在全国的前列,不仅规定了机关、事业、企业、社会团体等单位的社保金按照统一比例缴纳,还规定了社保金缴纳基数的最高和最低标准。2016年上海不同治理群体的统一社保金缴纳标准,如表25所示:[①]

表25　上海治理群体的社会保障金缴纳标准

内容	标准	缴纳比例(%)	
		单位	个人
养老保险	以2015年的工资为基数	21	8
医疗保险	以2015年的工资为基数	11	2
失业保险	以2015年的工资为基数	1.5	0.5
生育保险	以2015年的工资为基数	1	—
工伤保险	以2015年的工资为基数	0.5	—
住房公积金	以2015年的工资为基数	7	7

2016年上海市社保金缴纳基数最高是本市2015年平均工资(5451元)的3倍,即16353元,最低是本市2015年平均工资的60%,即3270元。实际上,不同治理群体之间的社会保障金差距不在于缴纳的比例,关键在于缴纳的基数。因为官僚群体、派生群体与雇佣群体的工资薪酬差距很大,这也就决定了不同治理群体之间的社保金差距。

上海市基层政府中官僚群体、派生群体与雇佣群体都享有社会保障,而且社保金的缴纳比例是同一个标准。但是由于不同治理群体的工资薪酬差距比较大,他们之间的社保金缴纳基数不同,社保金的差距自然拉大。更重要的是,官僚群体还拥有派生群体和雇佣群体都不具有的保障金附加部分,这主要体现在住房公积金方面的补充性公积金缴纳与住房补贴,且这些数额还比较大。这些因素叠加起来,不同治理群体间的社保金差距就相对比较

---

① K区SK5街道财政科、人力资源办相关人员的访谈,2016年4月28日。

大。我们需要特别强调的是,以上情况也仅仅是上海的情况,而根据我们调研,在其他省市的地方基层政府中,雇佣群体除了每月的基本工资外,连最基本的养老保险金都没有,更不要说其他社会保障金了。例如河南省平顶山市湛河区某街道办事处的城管所,有 5 个工作人员,其中官僚人员 1 人,派生人员 1 人,雇佣人员 3 人。这 3 名雇佣人员只有基本工资 1400 元每月,没有"五险一金",没有其他任何福利,而另外的官僚人员、派生人员都享有"五险一金"等社会保障。[①]

三、其他福利

其他福利主要指除基本工资、绩效工资、津贴与补贴以及社保金之外的诸多福利,包括各种形式的奖金、餐补、车补、节假日福利以及建集资房等等。一般情况而言,官僚群体全额享有其他各种福利,即只要是存在的福利官僚群体都能享受到,而派生群体只能享受到部分其他福利,雇佣群体则完全享受不到。由于数据和资料的公开问题,不同治理群体在其他福利方面的差距难以比较。即使访谈中涉及这个问题,得到的答案也很少,因为官僚群体一般都以这个问题涉及内部秘密为借口进行搪塞;派生群体对此问题要么避而不答,要么确实说不清楚;雇佣群体是真的不知道有哪些其他福利,即使知道一些其他福利的名称,具体内容也谈不上来。

不同治理群体之间经济保障方面的差距,不仅可以从治理群体具体的工资薪酬、社会保障金以及其他福利等内容上体现出来,从街道办事处为不同治理群体所提供的人头经费支出的具体数据中同样能体现出来。

从治理群体的角度看,不同治理群体之间在工资薪酬、社会保障以及其他方面的福利都存在较大的差距。从街道办事处用于不同治理群体的人员

---

① 河南省平顶山市湛河区某街道办事处城管所的访谈,2016 年 5 月 10 日。

经费支出总额上看,不同治理群体之间的经济保障同样存在巨大的差距。而且我们也能看到,无论是在工资薪酬、社会保障金上,还是各种其他福利上,官僚群体的待遇明显高于派生群体,派生群体的待遇又明显高于雇佣群体。"不同的编制有着不同的管理方式和体系,而我们所关心的工资福利体系、晋升发展空间以及资金来源和管理,都会因为编制的有无或不同存在着非常大的差异。"①

第四节　社会认可

社会认可的差异是指不同治理群体身份地位的差异,而不是能力、素质等其他方面的差异。不同治理群体的社会认可体现在两个方面:一是他人的认可,即社会地位怎么样;二是自我的认可,即自己对工作的单位或岗位是否有归属感和平等感。无论是他人的认可还是自我的认可,不同治理群体的社会认可度差异都很大,且群体内部之间的社会认可度也存在较大差异。

一、他人认可

一般而言,社会对雇佣群体的认可普遍较低,对派生群体与官僚群体的认可普遍较高,尤其是对派生群体与官僚群体中的干部群体的社会认可度更高。总体而言,在官僚群体、派生群体与雇佣群体之间,雇佣群体的社会地位最低,官僚群体的社会地位最高,派生群体的社会地位介于二者之间,而官僚群体中的干部群体的社会地位又高于官僚群体中的非干部群体。不同治理群体的社会地位差异如图 15 所示:

① 廖德凯:《公务员自述:"同工同酬"难解决,只是编制的错吗？》,《上海观察》,2016 年 3 月 30 日。

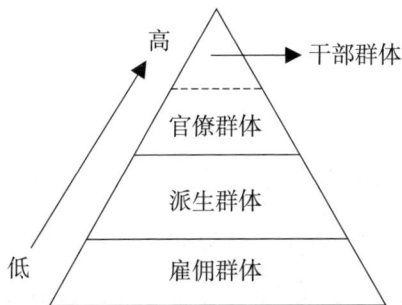

图15　不同治理群体社会认可度的差异示意图

　　费孝通说,中国封建体制是一个层层重叠的权力金字塔结构,每部分人都享有一定的权力。其中作为统治者的封建皇帝是最高权力的拥有者,其次就是统治者的臣仆们——官僚。大夫与士即官僚是握有政权的统治阶级的一部分。[①]孙立平则认为古代中国是一个三层结构的社会,处于最高层次的是拥有统治权的封建皇帝,处于中间层次的是执掌实际治理权的职业官僚,处于最低层次的是广大民众。[②]官僚阶层作为封建统治者的一部分,在古代中国社会拥有较高的社会地位。封建统治者的合法性建立在血缘的基础上,而官僚阶层的合法性从隋唐之后建立在科举制的基础上,且进入官僚阶层的通道向所有人开放,因此"学而优则仕"是古代中国读书人孜孜追求的目标。这种观念影响了一代又一代的中国人。尽管当下中国与古代中国的社会结构相比已经发生巨大变化,但是官僚群体在社会结构中处于较高的地位这点却没有多大的变化,许多人仍然把能够进入官僚群体尤其是干部群体当成自己的奋斗目标。

　　"中国人受传统文化影响比较大,自古以来中国就是'学而优则仕',从来没有人说学而优则商,学而优则教的。这些几千年的传统文化对有些人的

---

　　①　参见吴晗、费孝通等:《皇权与绅权》,天津人民出版社,1988年,第1~2页。

　　②　参见孙立平:《改革前后中国国家、民间统治精英及民众间互动关系的演变》,《中国社会科学季刊》,1994年第1卷;孙立平:《科举制:一种经营再生产的机制》,《战略与管理》,1996年第5期。

选择影响还是很大的。"①

除了受传统社会观念的影响外,官僚群体和派生群体在实际中也确实比雇佣群体拥有和享有更多的政治、经济与社会资源。新中国成立以来,机关单位对不同治理群体的政治待遇、经济保障的制度安排不是以他们的能力为标准,而是以他们的身份为标准。身份职级越高,拥有的政治权力就更多,经济待遇就会更好。"公务员是金饭碗、事业编是铁饭碗",这既是社会对官僚群体与派生群体认可度的反映,又说明了不同治理群体在各方面的待遇差距。

人们总是想尽办法地往官僚群体与派生群体的队伍中挤,恰恰反映出社会对官僚群体、派生群体的认可度之高。与此形成鲜明对比的是,雇佣群体的社会认可度就相对很低。

二、自我认可

无论是官僚群体、派生群体还是雇佣群体,不同治理群体的自我认可度都相对不高,尤其是雇佣群体,不仅自我认可度低,且普遍缺乏职业归属感和平等感。相对于雇佣群体而言,官僚群体、派生群体的自我认可相对较高,更有职业归属感和平等感。导致这种状况出现的原因是多样的、复杂的,但在不同治理群体之间,其原因又是不同的。根据调研访谈的情况来看,官僚群体与派生群体对自我认可度低主要原因是个人理想的实现与晋升困难,而雇佣群体自我认可度低、缺乏归属感与平等感主要是因为身份差异与经济待遇比较低,即体制外与体制的"同工不同酬"所导致,但身份与经济待遇差异恰恰又是官僚群体与派生群体相对于雇佣群体而言,具有更高的职业归属感和平等感的主要原因。

---

① D区科委信息化推进科事业编人员 W 的访谈,2016 年 4 月 7 日。

D 区 SD1 街道办事处党政办主任(官僚群体)Z 说：

（我在街道工作 15 年了）怎么说呢，没有进入"围墙"内的人都想进来，而真正进来的人其实能做的事情还是非常难的，真的很难。我们基层的很多工作人员还是很有想法的，很想做一些实际工作。如果能碰到一个有思路的领导，你也有思路，这样可以做一些实在的事情。但是如果领导没有想法，我们也最好没有想法。有时候明明知道领导或上级有关部门下派的一项任务不符合地方的实际情况，执行后也没有任何意义，但我们的意见到不了制定政策的领导者那里。制定政策的上级领导可能真的并不了解下面的真实情况，可能也听不到真正了解基层社会发展和治理者的声音。一方面，当我们真把自己的声音传递给部门领导时，等到达真正制定政策的领导那里时，都可能变味了，都被过滤了。因为哪一个下级领导也不可能对上面领导说自己主管的地方治理得不好，发展得不好。另一方面，当我们对部门领导提出自己的想法时，领导就会给我们说，这是政治任务，必须去执行和落实。既然上升到政治任务的高度了，我们还能说什么呢？不管结果和效果如何，只能按照领导的要求去做。我们基层工作者也没有办法，只能在按照要求做的时候，稍微灵活处理一小点事情，我们不可能改变大格局的，更不可能去改变这个大环境。现在在我们基层政府中，有一些工作人员的工作状态就是，上级部门或部门领导有什么样的工作安排，就去做什么事；没有工作安排，就坐在办公室里，东翻翻西看看，时间就过去了，有点儿混日子的味道。哎，我们国家这么大，能治理好真是不容易，其他的不说，仅从中央既要管好体系内的人员，又要满足老百姓的需求这点来说，真正做到都很难。①

---

① D 区 SD1 街道办事处党政办主任 Z 的访谈，2016 年 4 月 25 日。

从这位街道党政办主任的话中，我们就可以看出，他对工作的自我认同低，主要是因为他想真正地踏踏实实地做一些实事，实现个人的理想，但由于体制壁垒的原因，个人理想与现实之间存在一些差距。另一方面，身份与待遇的差异又是官僚群体与派生群体的自我认同度相对较高的原因所在。

雇佣群体的自我认同低、缺乏职业归属感和平等感，主要是因为经济待遇与官僚群体和派生群体存在较大差距。在同一个岗位上工作，雇佣群体的工作量更大，而政治晋升通道被堵死、经济待遇又更少，让大部分雇佣群体失去了心理平衡。

基层政府中其他人员的说法与这位雇佣人员的看法基本一致。一位 D 区科委副主任（官僚群体）J 说道：

> 编外人员虽然工作做了不少，但是工作积极性非常一般。比如在窗口服务群众的人员，他们基本都是编外人员，他们的工作内容都是死的，谈不上积极性。老百姓来了，你就得给他们办，积极不积极都要办，如果办理得不好，被老百姓投诉了，那么下一年就会不再和他签合同了，他就得走人，重新找工作。[①]

从根本上说，雇佣群体缺乏自我认同、缺乏归属感与平等感由现行的"三规制"人事管理制度所导致。以身份而非能力的制度划分标准，让许多雇佣群体看不到职业晋升与经济待遇提升的希望。

由于雇佣群体的自我认同比较低，普遍缺乏归属感和平等感，雇佣群体的流动性也就特别大。

"前年（2013 年）我们服务中心招了第一批编制外的年轻人，有 10 多个，

---

① D 区科委副主任 J 的访谈，2016 年 4 月 16 日。

现在一个都没有留下,已经全部走了。"①

　　不同治理群体的社会认可差异通过他人认可与自我认可充分体现出来。实际上,他人认可与自我认可二者是密切联系的,他人认可度的高低直接影响到个人的自我认可度。官僚群体、派生群体的社会地位比较高,反映出他人对官僚群体与派生群体的认可度高。正是基于身份的差异以及身份差异带来的政治待遇、经济待遇的差异,官僚群体与派生群体与雇佣群体相比,才更具有身份的优越感、职业的归属感和待遇的平等感,从而自我认可度相对较高。也是基于同样的原因,雇佣群体普遍缺乏职业的归属感以及待遇等各方面的平等感,从而导致自我认可度比较低。当然,官僚群体与派生群体中存在一些对自我认同度低的人群,但这不是基于身份差异带来的自我认可度问题,而主要是因为个人理想情怀与现实政治体制之间的差距引起的。

总结　身份差异与群体流动

　　不同治理群体的身份差异通过"三规制"在政治待遇、经济保障与社会认可等三个方面充分体现出来。在政治待遇上,国家通过各种制度的安排,畅通基层官僚群体职级和职务的双向行政晋升通道,畅通派生群体的职员等级晋升通道,而没有建立起雇佣群体的行政晋升通道,雇佣群体的直接行政晋升路线或通道被完全堵死。并且,通过编制身份的限定以及各种政策的限制,不同治理群体在岗位聘任上呈现出先后的顺序。官僚群体具有岗位聘任的优先权,其次是派生群体,而雇佣群体往往被排斥在领导岗位之外,根

---

① K区SK5街道办事处人力资源办科员G的访谈,2015年11月10日。

本没有资格应聘，即使有资格应聘的岗位一般都是基层社会治理一线的工作岗位，而这些岗位恰恰是官僚群体与派生群体都不愿意从事的岗位。行政晋升的通道与岗位应聘的优先权这两方面的差异，把官僚群体、派生群体与雇佣群体在政治待遇上的身份差异化体现得淋漓尽致。经济待遇的差异是和政治身份联系在一起的，政治职级越高，往往经济待遇越好。官僚群体在政治身份上处于最高的层次，对应的是在工资薪酬、社会保障金以及其他福利等方面的经济保障同样处于最高的层次。基层官僚群体的平均工资薪酬、社会保障金以及其他福利等经济待遇明显高于派生群体与雇佣群体，派生群体各方面的经济待遇又远远高于雇佣群体，且许多福利奖金也只有官僚群体才能享有。基层政府机关中不同治理群体"同工不同酬"现象突出。政治待遇、经济保障等各方面的差异，以及中国传统政治文化的影响，使得官僚群体、派生群体与雇佣群体的他人认可即社会地位差异非常凸显，官僚群体的社会地位最高，雇佣群体的社会地位最低，而派生群体介于二者之间。政治待遇、经济保障与社会地位的巨大差异叠加在一起，不同治理群体在职业归属感与待遇的平等感方面出现自我认可度的差别就是必然的结果。通过"三规制"的制度安排与运行，官僚群体、派生群体与雇佣群体的政治待遇、经济保障与社会认可的悬殊身份差异完全确立，呈现出等序化的差异特征，并且通过"三规制"的作用，这种等序化的身份差异在现实中又被深深地固化。

悬殊的等序化身份差异必然导致群体间的流动。政治待遇较低、经济保障较差以及社会认可度也低的群体势必向政治待遇更高、经济保障更好、社会地位更高的群体流动。所以我们看到，雇佣群体向派生群体流动，雇佣群体与派生群体同时向官僚群体流动，而官僚群体中的一部分人员又向干部群体流动。由于政治公共职位与岗位的数量与规模是有限度的，治理群体中有人流动，成功地进入群体的流动序列，就会有人因为不能成功地进入流动序列,被甩出晋升流动通道,被迫在原单位或岗位上留滞下来。不同治理群体间的流动与留滞共同构成了基层政府中群体三分治理结构的动态平衡。不同治理群体间具体是如何流动的呢? 哪些人能够进入流动序列? 哪些人最终留滞下来? 不同治理群体的流动或留滞又有哪些特征? 流动与留滞又会带来怎么的政治结果呢? 本书的第四章将要对这些问题作出相应的解答。

第四章　流动与留滞

　　上一章我们讨论了不同治理群体身份差异的具体内容。身份等序化差异的结果必然带来治理群体之间的流动，因为政治待遇较差、经济保障较低以及社会认可度也低的治理群体一定会向政治待遇更高、经济保障更好、社会认可度更高的治理群体流动。雇佣群体向派生群体流动，雇佣群体、派生群体向官僚群体流动，这种流动既有政治体制外的群体向体制内的流动，又有体制内的群体在体制内流动。但我们必须看清楚一个事实：公共岗位或职位的数量是有限的，且行政级别或职级越高的公共岗位或职位的数量就越少。这就决定了治理群体中有些人能通过流动实现晋升，而有些人不能进入流动序列，最终只能在原有岗位或单位上留滞下来。流动与留滞的制度安排就决定了哪些人成为雇佣群体，哪些人成为派生群体，哪些人成为官僚群体，又有哪些人成为官僚群体中的干部群体。尽管群体之间的流动率有高低或流动的通道有宽窄的差异，但流动与留滞的制度安排却实现了群体三分治理结构的动态平衡。在中国城市基层政府中不同治理群体之间具体是如何流动的？不同治理群体的流动与留滞方式有何不同？不同治理群体间的流动有哪些特征？差异在哪里？治理群体的流动率与留滞率的情况是怎么样的呢？

第一节　流动与留滞模式

治理群体的流动形式主要表现为三种形式:纵向的垂直流动,横向的水平流动以及兼具垂直流动与水平流动特征的层级流动。垂直流动主要表现为雇佣群体流向派生群体和官僚群体,派生群体流向官僚群体,官僚群体中非干部群体流向干部群体, 行政级别较低的干部群体流向行政级别较高的干部群体,以及干部群体转为非干部身份,行政级别高的干部群体降为行政级别较低的干部群体,治理群体的退休等现象。但本书研究的对象是垂直流动中的晋升流动形式,即研究是雇佣群体流向派生群体和官僚群体,派生群体流向官僚群体,官僚群体中非干部群体流向干部群体,行政级别较低的干部群体流向行政级别较高的干部群体等垂直晋升现象。

水平流动主要表现为治理群体的平级调动、交流以及转任等流动现象。本书研究的水平流动现象包括雇佣群体从一个街道辞职到另一个街道工作,派生群体与官僚群体在同一个街道不同职能部门的平级调动任职,官僚群体从一个街道平调到另一个街道任职, 官僚群体从区级政府职能部门平调到街道任职,或者官僚群体从街道平调至区级政府职能部门任职等现象。层级流动主要表现为干部群体的跨区域升迁, 本书研究的层级流动形式表现为街道办事处的科员或副科级干部跨部门晋升为副科级或正科级干部,一街道某科级干部调往另一街道任处级干部, 街道的科级干部调往区级政府部门任处级干部, 以及区级政府机关部门的科级干部调往街道任处级干部等现象。

治理群体能进入垂直流动、水平流动与层级流动者,即能进入群体流动序列的治理群体只是治理群体的少数者,甚至极少数者,而绝大部分治理群体因为各种原因无法成功进入群体的流动序列，只能在原单位或岗位上留滞下来。不同治理群体的留滞特征是不一样的，雇佣群体主要表现为以家为中心的留滞形式，派生群体主要表现为以岗位为中心的留滞形式，而官僚群体主要表现为以单位为中心的留滞形式。根据基层政府中治理群体的流动与留滞状况，本书构建一个治理群体流动与留滞的简易模型，如图6所示：

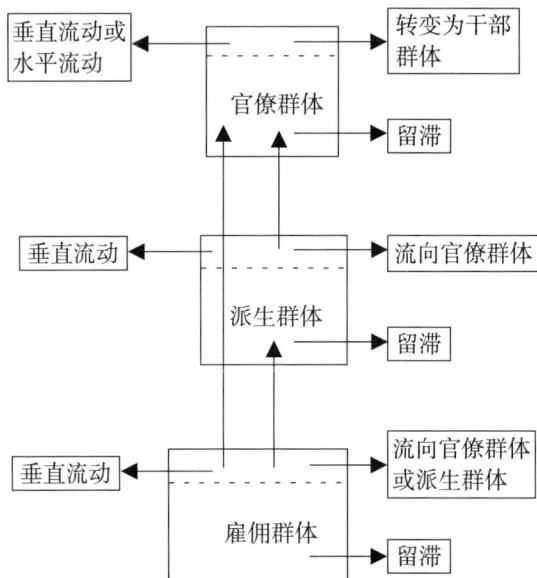

图6　群体的流动与留滞模型

在治理群体的流动与留滞模型中，四方形的面积代表不同治理群体的数量与规模，面积越大，群体的数量与规模就越大。如图6所示，在城市基层政府机关中，雇佣群体的数量与规模最大，其次是派生群体的数量与规模，官僚群体的数量与规模最小。①官僚群体中能进入干部群体的人更是少之又少。

---

① 在实际的调研中，我们发现在上海市中心城区各街道办事处中，官僚群体的数量与规模普遍多于派生群体，但二者的数量差距很小，而在郊区的各街道办事处尤其是镇政府中，派生群体的数量与规模普遍多于官僚群体，且二者的数量差距比中心城区各街道办事处中二者的数量差距更大。并且在全国其他省市调研中发现，街道办事处或区县政府中，派生群体的数量与规模同样多于官僚群体。因此本书认为，总体上而言，城市基层政府中的派生群体的数量与规模略大于官僚群体。

群体流动与留滞模型(图6)中,代表不同治理群体数量与规模的四方形中的虚线是群体流动与留滞的分界线。虚线以上的部分代表该群体能够进入流动序列的那部分人,虚线以下的部分代表该群体留滞下来的那部分人。具体来说,代表雇佣群体数量与规模的四方形中,虚线以上的部分是指雇佣群体中能够进入派生群体与官僚群体的那一小部分人;虚线以下的部分是指雇佣群体中无法实现流动而最终留滞下来的那部分人。代表派生群体数量与规模的四方形中,虚线以上的部分是指派生群体中能够进入官僚群体的那一小部分人;虚线以下的部分是指派生群体中无法进入官僚群体而最终留滞下来的那部人。在代表官僚群体数量与规模的四方形中,虚线以上的部分是指官僚群体中能够进入干部群体的那一小部分人,而虚线以下的部分是指官僚群体中无法进入干部群体而最终留滞下来的那部分人。

群体流动与留滞模型中,纵向的箭头指向代表群体流动的方向,即雇佣群体流向派生群体,雇佣群体与派生群体流向官僚群体。横向箭头只是代表图示的说明。纵向的箭头指向也代表着群体间的垂直流动,由身份低的群体流向身份高的群体,[①]即由雇佣群体流向派生群体,由雇佣群体、派生群体流向官僚群体,这样的流动都是属于群体间的垂直流动。不同治理群体间除了垂直流动外,还有水平流动的现象。水平流动主要发生在每一种治理群体自身内部间的流动,且这种流动往往是跨岗位、单位以及跨区域内的流动。在雇佣群体内部主要表现为雇佣群体跨区域的流动,从一个行政区域流向另一个行政区域。雇佣群体发生跨行政区域的流动人数量较多。因为雇佣群体的经济待遇都是由各地方与基层政府承担,而不同行政区域的经济发展状况不同,雇佣群体的经济收入就不同。对于派生群体来说,水平流动主要指

---

①　本书第三章讨论了不同治理群体身份差异的具体表现。在政治待遇、社会保障以及社会认可等方面,官僚群体都明显高于派生群体,而派生群体又明显高于雇佣群体。这里身份高、低的概念就是从不同治理群体身份差异的具体内容的角度来说的。仅从治理群体的身份差异化角度说,本书认为官僚群体的身份最高,派生群体次之,雇佣群体最低。

跨岗位、跨部门与跨单位的调动,且这种水平流动往往是业务性质的。自编制硬约束制度实施以后,派生群体的这种水平流动发生的概率同样非常低,尤其在当下中国的基层政府中,派生群体的跨部门与跨单位水平流动现象基本没有,只是在综合管理岗位上的派生群体会出现概率极低的跨岗位流动。①官僚群体中发生跨单位与跨区域的水平流动的现象只有在干部群体中才发生,而官僚群体中非干部群体的水平流动现象与派生群体的水平流动现象相似,发生的概率都是相当低。因为当下中国的基层政府中的官僚群体与派生群体的选拔,都是根据各部门的岗位和职能的需求,通过公开招考的形式面向社会统一选拔,选拔出来的官僚群体与派生群体也都是按照岗位与职能的要求设岗招人。因此非干部群体中的官僚群体与派生群体发生跨岗位、跨单位以及跨区的水平流动现象非常少。正因为这样的原因,本书在讨论不同治理群体的水平流动特征后,才会说基层政府中干部群体的水平流动才是在真正意义上发生横向流动,而雇佣群体、派生群体以及官僚群体中的非干部群体的水平流动即使是在发生横向水平流动,但在本质上却是一种"流动"的留滞。治理群体的流动除了垂直流动与水平流动外,还有另一种流动现象即层级流动。层级流动兼具垂直流动与水平流动特征,这在图6的流动与留滞模型中并没有体现出来,但会在本书后面的研究内容中给予充分的展现。

---

①　根据在 K 区与 D 区的区政府部门以及各街道办事处、镇政府的访谈情况看:雇佣群体的水平流动只是发生在某项专项整顿工作的开展,需要临时组织、抽调人员力量时,比如市创文明活动时,需要大量的交通、城市管理的协管员等,这就会从平时负责保洁、保绿、助老、助残等公益岗位的雇佣群体中或者从负责居民区事务的退休返聘的协管员群体中临时抽调部分人。而派生群体中专业性与后勤保障性岗位的人,没有出现跨岗位的水平流动,更不要说跨部门、跨单位流动了。派生群体中只有综合管理岗位的人偶尔会出现跨岗位以及跨部门流动,跨单位流动的情况也基本不存在。在调研中我们得知,近 5 年时间中,只有 2015 年 D 区 SD1 街道办事处的社区管理办公室的一名事业编制副主任调到该街道的社区自治办公室做副主任。而且这次调动还是发生在上海"一号课题"出台后,要求加强基层社会建设,创新基层社会治理,增加基层社会治理人员力量的背景下,SD1 街道办事处增设自治办这一科室时,出现的派生群体的跨岗位流动情况。

事实上,对治理群体而言最重要的流动形式是垂直晋升和层级流动,因为能够进入晋升流动序列是每种治理群体的主要目标。不管是官僚群体、派生群体,还是雇佣群体,只要能够进入晋升流动序列,因身份差异带来的政治待遇、经济保障以及社会认可的差异,都会得到彻底的改变。努力进入垂直流动和层级流动序列对不同的治理群体而言都充满诱惑力,都是其努力工作积极履行职能的根本动力。不能成功进入晋升流动序列的治理群体就会慢慢地在岗位留滞下来,成为留滞之"吏"。正是因为流动与留滞的制度安排,更准确地说,正是因为晋升流动的制度安排,基层政府中群体三分的治理结构才维持了一种动态平衡,才能够在基层社会治理中有机运行,也才有不同治理群体的职能分等的分野。那么在当下中国城市基层政府中,不同治理群体的流动与留滞状况是什么呢?垂直流动、水平流动以及层级流动表现在哪里呢?留滞有什么特征呢?本章下面的有关小节将根据治理群体的流动与留滞模型,对治理群体的流动与留滞的相关问题作出详细的阐释。

第二节　垂直流动

雇佣群体流向派生群体和官僚群体流动,雇佣群体、派生群体流向官僚群体;官僚群体中的非干部群体向干部群体流动,行政级别相对低的干部群体向行政级别相对比较高的干部群体流动,这些垂直流动形式都属于垂直晋升流动。干部群体向非干部群体流动,行政级别相对较高的干部群体向行政级别相对较低的干部群体流动以及派生群体、干部群体的退休等,这些不同的垂直流动形式的流动率①是不同的,而不同的垂直流动率背后又蕴含不同的政治意义。本书主要研究的垂直流动形式垂直晋升流动。

① 垂直流动率=垂直流动人数/总人数。

一、雇佣群体流向派生群体、官僚群体

在中国城市基层政府中，雇佣群体的选拔经历一个无标准选拔，有标准却混乱选拔以及规范选拔的过程。"街道刚开始有编外人员的时候，都是各科室根据自己的需要，你招一个，我招一个的。"①后来雇佣群体的招聘就由街道办事处根据各科室的实际需要，以街道办事处的名义统一招聘，但招聘的方式依然比较混乱。雇佣群体的招进，"有的是通过街道发布招聘公告，经过面试后直接进来的，有的是通过人才交流中心招进来的，有的是通过街道的统一考试进来的，有的是街道从企业借调过来的，有的是通过关系介绍进来的等等，编外人员进来的方式各种各样"②。从 2012 年以后，"编外人员的招聘规范多了，我们从年龄、学历、工作经验等方面对编外人员资格进行硬性规定，委托第三方机构进行笔试命题、规定进入面试的结构比例等，对编外人员的招聘从程序上进行硬性规定"③。"以后（2015 年后）编外人员的招聘就更加规范了，都是由区级机关通过公开的招聘的形式统一招聘。"④根据实际的调研情况，上海市各街道办事处或镇政府机关中平均有雇佣群体 420 多人，⑤各基层政府每年招聘的雇佣群体数量是不一样的，而且也不是每年都招，主要根据工作的实际需要进行招聘。由于政治、经济待遇和社会地位

---

① K 区 SK5 街道办事处人力资源办科长 L 的访谈，2015 年 11 月 10 日。

② K 区 SK5 街道办事处编外人员 E1 的访谈，2016 年 4 月 13 日。

③ D 区 SD1 街道办事处党政办主任 Z 的访谈，2016 年 4 月 25 日。

④ K 区 SK5 街道办事处人力资源办的访谈，2015 年 11 月 10 日；D 区 SD1 街道办事处党政办的访谈，2016 年 4 月 25 日。

⑤ 根据调研结果：不完全统计，上海市中心城区 K 区的 8 个街道共有 3238 名雇佣群体，雇佣群体最多的街道办事处有 477 名，雇佣群体最少的街道 309 人；上海市郊区 D 区的 5 个街道办事处 7 个镇政府中共有 5378 名雇佣群体，雇佣群体最多的街道办事处 632 名，雇佣群体最少的街道办事处有 218 名，雇佣群体最多的镇政府有 823 名雇佣群体，雇佣群体最少的镇政府有 269 名。

的差异,基层政府中的雇佣群体流动性比较大,这种流动既体现为垂直的流动也体现在水平的流动。雇佣群体的垂直晋升流动方式有且只有一种即进入派生群体或官僚群体。"社工、辅工、人事代理人员等各种形式的编外人员现在根本不可能直接过渡到行政编或事业编制内,他们要想进入行政编或事业编制必须通过全市统一的公开招聘考试,只有通过笔试与面试的编外人员才能成为公务员或事业编制人员。现在都是逢进必考(逢进必考指的是进入派生群体或官僚群体),街道在组织面试的时候,知道某某(雇佣人员)之前在街道干得不错,非常想要他,可能在打分时有偏向,但是公开的统一笔试考试,如果通不过,找谁都没有办法。"①上海城市基层政府中规模和数量庞大的雇佣群体,有多少人可以进入官僚群体与派生群体?

> 我们街道办事处每年都有编外人员考进事业编制或公务员编制,每年至少有 1 到 2 个人考进去,但是不一定是考我们街道办事处,有的考进区级政府机关,有的考进其他街道办事处,都有的。②

> 前年(2013)我们街道办事处的服务中心招第一批年轻人,有 10 多个,大概 12 个人,到现在(2015)一个没有留下,已经全部走了。走的人当中,有 1 个考上了公务员,有 2 个考上了事业编制,其他的人都不知道去哪里了。我们不能抱怨这些年轻人,毕竟编外人员的工资给的低,但是活也不少干,他们也需要养家糊口,有自己的人生规划,他们最后都走了,他们自己也没有办法。③

> 之前我参加一个居委会的干部招聘,来应聘的有复旦大学、海事大学等高校的本科生,但是一个月就 3000 元左右,过年年底再发 1 万元

---

① K 区 SK5 街道办事处人力资源办科长 L 的访谈,2015 年 11 月 10 日。

② D 区 SD1 街道办事处党政办主任 Z 的访谈,2016 年 4 月 25 日。

③ K 区 SK5 街道办事处副主任 H 的访谈,2015 年 11 月 10 日。

的津贴,但是人家在城市里需要租房、需要吃饭、需要交际,这怎么能够呢? 他们这些大学生都是做2年,有2年的工作经历后,立即再考走。[①]

我们街道2014年招了一批人事代理人员,当时一共招了10个人,现在那一批10个人中已经走了7个了。2015年我们又招了一批,招了15个左右,也已经走了三四个了。也就是说,我们一共招了2批人事代理人员,在2年内差不多走了一半了。招他们进来时,他们都很年轻,又有本科学历,能力也很强,干一段时间后,他们就考进公务员或事业编制内了。走的这10个人中,基本都考进机关或事业编了。有的人考进了区级单位,有的人考进了街道或镇机关。而社工人员之前流动也非常大,一些比较年轻的社工,通过自己的努力考进了机关编制或事业编制,我们街道每年都有三四个左右的社工考进去。有一些年龄稍大但有能力的社工,看到其他居委会和村委会招副主任,他们就去应聘了。他们做几年村、居委副主任或副书记就有机会成为村、居的主任或书记,待遇就会相应地提高了。还有一些社工,看到其他的街道或乡镇的社工比我们这边的工资高,他们在我们这做几年工作了,再去其他街道、乡镇应聘社工,还是很容易的。[②]

雇佣群体通过公开考试选拔的形式流向官僚群体与派生群体,既是对雇佣群体工作积极性的一种调动和激励方式,也是城市基层治理的实际需求。

"我认为编外人员流动大是正常的……大部分编外人员通过自己的努力考进机关事业编制其实这是好事情,他们以编外人员的身份在岗位上工作一段时间,需要寻求相对更稳定、待遇更高的岗位,考进机

---

① K区SK5街道办事处人力资源办科员G的访谈,2015年11月10日。
② D区SD1街道办事处党政办主任Z的访谈,2016年4月25日。

关事业编制中来,这恰是对他们的一种激励。而对于机关单位来说,以后的工作人员都要求至少是科员身份的,编外人员就逐步取消掉,这样的话,我们也希望现在的编外人员能够考进编制中来,毕竟他们对机关单位的工作都很熟悉。有一部分编外人员在自己的岗位上干了好多年,觉得自己考不进去编制了,就寻找其他的更好工作机会,去企业或者其他单位,这也是正常的。如果一个编外人员没有上进的动力,在自己的岗位上一直干下去,这也是不好的,因为时间久了就容易懈怠,工作上就开始应付,工作的积极性就不高。所以从这个角度上来说,我们对编外人员的流动看法还是积极的一面多,鼓励他们考进编制的。尽管有些街道抱怨编外人员流动频率高,给工作带来不便。我们常给他们讲,流动是正常的,要辩证看待这个问题。因为大多数编外人员从事的工作都是服务性质的,专业性质的工作比较少,而服务性的工作对编外人员自身的专业业务能力要求并不是很高,一个编外人员做几年就走了,街道再招一个人员过来,只要工作提前交接,然后认真做工作,结果都是一样的。反而是,新来的编外人员更容易管理,工作的积极性也更高,而走的编外人员,去寻求自身更高的发展,这对他个人发展或社会发展来说都是好事,我们应该鼓励的。再说,我们给予编外人员的工资待遇收入也就这么多,很多人也需要养家糊口,每年就拿这么一点钱,怎么生活呢?所以应该把编外人员的流动看作是一件很正常的事情。[①]

尽管雇佣群体进入派生群体和官僚群体的通道是敞开的,但是能进入派生群体和官僚群体的雇佣群体的人员数量毕竟是很少的一部分人。从上面的访谈内容上看,一个街道办事处每年差不多有3—4名雇佣群体能进入

---

① D区编制办副主任H的访谈,2016年4月12日。

派生群体或官僚群体,而街道办事处的雇佣群体却有 400 多人,雇佣群体中不到 1%的人能够进入官僚群体和派生群体中。换言之,雇佣群体流向派生群体和官僚群体的垂直流动率接近 1%。这其中的原因主要有两个:一是基层政府中公共岗位的数量是有限的,"三定规定"出台后政府机关都是定岗定编定员,官僚群体与派生群体的数量都被刚性规定,基本上是走一个人进一个人。"我们的实际人数是不能突破机关编制额度的,一般都要空编 10%左右,区级部门会根据实际情况在这个比例上下调节,但是基本上是人走编留,空余一个编制名额,就招进一个人,如果今年我们街道要招公务员和事业编制的话,只有街道办事处的党建中心和文化活动中心各招一个人"①,这样,进来的人员数量就极少。二是雇佣群体自身的能力、素质等因素决定了他们中能够通过国家统一招聘派生群体和官僚群体考试的人员数量非常有限。

"我们编外人员不通过考试,不可能解决编制的,到现在为止,街道办事处还没有出现编外人员直接解决编制的情况。但要是考试,我们和刚毕业的大学生相比,除了有工作经验外,我们没有任何优势。我们平时不但没有时间看书、做题,而且我们这么长时间不学习了,也坐不下去看书、做题,我们笔试怎么能考过他们呢? 我们街道有个年轻的编外人员,工作做得非常好,非常具有能力,但他的笔试成绩就是过不了线,怎么也考不进编制。"②

雇佣群体中只有不到 1%的人能够进入官僚群体或派生群体,不能顺利实现垂直流动的个别雇佣群体还会通过水平流动的形式而跳槽,而绝大部分雇佣群体就只能在自己的岗位上留滞下来,履行着岗位职能。从大的方面讲,雇佣群体是基层政府借助市场机制赎买来的,但是雇佣群体个别人员能够通过垂直流动进入官僚群体或者派生群体,这种流动是由杂途转向正途,具有非常强大的激励和示范效应,证明了在面对规模庞大的雇佣群体时,国

---

① K 区 SK5 街道办事处人力资源办科长 L 的访谈,2015 年 11 月 10 日。
② K 区 SK5 街道办事处编外人员 E1 的访谈,2016 年 4 月 13 日。

家的人事调节除了运用市场化的手段外,还注入了行政化的手段,呈现出半市场半行政化的"双半组合"的调控方式,但行政化的调节手段仅仅是起到一种示范效应而已。①

二、派生群体流向官僚群体

《地方各级人民政府机构设置和编制管理条例》明确规定:"地方各级人民政府行政机构应当使用行政编制,事业单位应当使用事业编制,不得混用、挤占、挪用或者自行设定其他类别的编制。"②但是在基层政府中,行政机关中既存在行政编,也存在事业编制,而且基层政府中的大部分行政编人员和事业编制人员履行的政府职能也基本是相同的。换言之,在城市基层政府中同时存在着官僚群体和派生群体,尽管二者的身份差异悬殊,但履行的基本职责却差异不大。"大家在一个机关单位,干的活也差不多,凭什么你一年拿的工资比我多好几万? 就是因为你是公务员,我是事业编制吗? 所以事业编制的人员也都想尽办法进入公务员队伍。"③派生群体转变为官僚群体有哪些方式呢?

大概 2007 年之前,我们这里的机关单位混编混岗现象比较普遍,事业编制身份转成公务员身份的管理不是那么规范,只要工作岗位一调动,或者有关领导一批示,身份就可能由事业编转为机关编制了,毕竟它们都是体制内,所以身份转变比较容易。2007 年 5 月,国务院出台《地方各级人民政府机构设置和编制管理条例》以及相关部门出台了配

---

① 刘建军、马彦银:《从"官吏分途"到"群体三分":中国地方治理的人事结构转换及其政治效应》,《社会》,2016 年第 1 期。

② 国务院:《地方各级人民政府机构设置和编制管理条例》,2007 年 5 月 1 日。

③ D 区科委信息化推进科事业编科员 W 的访谈,2016 年 4 月 7 日。

套的制度文件,对编制的混编、挪用等行为明令禁止。现在由事业编制身份转变为机关编制身份是很难的,只有三种情况才有可能:一是事业编制人员的行政级别达到副处级以上,经过工作调动后,担任行政机关的领导职务,身份自然由事业编制转变为机关公务员编制;二是机关事业单位出现合并或者事业单位转变为机关单位,个人身份就随之转换,比如有些地方的老干部局之前是事业单位,但是后来进行机构改革,由事业单位转变为机关单位,那么原老干部局的事业编制人员基本上都转变为机关编制身份了;三是以事业编人员身份参加国家公务员统一考试,通过国家选拔公务员的考试实现身份由事业编制转为机关编制。①

尽管派生群体转变为官僚群体理论上存在三种方式,而实际上只存在第三种即派生群体通过参加国家统一的官僚群体选拔考试实现身份转变这一唯一的方式。因为第一种身份转变方式在当下的城市基层政府中几乎不存在了。

通过第二种方式即机构改革实现派生群体身份的转变发生的概率也很低,因为就上海市的目前情况来看,"机构设置基本趋于成熟,即使是机构改革也只是机构之间的调整,像事业单位变成机关单位这样的大变动基本不会发生。最近我们基层政府发生最大的机构改革就是 2015 年 4 月发生的机构调整、合并。我市'一号课题'出台后要求加强基层建设,调整街道办事处的职能,街道办事处由原先的各科室设置调整为现在的党建办、党政办、平安办、管理办、自治办、服务办、文化办、人才办等部门的设置情况,尽管街道办事处的机构设置进行了调整,也涉及人事调整,但是机关单位工作人员的身份并没有发生变化,公务员还是公务员,事业编还是事业编,没有编制的还是没有编制"②。"现在机关单位中事业编制人员要进入公务员队伍是和编

---

① D 区公务员局局长 M 的访谈,2016 年 4 月 20 日。
② D 区 SD1 街道办事处党政办主任 Z 的访谈,2016 年 4 月 25 日。

外人员一样,也必须通过参加国家统一的公务员招聘考试了"[1]。那么派生群体中每年有多少人能通过参加国家统一的官僚群体招聘考试而进入官僚群体队伍呢?

> 我们身边每一年都有事业编制的人员考进公务员队伍,在区级机关部门,我们能够看得见或听说的人数每年也有三四个吧,但每年具体有多少事业编制人员考进公务员,这个数据没有哪个部门真正统计过。[2]

> 我们街道办事处有事业编制人员考进公务员编制,但是数量不多,每年至多1人。[3]

> 我们街道办事处最近3年只有1个人由事业编制考进公务员编制,但是区级部门比较多,区级部门最近几年新进的公务员基本都是原来的区里的"百人工程"[4]队伍中的一些人。[5]

调研的街道办事处中,K区SK5街道办事处有派生群体30个,近3年仅1个人考进官僚群体队伍,由派生群体流向官僚群体的垂直流动率仅为1.1%左右,而D区SD1街道办事处有派生群体76个,每年至多有1人考进官僚群体队伍,由派生群体流向官僚群体的垂直流动率仅为1.3%。可见,上海街道办事处中派生群体流向官僚群体的垂直流动率每年在1%左右,这与雇佣群体流向派生群体和官僚群体的流动率基本一致,后者的垂直流动率接近1%。派生群体这样的垂直晋升流动率低的情况,在中国其他省市的基

---

① D区公务员局局长M的访谈,2016年4月20日。

② D区科委信息化推进科事业编科员W的访谈,2016年4月7日。

③ D区SD1街道办事处党政办主任Z的访谈,2016年4月25日。

④ "百人工程"是指那些高等院校毕业的研究生和本科生,能力和素质都比较好,通过了全市统一的公务员招聘考试的笔试,但是面试没有通过。区级部门就把其中的一些优秀之人先以事业编制的待遇把他们聘用下来,在区级部门做工作,然后鼓励他们继续参加第二年的公务员招录考试。

⑤ K区SK5街道办事处人力资源办科长L的访谈,2015年11月10日。

层政府中同样是如此。一份来自对江西省政府中派生群体的调研表明："从2011 到 2015 年江西全省的派生群体通过公开考试进入官僚群体队伍的人员仅为 4.13%，平均每年也为 1.1% 左右"[1]，"由于受到身份的限制，乡镇事业编制干部转为公务员的机会非常少，而考进乡镇领导班子的机会更少……目前，许多乡镇事业干部到退休还是股级，有的事业编制干部就调侃自己，'抬头就是天花板，一眼就能看到退休'"[2]。垂直晋升流动太难。但与之形成鲜明对比的是，在街道层级政府中官僚群体流向干部群体的流动率却远远高于雇佣群体流向派生群体或官僚群体的流动率，高于派生群体流向官僚群体的流动率。

三、官僚群体的垂直流动

基层政府中的官僚群体根据行政级别的划分，可以分为干部群体和非干部群体。官僚群体中垂直流动包括非干部群体流向干部群体，行政级别低的干部群体流向行政级别更高的干部群体，干部群体流向非干部群体，行政级别高的干部群体流向行政级别低的干部群体以及退休，而前二者的垂直流动是基层政府中官僚群体垂直流动的主流和核心内容。在调研的上海市街道办事处中，官僚群体的垂直流动率都比较高，无论是非干部群体流向干部群体，或者是行政级别比较低的干部群体流向行政级别比较高的干部群体，流动的频率都比较高。我们分别看一下 K 区 SK5 街道办事处 2014 年 8月至 2016 年 7 月，D 区 SD1 街道办事处 2013 年 10 月至 2016 年 7 月官僚群体的垂直流动情况。

　　2014 年 8 月至 2016 年 7 月 K 区 SK5 街道办事处官僚群体的垂直流动

---

[1][2]　高建设：《乡镇干部队伍面临的困境与出路——基于江西 15387 个样本的调查分析》，《国家治理》，2016 年第 17 期。

情况：①

唐××，前任街道党工委副书记、政法委书记。2010 年 10 月任职于 SK4 街道党工委副书记、政法委书记，2010 年 10 月平调至 SK5 街道党工委副书记、政法委书记，2014 年 11 月调往 K 区任区人大常委会副主任（正处）。

王××，现任街道办事处党工委副书记。军队正团级干部转业，2010 年刚转业时任街道副调研员，是虚职，2014 年 10 月经组织考虑，任命为街道办事处党工委副书记。②

高××，现任街道党工委副书记、政法委书记。2006 年 8 月任街道综治办科长，2010 年 3 月任街道办事处副主任，分管城管条线。2014 年 11 月由街道办事处副主任平调到街道党工委任副书记，主管政法委工作。③

姚××，现任街道办事处副主任。负责民政办，主抓街道办事处的民政救助工作，大学毕业后一直在街道办事处工作。2007 年 6 月至 2010 年 11 月任 SK5 街道办事处副主任科员，2010 年 11 月至 2015 年 4 月任街道办事处宣传统战科科长，2015 年 4 月至 2015 年 10 月任街道社区党建办公室主任，2015 年 10 月任街道办事处副主任。

宋××，现任街道办事处副主任，负责自治办，主抓街道的自治条线、工程修改、二次供水改造以及居委会社区工作等。2008 年 10 月任 K 区科学技术委员会技术科副科长，2010 年 8 月任街道办事处自治办科长，2015 年 10 月任为街道办事处副主任。

---

① K 区 SK5 街道办事处工作人员的访谈，2015 年 11 月 10 日—2016 年 7 月 20 日。

② 调研员属于官僚群体中的非领导身份，由副调研员到党工委副书记，既是虚职转实职，又是非领导身份转为领导身份，是官僚群体晋升的体现。同理，下文中的副主任科员转任副科长，主任科员转任科长都是官僚群体晋升的体现。

③ 尽管街道副书记与街道办事处副主任在行政级别上都是副处级，但在领导人的排位上，同样行政级别的领导，一般情况下都是党的领导人排在政府领导人之前，所以，在街道领导人的排位上，副书记是排在副主任之前的，且党工委副书记能参加街道党工委班子的书记办公会，而副主任却不可以。实际上，高××由街道办事处副主任调任党工委副书记是晋升了。

李××,街道办事处党政办科长,2010 年 4 月任街道城管科主任科员,2015 年 12 月调往党政办,任党政办科长,由虚职转实职。

蒋××,街道办事处党建办副科长,2012 年 3 月任街道办事处党政办科员,2015 年 12 月任党建办副科长,由科员直接提升为副科长。

李××,街道办事处党建办副主任科员,2013 年 7 月任街道办事处党建办科员,2015 年 12 月任党建办副主任科员,由科员直接提升为副主任科员。

张××,街道办事处卫计委主任科员,2013 年 3 月任街道办事处卫计委副主任科员,2015 年 12 月任卫计委主任科员,由副主任科员直接提为主任科员。

周××,街道办事处信访办副主任科员,2015 年 10 月由信访办科员直接提升为副主任科员。

沈××,街道办事处自治办副主任科员,2015 年 10 月由自治办科员直接提升为副主任科员。

王××,街道办事处党政办副主任科员,2014 年 8 月由党政办科员直接提升为副主任科员。

李××,街道办事处管理办副主任科员,2014 年 10 月由管理办科员直接提升为副主任科员。

汪××,现街道工会主席,正科级。2012 年 4 月任街道办事处党建办副科长,2015 年 12 月从党建办副科长调往工会任职副主席,2 个月后(2016 年 2 月)被提任为工会主席。

李××,街道办事处党建办副主任科员,2013 年 3 月任街道办事处党政办科员,2015 年 12 月平调到党建办任科员,1 个月后(2016 年 1 月)被提升为党建办副主任科员。

2013 年 10 月至 2016 年 7 月 D 区 SD1 街道办事处官僚群体的垂直流

动情况:①

章××,现任街道党工委副书记、街道办事处主任。2012 年 3 月任 D 区 SD2 街道党工委副书记、纪工委书记,2015 年 5 月任 D 区 SD1 街道党工委副书记、街道办事处主任。

郑××,街道党工委副书记。2011 年 4 月任街道办事处副主任,2015 年 10 月任街道党工委副书记。

许××,街道办事处副主任。2013 年 6 月任 D 区民政局某科科长,2016 年 4 月任 SD1 街道办事处副主任。

吴××,街道办事处副主任。2015 年 4 月任街道办事处副调研员,2015 年 7 月任街道办事处副主任。

李××,前任街道办事处副主任。2012 年 4 月至 2015 年 7 月任街道办事处副主任,2015 年 7 月任街道办事处副调研员。

吕××,前任街道办事处副主任。2012 年 10 月至 2015 年 10 月任街道办事处副主任,2015 年 10 月退休。

陈××,2015 年 10 月任街道办事处调研员,2012 年 4 月任街道党工委副书记、地区工会主席。

王××,2015 年 4 月任街道办事处副调研员,2013 年 7 月任街道办事处城管科科长。

街道办事处各科室的流动情况:②

纪检监察室:街道纪检监察室主任李××,调出 SD1 街道办事处任 SD3

---

①　D 区 SD1 街道办事处的访谈,2016 年 4 月 11 日—2016 年 8 月 1 日。

②　2015 年 4 月街道办事处根据上海市"一号课题"的要求,街道办事处进行机构改革。街道办事处机构改革完成后,原各科室调整为:党建办(原宣传科科长曹××任主任)、党政办(原办公室主任刘××任主任)、平安办(原综治办主任张××任科长)、管理办(原市政科科长徐××任科长)、自治办(原社保科科长唐××任科长)、服务办(原劳动科科长吕××任科长)、文化办(原社发科科长周××任科长)、人才办(原组织科科长翁××任科长),调整后的机构之间的人员流动情况没有作具体的统计。

街道办事处副主任。

宣传科:调D区宣传部宣传科副科长曹××到街道办事处任宣传科科长,并从宣传科调出科员姚××任党政办公室副主任,宣传科科员喻××提拔为宣传科副科长。

党政办公室:宣传科科员姚××调入任办公室副主任,办公室科员蔡××调至司法所任副所长。

综治办:综治办副主任科员张××提拔为综治办主任。

司法所:街道办事处司法所副所长李××调至SD2街道办事处任城管科科长,提拔办公室科员蔡××为司法所副所长。

社保科:社保科副主任科员张××提拔为老干部科科长;社保科科员李××提拔为街道团工委副书记。

安监科:街道办事处安监科科长李××退休,安监科科长暂由经济科科长王××兼任。

劳动科:街道办事处劳动科科长宋××退休,劳动科科长暂由社保科科长唐××兼任,后提拔经济科副主任科员吕××任劳动科科长。

社发科:街道办事处社发科科长韩××退休,社发科科员周××提拔为社发科科长。

经济科:经济科副主任科员吕××任劳动科科长。

老干部科:街道办事处老干部科科长刘××退休,社保科副主任科员张××提拔为老干部科科长。

团工委:街道办事处社保科科员李××提拔为团工委副书记。

市政科:保持不变。

旧改办:保持不变。

工会:保持不变。

妇联:保持不变。

从上述资料我们可以看出，基层政府中官僚群体的垂直流动包括 6 种路径：a.科员→副科长→科长→副主任(副书记)→主任(书记)；b.科员→副主任科员→主任科员→副调研员→调研员；c.科员→副主任科员→副科长→科长→副调研员→副主任(副书记)；d.科员→副主任科员→科长→副主任(副书记)；e.副主任(副书记)→调研员(副调研员)；f.副科长(科长、副调研员、调研员、副主任或副书记)→退休。SK5 街道从 2014 年 8 月到 2016 年 7 月 2 年的时间内有 15 名官僚群体出现垂直流动,且全部是晋升流动,而 SK5 街道有官僚群体 55 人(截至 2016 年 7 月),晋升率[①]或垂直流动率约为 27.2%,平均每年的晋升率或垂直流动率为 13.6%。SD1 街道从 2013 年 10 月到 2016 年 7 月近 3 年的时间内有 15 名官僚群体得到晋升,而 SD1 街道有官僚群体 52 人(截至 2016 年 7 月),晋升率为 28.8%,平均每年晋升率是 14.4%。再加上 2 名由街道办事处副主任实职转副调研员虚职人员和 4 名退休人员,SD1 街道 2 年多的时间内有 21 名官僚群体发生垂直流动,垂直晋升流动率约为 40.3%,官僚群体每年的平均垂直流动率达 20%以上。如果仅从官僚群体的非干部群体流向干部群体,级别低的干部群体流向级别更高的干部群体的垂直晋升情况看,SK5 和 SD1 街道的官僚群体的垂直流动率平均每年达 14%左右。这与雇佣群体和派生群体 1%左右的垂直流动率形成巨大的反差。为什么会出现这样的悬殊差距呢? 其原因主要有以下几点：

一是遇到换届年。2016 年是上海市各级政府的换届年,一般情况下基层政府人员要率先做出调整,那么在 2016 年 10 月之前副处级以下的官僚群体基本完成岗位调整。赶上换届年的特殊情况,官僚群体的垂直流动性必然

---

① 官僚群体晋升率=晋升人数/官僚群体总数。官僚群体的垂直流动包括官员的晋升、降级以及退休三种情况,晋升率是垂直流动率的主要组成部分,垂直流动率除了晋升率外,还应包括降级率(降级率=降级人数/官僚群体总数)和退休率(退休率=退休人数/官僚群体总数),本书研究的重点是官僚群体的垂直晋升率。

就相对较高。换届年尽管对官僚群体的垂直流动性有影响，但影响的程度仍然是有限的。"今年是换届年，公务员的调动相对比较大点，但即使不赶上换届年，基层的公务员调动也比较大，尤其是各职能部门之间的人事调动，比较频繁。"①

二是垂直流动通道差异。雇佣群体流向派生群体和官僚群体，派生群体流向官僚群体是通过国家统一的招聘选拔考试实现，且流动的方式几乎只有这一种，而官僚群体的垂直流动既有组织的考察，也可以通过官僚群体内部的遴选考试，官僚群体的垂直流动通道相对雇佣群体与派生群体垂直流动通道而言，要更宽。

三是晋升竞争力难度程度差异。能够参加国家选拔官僚群体的人员中不仅仅只有雇佣群体和派生群体，能参加国家选拔派生群体的也不仅仅只有雇佣群体，社会上的各类符合条件的人员都可以参加官僚群体与派生群体的选拔考试，这无疑大大增加了雇佣群体与派生群体的垂直流动难度。与之形成鲜明对比的是，官僚群体的垂直晋升流动只是在官僚群体内部进行，其竞争力大大降低。

四是选拔与激励机制的制度安排。雇佣群体与派生群体的垂直晋升流动率在1%左右，就是要把最优秀的雇佣群体和派生群体选拔到官僚群体内，成为统治精英的一部分。同时，激励雇佣群体，甚至派生群体更加努力地提升自我能力与素质从而进入官僚群体，这样的政治制度安排主要突出的激励效应和示范效应。而对于官僚群体而言，从科员到正科级别的垂直流动率比较高，而从正科级向副处级、处级以及更高级别的干部群体流动率比较低。这样的政治制度安排除了受行政级别和职级越高，公共领导岗位的数量越有限的制约外，同样是为了突出制度的激励效应，保持精英群体的内部

---

① K区SK5街道办事处党建办公室Y的访谈，2016年7月20日。

活力。

治理群体之间的垂直晋升流动打破了雇佣群体、派生群体与官僚群体之间的刚性界线,个别雇佣群体能流向派生群体和官僚群体,个别派生群体能流向官僚群体,官僚群体中非干部群体流向干部群体,级别较低的干部群体能够流向级别较高的干部群体,同时通过相应的制度安排对群体间的垂直晋升流动率进行不同的设置。"如果说古代中国官吏之间的流动是一种不得已而为之,那么,当下中国地方政府与基层政府中的群体三分的流动则是一种巧妙的治理机制和激励机制"[①],既强化了示范与激励效应,激励了不同治理群体的工作积极性,又加强了对精英群体的培养与选拔。同时,治理群体的垂直晋升流动既保持群体三分治理结构动态平衡运行,又加强了政府部门上下级之间的联系性,强化了上下级政府之间的等级关系,确保了各项政策自上而下的顺畅执行。

第三节　水平流动

与治理群体的垂直流动形式相对应的是群体的水平流动形式。雇佣群体的水平流动形式主要表现为跨区域性的流动,派生群体水平流动形式主要表现为跨单位流动,官僚群体的水平流动形式主要表现为同级政府间的跨部门平级调动或者上下级政府之间的跨部门平级调动。[②]治理群体的水平流动在雇佣群体与官僚群体中表现比较突出,而在派生群体中表现的不是

---

① 刘建军、马彦银:《从"官吏分途"到"群体三分":中国地方治理的人事结构转换及其政治效应》,《社会》,2016 年第 1 期。

② 在基层政府中,官僚群体的水平流动形式除了有平级调动外,还有挂职锻炼、借调等形式。由于挂职锻炼、借调等水平流动的人员的人事关系不在现工作的基层政府中,所以本书的水平流动形式不包括挂职锻炼、借调等流动形式。

很明显。

一、雇佣群体的跨区域流动

雇佣群体是基层政府按照市场的原则签订用工合同，雇佣到基层政府中履行相应的政府职能。雇佣群体不受政治身份的限制，以照顾家庭生活取向为主，兼顾市场利益和垂直晋升，流动性比较大。在调研中，不同区域的基层政府工作人员，无论是官僚群体、派生群体还是雇佣群体都告诉我们，雇佣群体在基层政府中流动性比较大，尤其是年轻的雇佣群体。

"我知道的很多编外人员，尤其是年轻的编外人员最近几年走得比较多。这些编外人员平时在工作当中确实承担了很多政府的工作，但是待遇差啊，这些人往往干不几年就走人了，去收入更高的地方了。"[①]

从访谈的情况来看，雇佣群体水平流动呈现出跨区域性特征，这表现在以下三个方面：

第一，从经济待遇相对差的区域流向经济待遇更好的区域。雇佣群体是按照市场原则签订的劳动协议或合同，雇佣群体从经济待遇低的地方流向经济待遇更高的地方是市场调节的正常反应。基层政府中的雇佣群体又是各街道办事处或者乡镇政府分别聘用的，而各地方政府的经济条件不一样，雇佣群体的经济待遇就出现差异，那么，在基层社会中就会出现，雇佣群体从经济待遇差的街道办事处或乡镇政府流向经济待遇更好的街道或乡镇。正如上文 SD1 街道办事处的领导所说，由于其街道办事处的雇佣群体的工资等经济待遇比其他街道和镇的雇佣群体的低，SD1 街道办事处就成为其他街道办事处的雇佣群体的培训基地了。

---

① D 区科委信息化推进科事业编科员 W 的访谈，2016 年 4 月 7 日。

第二,从距离家较远的区域流向距离家较近的区域。许多雇佣群体愿意拿着较少的经济待遇在基层政府中工作,主要原因是考虑到自己的家庭,工作地点距离家庭近,方便照顾家。"来我们街道社区工作的编外人员,80%的都是女性,且都是本地的人员,她们在这工作主要考虑的是距离家比较近,工作时间短,下班后她们接孩子,做饭,照顾家,什么事情也不耽误。"[①]"编外人员大部分都是区域内的人,距离家比较近,上下班方便,工作和照顾家两不误。"[②]

第三,从一般性的工作岗位区域流向更重要岗位的区域。"有些编外人员在街道办事处的居委会做几年社工,对居委会工作都比较熟悉了,如果其他街道招社区党组织副书记、居委会主任这样社工岗位,他们就会去应聘,这样他们以后就会有机会成为社区党组织书记、居委会主任,就会有机会享有事业编制[③]。"[④]"我现在在街道办事处已经工作几年了,对一些问题认识的也比较深刻了,也学会与居民如何相处了,如何解决居民的困难和诉求了……我现在做的工作,也让我们社区的居民渐渐熟悉我,认识我了,所以,我打算明年去竞选我们居委会的主任。再好好干几年,得到街道领导和居民的认可后,我就可以被任命为居委会书记了,以后我进事业编制的可能性就比较大了。"[⑤]

雇佣群体的水平流动除了呈现出跨区域流动的最大特征外,还呈现出年龄大小与水平流动率成反比的特征。雇佣群体的年龄相对小的流动性较大,而雇佣群体年龄较大的流动性比较小。雇佣群体可以分为不同的类型,

---

① K区SK5街道办事处人力资源办科员G的访谈,2015年11月10日。

② D区编制办党组织副主任H的访谈,2016年4月12日。

③ 上海市政府2014年发文规定,社区书记在其书记岗位上连续做2年,其连续2年的工作绩效都被评为"优秀",该书记就可以享受事业编制待遇。

④ D区SD1街道办事处党政办主任Z的访谈,2016年4月25日。

⑤ K区SK5街道办事处文化中心编外人员E2的访谈,2015年12月3日。

其中人事代理人员、社工的年龄相对较小，学历也相对比较高，尤其是人事代理人员，学历基本都是本科以上，而辅工人员、退休返聘人员、协管员的年龄比较大，学历也相对比较低。从上文的访谈资料中就可以看出，人事代理人员的垂直流动比较频繁，社工的水平流动比较频繁，而辅工人员、退休返聘人员、协管员基本不流动，因为他们是政府托底的人员。"有些40、50后人员，都是之前的企业职工，由于企业改制和产业结构调整，这些人员由于年龄和技能等原因下岗了。下岗后再就业就比较困难，但是他们总得吃饭吧，政府就雇佣他们做协管员，或者去居委会做辅工，解决他们的基本生活经济问题。"[1]年龄相对较大的编外人员，由于自身能力、素质和年龄问题使其流动非常困难。

　　雇佣群体为什么会呈现出跨区域的水平流动特征呢？究其原因，有以下三个方面：

　　一是市场经济的调节作用。在市场中，追求更高的经济待遇，更好的未来发展前途是市场主体的必然选择。"各街道、镇招聘的编外人员都是他们自己说了算，人他们自己用，工资、待遇是他们自己支付……但各街道和镇政府所拥有的资源、财政来源都不一样，有的街道财政实力比较强，有的比较差，这样就会导致编外人员的工资、待遇在每个街道都不一样，在财政实力强的街道，有些编外人员的收入很高，不低于机关事业编制的，而在财政实力较弱的街道，编外人员的收入就相对比较低了。"[2]雇佣群体的使用是按照市场的原则签订的用工协议和合同，他们从工资待遇较低的区域（街道办事处或镇）流向工资待遇更高的区域，是市场经济调节的必然结果，也是雇佣群体的理性选择。

　　二是雇佣群体垂直流动率低。根据上文对治理群体的垂直流动率的分

---

① D区SD1街道办事处党政办主任Z的访谈，2016年4月25日。
② D区编制办副主任H的访谈，2016年4月12日。

析来看,雇佣群体流向派生群体和官僚群体的垂直流动率还不足1%,大量的雇佣群体无法实现身份的转换,长期处于临时工的身份状态。身份无法实现转换,又没有像派生群体与官僚群体那样随着工龄累积而工资随之递增的科学合理增长机制,这导致雇佣群体在一个区域内年复一年地拿着同样的工资。垂直流动率低,身份转变困难,工资待遇不能科学增长,其结果就是雇佣群体出现大量的跨区域流动,寻找经济条件更好,更有利于个人发展的工作岗位。

三是社会资本的理性计算。很多雇佣群体的流动都是趋于距离自己家庭最近的地方,并且大都是女性雇佣群体。她们以较低的经济回报从事社区工作的主要原因是距离自己家庭比较近,方便照顾家。同时在基层社区工作的压力相较于在企业工作的压力要小很多,没有精神负担。再有就是上下班的时间比较宽松,很多社区工作的雇佣群体是上午8:30上班,下午4:30就下班,甚至有些雇佣群体在上班时间可以随便请假去处理个人事情。方便照顾家、时间成本低、工作压力小、管理宽松等,这些社会资本的回报是雇佣群体跨区域水平流动的重要考量。

二、派生群体的跨单位流动

所谓派生群体的跨单位流动是指派生群体从政府单位流向企业单位,或者从企业单位流向政府单位等这样的流动现象。派生群体由于自身的技术特征和从事岗位的性质等原因,派生群体的水平流动呈现出跨单位流动的特征,且水平流动率相对较低,流动的人员往往是专业技术性的派生群体。在实际的调研中,我们得知:

"编外人员流动性大是正常的,实际上在现在的机关单位中,每年也有一些公务员和事业编制人辞职,以后公务员和事业编都不会是一个多么令人感到光鲜的职业,也会和其他职业一样的。"[1]

"实际上,不仅编外人员,就是我们这些体制内的人,有些有才能、有技术的事业编人员也纷纷辞职去企业了。"

我们在 K 区的其他街道办事处和 D 区的街道办事处、镇政府的调研中也发现,街道办事处和镇政府层级的派生群体的水平流动率都非常低,一个街道办事处三五年内也就出现 1 个左右的派生群体辞职,而派生群体在街道各职能科室之间跨科室流动的情况也比较少见。但是在区级政府层面,派生群体辞职离开政府单位去企业的人员,相较于街道办事处而言要多一些。派生群体水平流动率为什么这么低?且如果发生流动还主要是跨出政府去企业单位?为什么区级政府的派生群体的跨单位流动要比街道办事处的派生群体跨单位流动性大?

这些问题的答案其实都是一样的,都是派生群体的专业、技能性和从事岗位的技能要求所决定的。

首先,派生群体出现跨单位流动,从政府单位流向企业单位,或者从企业流向政府单位主要是由自身素质与技能决定。有才华、有技术、能力突出的派生群体不满足于政府单位的较低薪酬,跨出政府单位去企业单位工作,以谋取更高的经济回报。而受制于技术、能力的限制,有些人员跨出企业单位去政府单位做一名技术性派生群体,以相对较低的经济回报换取工作的相对轻松。所以派生群体的专业技术能力决定了其水平流动的跨单位性。

其次,派生群体在政府单位中水平流动率低,甚至处于流动的停滞状态,也主要是由于所从事的技术性职业岗位所决定的。政府机关的派生群体在招聘的时候,往往都是根据岗位的需求,以需求为导向招聘派生群体,且派生群体所从事的岗位往往都需要一定的专业或技术。这样,派生群体在政

---

① D 区编制办副主任 H 的访谈,2016 年 4 月 12 日。

府机关中就被固定在所需要的岗位上，不同的派生群体从事的岗位也往往不同，其结果必然是派生群体在政府内部各职能部门与科室之间的水平流动率就低。

最后，区级政府单位的派生群体比街道办事处、镇政府单位中的派生群体流动性大，主要是因为街道办事处或镇政府中的派生群体在专业技能和素质上要低于区级政府单位的派生群体。街道办事处和镇政府的职能科室对派生群体的专业技术水平的要求要低于区级政府机关各职能部门对派生群体的专业技能水平要求，这就导致在派生群体的人才选拔方面，街道办事处和镇政府的派生群体的专业技能水平要低于区级政府职能部门中的派生群体的专业技能水平。专业技能能力在一定程度上就决定了派生群体能否实现跨单位之间的流动性。

除了以上原因外，正如有些街道干部所讲的一样，派生群体的水平流动性比较低还因为，一些派生群体在进入政府单位前就想好了，自己就想找这么一份事业编制性的工作，工资不低，工作压力不大，又比较有社会地位，既然找到了就没有必要流动，很满足于目前的工作状态。事实上，在城市基层政府中，绝大部分派生群体就是这样的状态。

三、官僚群体的跨部门流动

官僚群体在基层政府中的水平流动主要体现为干部群体的水平流动，且流动的特征表现为跨部门、跨科室的水平调动或交流，[①]且水平流动率要

---

①　基层政府中官僚群体的水平流动也有辞职后跨单位的流向现象，但是这种情况比较少见。根据调研，官僚群体中辞职跨出政府单位进入企业单位的人员，处级以上的官僚群体数量远远大于基层政府中的科级以下的官僚群体数量。其主要原因是基层政府中的官僚群体都是通过参加公开选拔的考试考进来的，既然经过努力考进来，都是非常珍惜并愿意在现有岗位上工作，因此跨单位水平流动的现象极少。

高于雇佣群体和派生群体的水平流动率。下面分别是 K 区 SK5 街道办事处和 D 区 SD1 街道办事处近年来的官僚群体水平流动情况。

2014 年 8 月至 2016 年 7 月 K 区 SK5 街道办事处官僚群体的水平流动情况:[①]

吴××,现任街道党工委书记,副师级退伍军人。2007 年刚退伍时任 K 区纪委副书记,2010 年任 K 区人力资源与社会保障局党委书记,2015 年 8 月任街道党工委书记。

朱××,前任街道党工委书记。2015 年 9 月任 K 区发改与改革委员会党组书记、主任,2013 年初到街道任党工委书记,2013 年之前任 K 区委政策研究室主任。

上官××,现任街道办事处主任。2012 年 7 月之前在 K 区组织部干部科历任科员、副科长、科长,2012 年 7 月至 2014 年 10 月任 K 区共青团区委书记,2014 年 10 月任街道办事处主任。

卞××,前任街道办事处主任。2007 年 4 月至 2012 年 3 月任 K 区科学技术委员会副主任、信息委主任,2012 年 3 月至 2014 年 11 月任街道办事处主任,2014 年 11 月任 K 区科学技术委员会主任、K 区知识产权局局长,2015 年 9 月任 K 区科学技术委员会党委书记。

曹××,现任街道办事处副主任,负责发展办,主抓经济条线以及服务企业的工作。2011 年 9 月任 K 区国有资产监督管理委员会某科科长,2013 年 8 月任 K 区 SK1 街道办事处副主任,2015 年 3 月任 K 区商务委员会副主任,2016 年 1 月任 K 区 SK5 街道办事处副主任。

何××,现任街道办事处副主任,负责城市建设和管理、食品安全、整治违章建筑等工作。2013 年 3 月部队转业,2014 年 3 月任 K 区 SK5 街道办事

---

① K 区 SK5 街道办事处的访谈,2015 年 11 月 10 日—2016 年 7 月 20 日。

处武装部部长,2015 年 11 月任 SK5 街道办事处副主任,2016 年 7 月 20 日区组织部下发调令,何××被调往 K 区 SK4 街道办事处任副主任,8 月 1 日正式入职。何××平调走之后留下的副主任职位仍处于空缺状态,其工作职责暂时由该街道的城市管理科科长代行。

刘××,街道办事处发展办科长,2012 年 10 月任街道办事处服务办科长,2015 年 12 月原发展办科长主动申请由实职转变为虚职,即由科长转任主任科员,发展办的科长空出来后,由服务办主任转任,而服务办科长职位暂时空缺,工作暂时由副科长主持。

李××,街道办事处服务办副科长,2010 年 3 月任街道办事处发展办副科长,2015 年 12 月由发展办调往服务办,平级调动,但暂时主持服务办科长的工作。

胡××,现任街道办事处武装部部长,2015 年 12 月部队转业,接替何××工作,任街道办事处武装部部长。

金××,现任街道办事处党建办科长。2008 年 4 月在 K 区团区委工作,任主任科员,2010 年 4 月任 K 区 SK2 街道办事处任党工办(现改为党政办)科长,由虚职转为实职,2014 年 12 月平调到 S5 街道办事处党建办任科长。

2013 年 10 月至 2016 年 7 月 D 区 SD1 街道办事处官僚群体的水平流动情况:[①]

孙××,现任街道党工委书记。2010 年 10 月至 2016 年 4 月任 D 区纪委副书记、监察局局长,2016 年 4 月任 D 区 SD1 街道任党工委书记。

姜××,前任街道党工委书记。2012 年 10 月任 D 区 SD3 街道党工委副书记、街道办事处主任,2014 年 4 月至 2016 年 4 月任 D 区 SD1 街道党工委书记,2016 年 4 月任 D 区区委宣传部副部长、新闻办公室主任。

---

① D 区 SD1 街道办事处的访谈,2016 年 4 月 11 日—2016 年 8 月 1 日。

陶××,前任街道党工委副书记、办事处主任。2010年10月任D区共青团区委书记,2012年4月至2015年5月任SD1街道办事处副书记、主任,2015年5月任D区红十字会会长。

徐××,街道党工委副书记。2010年6月任D区TD2镇副书记,2015年10月任SD1街道党工委副书记。

街道办事处各科室的流动情况:①

组织科:组织科科长周××调至街道纪检监察室主任,街道办事处党政办公室主任翁××平调至组织科任科长。

宣传科:宣传科科长刘××平调到街道党政办任主任。

党政办:街道办事处党政办主任翁××平调至组织科任科长,宣传科科长刘××平调到街道党政办任主任。

综治办:街道办事处综治办主任王××调至经济办任科长。

社保科:街道办事处社保科科长孙××任劳动科科长,经济科科长唐××调进任社保科科长。

安监科:街办办事处安监科科长李××退休,安监科科长暂由经济科科长王××兼任。

劳动科:街道办事处劳动科科长宋××退休,劳动科科长暂由社保科科长唐××兼任。

经济科:街道办事处经济科科长唐××调出任社保科科长,综治办主任王××调进任经济科科长。

---

① 2015年4月街道办事处根据上海市"一号课题"的要求,街道办事处进行机构改革。街道办事处机构改革完成后,原各科室调整为:党建办(原宣传科科长曹××任主任)、党政办(原办公室主任刘××任主任)、平安办(原综治办主任张××任科长)、管理办(原市政科科长徐××任科长)、自治办(原社保科科长唐××任科长)、服务办(原劳动科科长吕××任科长)、文化办(原社发科科长周××任科长)、人才办(原组织科科长翁××任科长),调整后的机构之间的人员流动情况没有做具体的统计。

市政科:保持不变。

旧改办:保持不变。

工会:保持不变。

妇联:保持不变。

从 K 区 SK5 街道办事处和 D 区 SD1 街道办事处的官僚群体水平流动的情况来看,官僚群体的水平流动呈现的主要特征是干部群体的跨政府部门的流动。这种流动既体现为干部群体跨街道和科室的水平流动,也体现为干部群体跨区级政府职能部门与街道政府部门的水平流动。"在同一个区,公务员从一个街道办事处平调到另一个街道办事处任职,在基层是非常普遍的现象,但是这种现象在不同行政级别的公务员身上发生的情况是不一样的。一般来说,科级以下干部跨街道调动的情况很少,他们一般都在本街道办事处内的各职能部门平行流动,而处级干部是由区委组织部统一管理,考察、任命,这样跨街道办事处的流动性比较大,而且区级机关与街道办事处之间的处级干部、甚至科级干部流动性也比较大。"①概而言之,基层政府的官僚群体的跨部门水平流动的特征主要表现在以下三个方面:

第一,副科级、科级干部群体的水平流动主要是在各街道办事处内部的各科室之间进行平行的调动。D 区 SD1 街道办事处的周××、翁××、刘××、王××、孙××、唐××、李××、宋××等 8 名科长在组织科、宣传科、党政办、综治办、社保科、安监科、劳动科、经济科等 8 个科室相互平行调动。K 区 SK5 街道办事处一共 3 名官僚群体跨街道内部科室的平行调动,1 名是副科长,另 2 名是科长,都是科级干部。

第二,副处级、处级干部群体的水平流动主要是在区级政府部门与街道办事处以及各街道办事处之间进行平行的调动。K 区的 SK5 街道办事处的

---

① K 区 SK5 街道办事处党建办主任 Y 的访谈,2016 年 7 月 20 日。

吴××、朱××、上官××、卞××、曹××、何××、李××、胡××、金××等 10 名干部群体的水平流动中,有 5 名副处级、处级干部在区级政府职能部门与街道办事处之间进行平行调动,有 1 名副处级干部跨街道办事处流动。D 区的 SD1 街道办事处的 4 名副处级、处级干部的水平流动中,有 3 名副处级、处级干部在区级政府职能部门与街道办事处之间进行平行调动,有 1 名副处级干部跨街道办事处流动。

第三,干部群体的水平流动率与垂直流动率有着密切的联系,对群体流动起着相互补充的作用。在 K 区 SK5 街道办事处,2 年左右的时间有 7 名副处级、处级干部群体发生水平流动,街道办事处的副处级、处级干部几乎全部发生水平流动,但副处级、处级以上干部群体发生垂直流动的人员却是有 2 人;副科级、科级干部有 11 人发生垂直流动,发生垂直流动的科级干部占街道办事处一大半以上的比例,但发生水平流动的副科级、科级干部只有 3 人。在 D 区 SD1 街道办事处的由科长到副处级,由副处级到处级干部晋升的垂直流动的人数较多,涉及 8 名官僚群体,但是发生水平流动的副处级、处级干部却只有 4 人;科级干部群体发生垂直流动 14 人,而发生水平流动的科级干部有 8 人。

官僚群体的水平流动为什么会出现跨部门的流动特征? 不同身份的干部群体跨职能部门流动的特征为什么有不同呢? 其原因主要有以下五点:

一是不同层级政府掌握不同的人事控制权。基层政府中的副处级、处级干部的人事任免权掌握在区委组织部,人事调动权归区公务员局,即处级干部的人事权掌握在区级机关,那么,处级干部的水平流动就实现在全区的区域范围内流动,既可以跨街道流动,也可以跨区级政府职能部门与街道流动。而各街道副科级、正科级的人事任免权主要由街道掌握,那么,科级干部的水平流动主要局限于街道内部的跨科室流动。当然,基层政府中也存在科级干部跨街道职能部门、跨上下级政府职能部门的流动状况,但水平流动的情况发生的较少,往往是晋升垂直流动的情况较多,这种状况属于层级流动现象,下文再详细讨论。

二是调动干部群体工作的积极性。政府结构的特征呈现金字塔形,政府层级越高,政府的公共领导岗位就越少,行政级别越高的干部群体的数量就越少,那么,官僚群体中能够实现垂直晋升的干部群体数量就越来越少,而不能实现垂直晋升流动的干部群体却越来越多。对于不能实现垂直晋升流动的干部群体,只能通过水平流动的形式,在不同职能部门交叉任职,提升其工作的积极性。基层政府中的官僚群体的垂直流动率与水平流动率相互补充,其意义就在于此。

三是加强对干部群体的培养,提升处理各种问题的能力。干部群体的水平流动,使基层干部群体能够在不同的职能部门、不同的区域进行交叉任职,既能促进基层干部对基层社会各个方面工作的熟悉度,同时提升基层干部处理各种问题的能力,是锻炼基层干部、培养基层干部的现实需求。而且,干部群体的水平流动也会促进把最合适的人才放在最合适的位置上,最大限度地发挥人才的价值。

四是切断裙带关系,防止权力寻租。干部群体的水平流动是割除各职能科室裙带关系,最大限度地切除利益链条的现实需要。干部群众在一区域或者一职能部门岗位上任职时间过长,就很容易产生裙带关系,导致权力寻租,侵害公共利益。干部群体的水平流动是剪除裙带关系,防止权力寻租的重要方式。

五是加强区域和上下层级政府之间联系性。干部群体在同一辖区内的不同的街道办事处,不同的镇政府机构之间进行水平流动,在上下级政府之间进行水平流动,既强化了同一辖区内的各基层政府之间的联系性,也强化了政府部门上下级之间的等级关系,有助于不同区域政府之间的交流、学习,有助于上级政府的政策在下级政府中的贯彻执行。

第四节　层级流动

治理群体的流动形式除了垂直流动与水平流动外,还有一种特殊的流动形式即跨职能部门与跨区域晋升的层级流动。层级流动既体现为晋升式垂直流动形式,又体现为跨部门、跨区域式的水平流动形式,兼顾垂直流动与水平流动的双重流动特征。在当下城市基层政府的治理群体中,层级流动主要体现在官僚群体的流动形式上,而派生群体与雇佣群体在流动形式上几乎不存在层级流动现象。下面是 2014 年 8 月至 2016 年 7 月 K 区 SK5街道与 2013 年 10 月至 2016 年 4 月 D 区 SD1 街道的官僚群体的层级流动情况。

2014 年 8 月至 2016 年 7 月 K 区 SK5 街道官僚群体的层级流动情况:①

唐××,前任街道党工委副书记、政法委书记。2010 年 10 月任职于 SK4街道党工委副书记、政法委书记,2010 年 10 月平调至 SK5 街道党工委副书记、政法委书记,2014 年 11 月调往 K 区任区人大常委会副主任(正处)。

李××,街道办事处党政办科长,2010 年 4 月任街道城管科主任科员,2015 年 12 月调往党政办,任党政办科长,由虚职转实职,由非领导身份转为领导身份。

蒋××,街道办事处党建办副科长,2012 年 3 月任街道办事处党政办科员,2015 年 12 月任党建办副科长,由科员直接提升为副科长。

李××,街道办事处管理办副主任科员,由管理办科员直接提升为副主任科员。

---

① K 区 SK5 街道办事处的访谈,2015 年 11 月 10 日—2016 年 7 月 20 日。

汪××,现街道工会主席,正科级。2012年4月任街道办事处党建办副科长,2015年12月从党建办副科长调往工会任职副主席,2个月后(2016年2月)被提任为工会主席。

李××,街道办事处党建办副主任科员,2013年3月任街道办事处党政办科员,2015年12月调平调到党建办任科员,1个月后(2016年1月)被提拔为党建办副主任科员。

2013年10月至2016年4月D区SD1街道办事处官僚群体的层级流动情况:[1]

章××,现任街道党工委副书记、办事处主任。2012年3月任D区SD2街道党工委副书记、纪工委书记,2015年5月任D区SD1街道党工委副书记、办事处主任。

徐××,街道党工委副书记。2010年6月任D区TD2镇副镇长,2015年10月任SD1街道党工委副书记。

周××,街道办事处副主任。2012年4月任TD4镇派出所所长,2015年10月任SD1街道办事处任副主任。

许××,街道办事处副主任。2013年6月任D区民政局某科科长,2016年4月任SD1街道办事处副主任。

街道办事处各科室的流动情况:

纪检监察室:街道纪检监察室主任李××,调出SD1街道任SD3街道办事处副主任。

宣传科:调D区区委宣传部宣传科副科长曹××到街道办事处任宣传科科长,并从宣传科调出科员姚××任党政办副主任。

党政办:办公室科员蔡××调至司法所任副所长。

---

[1] D区SD1街道办事处的访谈,2016年4月11日—2016年8月1日。

司法所:街道办事处司法所副所长李××调至 SD2 街道办事处任城管科科长。

社保科:街道办事处社保科副主任科员张××提拔为老干部科科长,社保科科员李××提拔为街道团工委副书记。

经济科:街道办事处经济科副主任科员吕××提拔为劳动科科长。

从上面的资料我们可以看出,街道办事处的官僚群体发生层级流动现象的是相当普遍的。SK5 与 SD1 街道办事处官僚群体的层级流动现象主要表现出以下四个特征:

第一,正科级晋升为副处级干部,副处级晋升为正处级干部主要以跨不同区域(街道)的层级流动为主。SD1 街道办事处 2 年时间内,包括调出或调入,一共有 11 名官僚群体发生了层级流动,其中有 7 名官僚群体实现跨区域层级流动,而这 7 名跨区域流动的官僚群体中,有 5 名是由正科级晋升为副处级,副处级晋升为正处级或者由副处级非干部群体转任为副处级、处级干部群体,且都是跨街道办事处的异区域任职,有 1 名副科级干部群体跨街道异区域晋升为正科级干部,有 1 名副科级干部从区级政府职能部门调任街道晋升为正科级干部。

第二,科员晋升为副科级,副科级晋升为正科级的官僚群体层级流动主要以街道内部的跨职能部门流动为主。SK5 街道近 3 年内有 6 名官僚群体发生层级流动,其中 5 名是在本街道内跨科室从科员晋升为副科级干部,或者从副科级干部晋升为正科级干部。SD1 街道在 2 年的时间内有 6 名官僚群体在本街道跨科室从科员晋升为副科级干部,或从副科级干部晋升为正科级干部。

第三,官僚群体中跨不同层级政府即跨区政府职能部门与街道办事处、镇政府的层级流动人员数量较少。在 K 区 SK5 街道与 D 区 SD1 街道近 2—3 年的时间内,分别只有 1 名干部群体出现层级流动现象:1 名是由街道党工委副书记(副处级)晋升为区级人大常委会副主任(正处级),是由街道到区级机关的跨区域层级流动;另1名是由区委宣传部的副科级干部晋升为街道的正科级干部,是由区级机关到街道的跨区域层级流动。从上文的内容看,实际上官僚群体在区级机关与街道办事处、镇政府之间的上下级流动更多的是体现为水平流动。

第四,层级流动既表现水平流动与垂直流动的同时进行,又表现为水平流动与垂直流动的间隔进行。在统计的时间内,K区SK5街道与D区SD1街道共18名官僚群体发生层级流动,其中有16名官僚群体是平行流动与垂直流动同时进行,实现跨区域或者跨部门晋升,而有2名官僚群体是先进行平行流动,简短的时间内(1—2个月)立即实现垂直流动。K区SK5街道的汪××从党建办副科长调往工会任职副主席,2个月后被提任为工会主席;李××从党政办科员平调到党建办任科员,1个月后被提拔为党建办副主任科员,就属于垂直流动与水平流动的间隔进行。

官僚群体的层级流动对加强不同层级政府的连续性,对加强不同区域的同级政府之间的连续性,对加强同一政府不同职能部门之间的连续性具有重要意义。同时,层级流动对激励官僚群体,提高其工作的积极性,对锻炼、培养更优秀的官僚群体也具有重要意义。

在城市基层政府中,治理群体的流动形式主要体现为垂直流动、水平流动与层级流动三种形式。雇佣群体、派生群体与官僚群体都发生垂直流动,但是三者的垂直流动率是有差距的:雇佣群体流向派生群体和官僚群体的垂直流动率每年接近1%,派生群体流向官僚群体的垂直流动率超过1%,在1.1%左右,官僚群体的内部垂直流动率即由非干部群体流向干部群体、行政级别较低的干部群体流向行政级别较高的干部群体的垂直流动率在14%左右。差异化的群体垂直流动率不仅保证了对不同治理群体中最优秀人才的选拔,更重要的是从实际中把基层政府中的工作人员进行了分流,确立了哪些人员能够成为官僚群体,哪些人员能成为派生群体,哪些人员能成为雇佣群体,真正地将身份差异从理论上、制度上的等序化在现实中的人身上体现出来。

治理群体的水平流动在雇佣群体上体现为跨区域流动,在派生群体上体现为跨单位流动,在官僚群体上体现为跨职能部门流动。雇佣群体的跨区域水平流动,派生群体跨单位流动,主要动力受市场经济力量和社会资本收益的驱使,官僚群体的跨部门流动主要受政府行政力量驱使,前两者的水平流动加强了政府与社会的联系,后者的水平流动则加强了不同层级政府、不同区域的同级政府以及基层政府内部各职能部门之间的连续性。另一方面,雇佣群体与派生群体的水平流动尽管受到市场力量的驱使,实际上这与二者的垂直流动率非常偏低有密切的关系,且二者的水平流动率同样偏低,尤其是派生群体,水平流动几乎处于停滞状态。而雇佣群体的水平流动都是以家为中心在周边区域流动,一般都是局限在临近街道区域之间流动,几乎不出区。雇佣群体、派生群体的工作范围基本限定在一定的区域内,他们的岗位留滞、地域留滞的特点比较突出。官僚群体的水平流动率比较高,且垂直流动率也相对比较高,这样的制度安排对激励官僚群体,锻炼、培养更优秀的官僚群体,强化精英在基层治理中的领导、引领作用具有重要意义。官僚群体的层级流动是对其垂直流动与水平流动的一个完美补充,更是二者的完美融合。通过层级流动,不仅提升官僚群体在基层治理中的积极性,同时还加强了上级政府对下级政府以及对下级政府主要干部群体的控制与支配,加强了不同层级政府的上下等级关系,这对全面、彻底贯彻落实自上而下的国家基层治理政令、政策,确保政令统一、政策不走形具有重要意义。

虽然治理群体有垂直流动和层级流动两种晋升流动形式,但晋升流动率低,尤其是雇佣群体与派生群体的垂直晋升流动率都在1%左右。官僚群体的垂直晋升流动率尽管相对较高,但金字塔式的政府结构决定了政府层级越高,需要的干部群体数量就越少。这样能够进入派生群体、官僚群体的雇佣群体人员,能够进入官僚群体的派生群体的人员,能够进入干部群体的官僚群体的人员数量就极其有限。同时雇佣群体以家为中心进行区域性流动,派生群体的跨单位水平流动几乎停滞,这更加剧了雇佣群体与派生群体的地域、岗位的留滞性。总之,在城市基层政府中,治理群体能进入流动序列人员的数量与规模是少数,而绝大部分治理群体,尤其是雇佣群体与派生群体,包括官僚群体中的非干部群体,流动者是少数,而绝大部分人员的常态是留滞。

第五节　留滞

群体有流动就必然有留滞,治理群体的留滞与流动是相对应而存在的。所谓留滞就是指那些在一定时间内不能进入群体流动序列而被甩出晋升通道的治理群休,在同一个区域或在同一个单位、同一个岗位上完成其职业工作生涯的现象。留滞现象在不同治理群体中表现为不同的特征。

一、雇佣群体以家为中心

在城市基层政府中,雇佣群体的数量与规模庞大,且类别较多。他们工作的岗位主要集中在两个地方:一部分人员在街道办事处各职能科室工作;一部分人员由各条线部门派出在居民区协助社区居委会工作。在上文中,我们谈到雇佣群体的流动问题,实际上雇佣群体的流动主要是那些年龄比较小且具有一定学历(基本上大专以上学历)的人。这些人在基层政府中所占的比例是相当少的,因为这些人基本上都是在上海高校读书,毕业后想留上海的非上海人。基层政府中的雇佣群体的经济待遇都比较低,这些非上海的外地人一般都是有明确目标的人,而他们在上海的生活成本很高,这些工资待遇根本无法满足他们的生活需求。因此,愿意到基层社区工作的人数量不是很多。即使如此,这些数量不多人往往也不会在基层社区工作很久,他们往往是把在基层社区工作的经历当作自己进一步上升的跳板,工作 2 年后就开始往官僚群体队伍和派生群体队伍考。另一方面,基层政府在招聘居民社区的雇佣群体时,也侧重于招聘那些有工作经验、年龄在 35 岁以上的人员。因为在他们看来,居民社区工作还是比较适合年龄偏大的人,年轻人没有工作经验,做基层工作缺乏耐心,年龄小也很难获得群众信任,他们处理不好居民之间的各种矛盾与纠纷。[1]综合这两个方面的因素,在基层政府中,年轻且具有一定学历的雇佣群体的规模与数量就相对较少,而绝大多数的雇佣群体都是年龄偏大的女性雇佣群体。

在 K 区 SK5 街道,雇佣群体的数量有 500 多名,再加上公益性岗位的助残、助老、保洁、保绿等人员,雇佣群体有 900 多人。"我们街道的编外人员的平均年龄是 36 岁多,相对其他街道的编外人员而言,还算比较年轻。他们当中,差不多 80% 的人都是女性,即使达不到 80%,也在70%以上,这里面没有多少男性。"[2]这些人员选择做雇佣群体的主要因素是家庭因素,晋升更高的职位或者获取更多的工资薪酬不是他们的主要目的,他们的主要目的是有时间且方便照顾家。

> 我们招的编外人员大部分都是本区域的人,距离家比较近,机关单位的工作压力也相对小,他们上下班比较方便,这样的话,工作和照

---

① K 区 SK5 街道办事处副主任 C 的访谈,2015 年 11 月 10 日;D 区编制办副主任 H 的访谈,2016 年 4 月 12 日;D 区 SD1 街道办事处党政办主任 Z 的访谈,2016 年 4 月 25 日。

② K 区 SK5 街道办事处人力资源办科长 L 的访谈,2015 年 11 月 10 日。

顾家两不误。①

从单位的实际情况来看，凡是编外人员基本都是本地的，都是单位附近的，离家比较近，上下班比较方便。不仅编制外人员，即使事业编制人员很多人基本也是本地的，都是附近居民。②

我之前在一个公司做人力资源，生完孩子后，前两年主要是要照顾孩子，就没有再去公司上班了。后来孩子上幼儿园后，我们每天要接送，但是不上班吧，经济压力又比较大。后来就应聘街道的社区工作者，就是社工。我主要是做人口普查、人口信息登记等这方面的工作。工作压力不大，工资还可以，就是杂事比较多，但是想到能照顾家，上下班方便，能接送孩子，就挺好的。以后孩子大了，但是我年龄也大了，再找其他工作估计也不好找，还不如现在的工作，我想可能我会这样一直干下去吧。③

我大学学的是机械制造专业，前几年我们市不是搞经济结构转型吗？一些制造企业和污染性企业都搬出去了，我在的企业也被搬走了。我学的专业在这里都没有对口的了。我考虑过去外地找一个我之前做的工作，但是我家是本地的，老婆、孩子都在这，我不能为了多挣一点钱就离开他们吧？所以，我就选择离家比较近的地方单位工作。但是我这样的职业背景和年龄（41岁），我去公司也找不到什么像样的工作。现在我们市非常重视基层社会建设，街道现在正需要人，我感觉这也是个机会，就报名，通过简单的笔试、面试就进来了。虽然工资是低点，但是可以照顾家啊！④

---

① D区编制办副主任H的访谈，2016年4月12日。

② D区科委信息化推进科事业编科员X的访谈，2016年4月7日。

③ K区SK5街道办事处某居委会的编外人员E3的访谈，2016年3月28日。

④ K区SK5街道办事处文化中心编外人员E2的访谈，2015年12月3日。

从以上不同访谈对象的话中,我们可以得出这样的结论:大部分雇佣群体都是本地的居民,工作地方距离家比较近,方便照顾家是他们选择在基层政府与基层社区工作的首要因素,因此,这些雇佣群体基本上是留滞在以家为中心的附近区域工作。

当然,在前面的内容中,我们也讨论了雇佣群体的垂直流动与水平流动问题。就雇佣群体的垂直流动而言,雇佣群体流向派生群体与官僚群体的垂直流动率不足1%,每个街道的雇佣群体少则200多人,多则1000人左右,这么低的垂直流动率,有几人能够进入流动序列的? 99%以上的雇佣群体都无法实现垂直流动。而且,雇佣群体中能够进入这不足1%的垂直流动序列的人员,几乎都是那些有学历的年轻人,他们借助几年的基层工作经验实现人生跳跃,而对其他雇佣群体来说,这1%的垂直流动率犹如水中月、镜中花,都是虚幻的,与自己没有什么关系。另一方面,由于受到市场激励的刺激,部分年龄相对小一些的雇佣群体尽管为了追求更高的经济收入而选择在同一个辖区内的不同街道进行水平流动,但是需要强调的是,这些雇佣群体的水平流动有一个共同的特征,他们都是围绕着自己的家,以家为圆心,在做圆周流动,即水平流动的范围没有脱离本区域。因此从一定意义上说,雇佣群体的水平流动现象从根本上反映的不是群体流动问题,而是群体留滞问题。换言之, 雇佣群体以家为中心的水平流动也是以家为中心的留滞, 是一种"流动"的留滞。

在城市基层政府中,雇佣群体的数量与规模庞大,一方面,他们的年龄偏大,性别以女性为主,以方便照顾家为主要目的在本区域的基层政府与基层社区中工作,这些雇佣群体进入流动序列的愿望不强烈,以留滞为主;另一方面,雇佣群体的垂直流动率极低,能够流向派生群体与官僚群体的人数甚微,绝大多雇佣群体因无法实现身份转换而留滞下来。尽管有一些雇佣群体发生着水平流动,但是他们的流动以家为中心,做圆周流动,表面上是在流动实则是以家为中心在留滞。

二、派生群体以岗位为中心

从对上海的基层政府的调研情况看，在中心城区，各街道平均约有 30 名派生群体；在郊区城区，各街道或镇平均约有 50 名派生群体（可参考第二章第一节的治理群体状况的有关内容），这些派生群体主要在基层政府机关的各职能部门工作。在上文中，本书已经对派生群体的流动情况进行了讨论。派生群体进入官僚群体的垂直流动率在 1.1% 左右，比雇佣群体的垂直流动率略高。用基层政府有关工作人员的话说，街道每年最多有 1 名派生群体流入官僚群体，或者两三年才见一个派生群体流入官僚群体。换言之，派生群体中能够进入官僚群体的人数也是寥寥无几。另一方面，派生群体的水平流动率与其垂直流动率相比相差无几，甚至更低，尤其是 2007 年《地方各级人民政府机构设置和编制管理条例》出台后，派生群体跨政府内部职能部门的水平流动几乎处于停滞状态，而跨单位的水平流动者也是屈指可数。绝大多数的派生群体不是进入流动序列，而是在当下的城市基层政府中留滞下来。留滞现象的最大的特征是以工作岗位为中心而留滞。其原因可能有以下四点：

一是派生群体的工作岗位性质所决定。派生群体的工作岗位一般都具有专业技术性质，尽管这些岗位对工作人员的专业性、技术性水平要求没有企业那么高，但仍然是有一定的要求。SK5 街道共有 30 名派生群体，其中事务中心有 14 名，网格化中心有 9 名，党建中心有 7 名。无论是事务中心，还是网格化中心、党建中心，其岗位都具有一定的专业技术水平要求。因此基层政府在派生群体的招聘上基本是根据岗位需求，一个萝卜一个坑，因岗设人，这样派生群体的流动性受到非常大的约束，单位内部流动很难。

二是更加规范化的人事管理制度的出台。在很长的一段时间内，政府机关的官僚群体与派生群体的编制都是混用、混编的,且只要发生工作调动,派生群体就可以转为官僚群体,身份转换比较容易。但是 2007 的《地方各级人民政府机构设置和编制管理条例》以及相关的人事制度文件出台后,对官僚群体、派生群体的编制管理、流动管理都走向规范化、严格化,混岗混编现象,编制挪用现象等得到有效管理。官僚群体、派生群体编制名额的严格控制,群体身份转换的制度化,都加剧了派生群体流动的难度。

三是派生群体的垂直与水平流动率低。群体之间的身份转换规范化之后,派生群体进入官僚群体的有效途径仅剩下参加国家统一的官僚群体招聘考试,而能够通过公开的选拔考试进入官僚群体的派生群体人员的比例仅 1.1% 左右,大量的派生群体无法通过垂直流动实现身份转换。尽管部分派生群体凭借自身过硬的素质与技术跳出基层政府单位,进入企业单位,实现跨单位的水平流动,但是对于大部分派生群体而言,他们的技术业务水平无法满足企业的需求,能够实现跨单位水平流动的概率很小。事实情况也证明了这一点,在调研的街道,平均 1 年不到 1 名派生群体从政府单位跳到企业单位,甚至两三年也见不到 1 个这样的案例。[1]派生群体的垂直流动率与水平流动率都比较低,那么相对应的就是留滞的派生群体的数量与规模就比较大。

四是派生群体的自身定位。在基层政府中的,派生群体拥有事业编制,工作稳定,压力不大,但经济待遇相对比较高,且随着工龄的累计,工资薪酬会随之提高,还具有较高的社会地位。很多人愿意到基层政府中从事派生群体的工作,就是源于对这份工作的兴趣,与自身对工作的期望值比较符合,因此这些派生群体很满意目前的状态。"他们在考入事业编之前,可能都已经想好了,自己就想找份事业编这样的工作,自己要的就是稳定、轻松。"[2]

---

① K 区 SK5 街道访谈,2015 年 12 月—2016 年 4 月;D 区 SD1 街道与 TD1 镇的访谈,2016 年 4 月。

② K 区 SK5 街道办事处党建办主任 Y 的访谈,2016 年 7 月 20 日。

　　基于以上四个方面的原因,派生群体的留滞人员数量与规模不仅庞大,而且呈现出以工作岗位为中心的留滞特征。有学者的研究报告也证实了这一点:"多数乡镇事业编干部受编制、身份、工作条件等因素的影响,能交流到县直事业单位、县城周边乡镇工作的机会也较少。许多乡镇事业编干部长期在同一个单位、同一个部门从事相同的工作,一干就是 5 年、10 年,甚至20 年以上,工作热情极易出现匮乏。据统计,2011—2015 年,江西全省乡镇事业编干部交流到县以上事业单位的比重只有 3.84%。为此,有的事业编干部戏称自己是'一个岗位干到头,一个乡镇到退休'。"①

　　实际上,派生群体的这种留滞特征折射出的是国家政治制度安排的巧妙性:既在制度上给予派生群体以身份的确认,激励派生群体的积极性,同时在垂直流动以及机关各职能部门之间的水平流动上被严格的限制。其结果是,绝大部分派生群体既不容易发生流动,又使部分派生群体处于无法进入流动序列的无奈,最终安于留滞目前的岗位。这样就保证了基层政府中派生群体队伍的稳定性,保持了基层政策执行的连续性,对基层社会治理具有重要意义。

三、官僚群体以单位为中心

　　与雇佣群体和派生群体相比较而言,官僚群体的流动性比较复杂,不仅流动的形式多样化,而且流动率也相对较高, 仅就垂直流动率而言, 就达14%左右。然而我们也应该看到,尽管官僚群体的垂直流动率、水平流动率与层级流动率都相对比较高,但进入垂直流动、水平流动与层级流动的官僚群体的具体身份又是什么样的呢? 是哪些官僚群体在流动呢? 我们以 K 区 SK5

---

　　① 　高建设:《乡镇干部队伍面临的困境与出路——基于江西 15387 个样本的调查分析》,《国家治理》,2016 年第 17 期。

街道 2014 年 8 月至 2016 年 7 月官僚群体的流动情况与 D 区 SD1 街道 2013 年 10 月至 2016 年 4 月官僚群体的流动情况[1]为例,来具体考察一下基层政府中官僚群体的流动与留滞情况。

首先,我们来看一看官僚群体中的非干部群体的留滞情况:

就垂直流动而言,2 年的时间内, 在 K 区 SK5 街道的 55 名官僚群体中有 15 名官僚群体发生垂直流动,其中有 8 名官僚群体从科员晋升为副主任科员或副科长,有 7 名官僚群体从副科长晋升为科长,或从科级干部晋升为处级干部。换言之,在 SK5 街道办事处尽管有 15 名官僚群体发生垂直流动,但干部群体的流动几乎占据一半的比例,官僚群体中普通科员的垂直流动率只占到官僚群体总数的 14.5%,平均每年是 7.25%。这还是赶上换届年,如果不赶上换届年,普通科员晋升为干部群体的人数会更少,而其他大部分官僚群体中的普通科员无法实现晋升, 也只能留滞下来。同样 2 年左右的时间,在 D 区 SD1 街道的 51 名官僚群体中,有 15 名官僚群体发生垂直流动,其中有 6 名官僚群体从科员晋升为副主任科员或副科长, 有 9 名官僚群体从副科长晋升为科长,或从科级干部晋升为处级干部。干部群体的垂直流动占据官僚群体垂直流动率的一半以上, 而官僚群体中普通科员的垂直流动率仅有 11.76%,平均每年 5.88%,而大部分官僚群体中的普通科员同样无法实现垂直晋升而留滞下来。而在街道,官僚群体的干部群体与非干部群体分别有多少呢? 以 SK5 街道的 55 名官僚群体为例,街道党工委书记、副书记,办事处的主任、副主任,人大常委会主任、武装部部长以及各科室的科级干部等,干部群体有 20 个左右,非干部群体有 30 个左右。[2]按照平均每年约 5.88%—7.25%的垂直晋升计算,非干部官僚群体中仅有 1—2 个能够实现晋

---

[1]　此处不再重复叙述 K 区 SK5 街道与 D 区 SD1 街道的官僚群体流动的具体材料,具体的材料在本章第二节与第三节中官僚群体的垂直流动与水平流动的中已经做过详细的阐述。

[2]　K 区 SK5 街道办事处党建办主任 Y 的访谈,2016 年 7 月 20 日。

升,剩余的近 30 名非干部群体只能像派生群体一样留滞岗位。

就水平流动而言,在近 2 年的时间内,在 K 区 SK5 街道 10 名官僚群体发生水平流动,这 10 名官僚群体都是干部群体,无一是普通科员的水平流动。D 区 SD1 街道的情况也是如此,SD1 街道有 11 名官僚群体发生水平流动,而这 11 名官僚群体也都是干部群体,而非干部官僚群体同样一个也没有。这就告诉我们,官僚群体中的非干部群体不仅垂直晋升的流动率低,且也如派生群体一样被留滞在自己的工作岗位上,横向的水平流动被严格限制。

就层级流动而言,SK5 街道有 11 名官僚群体发生层级流动,SD1 街道有 6 名官僚群体发生层级流动,都是发生在官僚群体中干部群体身上,且主要发生在由正科级到副处级或者由副处级到正处级干部群体的流动上。

从官僚群体的垂直流动、水平流动以及层级流动的情况来看,官僚群体中的非干部群体的垂直流动率比较低,每年平均约有 1—2 名非干部群体能够实现晋升,而其余的非干部官僚群体无法进入群体的垂直流动序列;官僚群体中的非干部群体的水平流动以及层级流动都被严格限制,无法实现跨政府职能部门的横向平行流动,更无法进行跨单位平行流动,像派生群体一样被死死地固定在岗位上。因此,官僚群体中的非干部群体大多数,90%以上的人员留滞岗位。

其次,我们来看一看官僚群体中的干部群体的留滞情况:

在近 2 年的时间内,SK5 街道的 20 名左右的干部群体中,有 7 名干部群体发生垂直流动,有 10 名干部群体发生水平流动,流动人员几乎覆盖全部干部群体。尽管干部群体的流动率(包括垂直流动率与水平流动率)非常之高,但是跨街道的流动人员却是寥寥无几。在这 17 名流动人员中(当然,包括 11 名层级流动人员在内),有 7 名干部群体是在 SK5 街道、K 区区级职能部门以及 K 区其他街道之间流出或流入,即只有 7 名干部群体是跨区域的垂直或水平流动,且这 7 名干部群体中有 6 名都是处级干部,即街道的领导班子成员,①其余的 10 名干部群体仍然是在 SK5 街道流动。在 D 区的 SD1 街道,有 9 名干部群体发生垂直流动,11 名干部群体发生水平流动。垂直流动与水平流动的干部群体人数同样基本覆盖所有的干部群体。而在这 20 名干部群体的流动中,有 8 名干部群体在 SD1 街道、D 区区级职能部门以及 D 区其他街道之间流出或流入,且其中的 6 名干部群体是处级干部在流动,几乎覆盖街道的领导班子。除了 8 名干部群体是跨街道的流动外,其余 12 名干部群体的流动同样是被局限于 SD1 街道。

从 SK5 街道与 SD1 街道的干部官僚群体的流动情况来看,干部群体的流动人员几乎覆盖基层政府的全部干部群体,流动率比较高。但是大部分干部群体的流动并没有跨出基层政府单位,仍然被局限在街道办事处政府内部流动,而跨街道办事处的干部群体,几乎都是街道的处级干部即街道的领导班子成员。如果以街道为流动界限的话,基层政府中真正意义上的干部群体流动也就是街道的领导班子成员的流动,其他干部群体在街道内部的流动本质上是一种留滞,一种流动的留滞。

因此,在城市基层政府中,如果把官僚群体中的非干部群体与干部群体综合起来考察,官僚群体的留滞现象就是留滞在街道办事处,能够跨出街道的干部群体仅仅是街道领导班子的成员,数量极少,屈指可数,而绝大部分官僚群体是留滞在基层政府单位之内。

通过上文对雇佣群体、派生群体和官僚群体官僚群体的流动与留滞情况的考察,我们可以对不同治理群体的流动与留滞的特征作以下总结:

第一,雇佣群体的垂直流动率极低,不足 1%,绝大多数的雇佣群体无法流向派生群体与官僚群体。雇佣群体中的水平流动人员是跨区域流动,但所

---

① 上海的街道的领导班子主要包括党工委书记、副书记,办事处主任以及副主任,武装部部长等职务。一般来说,街道的领导班子成员一共有 8 名干部群体,这 8 名干部群体都是处级干部。

跨区域的范围是以家为中心的圆周区域,根本没有脱离所属地,仍然在本地区流动,这种流动本质上也是一种留滞。因此雇佣群体中绝大多数的人员都留滞在以家为中心的基层区域工作。

第二,派生群体的垂直流动率同样偏低,1.1%左右,能够进入官僚群体的人员凤毛麟角。派生群体在政府单位之间以及政府单位内部的水平流动被严格限定,流动停滞,派生群体只能通过跨单位的方式,即从政府单位辞职再去企业谋职,才能实现水平流动,但发生这样的水平流动人员屈指可数。换言之,在城市基层政府中,派生群体的流动被严格限定,几乎都被留滞在所从事的岗位上。对派生群体激励主要是政治身份的给予,工资薪酬随工龄累积的提升以及工作的稳定、轻松度。

第三,官僚群体垂直流动、水平流动与层级流动的流动率都比较高,仅垂直流动率就是雇佣群体与派生群体的十多倍。但是官僚群体的流动主要表现在干部群体的流动上:干部群体的垂直流动人数约占整流动官僚群体的一半比例,而水平流动与层级流动的官僚群体都是干部群体。官僚群体中的非干部群体无论是垂直流动、水平流动还是层级流动,发生的概率都比较低。非干部官僚群体就如派生群体一样,被严格限定在了工作岗位上,流动非常困难。干部群体的流动情况与干部的行政级别密切关系。在基层政府中,科级干部主要在基层政府内部各职能部门之间平行流动,依然不能脱离街道区域,而处级干部主要在同级别不同的基层政府之间、上下级政府之间进行跨区域平级流动,而这些处级干部恰恰是基层政府中的领导班子成员,即在基层政府中能够实现跨区域流动且流动率最高的群体就是基层政府中的领导干部群体。这些人员数量极少,凤毛麟角。

从群体流动与留滞的特征中我们可以发现,对人事干部制度的调控是保障上行下效、国家一体化的重要制度安排。以政治晋升的垂直流动、平级调动的水平流动以及跨区域升迁的层级流动为特点的人事制度安排是中国特色的干部人事制度调控体系。这一特色的中国人事调控体系既是动力机制，又是调控手段；既为不同的治理群体注入了不断进取的动力，也为党管人事提供了制度保障；既防止了地方官员与地方势力相通共谋，又为各级政府官员熟悉民情、社情、国情提供了便利通道；且官僚群体尤其是干部群体的流动在某种程度上还能强化区域联系，缩小地区发展程度差距，促进发达地区的发展治理经验的推广与复制，这对在中国基层社会构造一个均质化的执政基础具有重要意义。同时，愈发健全的人事退休制度也保证了治理群体，尤其是为干部群体的新鲜血液更新，吐故纳新，适应了基层社会治理对新型化人才的需要。中国的人事制度调控机制不仅在于加强对官僚群体或干部群体的管控，更在于实现了与现代化和执政基础巩固的双重嫁接。

另外一方面，当下基层政府中的不同治理群体的流动与留滞情况与古代中国基层政府①中的官与吏的流动与留滞的情况具有异曲同工之处。以身份和地缘为划分标准，古代中国基层政府的群体有流内与流外之别、官与吏之别。官只有县官一人，且是可以跨区域调动，其余的县政府中的工作人员即为吏，都是本地人，都留滞在本县衙工作，正所谓"官流吏留"。当下中国基层政府中的雇佣群体、派生群体与官僚群体中的非干部群体在流动与留滞上与古代基层政府中的吏的流动与留滞具有相通性，当下中国基层政府中的干部群体，尤其是领导干部群体的流动与留滞特征与古代中国基层政府中的县官的流动与留滞特征同样具有相通性，只是当下中国基层政府中的治理群体的规模更大，流动与留滞情况更复杂而已。因此从群体流动与留滞的角度看，当下中国基层政府中的治理群体——雇佣群体、派生群体与官僚群体同样具有古代中国基层政府治理群体的特征即官吏二分或官吏分途特征。只是当下中国的"官"与"吏"的关系更为错综复杂，不是"官"与"吏"二

---

① 此处的古代中国基层政府主要指古代中国的县级政府。

分,而是"官"与"吏"的三分。当下中国基层政府中的官僚群体,尤其是领导干部群体相当于古代中国基层政府中"官"的角色,主要起到领导与决策的作用;派生群体与官僚群体中的非干部群体相当于古代中国基层政府中各种文书、典吏的角色,处理机关内部各种文书草案等工作;雇佣群体相当于古代中国基层政府中各种胥吏、吏役的角色,与群众直接接触,连接政府与社会,处理基层社会的各种矛盾与冲突。从官吏分途到群体三分是中国基层治理结构的逻辑转换。

总结　流动、留滞与职能分等

在本书的第二章中对城市基层政府中不同治理群体的现状进行了讨论,并分析雇佣群体与派生群体、官僚群体在数量与规模形成巨大反差的原因。其中,刚性的编制硬约束制度与弹性的财政软约束制度是基层政府中雇佣群体大规模存在的制度性因素。通过人为的编制硬约束制度的刚性划分,把基层治理群体从制度上一分为三,分化出官僚群体、派生群体与雇佣群体,并且通过财政软约束制度对治理群体在基层政府中的存在,尤其对雇佣群体在基层政府中隐性的存在给予财政上的支持。但是,不同治理群体的身份差异究竟体现在哪些方面呢?"三规制"从政治待遇、经济保障、社会地位三个维度把治理群体的身份差异的等序化在制度上确立下来。因身份差异带来的刺激作用必然导致不同治理群体之间的流动。国家通过公开招考以及组织考察任命等制度安排,使治理群体中最优秀的人员脱颖而出,实现群体的垂直流动与层级流动。且为了进一步培养人才,锻炼人才,加强不同区域政府部门以及上下级政府部门之间的联系性,国家通过组织考试、任命的制度安排,实现治理群体,特别是官僚群体的横向水平流动。群体有流动者就会有留滞者。流动与留滞的结果就决定了哪些治理群体成为雇佣群体,哪些治理群体成为派生群体，哪些治理群体成为官僚群体以及哪些治理群体成为官僚群体中的干部群体。群体的流动与留滞是把治理群体制度上与理论上的身份差异具体落实到实际中的人的身上。治理群体的流动与留滞还向我们展示了治理群体的另外一面：在城市基层政府中，哪些群体是流动的,哪些群体是留滞的。不同群体的流动与留滞的特征是怎么样的。从群体流动与留滞的特征我们又可以发现,哪些群体是流动的"官",哪些群体是留守的"吏"。

　　结合上文的第二章、第三章以及本章的有关考察,我们发现：在当下的中国城市基层政府中,从治理群体的数量与规模上看,官僚群体、派生群体与雇佣群体的数量与规模悬殊反差与古代中国基层政府中官与吏的数量与规模的悬殊反差具有相通性；从身份差异的内容上看,官僚群体、派生群体与雇佣群体在政治待遇、经济保障与社会地位上形成的巨大反差与古代中国基层政府中官与吏的政治待遇、工资薪酬以及社会地位上形成的巨大反差同样具有相通性；从群体的流动与留滞的特征上看,雇佣群体、派生群体的垂直流动率极低, 政府单位之间以及政府内部各职能部门的水平流动基本被堵死,雇佣群体以家为中心而留滞,派生群体、非干部身份官僚群体以岗位为中心而留滞与官僚群体, 尤其是与干部身份官僚群体的高垂直流动率,跨区域、跨单位、跨职能部门的水平流动状况形成的巨大反差与古代中国基层政府中官流吏留形成的巨大反差仍然具有相通性。这就更加印证了本书中这一个核心观点的合理性：当下中国城市基层中的群体三分治理结构是古代中国基层社会治理结构——官吏分途的继承者和变异者,从官吏分途到群体三分是中国基层治理结构的逻辑转换, 只是群体三分治理结构的制度安排比官吏分途治理结构更为复杂,更为巧妙。

　　在古代中国基层社会治理中,官与吏的职位、权责与职能是不同的,无独有偶,在当下中国城市基层社会治理当中,官僚群体、派生群体与雇佣群体的职位、权责与职能同样是不同的。实际上,在当下的中国城市基层政府中,群体的流动与留滞导致的最重要结果就是极少数治理群体通过流动重新找到了自己的岗位,绝大多数治理群体留守在自己原有的岗位上。不管是哪种结果,通过群体的流动与留滞的过程后,不同治理群体的身份与职务岗位最终被确立下来。身份与岗位的确定也就确定了不同治理群体的职能。正如官与吏在古代中国基层社会治理中的职能分等一样,当下中国城市基层社会治理中,官僚群体、派生群体与雇佣群体的职能同样出现分等的状况。在当下的中国城市基层社会治理当中,不同治理群体的职能有何不同? 分别执行什么样的职能? 又有哪些因素激励或加压不同的治理群体积极地履行自己的职能? 这些问题都将在第五章中得到相应的解答。

第五章　职能分等

　　本书在上一章考察了治理群体的流动与留滞的制度安排。群体通过流动与留滞的过程,一小部分的治理群体流向了新的岗位,获取的新的身份;绝大部分治理群体留守原有的岗位、单位和区域,身份依然是之前的身份。流动与留滞的结果是不同的治理群体身份与岗位的重新分配。换言之,身份的等序化差异带来群体的流动,群体流动与留滞的结果,则导致不同的治理群体被分流到不同的职能部门和不同的工作岗位上,从事不同的职能。那些进入官僚群体的治理群体主要是对上级政府负责,尤其是那些进入官僚群体中的干部群体(如街道的领导班子)主要对上级政府或者上级领导负责,为群众服务,即为下服务;那些进入派生群体与非干部官僚群体中的治理群体在官僚制内部往往起到信息的上传下达,以及行政性服务的辅助性作用,既为上级部门服务,也为基层社会的老百姓服务,但只对上级政府或上级干部群体负责,即对上负责;而大量的雇佣群体,由于制度安排和自身素质、学历、技能等因素,无法进入官僚组织的流动序列,尤其无法进入垂直晋升流动序列,在基层政府中就成为似公实私的半行政化人员(没有行政人员身份,却履行行政职责),成为服务基层社会的主体,主要为老百姓服务,对老百姓负责,即为下服务。这样官僚群体、派生群体和雇佣群体就在职能上形成了分等。

　　所谓职能分等是指不同的治理群体在基层社会治理中履行不同的政府职能,服务不同的对象,对不同的对象负责。职能分等与职能分工的区别在于,前者主要侧重于不同治理群体服务对象的不同,负责的主体不同,是对不同治理群体履行的政府职能特征的概括,体现的是治理群体职责履行的纵向关系;后者主要侧重于不同治理群体履行政府职能的具体内容,体现的是职能履行的横向关系。职能分等不是把基层政府的职能分成三六九等,职能没有地位高低或贵贱的差异,仅有内容与类别的差异,只有服务对象与负责主体不同的差异。详而言之,在当下中国城市基层社会治理中,治理群体职能分等的表现是:通过流动与留滞的制度安排,那些进入官僚群体中的干部群体,主要是对上级政府或更高级别的干部群体负责,为下服务,他们是基层社会治理各种政策与措施的制定者与决策者,在基层社会治理中起到引领的作用;而绝大多数的非干部身份的官僚群体、派生群体因为不能成功进入流动序列而在岗位上留滞下来,在基层社会治理中往往起到信息的上传下达和行政性服务工作的作用,辅助性色彩越来越浓厚,他们为上下服务,但主要对上负责;大量的雇佣群体,由于制度安排和自身素质等原因,无法进入官僚组织的群体流动序列,就成为似公实私的半行政化人员,执行国家的各种政策方针和惠民措施,成为基层社会服务的主体,主要对群众负责,为群众服务,即为下服务。如图7所示:

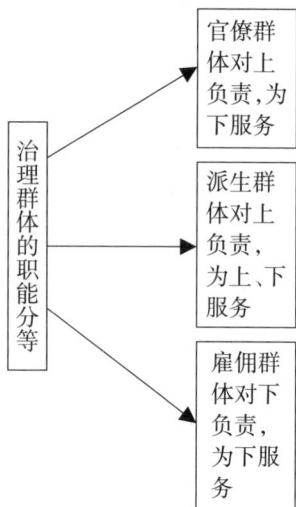

图7　治理群体的职能分等

第一节　职能分等状况

政府的职能分工问题一直是政治学与行政学研究的核心议题之一。从政治实践与学理研究两个角度看,政府的职能分工主要体现在两个方面:一个方面体现在政府机构的职能分工上,秦汉的"三公九卿"制、唐朝的"三省六部"制、宋朝的"三司"制、明朝的"九卿"制等制度,都是政府机构间的职能分化;另一方面体现在政府机构内部人员的职能分工上,"有司"类职官——司徒、司马、司空、司寇的分化以及官吏分途等现象,都是政府职能在职员之间的分配。古代中国的政府职能分化是沿着机构分化与职官分化两条路径,当下中国的政府职能分工状况同样也是如此。无论是对古代中国的政府职能分工研究,还是对当下中国的政府职能分工研究,学者们聚焦的点也都是这两条路径。就政府机构内部人员的职能分工研究而言,学者在古代中国基层政府中治理群体职能分工问题上关注最多的就是官吏分途, 官与吏的不同职能问题。钱穆说："大抵中国政治界里吏胥所经营的,不外此七项,即铨选、处分、财赋、典礼、人命、狱讼与工程。其实政事之大者,在当时也只有七项。吏胥则是此七项的专业人,传统的专门家。他们是职业政治家而擅有专门知识的……地方的行政官都是管官的,不是管事的,事都交由师爷,交由吏胥去办。"①这就是古代中国基层政府中官与吏的职能分工情况。对当下中国基层政府机构中治理群体的职能分工问题的研究,学者主要关注的是官僚群体内部之间的职能分化状况,而对官僚群体之外的派生群体的职能、雇佣群体的职能研究,基本上还是一片空白。

前文已经说到,职能分等在本书主要侧重于治理群体职能分工的纵向上的差异,体现的是治理群体服务对象的不同,体现的是治理群体对谁负责,由谁问责与监督的不同。而且职能分等所指的是不同治理群体的主要职能的纵向分工,而不是某一治理群体的全部的职能表现。那么在当下的中国城市基层社会治理中,雇佣群体、派生群体与官僚群体的职能分别是什么?由身份差异带来的职能的差异体现在哪里?即治理群体的职能分等具体是如何体现的?

一、雇佣群体对下负责,为下服务

在上海的基层政府中,雇佣群体的数量众多,规模庞大。他们在基层社会治理中扮演着关键性的角色,是基层社会治理的核心力量,其作用也涉及基层社会的方方面面。下面的访谈和统计资料就是雇佣群体在基层社会治理中所发挥的巨大作用的一个缩影。首先看一下笔者随机访谈并整理的2015 年 11 月第 1 周与 2016 年 3 月第 3、4 周的 SD1 街道的几名雇佣群体

---

① 钱穆:《中国历代政治得失》,生活·读书·新知三联书店,2001 年,第 125~126 页。

(人事代理人员、社工等)的工作纪实情况,见附录 1。①

　　从上面 9 名不同职能部门的雇佣群体的每天工作纪实情况来看,雇佣群体在基层社会治理中承担了大量的任务,事无巨细,深入到社会的各个角落,把工作做到老百姓的家中,做到老百姓的面前。雇佣群体在基层社会治理中起到巨大作用,其他人又是如何看待的呢?

　　"在窗口服务都是一些具体的事务性的工作,用的基本都是编外人员。"
"他们一个人要负责上面五六个条线部门下发的工作要求,他们干的活很多。在社区工作的社工,一般情况下,年轻人写工作汇报总结,电子报表,发邮件,做台账,年龄大的社工主要走访居民,协调居民邻里关系,他们很忙,事多、事杂。"②

　　"我这里聘用的 3 个编外人员,一个是我的秘书,她主要负责整理材料,我和她基本上是应对上级政府部门和各条线部门下发的各种材料。还有一个是管理机关的保安、保洁、保绿、食堂的管理、食品以及办公品的采购工作等。还有一个是专门管理档案的,档案的录用、编辑、进馆等都需要他来做。"③

　　"我们街道有人事代理人员 15 个;各条线社工(如禁毒社工、司法社工、统战社工、团委社工、工会社工、妇联社工等)有 35—40 个左右;各居民区的社工在正式岗位的有 118 个左右,非正式岗位的有 30 个左右,居民区社工共有 150 个左右;协管员或退休返聘人员有 80 多个。街道的编外人员共有300 个左右……人事代理人员主要是在街道的机关单位工作,承担的是公务员和事业编人员平时需要做的事情,他们是机关单位的重要人力资源补充。各条线部门的社工,主要负责各条线安排下来的任务,比如去居民区进行普

---

①　这些资料是根据 D 区 SD1 街道办事处工作人员的工作纪实以及个人的访谈整理而成,2016 年 3—5 月统计。

②　D 区编办副主任 H 的访谈,2016 年 4 月 12 日;D 区科委信息化推进科事业编科员 X 的访谈,2016 年 4 月 7 日。

③　D 区 SD1 街道办事处党政办主任 Z 的访谈,2016 年 4 月 25 日。

法工作,排查和防范青少年犯罪,宣传禁毒、排查吸毒情况等,这主要与条线部门职责有关。镇机关单位部门聘用的社工人员,主要负责两个方面的工作:一个是负责部门中具体性的工作,尤其是办公、后勤方面,像材料的收发、办会务等;另一个就是在镇机关的窗口工作,直接服务群众的需要。比如社区受理中心的各窗口,基本都是社工人员,负责给群众办事情,与群众直接打交道。社区居民区的社工和协管员的工作主要也有两块:一是社区中居民发生的任何事情都要找他们,阿猫阿狗的,东家长西家短的,居民家里漏水漏电的,物业费不交纳的,物业公司与业委会矛盾的,邻里冲突的,停车难的,等等,各种各样的事情都要找他们,他们就是一个杂货店、万能钥匙。居民出现了什么问题都会去找他们。二是这些人员需要对接街道和各条线部门下派的各种任务,比如人口普查、维稳、重点布控、610(协调防范和处理邪教问题)、老年人走访等,这些任务也都落在他们身上。他们一个人至少要对应上面三四条线,他们很忙的,每周都要开会、要收集信息,要写报表。这些工作是不容易的,很多时候,他们都要去居民区挨家串户的,都要把工作做到居民面前的。"①

"尤其是在我们这里,处于城乡接合部,外来人员与本地人员,外来人员之间都随时会滋生各种各样的矛盾与事件,我们需要及时化解,需要及时解决他们的需求。但是这么多事情由谁来做?区机关单位的编制人员不是处于最前线,处于最前线的还是街道和居委会,而街道仅有的几十个机关编制人员都在街道机关做行政事务,而社区事务由谁来做?只能由雇佣的编外人员来做,尤其是服务性的,与群众直接接触的工作,基本都由他们来完成。这是现实情况,如果没有他们的话,让机关事业编人员天天去解决群众的问题,去服务群众,机关单位还怎么运转?""……尤其是在街道部门,他们承担上

---

① D区SD1街道办事处党政办主任Z的访谈,2016年4月25日。

面各条线派发的任务,需要与群众直接打交道,需要去居民社区解决实际问题,他们需要大量的人员规模,这个是现实情况。"①

"我主要做的工作可以分几块:一是每天接发文件,就是上级部门派下来的文件,我按照街道的要求,再派送给各居委会;如果是街道出的文件或工作通知,我负责打印、装订以及派送给各居委会执行。二是做会务和相关活动的服务,每次街道开会,我都要提前准备好相关的资料,安排好茶水和清洁卫生等工作。三是服务社区居委会,配合社区居委会执行好街道举办的活动,有时候代表街道去居民区做些宣传、服务等工作。四是做好街道后勤工作,比如安排好街道食堂的采购等工作。所有冲在最前面的一线工作,街道的公务员和事业编人员是不做的,他们与居民基本不接触的,我们和居民接触、打交道比较多。"②

不仅仅是在上海,在全国的其他城市中,雇佣群体同样在基层社会治理中发挥着不可低估的作用。我们从下面的一位城市交警协管员的话中就能深刻地感受到这一点:

"我是公安局交警大队的一名交通协管员,说起交通协管员,不是执法主体,没有处罚权,只是协助交警维护交通秩序,因此在很多人眼里交通协管员是一个'打杂'的,我们每天在城区道路各个路口站岗执勤,风雨无阻地保持道路交通的良好秩序……在执勤过程中因为贴单被车主打过,因为查处违规车辆,维护交通秩序与安全,曾经手被抓破、脸上被吐唾沫、反光背心和警服也被撕破过……枯燥、乏味、缺乏新鲜感的工作,还不被市民理解……但日常发生的事实证明我们的工作具有不可低估的作用,我们的言行是为人民服务最直接的反映……平时站岗执勤基本上是法定时间8小时,最怕的就是节假日放假,比如除夕守岁、'五一''十一'、中秋月圆,当人们一家团

① D区编办副主任H的访谈,2016年4月12日。
② K区SK5街道办事处党政办编外人员E1的访谈,2016年4月13日。

聚、品味佳肴美酒、共赏圆月时，我们还站在马路上维护道路交通秩序，虽苦虽累但毫无怨言。既然选择了做交通协管员，就要有奉献精神，相信在这个'乏味'的岗位上，一样可以创造出不平凡的业绩，一样可以展现生命的价值，一样可以撰写耐人寻味的篇章。"[1]

通过以上的访谈资料和一些雇佣群体的工作纪实统计情况，我们更加清晰而深入地看到，雇佣群体是城市基层社会治理的中坚力量，在城市基层社会治理中具有不可替代的作用。这种不可替代性的作用，主要表现在五个方面：

第一，执行、落实党和国家的方针政策。雇佣群体处于政府金字塔结构的最底层，是国家与社会的连接地带，这就决定了他们是党和政府的政策执行者与落实者的角色。执行、落实党和上级政府的各项方针政策是雇佣群体的最主要职能。他们把党和政府的各项惠民方针政策，各种社会治理措施具体落实到老百姓的家门口，如材料中，在社区工作的雇佣群体对残疾人"两项补贴"政策的落实、"携手生命"癌症患者关爱走访、妇科两病筛查、糖尿病筛查登记、65岁以上老人健康体检宣传等，让广大的老百姓真正感受到党和政府全心全意为人民服务的宗旨。他们的这一作用对夯实党在基层的执政基石，增强政府的合法性具有重要意义。

第二，协助处理行政事务。"上面千条线，下面一根针"，基层政府的事情繁杂，职能繁多，任务繁重。受制于编制硬约束制度的刚性制约，官僚群体与派生群体的人员力量不足百人，根本无法满足基层社会治理的需求。雇佣群体在基层政府中协助，甚至替代官僚群体和派生群体处理日常行政事务或者重大临时性任务，充实基层政府的人员力量。尤其是雇佣群体中的人事代理人员，他们基本都在基层政府机关单位工作，其职能与官僚群体、派生群

---

[1] 方序有：《一名交通协管员的苦与乐》，《人民公安报》，2014年9月5日。

体并无二致，甚至工作的质量和效率比二者更高。"这些编外人员是对公务员队伍和事业编人员的一个重要补充，尤其是人事代理和社工人员，由于相对年轻，也比较好管理好相处，干活积极性也高，他们在基层做的工作量，在基层政府治理中发挥的作用甚至比公务员和事业编人员都大。我们这 15 个人事代理人员，远远超过 15 个公务员或事业编人员的干的活，而且干的质量也非常高。如果没有他们的存在，基层的许多工作都没有办法正常开展。"①

第三，化解邻里矛盾，解决群众生活难题，引导群众自治。虽然雇佣群体不属于政府的公职人员，但雇佣群体吃国家财政饭，履行政府职能，实私似公的身份，在老百姓看来，雇佣群体一样是基层政府的官僚群体，一样代表着基层政府，群众有问题、有难题、有迈不过去的坎就去找他们。他们在基层社会治理中，代表基层政府化解邻里矛盾，调节邻里纠纷，促进社区和谐；解决群众遇到的生活难题，满足群众生活的迫切需求，切实回应群众的要求；引导社区群众自治，丰富群众生活，增强社区活力，提升居民自我管理、自我教育、自我服务的能力。

第四，架起国家与居民沟通的桥梁，即贯通国家与社会的联系。雇佣群体的工作，尤其是各条线社工、在社区社工以及协管员等，他们的工作就是在群众中开展，与群体面对面的直接接触。群众对党和国家的要求和利益诉求，雇佣群体能及时、准确地反映给有关部门处理，是群众的传声筒。同时，雇佣群体也在群众中宣传、解释党和国家的方针政策，是党和国家的小喇叭。雇佣群体处于国家与社会的连接处，一头连接着群众，另一头连接党和国家，架起群众与党和政府沟通、交流的连心桥。"现在的情况是我们的政府与老百姓是两条线……多数情况下老百姓和政府是没有交集的。如果有交集的话，要么是老百姓有事来找我们去解决，要么是我们有事需要去找老百

---

① D 区 SD1 街道办事处党政办主任 Z 的访谈，2016 年 4 月 25 日。

姓。但去给老百姓解决问题,去做老百姓工作的,却是我们街道招的各类编外人员。"①

第五,维护基层社会稳定与良好秩序。在附录1的材料中,社区平安办负责信访工作的雇佣群体的工作是上报社区稳控状况、信访接待、社区信访工作开展情况检查,信访案件调解;规土所的雇佣群体的工作是土地巡查、排水检查、危房查看;联勤中心的雇佣群体的工作是拆违事件投诉的处理,现场查看、走访、约谈处理拆违工作;社区工作的雇佣群体走访串户,慰问老人,解决群众纠纷,巡查小区;还有大量的交通协管员、城管协管员,他们站在路口维持着交通秩序,巡视着道路两旁维护着交通安全,等等。雇佣群体通过与群体面对面的交流、沟通,通过一件件真真实实的小事,把社会的矛盾化解在基层,化解在萌芽状态,维护了基层社会的稳定与秩序。"如果基层治理中的小事解决好,老百姓就能在日常生活中感受到党和政府的关心和温暖,否则,就会日趋积累起'怨气',一些'小事'就会拖成'大事'。"②

从雇佣群体在基层社会治理中履行的各项职能来看,他们主要是以基层社会的发展和老百姓的实际需求为导向,奔赴在社会一线作业,直接与老百姓面对面,直接服务于老百姓。他们中绝大部分人员每天的工作都是围绕基层社会转,围绕居民社区转,围绕普通老百姓转。因此,在治理群体的职能分等上,雇佣群体主要是为下服务,即为基层社会发展和老百姓的实际需求做好各种服务性与管理性工作。而且雇佣群体的庞大数量与规模也恰恰是基层社会发展与基层社会治理所需要的,更是所依靠的中坚力量。

从雇佣群体在当下中国城市基层社会治理中承担的角色功能,我们可以看到,他们与古代中国基层社会治理中胥吏的角色功能非常相似。他们都是似公实私的半行政化人员,都处于国家与社会的连接点上,其职能也都是

---

① D区SD1街道办事处党政办主任Z的访谈,2016年4月25日。

② 潘维:《当前"国家治理"的核心任务》,《人民论坛》,2014年第13期。

面向基层社会和老百姓。因此从这个意义上说,雇佣群体就是当下中国城市基层政府中的"吏"。

二、派生群体对上负责,为上下服务

在基层政府的人事结构中,派生群体的上层群体是官僚群体,下层群体是雇佣群体。这一特殊的位置就决定了他们在基层社会治理中所扮演的角色。雇佣群体在基层社会治理中主要承担的是执行与落实政策措施的职责,而官僚群体主要承担的是政策措施的决策与制定职能,那么派生群体间主要承担的就是政策措施以及相关信息的上传与下达职能。事实上,派生群体在基层社会治理中承担的功能也确实如此。他们都在基层政府机关部门工作,主要从事一些事务性的整理、统计、汇报、检查、传达以及会务等服务工作,既为上级政府部门或直管领导、上级领导做好服务,也为雇佣群体的政策执行,基层社会发展以及居民的需要提供适当的服务,即派生群体在职能分等上既为上服务,也为下服务,但他们主要对上负责。我们以 D 区 SD1 街道办事处的派生群体为例,具体看看派生群体在基层社会治理中承担的具体职能以及派生群体是如何为上、下服务,对上负责的。

以下材料是笔者随机访谈并整理的 2015 年 11 月第 1 周与 2016 年 3 月第 3、4 周 SD1 街道办事处的几名派生群体的工作纪实情况,见附录 2。①

在对派生群体的职能进行调研中,除了对派生群体自身进行访谈外,笔者也访谈了一些官僚群体对派生群体职能的一些介绍:

我们科室有 2 个事业编人员,1 个是男同志,主要职责是网管和政

---

① 这些资料是根据 D 区 SD1 街道办事处工作人员的工作纪实以及个人的访谈整理而成,2016 年 3—5 月统计。

府机构的一些办公用品采购工作，机关单位中的网络管理、网络的维修、网络安全等工作，都由他负责。镇机关单位各部门需要采购办公用品，都要汇总到他那里，由他去统一购买，然后再发放出去。另一个是个女同志，主要职能是分为三块：一是她作为人大秘书，负责会务工作；二是负责信息工作，信息的统计、收集、反馈等；三是负责机关的后勤杂物的管理工作。①

我们财政科一共有6个工作人员，3个公务员，1个事业编，2个聘用的人员。2个聘用人员中，1个人的职能是做公司的账，1个人的职能是做民非组织的账[民非组织的全称是"民办非企业单位(组织)"]。②

事业编制人员主要分为两种情况：一种是委办局事业单位，有很多主要是专业技术类的，比如信息中心，主要是搞IT技术，搞机房，再比如市场监督局下辖的特种设备检验处，主要检验特种电器；另一种事业单位的设置是辅助公务员队伍的。公务员队伍的事务做不完，要把有些工作派遣或转移给这些事业单位，由他们来完成。这些单位的事业编人员都是干具体性工作的。③

事实上，机关编制与事业编制的人员在机关单位的干的活没有太大的区别，都是处理一些行政性的事务，只是大家的分工不同而已，没有严格的职能界限划分。很多公务员干的工作，事业编制人员一样干，反过来也是一样。他们最主要的差别还是在于身份不同而带来的待遇差异。④

从SD1街道办事处的8个不同职能科室的8名派生群体的日常工作纪实情况以及其他群体对派生群体的职能介绍情况看，尽管每个派生群体在

---

① D区SD1街道办事处党政办主任Z的访谈，2016年4月25日。
② K区SK5街道财政科科长F的访谈，2016年4月28日。
③ D区科委副主任J的访谈，2016年4月16日。
④ D区公务员局局长M的访谈，2016年4月22日。

基层社会治理中从事的工作类型与工作内容不一样，但是他们的工作性质却是一样的：都是在机关单位中从事一些服务性的事务工作，而且这些服务性的事务工作中大部分还对从业人员的专业性、技术性有一定的要求。具体来说，派生群体在基层社会治理中的重要作用体现在以下三个方面：

第一，信息的上传下达，做好沟通连接工作。派生群体在基层政府人事结构中的特殊位置决定了派生群体的这一重要功能。他们是官僚群体与雇佣群体的连接点，既服务于官僚群体，尤其是服务于干部群体，又服务、指导，甚至指挥雇佣群体。向雇佣群体以及基层社会"转发及传阅上级部门各类通知及专送件"，接受居委会政策咨询等；向官僚群体或上级政府部门"分派社区代表大会意见"，汇报"征地养老人员镇保人员统计"，上传各类"月报统计""政法综治信息""年检报告""固定资产统计""条线月报"，等等，上面材料中这些职能就是派生群体在基层社会治理中上传下达，联通上下的一个缩影。

第二，处理机关行政事务，做好后勤保障工作。派生群体在机关单位中的一项重要职责就是做好后勤保障，像办理各种会务，准备各种检查的材料，撰写各项工作总结以及办公用品采购，食堂卫生检查等，都属于他们的职责范围。上述材料中，一些雇佣群体的工作纪实就体现了这点。比如党政办科员不仅每天都要整理党政办信息工作，每月都要撰写政务信息公开总结，还要准备会议发言稿以及负责机关的后勤杂物的管理工作。还有其他部门的有些派生群体，他们每天工作都是处理日常事务，而他们的日常事务基本都是做好各项服务性的保障工作。

第三，培训提升，做好专业性工作。许多派生群体从事的工作岗位多少都与专业性有一些关系，突出地表现在财政工作、计算机网络工作以及党务工作，等等。由于这些工作的专业性要求，派生群体的很多时间都需要用于培训。从上面派生群体的工作纪实材料中就能看到，报账、财务审计、网络管理等专业性的工作都是由派生群体来完成,同时,派生群体需要进行各种形式的培训,党务培训、社团局培训、档案整理培训,以及审计培训,等等。"我们科委办公室有 1 名人事管理科员(事业编人员),我找他做个事都找不到人,他基本不在办公室,基本是天天培训,人事局要培训、组织部要培训,一培训就是三四天。"[①]通过培训能够不断提升派生群体的业务能力,促进其更好地完成专业性的工作。

派生群体这三个方面的职能决定了其在基层社会治理中具有无法替代的作用。然而,如果我们把派生群体在基层社会治理中的职能与雇佣群体的职能相比较一下,我们就很容易发现:尽管派生群体在职能分等上既为上也为下服务,但是派生群体基本不与基层社会,不与老百姓直接打交道,更不会为他们提供直接的服务与管理。派生群体的职能重心不是在基层社会与老百姓身上,而是在科室领导以及上级领导或上级领导部门身上,主要工作是对上负责。他们在城市基层治理中的辅助性色彩越来越浓厚。把这一特征与派生群体在当下中国基层社会治理中的职能结合起来就能清晰地看到:派生群体在当下中国基层政府中的角色与古代中国基层政府中的幕友、师爷的角色极其相似。在古代中国基层社会治理中,幕友、师爷的角色既有上传下达的,连接县官与各种胥吏的作用,又有协助县官处理各种行政事务的职能,更有处理专业性的政务的能力。因此从一定意义说,派生群体就是当下中国城市基层社会治理中的"幕友""师爷",只是与古代中国基层政府中的幕友、师爷比较而言,派生群体在当下中国基层政府中是公职身份(有事业编制),而幕友、师爷是县官自己聘用的私人助手,除此之外,二者在基层政府中的地位、履行的职能以及与基层社会、与老百姓的关系等方面具相通性。

---

① D 区科委副主任 J 的访谈,2016 年 4 月 16 日。

三、官僚群体对上负责,为下服务

官僚群体在基层政府中有干部官僚群体与非干部官僚群体之别,干部官僚群体又有行政级别高低之分。官僚群体基层社会治理中的职能因身份差异而有所不同。就非干部官僚群体而言,他们在基层社会治理中的角色与派生群体的角色相当,主要从事行政事务性的服务功能;干部群体的职能主要是政策措施的制定与决策,尤其是基层政府中进入流动序列的领导班子群体,他们是基层社会治理的引领者与决策者。无论是干部官僚群体,还是非干部官僚群体,他们在基层社会治理中都是对上级更高级别的官僚群体负责。他们根据上级更高级别官僚群体的指示与要求,制定、落实促进基层社会发展,提升基层社会治理水平、提升人民生活福祉以及服务好群众的方针政策。基层政府中的官僚群体相对上级政府中更高级别的官僚群体而言,他们也具有"吏"的特征,[①]只是在基层社会治理中,他们保留了决策与制定政策措施的权利,而执行、落实政策措施的职能由数量与规模庞大的雇佣群体来承担。

官僚群体在基层社会治理中对上负责,为下服务的职能分等体现在哪里?我们以基层政府的官僚群体的工作纪实为基础,再结合对相关的访谈资料,具体看看官僚群体在基层社会治理中对上负责,为下服务的具体情况。以下材料是笔者随机访谈并整理的 2015 年 11 月第 1 周与 2016 年 3 月第

---

① 周雪光在研究中国基层官员流动情况时,提出了"官吏相对谱系"的概念,即在官僚体制中,从下级官员的角度来看,上级领导都是"流动的官";从上级官员的角度看,下级官员都是"留滞的吏"。官与吏的角色随着官僚制不同层级的变化而转化,某一层级的"官"相对于更上一层级则有着"吏"的特征属性,反之亦然。尽管周雪光的"官吏相对谱系"概念是用于解析官员的流动现象,但本书认为这一概念对解析官僚群体的职能分等现象同样适用。这也是本书对周雪光的"官吏相对谱系"概念内涵的一个补充与扩展。参见周雪光:《从"官吏分途"到"层级分流":帝国逻辑下的中国官僚人事制度》,《社会》,2016 年第 1 期。

3、4 周的 SD1 街道办事处的一些官僚群体的工作纪实情况，见附录 3。①

从以上官僚群体的工作纪实情况看，官僚群体中的非干部群体，像材料中的陈××、朱××和胡××，他们所从事的工作与派生群体并无二致（可参见他们的工作纪实情况），基本上是从事于材料信息的整理、统计，上传下达以及其他各种行政性的事务工作，为机关单位做好各种后勤服务工作。由于前文已经对派生群体的职能情况做过分析，在此，本书就不再对非干部官僚群体的职能分等情况进行分析，而是主要对官僚群体中的干部群体的职能做详细的考察。从上述材料中，我们可以看到，干部群体在基层政府中的职能主要体现在五个方面：

一是开会。在基层政府中，开会是干部群体最主要职能之一。既有上级政府中更高级别的干部群体给他们开，也有他们给基层政府中其他干部群体开。从上述这些干部群体的工作纪实来看，在从周一到周五 3 周 15 天的时间里，街道办事处的干部群体开会的次数是：

表26　街道办事处干部群体开会次数

姓名	甘××	张××	沈××	陈××	陈××	张××	吴××	沈××	曹××	朱××
职务	街道党工委书记	街道办事处主任	街道党工委副书记	街道办事处副主任	街道办事处副主任	党政办主任	事务受理服务中心主任	自治办主任	自治办副主任	平安办主任
开会次数	15	23	27	20	17	15	14	19	15	14

15 天的时间内，最多的要开 27 次会议，最少的要开 14 次会议，平均每天至少要开 1 次会议。并且像党工委书记甘××这样的，会议次数相对较少，主要原因是恰逢培训期，不然要开的会议可能更多。

二是汇报与听汇报。基层政府中的干部群体相对于上级政府中更高级别的干部群体而言,他们是"吏",相对于基层政府中的其他群体而言,他们又是"官"。是"吏"就要向上级政府中更高级别的干部群体汇报工作,是"官"就要听取基层政府中各科室的工作汇报,这是基层政府中干部群体的职责。从上述 SD1 街道的干部群体的工作纪实看,街道党工委书记向区委书记汇报工作,街道办事处主任、副主任听取各科室的工作汇报,听取下管企业的工作汇报,各科室主任、副主任听取科室内其他工作人员的工作汇报,等等,以及街道办事处的每周工作例会、各科室的每周工作例会,都是进行汇报与听汇报。

三是接待与出席活动。上级政府对基层政府的调研、检查与考核是检测基层政府是否执行、落实上级政府关于基层社会治理的方针政策的重要方式,也是上级政府获取基层社会真实情况,了解和发现工作中出现的问题的一种重要方式。因此作为基层政府,接待上级部门的检查、考核与调研是工作中不可缺少的部分。除了接受上级政府的各种检查外,接待其他地方的政府单位来考察学习也是基层政府干部群体工作的一部分,因为外地学习考察团的到来是对基层政府各项工作的充分肯定,这对宣传和扩大地方政府和基层政府的形象具有重要意义。基层干部群体作为基层政府的代表,不仅要接待各种检查、考核与学习,还要代表基层政府出席辖区的各种重大活动、慰问困难老百姓等。上述干部群体的工作纪实中的相关内容,都能明确地体现出基层政府中的官僚群体接待上级政府的各项考察与出席辖区各种重大活动的职能。

四是调研与检查。作为基层社会治理领导者与决策者,干部群体对基层社会的社情、民情是否深刻地了解,基层社会发展和各种惠民政策措施是否落到实处,对基层社会治理具有重要意义。干部群体对社情、民情以及基层社会治理政策是否落到实处的知情权,除了通过听取基层社会治理群体的工作汇报的方式外,深入基层社会进行实地调研与检查是更直接、更重要的方式。且调研、检查意义不仅是干部群体对基层社会的真实情况的一种了解方式，也是干部群体对基层社会治理状况的一种敦促权和验收权，是对基层社会其他治理群体落实政策的一种加压和控制的方式。①材料中的区领导对老城防汛工程是巡视、党工委书记走村入户、街道办事处副主任的安监调研、实地检查征收工作开展情况、调研单位违法排污情况，等等，都是干部群体对基层社会治理的调研与检查职能。

　　五是学习与培训。基层社会是由多个主体构成了一个庞大的群居场所。个人与个人之间、个人与集体之间、集体与集体之间以及外来人与本地人之间等各个主体间每天都有可能产生矛盾与冲突，而且每天都会产生新的矛盾与冲突。如何恰当地处理与解决基层社会治理中产生新问题、新情况？在当下知识与技术日新月异的情况下，基层的干部群体要通过不断的学习与培训，提升自己处理新问题、新矛盾的方法与技能，提升自己引导基层社会治理的能力。在基层政府中，无论是干部群体，还是非干部群体，乃至派生群体以及部分雇佣群体每年都要接受各种形式的学习培训。上述干部群体的工作纪实中，领导干部报告学习、上海干部在线学习、双月报告会学习、依法治国全员培训，等等，都是治理群体学习培训的方式。在基层政府中，干部群体的这五个方面的职能也得到了干部群体的认可。D区科委副主任说："……领导的工作基本是天天开会、培训……从早上8:30到下午5:00，一直处于培训与开会状态，想见到他们人都很难。"②

　　从基层政府干部群体的工作纪实和履行的这五个方面的职能来看，干部群体在基层社会治理中的功能或作用可以概括为两点：执行与决策。就执行而言，基层政府中干部群体相对于上级政府中更高级别的干部群体，他们是"吏"，是要贯彻上级政府关于基层社会治理的各项政策与措施。上级政府

---

① 周雪光、练宏：《中国政府的治理模式：一个"控制权"理论》，《社会学研究》，2012年第5期。

② D区科委副主任J的访谈，2016年4月16日。

不断地对基层政府的工作进行调研、检查以及听取基层干部群体的工作汇报就是对基层干部群体执行政策措施情况的一种检查与验收。就决策而言，基层政府中的干部群体是基层政府的代表，按照上级政府的方针政策要求并结合本地区的实际情况，积极有效地推进基层社会治理是基层干部群体的职责所在。基层干部群体肩负着基层社会治理的领导与决策的重任。

事实上，基层政府中的干部群体在基层社会治理中的这五个方面的职能，也恰是他们执行与决策角色的真实反映。干部群体的会议非常多，而开会的意义一方面在于向上级政府汇报基层社会的治理情况或听取上级政府对基层社会治理的要求和下达的任务；另一方面就是基层干部群体根据上级政府的要求，共同协商基层社会治理的方针政策或者将基层社会治理的各项任务要求下达给各个科室和居民区，由非干部官僚群体、派生群体以及雇佣群体群完成。开会就是在完成执行与决策这两大功能。同样的道理，基层干部群体的汇报、听取汇报；接待上级政府的检查，出席基层社会重大活动；对基层社会进行调研、检查以及不断的培训、学习都是在进行执行与决策活动，或者是为了更好地进行执行与决策而展开的各项活动。

然而从基层干部群体的工作纪实情况来看，无论是为了更好地执行上级政府的政策措施，还是对基层社会治理进行更好地决策与指导，基层政府中的干部群体都是以上级政府或者上级政府中更高级别的干部群体的要求为准绳，开展各种工作。因此基层政府中官僚群体，尤其是干部群体主要对上负责，为下服务。上述官僚群体的工作纪实情况也证明了这一点——所有的工作都是为了满足更高级别的上级政府的要求而开展的。事实上这也不奇怪，因为上级政府中更高级别的干部群体拥有对基层干部群体工作的检查、考核和验收权，并且，基层干部群体的流动权力也都掌握在上级政府中更高级别的干部群体的手中，而不是掌握在老百姓的手中。当然，更高行政级别的干部群体从根本上也是为群众服务，基层政府中的干部群体对更高级别的干部群体负责,也是对群众服务。因此在基层社会治理中,基层政府中的干部群体在职能分等上只能对上负责,为下服务。

根据基层政府中官僚群体,尤其是干部群体在基层社会治理中的职能履行情况看,当下中国基层政府中的干部群体与古代中国基层政府中的县官的角色同样具有相似性。古代中国基层政府中的县官,相对上级政府中更高级别的官员来说,他们也具有"吏"的属性,在基层社会治理中需要执行、落实上级政府的政策;相对于县政府中的胥吏、师爷等治理群体而言,他们又是"官",他们对基层社会的各项事务拥有决定权。但无论是执行权还是决定权,古代中国基层政府中的县官是以满足上级政府或者更高级别的政府的要求为工作的中心,而不是以满足老百姓的需求为工作中心。就职能分等而言,当下中国基层政府中的干部群体的职能与古代中国基层政府中的县官的职能具有相通性,只不过当下中国基层政府中的干部群体是一个"领导班子",而古代中国的基层政府中的官是县官一人而已。

结合本书前面所述,在当下的基层社会治理中,雇佣群体、派生群体与官僚群体都发挥着重要作用。就职能分等而言,雇佣群体主要对下负责,为下服务,职能的履行是为了满足基层社会发展和老百姓的实际需求,他们庞大的数量与规模是基层社会治理各项政策措施落实到老百姓家门口的重要保障;派生群体和官僚群体中的非干部群体主要在基层政府单位中从事事务性的行政服务工作,上传下达,做好各种后勤保障工作,既为上服务也为下服务,但是职能履行主要是以满足部门领导或者基层政府领导的要求为目的,对上负责;官僚群体中的干部群体主要对上负责,为下服务,职能的履行以满足上级政府或者上级政府中更高级别的干部群体的要求为准绳,在基层社会治理中发挥着引领与决策的功能。

在城市基层政府中,治理群体的职能分等状况,也得到了基层政府中工作人员的证实。

谁在治理　为谁治理　如何治理?

"我们财政科一共有 6 个工作人员,3 个公务员,1 个事业编,2 个聘用的人员。2 个聘用人员中,1 个人的职能是做公司的账,1 个人的职能是做民非组织的账[民非组织的全称是'民办非企业单位(组织)'];1 个事业编人员的职能主要是做事业的账,而我们 3 个公务员是做机关的账、事业的账和部分民非组织的账。我们财政科的职能比较特殊,我们科的工作人员是有明确分工的,聘用人员不可能让他们知道机关事业的账的,所以他们不能做机关和事业的账。同样事业编的人员也不能做机关账的,但是我们三个公务员身份的人员,可以做事业、民非组织、企业的账的。"①

"公务员和事业编制人员招聘都是全市统一考的,全国各个地方的人都能参加招聘考试,但是这些人招进来又怎么样呢? 很多人都不是本地方的人,不会讲本地语言,对当地的风俗习惯也不了解,很多工作就无法推进。但是街道招的编外人员就不一样,他们都是本地方人,本地语言比较通畅,对本地的风俗等实际情况都比较了解,更重要的是很多编外人员和当地的群众都比较熟悉,做群众工作没有任何障碍。"②

本书需要强调的是,无论是雇佣群体对下负责,为下服务,还是派生群体和官僚群体中的非干部群体对上负责,为上、下服务,以及官僚群体中的干部群体对上负责,为下服务,他们都是基层社会治理中不可或缺的部分,都在基层和社会治理中发挥着不可替代的作用。这一点上,长期从事基层社会治理的一位官僚群体说得非常好:"基层社会治理是需要大量人力资源的,编外人员在基层社会治理中的作用不可忽略,没有编外人员不行,但是仅仅有编外人员也是不行的。机关事业编制的人员在基层社会治理中的作用同样不能忽略,应该说编外人员、机关事业编制人员,他们在基层社会治理中都在发挥作用,只是从事的工作性质不同,工作的任务量不一样。并且,

①　K 区 SK5 街道财政科科长 F 的访谈,2016 年 4 月 28 日。
②　D 区编制办副主任 H 的访谈,2016 年 4 月 12 日。

机关单位的很多事情,编外人员是无法去做,也有可能是做不好的,还得依靠机关事业编制人员。"①应该说,当下中国城市基层社会的有效治理,仅从治理群体的角度而言,是官僚群体、派生群体与雇佣群体合力作用的结果,是群体三分治理结构的制度安排。

在城市基层社会治理中,治理群体出现了职能分等,不同的治理群体履行着不同的职能。尽管群体的职能分等是由群体的身份差异和群体的流动与留滞的一系列制度安排所导致的,但在工作实践中,国家又通过什么样的机制使群体的职能分等这种制度安排真正实现落地呢? 本章的下面内容将分别从差序化的权力压力机制、晋升锦标赛的激励机制、使命政治的内政约束机制、半行政半市场化的赎买机制等四个方面,分别介绍固化并实现不同治理群体职能分等落地的策略安排。

第二节　差序化的权力压力机制

在分析中国县乡两级政权的运行机制的特征时,荣敬本等人提出了"压力型体制"的概念,即各级政治组织(党和政府)都在上一级政治组织分派任务完成情况的评价压力下运行。②这一概念对解释当代基层政权运作的特点

---

① D 区编制办副主任 H 的访谈,2016 年 4 月 12 日。

② 压力型体制指一级政治组织(县、乡)为实现经济赶超,完成上级下达的各种指标而采取数量化任务分配方式和物质化的评价体系。为完成各项指标,各级政治组织(党委与政府)把这些任务与指标,层层量化分解,下派给下级组织和个人,责令其在规定的时间内完成。且这些任务和指标采取的评价方式往往是"一票否决制"即一旦某项任务和指标没有完成,就视其全年成绩为零而受到惩处。因此各级组织都是在这种评价的压力下运行的。荣敬本等:《从压力型体制向民主合作体制的转变——县乡两级政治体制改革》,中央编译出版社,1998 年,第 28 页。

颇具说服力,因此,被广泛引用。[①]然而学术界对"压力型体制"概念的运用仅仅是局限于解释上下级官僚组织或官僚组织内部的官僚群体的勾连性特征,而实际上,"压力型体制"这一概念同样适用于解释不同治理群体在当下中国城市基层治理中的职能分等状况。

在当下的中国城市基层政府中,治理群体以国家权力为中心而形成一个同心圆结构。国家权力犹如费孝通先生所说的石子,一投入到地方和基层社会所构成的"湖面"中,便立即形成一种层层外推的波纹结构。[②]离国家权力中心最近的是官僚群体,是国家权力层级中的核心群体;居于官僚群体外围的是派生群体,是国家权力层级中的半核心群体;离权力中心最为遥远的是雇佣群体,是国家权力层级中的边缘群体。[③]三种治理群体以国家权力为中心点,在地方和基层政府组织体系中就形成了一种差序化的格局(如图16所示)。在这种差序化的格局中,不同治理群体离国家政治权力中心距离的远近,决定了他们能够拥有的政治权力[④],而拥有政治权力的多少就决定了三种治理群体各自在政治体制中的位置和相应的职能分工,也就确定了各

---

① 例如,荣敬本等:《从压力型体制向民主合作体制的转变——县乡两级政治体制改革》,中央编译出版社,1998 年;杨雪冬:《压力型体制:一个概念的简明史》,《社会科学》,2012 年第 11 期;欧阳静:《压力型体制与乡镇的策略主义逻辑》,《经济社会体制比较》(双月刊),2011 年第 3 期;冉冉:《"压力型体制"下的政治激励与地方环境治理》,《经济社会体制比较》(双月刊),2013 年第 3 期;魏云:《压力型体制下的行政问责模式研究》,复旦大学博士学位论文,2011 年,等等。

② 费孝通:《乡土中国》(修订本),上海人民出版社,2013 年,第 25~28 页。

③ "核心群体""半核心群体""边缘群体"的概念受伊曼努尔·沃勒斯坦的现代世界体系的思想启发而提出来的。沃勒斯坦在论述现代世界体系形成时指出,现代世界体系是建立在以劳动分工为基础上的商品交换体系,在这个体系当中,欧美等工业发达国家是世界体系的核心国家、亚非拉美等落后国家则是边缘国家,而介于二者之间的一些新兴国家则是半边缘国家。参见[美]伊曼纽尔·沃勒斯坦:《现代世界体系》,郭方等译,社会科学文献出版社,2013 年。其中半边缘国家这一概念中的"半"是一种泛指,而不是指具体的"一半"。同样,本书中的"半核心群体"中的"半"也是一种泛指。

④ 本书的权力含义是塔尔科特·帕森斯的观点:权力是一种在社会相互作用的过程中使其他的单位、个人或者集体的行为发生改变的特殊机制,权力是为了促进集体目标而运用权威性的决定,是一种保证集体组织系统中的各单位以及个人履行具有约束力的义务的普遍化的能力。See Parson, T. *Sociological Theory and Modern Society*, Free Press.1967, pp.299, 308.

自在基层社会治理当中应该承担的角色和职能范围。因为"无论在何种程度
上，权力能够通过使人们接受他们在现存秩序中的角色与位置这样一种方
式塑造他们的感知,认识与偏好,从而防止他们产生愤恨"[①]。因此在城市基
层政府中，不同治理群体之间形成的差序化权力压力机制进一步固化了治
理群体之间的职能分等。

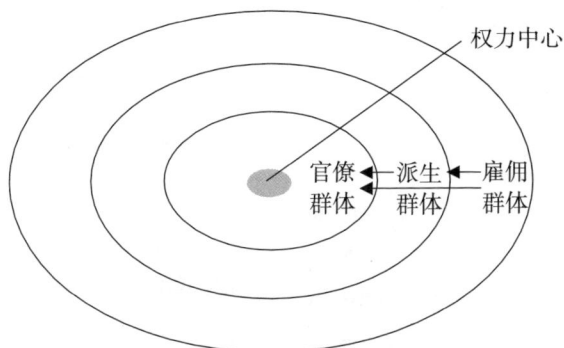

图16　治理群体差序化结构[②]

在城市基层政府中,官僚群体,尤其是极少数的干部群体处于差序化权
力层级的核心位置,拥有基层政府的最高政治权力,在基层社会治理中承担
的角色是各项政策措施的制定、决策、检查与考核;规模庞大的雇佣群体处
于差序化权力层级的边缘位置,拥有最少的甚至没有政治权力,在基层社会
治理中承担的角色是各项政策措施的执行与落实;而派生群体处于差序化
权力层级的半核心位置,权力介于官僚群体与雇佣群体之间,在基层社会治
理中承担的角色是往往是政策措施与相关信息的上传下达以及部分政策措

---

① 　[英]史蒂文·卢克斯:《权力:一种激进的观点》,彭斌译,江苏人民出版社,2012年,导论第
13页。

② 　差序化示意图中的波纹结构表示权力距离(powers distance),官僚群体距离权力中心最近,
派生群体次之,雇佣群体距离权力中心最远。示意图中的箭头表示不同群体之间的流动方向,派生群
体中的部分人员能通过垂直流动而成为官僚群体,雇佣群体中的部分人员能通过垂直流动而能成为
派生群体或官僚群体。

施的执行与落实。官僚群体、派生群体与雇佣群体因为差序化的政治权力分配而使职能分等状况得到进一步的实现与保证。因为在城市基层政府中,不同治理群体差序化权力结构与他们的数量与规模状况呈现正三角形与倒三角形特征,恰恰是由于不同治理群体政治权力分配的倒三角形结构与他们的数量与规模分布的正三角形结构的组合(如图17),才有力地保证了群体间的职能分等状况的落实,有效回应并满足了基层社会治理与发展的需求。

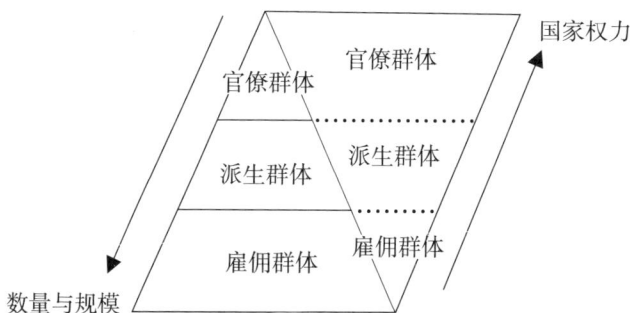

图17　治理群体数量与规模分布和政治权力分配的正倒三角结构①

在实际的城市基层政府中,官僚群体的数量与规模相对较少,尤其是干部群体的数量与规模更少,②但他们在基层社会治理中却拥有最多的国家权力,掌握着回应并满足基层社会发展和人民群众需求的各种政策措施的制定和决策权,在基层社会治理中起到引领、指导以及检查、考核的作用;而雇佣群体的数量与规模庞大,是官僚群体与派生群体数量与规模的几倍甚至数十倍,但他们却处于体制的边缘或外部地带,拥有极少的国家权力,甚至

---

①　图中三角形的面积大小分别表示不同治理群体在基层政府中的数量与规模的多少和拥有国家权力的多少。某群体所占的面积越大,说明其数量与规模就越大,所拥有的国家权力也越大,反之亦然。

②　在城市基层政府中,官僚群体、派生群体与雇佣群体的数量与规模的具体情况请参考在本书的第二章第一节治理群体状况的相关内容。

很多雇佣群体根本不拥有国家权力，而他们在基层社会治理中负责各种政策措施的具体落实，其庞大的人员数量与规模是基层社会治理的各项政策措施得到落实的有力保障；派生群体无论是人员的数量与规模，还是拥有的国家权力，都介于官僚群体与雇佣群体之间，在基层社会治理中主要从事各种信息的上传下达，协助官僚群体与派生群体的工作，其辅助性色彩越来越浓厚。需要强调的是，在这种差序化压力权力结构中，不同治理群体在这种差序化的权力压力结构中界限也不是刚性的，他们是可以彼此流动的。流动机制的激励性制度安排又保证了这种差序化压力权力结构的动态平衡。

差序化的权力压力机制对治理群体职能分等的固化与促进作用，我们在上海市 SD1 街道部分工作人员的工作纪实情况（见附录 1、2、3）以及相关人员的访谈中也都可以明确地看到。

在 SD1 街道的工作纪实统计中，街道的书记、主任、副书记、副主任以及各科室的科长乃至副科长等处级、科级等官僚群体每天的主要工作就是开会、听汇报、调研、视察等，尤其是街道的处级干部，即正副书记和主任，他们作为基层政府的领导班子成员，他们的主要工作更是如此，"领导的工作基本是天天开会"①，平均每天至少开 1 次会议，听取各种工作汇报，进行各种工作检查等。他们从事的这些工作都是政策措施的制定与决策性质的，在基层社会治理中发挥着领导与引领的作用。派生群体的日常工作基本是各种具体行政事务的统计、汇报与下达，同时从事一些政策措施的落实工作。雇佣群体的日常工作主要是在机关单位从事行政性的服务工作，在各机关单位办事大厅和居民区从事社会性的服务工作。他们处于服务社会、服务群众的第一线，负责国家各项惠民政策和措施的执行与落实。"编外人员是不开会的，即使开会也是个别人去开会，开会就是去领任务的。我们招聘编外人

---

① D 区科委办副主任 J 的访谈，2016 年 4 月 16 日。

员的主要目的就是来干活的。"[1]

在城市基层社会治理中，雇佣群体由于处于差序化权力结构的边缘层级，在基层政府中处于权力阶梯的最底端，需要接受官僚群体与派生群体安排的各种任务，是各项政策措施的具体执行者与落实者。且由于他们不掌握国家权力，没有体制保障，面临随时被辞退的压力，因此又必须完成所要求完成的各种任务。雇佣群体在基层政府中大规模的存在恰是基层社会治理客观需求的真实反映，是各项社会治理政策与措施能够得到有效执行与落实的有力保障。雇佣群体在基层社会治理中始终处于与群众直接接触，直面群众的各种需求的位置上，这也是为什么基层社会治理一旦出现执法过失、不当或者相关的问题时，有关政府部门立即出面解释时强调，这是雇佣群体所为。其实这是事实情况，只是责任不能完全由雇佣群体来承担，因为他们是按照基层政府的要求履行政府职能，相关政府部门也应该承担责任。基层政府中的官僚群体，尤其干部群体是基层社会治理的领导者与引领者，他们数量虽然非常少，但在基层政府中拥有最高的行政权力，不仅是基层社会各项政策措施的制定者，也是各项工作落实的考核者，更对基层政府中大规模雇佣群体的去留有直接的决定权。

在一定意义上，基层政府中的干部群体、官僚群体正是依靠手中掌握的国家权力对派生群体以及雇佣群体的压力，敦促和加压派生群体与雇佣群体完成各项任务的落实工作。派生群体乃至官僚群体中的非干部群体，处于差序化权力结构的半核心层级，属于体制内人员，基层政府的干部群体对其只有工作的考核与评价权，但对其去留不具有直接的决定权。这就是为什么基层干部普遍反映说，在基层政府中很多非干部官僚群体(公务员)和派生群体(事业编人员)不好管，不好用，即使天天不干什么事，只要不犯大错误，

---

① D 区 SD1 街道办事处党政办主任 Z 的访谈，2016 年 4 月 25 日。

他们也不能把他从岗位上拉下来的原因。尽管派生群体和非干部官僚群体在基层社会治理中同样面临基层干部群体的考核压力，但相对于雇佣群体而言,却没有被随时辞退的巨大压力,更重要的是,在实际工作当中,许多派生群体和非干部官僚群体利用可以对本部门的雇佣群体的考核评价权,把本该由自己履行的职能转移给雇佣群体,由雇佣群体代替其完成,自己作为执行者的角色逐渐被淡化,而信息上传下达的连接作用的角色愈发突出。

在基层政府中，差序化的权力压力机制实现了国家权力在不同治理群体之间的分配,不仅划定了治理群体的治理范围和职能分工,还通过权力的加压作用,有效确保了不同治理群体职能分等的具体落实,对实现城市基层社会治理具有重要的意义。差序化的权力压力机制对加压派生群体,尤其是雇佣群体履行各自的职能具有重要的作用,但对基层政府中的官僚群体,尤其是干部群体履行职能的加压与激励作用的微乎其微。因为官僚群体就拥有基层政府的最高权力。对基层政府中的官僚群体,尤其是干部群体而言,为了更好地促进其履行职能,调动其工作的积极性,最有效的激励或加压方式就是晋升锦标赛机制。

第三节　晋升锦标赛的激励机制

经济学家在解释中国经济在改革开放以来保持三十多年高速增长的"经济奇迹"时,认为地方政府的行为对此具有决定性的作用。而激励地方政府官员积极性的机制就是晋升锦标制,[①]即各地方主政官员的政治晋升在很大程度上是由各地方的经济发展速度的相对绩效排名而决定的。实际上,晋

---

① 　周黎安:《中国地方官员的晋升锦标赛模式研究》,《经济研究》,2007 年第 7 期。

升锦标赛制不仅仅激励地方政府官员发展地方经济，它对地方官员的激励作用涉及国家与社会的各个领域。学界对晋升锦标制在激励地方官员和基层官员积极性方面的研究也硕果累累，出现了大量的具有代表性的成果。①基于对上海市街道办事处和镇政府的调研与访谈，本书同样认为晋升锦标赛制对激励和加压治理群体，尤其是雇佣群体、官僚群体中的干部群体在基层社会治理中的行为具有巨大作用。

在上海市各街镇政府，官僚群体的选拔任用即晋升的规则是：街道办事的正科级干部晋升为副处级干部，副处级干部晋升为处级干部，处级干部晋升为区级单位的副局级干部的人事选拔任用权归区委组织部；而副处级以及处级干部的平行调动或跨区域调动权归区公务员局；正科级干部的跨区域（离开原来街道）平行调动权也归区公务员局，而正科级在街道内部职能部门的平行调动权归街道领导班子；街道的科员晋升为副科级干部的人事任用权归街道领导班子，但由人力资源办公室具体执行；副科级干部以及科员在街道内部职能部门的平行调动权同样归街道领导班子，也是由人力资源办公室具体执行。②

从街道办事处的官僚群体晋升规则来看，正科级及其以上的干部群体的晋升权掌握在上级单位的组织部，而街道内部科员、副科级群体的晋升权掌握在街道的干部群体中，即由街道领导班子决定。即使是正科级干部群体的平级调动权也都由上级机关的公务员局决定，只有街道内部人事的平行调动权才归街道办事处，且掌握在干部群体中。由此可见，基层政府中官僚群体的晋升决定权都掌握在上级政府部门中或掌握在行政级别更高的官僚群体中。而上级人事部门对下级官僚群体乃至派生群体的考察任用，或更高级别的官僚群体对级别较低的官僚群体、非干部官僚群体、派生群体的考察

---

① 晋升锦标赛的研究文献请参考本书第一章文献综述等方面的内容，在此就不在重复列举。
② K区SK5街道办事处党建办主任Y的访谈，2016年7月20日。

任用,不仅仅基于任务的完成或者达标,更基于谁完成得更好。因为政府机构的结构特征是金字塔形结构,级别更高的职位数量是有限的,对更高职位人才的选拔只能是优中选优,需要最优秀的人才。这样,在各地方与基层政府官僚群体中就不可避免地出现晋升锦标的现象。

下面的图表是 2016 年上海市 D 区对辖区的 5 个街道办事处,7 个镇各项工作的考核指标:

表 27　2016 年上海 D 区各街镇政府工作考核指标(满分 110 分)①

类别		考核指标	责任部门
社会治理 (48)	公共服务	就业与收入分配,4 分,包含社会保障,2 分;促进就业,1 分;劳动关系,1 分	人社局
		民政工作,6 分,包括社会救助,2 分;养老工作,2 分;村居换届,1 分;双拥工作,1 分	民政局
		教育工作,2 分;卫计工作,2 分;养老工作,2 分;体育工作,2 分	教育局、卫计局、文广局、体育局
	公共管理	人口规模综合调控,3 分;村居社会管理,3 分;文明区创办,2 分	发改委、农办、社建办、文明办
		农村"三资"管理,2 分	农委
		社区建设,3 分,包含居党组织换届,1 分;社区工作,1 分;"两新"组织党建,1 分	组织部、社建办
	公共安全	综合治理,8 分,包含综合治理工作,5 分;联勤和网格化管理,3 分	政法委、联勤和城市网格化综合管理中心
		信访工作,2 分;食品安全,2 分;生产安全,2 分	信访办、房地征收工作指挥部
	居民满意度	居民满意度测评,3 分	社建办
生态改善 (10)	动拆迁工作,3 分,包括拆违控违,1.5 分;房屋土地征收,1.5 分		拆违办、房地征收工作指挥部
	绿化与市容环卫,2 分		绿化市容局
	环保工作,2 分		环保局
	水环境治理,2 分		水务局
	城市建设与管理,1 分		建设管理局

---

① D 区 SD1 街道办事处党政办的调研,2016 年 4 月 2 日。

续表

类别	考核指标	责任部门
党的建设（15）	党风廉政建设，3分	纪委
	组织工作，3分	组织部
	宣传工作，3分	宣传部
	统战工作，3分	统战部
	人大工作，2分	人大
	人才工作，1分	人才办
优化发展环境（17）	企业满意度测评，3分	统计局、经委
	创新企业环境建设，14分	经委、科委
重点工作（20）	贯彻落实市委"1+6"文件精神，10分；区域化党建，2分；深化街道体制改革，2分；完善居民区治理体系，2分；社会组织培育，2分；社区工作队伍建设，2分	区委办

以上这一考核指标内容包括社会治理、生态改善、党的建设，优化发展环境以及6项重点工作等，涉及社会保障、信访工作等44项指标任务，覆盖基层社会的各个领域和层面。

实际上，地方与基层政府的官员不仅仅在指标体系内相互竞争谁做得更好，而且还相互竞争谁做得更多。出现多层级政治锦标赛的结构特征。多层级政治锦标赛竞争的结果就是政府的社会治理职能层层加码，到了政府结构的末端——基层政府这一层级时，基层政府的职能急剧膨胀。

然而我们应该看到，基层政府职能的扩张一方面是因为多层级政府的政治锦标赛的层层加码而导致，另一方面，基层政府职能的执行与落实也是由于晋升锦标赛的机制而得到实现。

其实在晋升锦标赛的刺激下，不仅仅每个层级间的政府展开政治竞赛，不同治理群体间也一样展开政治竞赛，只不过竞争的方式和内容出现差异而已。在基层政府中，晋升锦标赛制对官僚群体，尤其是干部群体的激励与刺激作用尤为突出。而晋升锦标赛对派生群体，尤其是对雇佣群体的行为一样具有巨大的刺激效应。许多雇佣群体之所以愿意在城市基层政府中以比较低的经济报酬,干着比较辛苦的工作,主要原因在于将来能够通过垂直流动进入官僚群体或者派生群体之中。

在基层政府中,"占位等编"现象依然比较突出,能够进入官僚群体或派生群体对许多雇佣群体具有巨大的吸引力。而为了能够在官僚群体或派生群体的选拔面试中获得单位领导的认可,雇佣群体必须在平时的工作当中积极努力,获得单位或部门领导的好评,否则就无法进入官僚群体或派生群体之中。另外一方面,在上文中我们已经讲到,雇佣群体能够进入官僚群体与派生群体的垂直流动率仅为 1.1%左右,竞争激烈程度甚高,这无疑更加刺激了许多雇佣群体平时工作的积极性。

晋升锦标赛机制对基层政府中的官僚群体与雇佣群体行为的加压与刺激作用相较于派生群体而言更加明显。其中的原因是,一方面派生群体的垂直流动率低,能够进入官僚群体或者晋升为更高级别的派生群体的人员极少,绝大部分人都留滞在自己的工作岗位;另一方面,派生群体享有事业编制,属于体制内的人,政治、经济待遇和社会地位较高,且被辞退的风险极小,工作非常稳定。因此晋升锦标赛机制对派生群体的刺激加压作用相对较小。实际上,在基层社会治理中,通过晋升锦标赛机制对雇佣群体、官僚群体,尤其是干部群体的激励与加压作用,刺激他们积极贯彻落实上级政府部门的各项任务与职能,提升其工作效率,已经完全抓住了基层社会治理的核心力量。上文已经提到,在城市基层治理中,官僚群体尤其是干部群体是基层社会治理的领导者与引领者,雇佣群体是基层社会治理各项政策措施的执行者与落实者,派生群体在基层社会治理中往往起到信息上传下达和行政性服务工作。基层社会治理绩效真正的决定力量应该是政策制定与指引者的干部群体和数量与规模庞大的雇佣群体,前者决定了基层社会治理的方向与顶层设计,后者决定了政策是否能够真正落地,发挥作用。晋升锦标赛的激励机制对干部群体与雇佣群体的激励刺激作用,提升其工作的积极性和主动性具有重要意义。

第四节　使命政治的约束机制

从上文第四章对群体流动与留滞的情况分析得知,"绝大多数的官僚群体、派生群体以及雇佣群体的职业生涯都会滞留在工作所在的行政区(如街镇),甚至滞留在自己的工作单位和工作岗位。他们更可能的是融入地方和基层的社会网络,强化'流动的官'与'留滞吏'群体之间、行政区域层级之间以及职能部门条块之间的边界与距离。晋升锦标赛等机制对'流动的官'激励作用显著,但对打破'留滞的吏'这一封闭性结构的效果甚微"①。然而差序化的权力压力机制也仅仅是从外部机制对治理群体进行加压,促进其完成各种行政任务与指标,而外部机制真正起作用的是通过内因体现出来。中国特色的党管干部人事制度而形塑的使命(mission)政治对治理群体行为的内在约束机制是治理群体积极履行职能,完成上级政府分派的各种治理任务的又一重要机制,尤其对官僚群体和派生群体的行为形塑作用更加突出。换言之,在当下的中国城市基层治理中,由政党(中国共产党)这一政治组织所孕育出来的使命政治转化为治理群体的内在价值追求并付诸实践。

当下中国城市基层社会的治理群体(官僚群体、派生群体、雇佣群体)与古代中国基层社会治理群体(官与吏)在治理能力上着巨大的差别。古代中国基层政府中的官僚群体是通过察举制与科举制拔出来,官僚群体的知识化与道德品行是首要标准,官僚群体成为文字化、知识化的政治精英,而缺乏有效的社会治理能力和实践能力。特别是明清实行八股取士后,基层政府

① 刘建军、马彦银:《从"官吏分途"到"群体三分":中国地方治理的人事结构转换及其政治效应》,《社会》,2016年第1期。

中的官僚群体日益堕落为悬浮于基层各种事务的特权阶层，无法支撑起国家基层社会治理的需求，而基层社会的治理不得不更多地依靠规模庞大的幕僚、胥吏与吏役等各种角色的"吏"。由此，古代中国基层社会的治理呈现出"官弱吏强"的特征。当下的中国基层政府中的官僚群体、派生群体是凭借现代化的知识、技术以及发展能力，通过层层考核与选拔而进入政治组织内，尤其是干部群体，他们大都经历一个从基层到高层的成长发展路线，都是从基层历练出来了，不仅对地方的风土情况比较熟悉，而且具有丰富的工作经验与很强的实践能力，在基层社会治理中扮演者领导者的角色，是基层社会治理各项政策和制度的制定者与设计者。而雇佣群体主要由机关企事业单位的退休返聘人员、刚毕业的大学生、各类社工、下岗职工等群体构成，他们同样不仅具有现代化的知识，丰富的工作经验和很强的社会工作能力，且他们的绝大多数都是本地的居民、本社区的居民，熟知基层社会的具体情况，是各项政策与制度的实施者与实践者，是基层社会治理的主体力量。不同于古代中国基层社会治理中的"官弱吏强"的特征，当下基层社会治理中的治理群体呈现出"官强吏强"的"双强"特征，实现了领导型政治家与技术型官僚有机统一。治理群体的这种"双强"复合型特征的产生是与他们内在的使命意识有着密切关系的。

一、从身份到使命：使命政治的文化与心理缔造

从古至今，在中国社会中"官"始终是身份的象征。"官"与"民"的区分是政治身份标示化的一个重要体现，只不过在当下社会是"干部"（指一切公职人员）与群众的区别而已。尽管这种身份意识在今天社会依然存在，但与之前的含义已经有所不同。当下这种身份意识不仅仅来自官位和职位，更多的是依靠使命支撑起来的。换言之，使命与身份在当下政治生态中是同构的。

如果说身份主要意味着个体与他人的区别，而使命就主要意味着个体对推进国家建设、提高现代化水平、提升人民福祉、捍卫社会公平正义等肩负起的历史责任。新中国成立后，尤其改革开放之后，国家现代化的使命、道德化的使命，特别是为了应对新的政治生态挑战，缔造新的政府合法性与夯实党执政基础的使命，都紧紧地压在了当下中国的治理群体身上，尤其压在了官僚群体与派生群体的身上。

在当下的中国基层政府中，治理群体，主要是干部群体的使命意识的生成主要与传统中国儒家倡导的天下观念以及中国共产党倡导的为人民服务的宗旨密切相关。天下观、民生观、为人民服务的宗旨缔造了治理群体，尤其是精英群体的强烈责任意识和自我激励的动力。由使命这一"新内圣"激发并驱动的"新外王"成为形塑当下治理群体，特别是干部群体的文化与心理机制。如果说西方政治制度成功的最大秘密是把社会精英引导到对社会物质财富创造以及对政治权力的追求上，①那么改革开放之后，中国现代化发展和国家治理体系与治理能力现代化最大的成功秘密就是把治理群体，尤其是官僚干部群体引导到对国家的现代化发展，对民生的改善、对民族崛起、对天下责任的追求与担当上，从而缔造了使命政治的文化与心理动力。

二、信念与路线：使命政治的价值缔造

在西方的政治体制中，政府官员的民主责任（Accountability）的履行主要是由民主选举制度带来的。选民通过投票的行为能够规范公共权力的使用，约束政府官员的行为，保证社会公共产品的提供等。令西方政治学者迷思的地方在于，中国一直缺乏真正意义上的竞争性民主，为什么中国的政府官员

---

① 参见［美］艾伯特·奥·赫希曼：《欲望与利益：资本主义走向胜利前的政治争论》，李新华、朱进东译，上海文艺出版社，2003 年。

仍然具有很强的责任意识。其实他们忽略了一个重要的因素，即潜藏在中华民族中的基于中国悠久历史、传统文化，以及近代国家命运孕育而生的政治使命感。西方的民主理论无法发掘潜藏在政治制度背后的这一因素，更无法解释使命政治在中国的历史源头、文化源头、理论源头以及制度源头等。

　　一般来说，作为公共权力执行者的政府，既有使用公共权力谋求公共利益的一面，同时，又有使用公共权力以追逐自身利益最大化的一面。换言之，政府既有可能是促进经济社会持续发展，维护国家和谐稳定秩序的"扶持之手"，也有可能是抑制经济社会发展、滋生社会混乱、干扰国家秩序的"掠夺之手"。诺斯称其为国家的二重性，[①]奥尔森称其为分利集团的现象。[②]政府或者政府官员的这种价值取向的结果就会导致其对公共使命的遗忘、公共责任的遗失。如何化解政府的经济人取向这一困境？洛克的希望是寄托在立法机关上，立法机关是国家的生命与灵魂，通过立法机关能够将一个国家的成员联合，团结为一个和谐的有机体。[③]但随着立法机关的日益衰落而行政机关的不断膨胀的现实出现，洛克式的试图以立法机关为行政机关（或政府）注入生命与灵魂的设想实现的可能性就越来越渺茫。然而，在当下的中国政府中，凭借党管干部的原则与做法，把党的理想信念、服务宗旨、价值取向、方针路线、道德观念等因素注入政府的治理群体之中，尤其是注入干部群体之中，把政府的经济人取向降到最低化状态。更为重要的是，通过党的信念的灌输，党的路线方针政策的引导，为我国的人事制度注入了灵魂与价值关怀，从而形塑了中国政府中治理群体，尤其是干部群体的为人民服务的工作宗旨和集体主义的社会主义精神，缔造了使命政治的价值动力。"我们基层

---

①　参见[美]道格拉斯·C.诺思：《制度、制度变迁与经济绩效》，杭行、韦森译，格致出版社、上海人民出版社、上海三联出版社，2014年。

②　参见[美]曼瑟尔·奥尔森：《国家的兴衰——经济增长、滞胀和社会僵化》，李增刚译，上海人民出版社，2007年。

③　参见[英]约翰·洛克：《政府论》（下），叶启芳、夏菊农译，商务印书馆，1964年，第91~92页。

的很多工作人员,尤其是各科室的干部,都还是很有想法的,很想做一些实际和有意义的工作。"①

三、干部人事制度:使命政治的制度缔造

在现代社会,政党的重要使命与作用是一方面培育、吸收和再造政治精英;另一方面是为公共权力部门和职位输送精英政治人才。②世界上所有国家的政党几乎都把发现、选拔和培养政治精英作为政党的第一要务。毛泽东曾说过:"政治路线确定后,干部就是决定的因素。"③从程序上来说,我国政治精英的发掘与选拔具有严格与完善的体系,尤其是改革开放后,我国逐渐打破了干部的终身制,建立起完备的人才选拔、调控与更新的干部人事制度,从而缔造了使命政治的制度动力。

从上文第四章的有关内容中我们就已经看到,当下中国通过面向全社会的公开性的官僚群体与派生群体,甚至雇佣群体的考试(包括笔试与面试),发掘、选拔优秀的政治人才;通过党管干部的考察、任命制度,培养、选拔干部群体;通过面向官僚群体与派生群体的公开遴选选拔干部群体;以及通过实职转虚职或直接从公职岗位上退下来的方式等,实现了不同治理群体晋升式的垂直流动,平级调动的水平流动以及跨区域升迁的层级流动和正常退休,建立起对治理群体,尤其是干部官僚群体以及派生群体的选拔、调控与更新的体系。在基层政府中,每年都有雇佣群体通过公开的选拔考试而成功地进入派生群体或官僚群体,派生群体垂直流入官僚群体;官僚群体

① D 区 SD1 街道办事处党政办主任 Z 的访谈,2016 年 4 月 25 日。
② Rod Hague and Martin Harrop, *Polilitical Science:A Comparative Introduction*, (3rd Edition), palgrave,2001,p.167.
③ 《毛泽东选集》(第二卷),人民出版社,1991 年,第 526 页。

与派生群体中的非干部群体通过公开的遴选考试而晋升为领导岗位，或者官僚群体与派生群体中的非干部群体通过党组织的考察任命而提拔为干部群体；以及行政级别较低的官僚群体和派生群体经过党组织的考察任命为更高级别的干部群体等现象，尽管实现垂直晋升流动的治理群体的人员数量有限，但是它却具有强大的示范与激励作用，引导治理群体积极履行职责，完成使命任务。

当下中国的人事制度，除了建立起完善的选拔、晋升、调动与退休的机制外，还建立起以政治、经济与社会地位为内容的人事保障制度。我们知道，在金字塔式的政府结构中，上层更高级别的职位是有限的，具有稀缺性。能够晋升为更高级别的干部群体的派生群体与官僚群体的人员，能够晋升为派生群体与官僚群体的雇佣群体的人员，其数量都是有限的。绝大多数的人员会因为上层职位的稀缺性而留滞下来（这点在上文中通过雇佣群体、派生群体以及干部群体的垂直流动率的情况我们已经看到）。然而为了激励治理群体，国家又从治理群体的经济待遇、社会保障、社会名望等诸多方面给予治理群体以回报，开发治理群体的使命动力。毕竟获得理想的预期收益是所有当代国家官僚制运行的重要动力之一。因此当下中国的干部人事制度，不仅从干部的选拔、晋升与调动以及退休等机制上为治理群体的注入使命动力，而且从经济待遇与社会名望等方面同样给予治理群体注入使命动力。"每一个历史时期，每一个王朝，只要出现阶级固化，统治就会走向危机，甚至崩溃。"[①]治理群体，尤其是干部群体的选拔、调控与更新，缔造了使命政治的制度动力。

---

① D区科委副主任J的访谈，2016年4月16日。

四、思想改造与反腐败：使命政治的逆向动力缔造

权力是滋生腐败的源泉，绝对的权力会导致绝对的腐败。世界上任何一个国家都存在腐败，但不是任何国家都具有铲除腐败，消除腐败危害的能力。当下中国在世界范围，尤其是第三世界国家中，反腐败的力度和能力以及反腐败所取得的成果都是有目共睹的，特别是中国共产党的十八大以来，反腐的力度以及成效前所未有。除了严厉推进反腐败的策略外，中国共产党为了净化干部队伍，还始终坚持党员以及政府官员的思想建设工作，始终保持党的先进性，使其始终牢记为人服务的宗旨（从附录1、附录2和附录3的工作纪实中可以看到，基层政府中的官僚群体、派生群体常常被要求进行各种形式的培训与学习，其实这就是一种思想建设和再教育）。从干部塑造的视角看，思想建设与反腐败是对政治精英纯洁与净化的一种强制性的机制，更是巩固党的执政基础，维护党的形象的重要机制，必须坚定不移地贯彻执行下去。因为在统一的干部体系中，人们往往基于政治评价和政治心理的放大效应，会由于个别腐败者的存在而产生整体腐败的评价。而且即使是个别腐败者，如果不严厉整治，防微杜渐，最终必然也会导致整个政党以及政府的溃烂与崩塌。从这个意义上说，加强干部队伍的思想建设，严厉推进反腐败斗争不仅是一种政治态度，一种纯洁、净化队伍的强制性机制，一种防止公共权力入侵的治党安邦的策略，还是一种缔造政治理想信念与政治价值的手段。作为一种逆向运动策略，思想建设与反腐败缔造了治理群体的使命政治动力。

中国四十多年的成功发展已经证明，治理群体，尤其是官僚群体中的干部群体的政治使命意识与中国的现代化程度有着密切的关系。治理群体的政治使命意识越强，为实现国家现代化的努力程度越高，中国现代化的进程

就越快,程度就越高;党为干部人事制度注入的价值资源越多,且杜绝干部制度弊端的效果越显著,现代化成果的巩固与扩展力度就越大,国家的社会治理体系和能力就越现代化,而党的执政根基也会更加牢固。党通过党管干部的人事制度为治理群体,尤其是干部群体注入了内在的政治价值与政治使命,塑造了治理群体,使治理群体将内部使命与外部动力融为一体。恰恰是这一使命政治对治理群体注入的内在责任意识与历史使命感,使其肩负起推进了国家治理体系与治理能力的现代化责任,铸就了中国道路的有效性和独特性。[①]

第五节　半行政半市场化的赎买机制

一、赎买

"赎"在中国古代的含义主要有两层:用财物换回人身自由或抵押品;以财物或人身自由为代价求得减免刑罚。[②]"赎买"这一概念的含义,既包括古代"赎"之意,即用钱赎身或赎回抵押品,在现在又有新的拓展,在现代的汉语词典中,"赎买"是指:国家有代价的把民族资产阶级占有的生产资料收归国有,[③]这层含义特指的是新中国成立后,国家对民族资产阶级的生产资料处理的一种政策。赎买的本质意义是以物换物,侧重于以财物(钱)换取某

---

① 刘建军、马彦银:《从官吏分途到群体三分:中国地方治理的人事结构转换及其政治效应》,《社会》,2016 年第 1 期。

② 《古代汉语词典》(第 2 版),商务印书馆,第 1381 页。

③ 吕叔湘:《现代汉语词典》(第 5 版),商务印书馆,第 1266 页。

物。赎买的含义与"购买"的含义非常相近,购买的本意同样是以物换物,且多是财物换物。但是二者的最大区别在于"买"的对象之不同。一般而言,购买的对象是市场上流通的商品,"购买"完全是一种商品市场上的交易行为,交易双方的地位都是平等的;而"赎买"的对象往往不具有商品的性质,不是以市场交换为目的以物换物,且赎买双方的地位往往也是不平等的。例如,在"三大改造"期间,国家对资本主义工商业进行改造,通过赎买手段把资产阶级占有的生产资料收归国有。在 20 世纪 90 年代国企改革期间,一些国有企业通过买断职工工龄、股份改制、转让国有资产、低价出售职工安置房等手段赎买劳动力国有身份现象。①赎买政策的运用不是中国的独创,实际上,马克思、恩格斯、列宁等人早就对其进行了较为详细的阐释。1847 年在谈到如何保证无产阶级生存和废除资产阶级私有制时,恩格斯指出:可以使用纸币赎买的方式逐步剥夺土地私有者、厂主以及铁路和海船所有者的财产。②在俄国十月革命前期,在谈到过渡时期的经济纲领和政策时,列宁也指出:"我们需要从事银行事业和联合企业工作的优秀组织……我们比之前需要多得多的工程师、农艺师、技术人员以及各种具有科学知识的专家……在过渡期间要给予这些专家保持比较高的工资。"③

　　在当下中国城市基层社会治理中,基层政府与雇佣群体的关系就是一种赎买关系。基层政府以经济报酬、工作的宽松度,以及工作的弱强度等代价,换取对雇佣群体的人身管控、雇佣群体履行基层政府职能以及对基层社会的维控,雇佣群体以人身的自由和履行基层政府的职能为代价换取更大的利益计算。基层政府与雇佣群体的赎买关系既表现为双方的不同利益所向,又表现为半行政半市场化的赎买特征。

---

① 吴刚:《对赎买劳动力国有身分的理性思考》,《财经理论与实践》,1998 年第 1 期。

② 《马克思恩格斯全集》(第 4 卷),人民出版社,1958 年,第 367 页。

③ 《列宁全集》(第 26 卷),人民出版社,1959 年,第 91~92 页。

二、半行政半市场化的赎买

在当下的中国城市基层政府中，基层政府对雇佣群体的招募是通过半行政半市场化的赎买手段实现的。所谓半行政半市场化的赎买是指基层政府按照市场化的标准招聘、使用雇佣群体，但不按照市场化的标准给予雇佣群体以薪酬回报；按照行政化的标准给予雇佣群体以薪酬回报，但不按照行政化的标准给予雇佣群体以编制化身份（或国家公职人员身份）。[①]换言之，基层政府对雇佣群体的赎买形式既不是完全按照市场化的标准，又不是完全按照行政化的科层制标准，而是按照一种半行政半市场化的标准，即半行政半市场化的赎买形式。具体来说，基层政府通过支付一定的经济报酬为代价换取对雇佣群体的管理权和使用权，雇佣群体履行国家公共职能，但不具有国家公职人员的编制身份，不享有因编制身份而带来的一系列权利，即履行国家职能却没有国家公职人员身份（没有编制）或者说干着体制内的活却不是体制内的人，是似公实私人员。其中，这里的市场化体现在基层政府以签订劳动合同或者劳动协议的形式公开招聘或者委托第三方机构（一般是人才中心）公开招聘雇佣群体，支付雇佣群体劳动报酬，享有对雇佣群体的使用和管理权。行政化体现在基层政府给予雇佣群体的报酬远远低于劳动者在市场上的劳动价值，而是按照政府科层制的经济报酬标准给予雇佣群体，远远低于官僚群体与派生群体的工资薪酬，甚至以国家设定的最低工资标准给予雇佣群体。基层政府对雇佣群体的赎买形式是以市场化的标准招

---

① 行政化的酬薪回报是指基层政府给予雇佣群体主要是工资性收入，且工资性收入是按照政府科层制最低端的标准执行，远远低于官僚群体与派生群体的工资性收入（可参考上文第三章第三节经济保障的有关内容），且由于没有编制身份，因编制身份带来的诸多福利和补助性收入（如餐补、车补、房补等），雇佣群体也无法享有。雇佣群体从基层政府获取的薪酬不是他们市场化劳动力价值的正常反映，一般都是远低于其劳动的市场价值。

聘、使用雇佣群体,以行政化的标准给予雇佣群体以回报,是半行政半市场化的赎买。

下面我们来具体来看一看,半行政半市场化的赎买机制在实际中的具体表现形式。

第一,以行政化的薪金代价赎买雇佣群体的市场化使用权。基层政府在招聘雇佣群体时,是以市场化的标准与条件招聘雇佣群体。目前,在上海各基层政府中,雇佣群体的招聘主要有两种形式:一是选任,这种方式主要是针对居民区党组织和居委会依法经居民选举产生的社工,每个居委会有4名左右。这些雇佣群体的数量只占整个雇佣群体队伍数量的极少数。二是招聘,除了居委会个别成员采用选任招募的形式外,其余的雇佣群体的招募都采用这种形式。招聘是以“公开、平等、竞争、择优”的原则,按照笔试、面试的程序进行的。招聘形式完全按照市场化的标准运行,对雇佣群体的基本素质和业务能力都提出一定的要求。在对雇佣群体的使用上,雇佣群体分布在街道办事处或镇政府的各职能部门,基层政府的各所属“中心”(社区事务受理中心、社区文化活动中心、城市网格化综合管理中心、社区党建服务中心、社区综治中心等),上级政府各条线职能部门以及基层队伍(主要是协管员)中。雇佣群体所分布地方都属于基层政府机关或者政府机关的辅助性机关的服务部门,主要是回应并满足基层社会的群众需求,执行党和国家的路线、方针、政策和有关措施,贯通国家与社会的连接地带,处于服务社会的第一线。雇佣群体承担了大量的基层政府的治理职能,且许多雇佣群体还要承担官僚群体与派生群体转移过来的职能(参考第二章第四节有关内容),工作量比较大,尤其是在各中心窗口服务的雇佣群体,不仅工作时间、自由度有严格的限制,工作量也相当繁重。尽管雇佣群体在基层社会治理中发挥着巨大的作用,但是给予他们的回报却远远低于官僚群体和派生群体,他们获得的政治待遇、经济保障、社会地位处于科层制的最底端。仅就最主要的薪酬而言,据基层有些干部群体说,官僚群体的年薪平均有 13 万左右,派生群体的年薪有 9 万左右,雇佣群体的年薪有 6 万左右。[①]雇佣群体的话也证明了这点,"事业编制人员只要一进入单位年薪就 7 万多,工作几年就会更多,公务员那就要翻倍了,更重要的是公务员有各种补贴和其他收入,我在街道工作了十几年了,现在一年才 6 万多,我们干一辈子也没有人家(官僚群体、派生群体)刚进来的工资高。这还只是工资方面,他们还享有各种福利、补贴等待遇,而我们都没有"[②]。甚至,许多原有国有企业下岗的职工,退休返聘的协管员、社区调解员等雇佣群体只享有上海市的最低工资待遇——2190 元,社会保障金等也是按照市级的最低标准缴纳。[③]基层政府以行政化的薪金回报,甚至是国家规定的最低工资标准的代价换取对雇佣群体的使用权。

第二,以市场化的身份代价赎买雇佣群体的管理权。基层政府对雇佣群体招聘、使用都是以劳动协议或劳动合同的形式与雇佣群体签订就业形式。要么是一年一签就业合同或就业协议,要么是二年或者是一个任职周期(比如在居委会工作的雇佣群体,是以居委会的换届年为标准,一届一签)一签。在合同年里,根据每年的考核情况或者根据基层群体的反映以及投诉情况,雇佣群体只要不合格,合同期满立即解除劳动关系,甚至当时立即被开除。雇佣群体的职业安全感完全不同于官僚群体与派生群体,后二者具有编制身份,是国家统一招考的,属于体制内的人,基层政府对其没有辞退的权利而只有考评的权利,只要他们在工作中不犯什么大错,就不会被开除。"我们科室有一个城管员,是公务员编制,平时干活的都是我们这些编外人员,我来 2 年多了,就见过他 3 次面。每一次见他时都是来办公室坐一会又走了。

---

① D 区编制办副主任 H 的访谈,2016 年 4 月 12 日;D 区 SD1 街道办事处组织科科长 X1 的访谈,2016 年 5 月 18 日;K 区 SK5 街道办事处人力办科长 L 的访谈,2015 年 11 月 10 日,等等。

② K 区 SK5 街道办事处党政办编外人员 E1 的访谈,2016 年 4 月 13 日。

③ D 区 SD1 街道办事处党政办主任 Z 的访谈,2016 年 4 月 25 日;D 区 SD1 街道办事处城管执法科科员 I 的访谈,2016 年 4 月 27 日。

他来的原因是我们街道领导不断地给他打电话，说什么上级要来检查，所有人必须到岗，人家来了后，看看没有什么事（上级检查的没有来）又走了，就说有病在家休养，不来上班，街道领导拿他一点办法都没有。我们科室上报工作材料，撰写工作计划、执勤等工作，都是我一手操办，我比街道领导都忙。"[①]在基层政府中，雇佣群体属于基层政府自己招聘的临时工，不享有国家公职人员的行政编制和事业编制，属于国家的编外人员，与在企业或其他行业的劳动者一样，其工作面临市场的风险考验。正因为如此，基层政府完全掌握着对雇佣群体的管理权和使用权，依靠雇佣群体能更彻底，也更容易地贯彻、执行国家的政策措施。"公务员、事业编制人员不好管理，编外人员都是基层政府自己招的，控制着他们的工资、待遇和人事权，这样就更容易控制、管理这些人员。这些人员用起来也就更方便。"[②]2015年上海市委办公厅出台的《关于建设专业化社区工作队伍的实施意见》文件同样明确提出："对于社区工作队伍，各区县和街道、乡镇……要完善管理制度，鼓励采取市场化方式，通过政府购买服务，提高人力资源社会化水平。"[③]基层政府就是以这样一年一签或一个工作周期一签的市场化方式与雇佣群体签订就业合同，给予雇佣群体临时工的身份和相关待遇，实现对雇佣群体的管理和使用。

　　基层政府对雇佣群体的招聘、使用、管理采取的方式的都是市场化的方式，给予雇佣群体的政治、经济回报却是行政化的方式。基层政府以最小的政治、经济代价赎买对雇佣群体的使用和管理权。这种半行政半市场化的赎买方式的主动权完全掌握在基层政府手中，而雇佣群体完全处于被动的局

---

①　河南平顶山市湛河区某街道办事处城管科编外人员E4的访谈，2016年5月9日。

②　D区区编制办副主任H的访谈，2016年4月12日。

③　中共上海市委办公厅：《关于建设专业化社区工作者队伍的实施意见》，沪委办发〔2015〕22号，2015年5月9日印发。

面,这是一种极其不对等的赎买行为,但这种赎买方式为什么能够成立呢? 为什么在基层社会治理中得以普遍存在呢? 究其原因,赎买双方都有其不同的利益考量,而且利益的关注点完全不在一个点上。正因为如此,这种完全不对等的赎买方式才得以发生, 雇佣群体才能接受其在基层社会治理中的角色定位、职能分等。

三、赎买双方利益所向

在半行政半市场化的赎买过程中, 基层政府与雇佣群体都有着不同的利益考量。就基层政府而言,招募大量的雇佣群体有以下四个利益动机:

第一,基层社会治理需要大量的治理群体。随着经济社会的发展,以及人口流动的加剧,上海市各基层社会面临着严峻的社会维稳和满足基层社会发展需求的任务, 不断扩充基层社会治理群体的人员力量是基层社会治理的客观需求。但由于编制硬约束制度的存在,基层政府中的官僚群体与派生群体的数量与规模无法扩张,只能转向对雇佣群体的更大需求。

第二,基层政府缩减人力资本的财政开支。雇佣群体的工资待遇普遍低于官僚群体和派生群体,而且不用承担雇佣群体退休之后的人头费,雇佣大量的雇佣群体对于地方和基层政府来说,是缩减人力资本供养规模、减少政府开支的一个重要途径。

第三,维护基层社会秩序。基层政府聘用大量的雇佣群体,一方面,依靠其执行党和国家在基层社会的政策方针,有效回应基层社会的利益诉求,能够将基层社会的各种矛盾化解在社区中,化解在萌芽状态,维护基层社会稳定;另一方面,许多雇佣群体本身就是一个不安定的因素,他们中的一些人之前是无业者,是企业下岗职工,或是退休后仍然年富力强的人,把他们重新纳入体制的监督与制约下,并给予一定的经济回报(即使是最低标准的待遇），既有利于其改善生活，又有利于其加强对体制的认同。

第四，加强对基层工作队伍的控制。有一支能够控制，并可以依靠的基层工作队伍是基层政府能够维护基层社会秩序，提供基层社会所需求的公共产品的重要保障。由于官僚群体、派生群体的人事控制权不在基层政府掌握之中，对缺乏工作积极性、混日子状态的人，基层政府对其管理权缺乏致命性的制裁手段。但对于雇佣群体就不一样，雇佣群体的招聘、使用、管理权完全掌握在基层政府手中，这样能确保基层政府对其的控制权，从而确保基层社会治理政策措施的真正落地。

基于以上的利益诉求，基层政府赎买大量的雇佣群体执行政府职能是必然的，但是能够完全把赎买的主动权掌握在自己手中，通过半行政半市场化的机制，以最小的代价实现成功赎买，还得益于广大的雇佣群体对基层政府的利益诉求。雇佣群体对基层政府的利益诉求主要体现在以下四个方面：

第一，获取编制身份，进入国家公职人员队伍的诉求。雇佣群体中的许多有学历，有能力，又比较年轻的雇佣群体之所以受聘于基层政府，服务基层社会，其最主要目的是把在基层社会的工作经历作为进入官僚群体与派生群体的跳板，一旦服务期满后，就会通过自己的努力和有关针对其特殊的录用考试政策，考进官僚群体或派生群体，实现身份的转变。

第二，获取"似公"身份，提升社会地位的诉求。一些雇佣群体家庭条件非常优越，根本不在乎工作的经济回报，更在乎的是社会地位的提升和职业的体面性。中国自古以来就有"学而优则仕"的传统，官员或者公务员在中国各种职业中一直拥有最高的职业自豪感，拥有最高的社会地位。这些家庭经济条件特别优越的部分雇佣群体，凭借自己的能力无法通过官僚群体与派生群体的招录考试，不能实现身份转变，但是由于其一直在政府机关工作，履行政府的职能，尽管是"似公实私"人员，但在社会上其他群体看来，他就是政府公职人员，能够满足其职业带来的社会地位荣耀感。

第三,获取额外经济报酬的利益诉求。雇佣群体中有大量的退休返聘人员以及原国有企业下岗职工。退休人员正常退休后有自己的退休金,原国有企业下岗职工也有一定的经济生活保障,他们由于年龄、技能或能力问题无法通过市场化的方式被单位录用,但是通过受聘于基层政府,在基层政府中从事协管员、协助员、助老员、助残员、保洁员、信息员、调节员等工作完全没有问题,而且能够从所从事的工作中获取适当的经济收入,尽管很微薄,但是相对于退休金、下岗补助金等,这属于额外的经济回报,他们很乐意接受。

第四,获取工作时间的弹性制和宽松度的诉求。雇佣群体中有大量的35岁左右的女性存在,这些雇佣群体寻求的工作性质,经济利益不是第一位的,能够照顾孩子与家庭,距离家比较近是其选择的第一要素。基层社区的工作对这些雇佣群体具有非常大的吸引力。在居委会工作的社区工作者,政府各条线部门下派的社区工作者等雇佣群体,由于在基层社区工作,上下班时间不像企事业单位那样有严格的时间点限制,其上下班的时间都具有一定的弹性;基层社会的工作对工作者技能、素质的要求也不是很强,与在企业公司等单位工作相比,其工作的压力也没有那么大,工作强度也不高;且这些雇佣群体基本都是本区域内的人,在本社区工作距离家比较近,这些因素叠加在一起,就极大地满足了这些雇佣群体对工作的要求。

从以上基层政府与雇佣群体的各自利益诉求来看,尽管二者都有很强的利益诉求,但二者的利益诉求却没有明显相冲突的地方。更重要的是,基层政府与雇佣群体之间实现有机结合时,能够同时满足双方的各自利益诉求。由于工作的机会和岗位的设置以及工作的酬薪回报等先决条件都掌握在基层政府手中,二者实现结合的过程中,主动权自然就掌握在基层政府手中,且基层政府能够以半行政半市场化的赎买机制,以最小的政治、经济代价实现对雇佣群体的使用与管控,实现对雇佣群体职能履行的激励与加压,实现基层社会的有效治理。

总结　政府形态:正式政府与非正式政府

本书在第四章中分析了雇佣群体的流动与留滞情况，通过流动与留滞的制度安排,治理群体实现了分流,分化出哪些治理群体成为雇佣群体,哪些治理群体成为派生群体,哪些治理群体成为官僚群体,又有哪些人成为官僚群体中的干部群体和非干部群体。治理群体的分流结果必然带来其职能的分化,出现治理群体的职能分等状况。本章通过对上海市基层政府中不同治理群体的工作纪实考察和笔者的亲身参与式观察发现,在基层社会治理中,官僚群体尤其是干部群体是基层社会治理与发展的各项政策措施的设计者与制定者,同时也是上级政府部门各项社会治理与社会发展政策的执行者与落实者,具有面下为"官",面上为"吏"的双重角色,在基层社会治理中既承担着引领者的角色,又承担着监督、检查、考核派生群体和雇佣群体的角色,主要对更高级别的政府部门,更高级别的干部群体负责,主要为下服务。派生群体以及官僚群体中的非干部群体的主要职能就是各种信息的上传下达以及机关单位中各种行政性事务的服务,主要服务对象是基层政府中的干部群体和上级政府职能部门的干部群体,同时一些派生群体也连接雇佣群体,服务基层社会,服务的对象面向基层群体,但派生群体主要对上负责。雇佣群体是基层社会治理和发展的各项政策措施的执行者,主要服务的对象是面向基层群体,解决基层社会各种利益诉求和矛盾冲突,是直接与群众打交道者,既为下服务,也对下负责。

这样,在城市基层社会治理中,治理群体就出现了职能分等:官僚群体中的干部群体主要对更高级别的政府部门和干部群体负责,一切工作都围绕他们的要求而为群众服务;派生群体主要对基层政府中的干部群体负责,起到上传下达的作用,既为上(干部群体)服务又为下(派生群体、基层社会)服务,但其工作围绕干部群体的要求而开展,对上负责;雇佣群体主要为下(基层群体)服务,是基层社会治理的主体力量。尽管按照基层政府中干部群体的行政要求执行各项政策措施,但是主要对群众负责,为群众服务,群众对其工作的满意度决定了其工作的去留问题。治理群体的职能分等状况反映在他们的平时工作中,但在其背后存在着诸多强化机制,促进这种职能分等的落实。这些机制包括差序化的权力压力机制、晋升锦标赛的激励机制、使命政治的约束机制、半行政半市场化的赎买机制等。这些机制在实际中相互叠加共同对治理群体职能分等的落实进行激励与加压,刺激与鞭策。

从治理群体的职能分等状况看到,在当下中国城市基层社会治理中形成了双轨组合治理逻辑:由官僚群体与派生群体组合而成的官僚制正式政府,是基层社会治理的决策者与引导者,是各项行政性治理任务的下达者,主要对更高级别的政府部门和更高级别的干部群体负责;由数量与规模庞大的雇佣群体构成的,隐藏在正式官僚制政府背后的非正式政府,是基层社会治理的各项政策措施的执行者和落实者,主要对基层群众负责,回应基层社会的各种利益诉求,维护基层社会秩序的稳定。这两种形态的政府在中国城市基层社会治理中同时存在,并实现有机组合、功能互补、共同发挥作用,共同推动基层社会的有效治理。因此,中国基层政府的真正形态既不是我们简单地看到的官僚制政府形态,也不仅仅是学者眼中的潜规则政府形态[1]或者隐性政府形态[2],而是由正式的官僚制政府形态与隐性的非正式政府形态共同构成的组合型政府形态。这样,在中国城市基层社会治理中,就出现了群体三分的治理结构和组合型政府形态的政府治理逻辑,那么我们不禁要

---

[1]　参见吴思:《潜规则:中国历史中的真实游戏》,复旦大学出版社,2011年。

[2]　韩振说:"外掌守令司道督抚之事,以十七省出治者,幕友也。"转自瞿同祖:《清代地方政府》,范忠信等译,法律出版社,2011年,第148页。

谁在治理　为谁治理　如何治理?

问:在当下的中国城市基层社会治理中,仅就治理群体而言,到底是谁在治理? 为谁治理? 当下中国城市基层政府的组合式政府形态符合我们所熟知的"小政府大社会"的理想政府形态吗? 未来中国基层政府的改革与发展方向又是什么呢? 这些迷思与问题都将要在第六章中得到充分的考察与讨论。

第六章　群体三分与组合治理

本书在前面的章节中分别分析了当下中国城市基层政府中的治理群体，尤其是雇佣群体的存在状况，并从编制硬约束制度、财政软约束制度、政府的职能和体制内维稳等视角对导致当下中国城市基层社会出现的群体三分治理结构的原因进行了研究。同时，对群体三分治理结构与古代中国的基层礼会的官吏分途治理结构讲行了对比。本书通过这些考察发现，在当下中国城市基层社会治理中，群体三分治理结构既有当下中国政治制度设计的使然，又有当下基层社会治理的现实要求，还有古代中国基层社会治理结构的延续与变异的路径依赖。这些因素相互叠加在一起，群体三分治理结构在当下中国城市基层社会治理中的存在就是一种必然。然而，群体三分治理结构在当下的中国城市基层政府中具体是如何有机运行的呢？国家通过"三规制"的制度设计，治理群体身份从政治待遇、经济保障以及社会认可度等方面形成了等序化的身份差异，身份差异带来了治理群体的流动（垂直流动、层级流动与水平流动）。群体有流动就会有留滞。流动与留滞的结果就筛选出了哪些人能成为雇佣群体，哪些人能成为派生群体，哪些人能成为官僚群体，又有哪些人能成为官僚群体中的干部群体。那些进入官僚群体与派生群体的治理群体,尤其是进入官僚群体中的那些干部群体主要对上负责,为下服务;而大多数留滞的非干部身份的官僚群体、派生群体往往在官僚制内部起到信息的上传下达的作用,对上负责,为上下服务;大量的雇佣群体,由于制度安排和自身素质等原因,无法进入官僚组织的流动序列,就成为似公实私的半行政化人员,成了服务基层社会的主体。这样,官僚群体、派生群体和雇佣群体就在职能上形成了分等。职能分等能够在城市基层社会治理中被真正落实下来,背后还有差序化的权力压力机制、晋升锦标赛的激励机制、使命政治的约束机制、半行政半市场化的赎买机制等对不同治理群体进行激励与加压作用。通过这些分析,本书得出了这样的一个结论:在中国基层社会治理中存在双重组合的治理逻辑,即由官僚群体与派生群体组成的正式政府与由雇佣群体构成的隐形的“非正式政府”相组合,共同推动基层社会的治理。基于此,本书的研究可以有力地回应一直困扰学界与政界的一些重要迷思:在当下的中国基层社会治理中,到底是谁在治理? 又是为谁在治理? 群体三分的治理结构和组合治理的政治形态是否说明“小政府大社会”理想政府形态在中国行不通?

第一节　组合治理:谁在治理? 为谁治理?

根据官方数据显示,截至 2015 年底,全国共有公务员 716.7 万人,而中国各级政府雇佣人员在 1400 万左右,[①]这些雇佣群体就职于中国国家机关、群众团体、社会团体、宗教组织以及基层群众自治组织等机关单位中。2016 年 6 月《中国新闻周刊》对政府机关中的上至国务院总理、部长、省长,下至

---

① 蔡如鹏:《谁在治理》,《中国新闻周刊》,2016 年 6 月 27 日。

市长、县长、镇长以及普通的职员的工作进行考察后,提出了这样的宏大问题:"是谁,在治理中国? 我们庞大的政府机构怎样运行,它又如何影响着每一个人的生活? "本书的研究恰是对这一问题的正面回应,并且本书对这一问题作了更深的追问:为谁治理?

一、谁在治理?

在计划经济时代,单位组织是中国城市社会结构的基本单元。国家通过单位进行社会资源分配、社会控制和社会整合,从而达到了行政控制、资源分配、劳动组织、社会稳定以及政权巩固的目的。但是,改革开放后,中国社会结构发生了剧烈的变迁,中国从传统的封闭的农耕社会向现代的开放的工业社会转型,从高度集中的计划经济体制向竞争性的市场经济体制转型,中国的所有制结构出现了变化,社会流动越来越频繁,单位制逐渐失去了生存的土壤,逐渐走向崩溃瓦解。在后单位时代,单个的个人或家庭开始从单位中分离出来,社区取代单位成为中国社会生活的重要社会结构单元,社区被赋予了再次整合这些游离的社会原子的社会功能。因此当前中国国家治理的核心任务是恢复和重建自然社区,重新把群众再组织起来,让群众参与并当家作主解决自己在社区公共生活中遇到的各种形形色色的小事, 恢复人民对公正和伦理道德的信心。然而世上没有任何官僚体系专管小事,"科层体系"是办大事的机构,办不了小事,[1]"科层组织有繁文缛节、刻板僵化、相互推诿、自保自利、效率低下的毛病,这难以适应变迁中的乡村社会,更不能有效地回应基层老百姓的琐事"[2]。那么当下中国基层社会秩序稳定并井然有序地运行,这些小事是如何解决呢? 换言之,在当下的中国基层社会治

---

[1]　潘维:《当前"国家治理"的核心任务》,《人民论坛》,2014 年第 13 期。

[2]　欧阳静:《乡镇干部的真实生存状态》,《中国党政干部论坛》,2016 年第 1 期。

理中,是谁在治理呢?

本书通过对上海市基层政府中的官僚群体、派生群体与雇佣群体身份等序化差异、流动与留滞情况以及职能分等状况等诸多问题的深入研究,揭示出了真正决定基层社会治理绩效(维护基层社会秩序、提供基本公共产品)的关键性因素有两个:一是官僚制正式政府中进入流动序列的那部分干部或精英群体(主要体现为街道领导班子成员),二是真正将公共政策落实到每个居民家庭的数量与规模庞大的雇佣群体即"非正式政府"。一方面,进入流动序列的极少数干部群体是城市基层治理的引领者和决策者;另一方面,雇佣群体的规模和数量则是社会稳定、政策落实、强化国家与社会交接和贯通的决定性因素。同样,如果那一部分少数的干部群体或精英群体在素质和远见上出了差错,雇佣群体缺乏有效的激励与刺激,且在规模和数量上难以满足经济和社会发展的需要, 那么, 城市基层治理的问题就会层出不穷。而正式政府中未进入流动序列的非干部身份的官僚群体和派生群体在中国城市基层治理中作为辅助性因素的色彩越来越浓, 甚至出现不作为的情况。

如果用 P 表示中国城市基层的治理绩效(performance),用 C 表示基层政府中的干部群体在城市基层治理中的行为结果(effect of cadre group's behavior),用 E 表示雇佣群体在城市基层治理中的行为结果(effect of employed group's behavior),那么影响中国城市基层治理绩效的因素就可以简化为:

$$P \approx C+E$$

因此,在当下中国城市基层社会治理中,到底是谁在治理? 这一问题的答案就一目了然:是官僚群体中数量与规模极其小的干部群体和数量与规模极其庞大的雇佣群体,前者是基层社会治理的引领者与决策者,后者是基层社会治理的各项政策措施的执行者与落实者, 是基层社会治理所依靠的核心力量,二者真正决定了基层社会治理的情况,是基层社会治理的关键因素。尽管如此，我们仍然不能忽视官僚群体中的那些非干部群体与派生群体在基层社会治理中的作用，他们的信息上传下达、机关单位中的行政性服务以及部分政策措施的实施等职能，在基层社会治理中同样不可或缺。这样，在中国城市基层社会治理中实际上是官僚群体与派生群体组成的正式政府与由雇佣群体构成的"非正式政府"组合治理，两种形态的政府功能互补，有效实现基层社会的治理。

二、为谁治理？

我国政府的宗旨是为人民服务，工作的原则是对人民负责。在基层政府中，治理群体归根到底为人民群众服务是无可置疑的，但是本书意在讨论的是，不同治理群体在实际的基层社会治理中，其职能的履行最直接的是对谁负责？为谁治理？

欧阳静在研究当下中国农村基层社会治理时说："乡镇干部只能围绕上级的中心工作，完成上级的硬指标，几乎不关注乡村社会的'小事'，乡镇干部离基层老百姓越来越远。"[1]实际上，这样的情况不仅发生在当下中国农村基层社会治理中，在当下的中国城市基层社会治理中也是如此。在上文的研究中，本书已经对治理群体的职能分等状况进行了考察，不同治理群体履行不同职能，其背后有诸多政治学逻辑在发生作用，但是最根本的政治学逻辑是决定不同治理群体政治晋升、经济待遇提升，以及工作风险性的权力。这一权力掌握在谁的手里，治理群体在基层社会治理中就会直接对谁负责，为谁治理。

在中国的政治体制中，治理群体的经济待遇与政治身份是相匹配的，政

---

① 欧阳静：《乡镇干部的真实生存状态》，《中国党政干部论坛》，2016年第1期。

治行政级别越高,经济待遇就越高,反之亦然。对于治理群体而言,能够不断地获得政治晋升是其工作的主要动力。在当下的城市基层政府中,处级干部群体的垂直流动与层级流动的晋升权力掌握在上一级政府的组织部门中,平行调动的权力掌握在上一级政府的公务员局中。不仅是政治晋升权力,工作绩效考核的权力同样掌握在上一级政府部门中。因此,处级干部群体(街道领导班子成员)主要工作是围绕上一级政府部门和领导的行政要求去履行职能,其工作对上级政府部门和上级领导负责,为完成上级政府部门和上级领导的行政任务而治理。"对我们的评价、提拔都是上级给的,都是领导说的算,我们只能对领导负责。"[1]基层政府中的科级干部的选拔任用的晋升权力是掌握在基层处级干部(街道领导班子)手中,其决定权由其做出,决定的实施由人力资源办具体执行。那么,基层政府中各科室的科级干部以及非干部官僚群体、派生群体主要对基层政府中的领导干部负责,为其而履行基层社会的治理职能。由于基层政府中各科室的非干部官僚群体以及派生群体的工作绩效评价权力掌握在各科室的领导手中,因此他们也主要围绕科室领导的要求去完成工作任务,履行职能。

就基层社会治理而言,"体制内的人得按照官僚主义这一套在空转,基本不解决实际问题,财政供养的公务员,事业编制人员大都不是为老百姓服务,都在为领导服务,干的都是与老百姓的真实需求无关的事,这些人与老百姓是渐行渐远"[2]。在基层社会治理中,"真正为老百姓办实事,解决老百姓困难和问题的是那些编外人员"[3]。为什么会是这样呢? 在基层政府中,雇佣

---

① D区SD1街道办事处党政办主任Z的访谈,2016年4月25日。

② D区科委副主任J的访谈,2016年4月16日;D区编制办副主任H的访谈,2016年4月12日;D区SD1街道办事处党政办主任Z的访谈,2016年4月25日;K区SK5街道办事处副主任C的访谈,2015年11月10日等。

③ D区科委副主任J的访谈,2016年4月16日;D区SD1街道办事处党政办主任Z的访谈,2016年4月25日。

群体的招聘、使用、管理权、考评权以及决定雇佣群体去留的权力都掌握在基层政府手中,雇佣群体应该对基层政府及其领导负责,为其而履行政府的治理职能,雇佣群体为什么围绕基层老百姓而转呢? 从表面上看,决定雇佣群体的去留以及工作绩效的权力是掌握在基层政府手中,事实上是掌握在基层群众的手中。因为"编外人员在基层政府中的工作是很稳定的,除非发生群众对其工作的举报和投诉问题,一般的情况下,我们都不会辞退他们,恰恰相反,都是他们炒我们的鱿鱼"①。"老百姓来了,他(雇佣群体)就得把老百姓的事情办好,如果办理的不好,被老百姓投诉了,那么下一年我们就不会和他签订就业合同,他就得走人"②。对雇佣群体而言,只有服务好群众,满足群众的实际需求,做到让群众满意,自己的工作才是安全的。同时,雇佣群体能够做到为基层群众负责,面向群众而服务也正是基层政府的要求。因为,这是国家各项社会治理措施、各种惠民政策落到实际的保证,是维护基层社会秩序,促进基层社会稳定的保证,更是夯实政府合法性根基的保证。

在当下的城市基层社会治理中,治理群体到底主要为谁治理? 笔者通过下面一张简表对此进行一下总结:

表 26　治理群体为谁治理

治理群体		为谁治理(对谁负责)
官僚群体	(处级)干部群体	上一级政府部门或上级领导
	(科级)干部群体	基层政府领导
	非干部官僚群体	基层政府领导以及职能科室的领导
派生群体		基层政府领导以及职能科室的领导
雇佣群体		基层社会的群众

① D 区 SD1 街道办事处党政办主任 Z 的访谈,2016 年 4 月 25 日。
② D 区科委副主任 J 的访谈,2016 年 4 月 16 日。

第二节　小政府大社会？

"小政府大社会"的政府理想形态一经提出，就受到世界各国的学界与政界的青睐，世界各国都把建设"小政府"作为本国政治体制改革的未来目标。中国在 20 世纪 80 年代末在海南省进行政府体制改革试点，意在建立起"小政府大社会"的理想政府模式，但"小政府大社会"的政府模式适合当下中国的城市基层社会治理要求吗？

一、小政府大社会理论

"小政府大社会"理论起源于近代古典自由主义时期，其目标是建立小政府模式，反对国家对社会的干预，主张把国家权力限制到最低限度。尽管在 20 世纪初的资本主义大萧条之时，随着罗斯福新政的成功，"小政府大社会"的政府模式受到"大政府小社会"模式的严重挑战，但是 20 世纪 70 年代后，"小政府大社会"的神话变换成"弱政府强社会"形式重新崛起，再度成为各国政界与学界孜孜追求的理想政府形态。

"小政府大社会"理论最早可以上溯到西方启蒙运动的文艺复兴时期，洛克认为人类生活的原始状态是完备的自然状态，人们为了更好保护自己的生命权、自由权和财产权而让渡出伤害别人、惩罚他人的权利，并把这些权利交给一个按照全体人民的一致同意来行使的公共机构，这一公共机构就是国家。[①]洛克的国家学说至少包含着三层含义：一是社会先于国家而存

---

① 参见［英］约翰·洛克：《政府论》（下），叶启芳、瞿菊农译，商务印书馆，1964 年。

在；二是国家的权力是受到限制的，是全体人民授予的；三是国家的权力不是完全的权力，不包括侵害人民的生命权、自由权和财产权。洛克的社会制约国家，国家权力应该受到限制的国家理论就是早期的"小政府大社会"理论。到了18世纪，英国古典经济学家亚当·斯密认为，市场这只"看不见"的手在利益分配中发挥着决定的作用，且富有成效，还具有自我调节功能，政府不能干涉市场的自由运行，不应该干预市场的自由贸易、自由竞争、自由发展等自由放任政策。政府的职能仅体现为：第一，保护社会，使其不受其他独立社会的侵犯；第二，尽可能地保护社会上每个人，使其不受社会上任何其他人的侵害或压迫；第三，建立和维持某些公共事业及其公共设施。①据此，亚当·斯密认为，最小的政府就是最好的政府，政府在社会中应仅仅扮演"守夜人"和"警察"的角色。斯密不仅从市场自由发展的经济学的角度肯定了"小政府"的可能性，也否定了强大政府存在必要性。

之后，美国政治思想家潘恩进一步发展了"小政府大社会"思想。潘恩认为社会自身就会一种绝对的善，在最民主的国家中，国家仅是一种防范与惩罚邪恶的手段，一个自信、自治的社会只需要"最小的政府"来保障社会各方面的自然互动，如果国家过于强大就会形成强大的压制力，不仅侵害人的自由，还会导致社会土崩瓦解，因此要最大限度地限制国家的权力和活动范围，国家越小越好，而社会越大越好，社会需要国家管理得越少越是一个完美的社会。②洪堡认为国家在促进社会福利，防范外敌与内部冲突，维护安全上，国家是必要的存在，但是国家的存在也是一种痛，因为在他看来，国家与社会是对立的，是一种此消彼长的关系，国家强大了，公民的私人生活空间就会受到威胁。洪堡认为需要建立一个职能有限的政府，需要通过一系列的

---

① 参见[英]亚当·斯密：《国民财富的性质和原因的研究》（下卷），郭大力、王亚南译，商务印书馆，2012年，第253页。

② 参见[美]托马斯·潘恩：《人的权利》，韦森编，戴炳然译，复旦大学出版社，2013年。

政治制度和政治措施把政府的活动限定在有限的范围内。①另一位法国政治思想家巴斯夏认为政府具有两只手：一只手管送，一只手管拿，即政府一方面要满足社会成员的各种需要，另有一方面必须向社会成员征税，加重人民负担，且为了送，政府必须首先完成拿的动作，还要社会中"拿"的会远远大于"送"的。在巴斯夏看来，这是国家的尴尬之处，也是法国数次革命爆发的根源。他主张，国家不是，也不应该是别的什么东西，国家仅仅是一种公共警察力量，不能成为压迫和掠夺的工具，国家不应该管与它的职能不相称的事情。②

　　在这些具有代表性的政治经济思想家的推崇下，"小政府大社会"的神话渐渐地占据西方传统自由主义时期主导话语权。然而，20世纪初的一场资本主义危机与大萧条，以及罗斯福新政的成功把人们从神话中拉回了现实，管得最少的政府就一定是好政府吗？政府仅仅是一个"守夜人"的角色吗？在新自由主义者看来，自由放任的理论已经过时，政府应该承担更多的职能，尤其是在提升社会福利与经济建设方面，应该扩大政府的干预力度，发挥政府的积极作用。在此背景下，"大政府小社会"的理想政府模式孕育而生。"大政府"模式有其合理之处：倡导个人利益与国家的公共利益相一致，试图消解国家与社会的二元对立，有利于促进社会的和谐；倡导物质利益分配坚持权利优于善的原则，有利于促进社会的公平正义；倡导多元主义民主的观点，有利于消解阶级对立，缓和国家权力与民主权利的冲突。③而且"大政府小社会"模式尽管强调国家的重要作用，但以阿伦特和波普为代表的政治思想家对国家极权主义和乌托邦主义有着深刻的反思，并没有使得"大政府小社会"模式走向极权主义或国家主义。很显然，个人的权利与安全，社会福利

---

① 参见[德]威廉·冯·洪堡：《论国家的作用》，林荣远、冯兴元译，中国社会科学出版社，1998年。

② 参见[法]巴斯夏：《财产、法律与政府》，秋风译，贵州人民出版社，2003年。

③ 庞金友：《现代西方国家与社会的关系理论》，中国政法大学出版社，2006年，第97~106页。

的需求需要国家的保证,社会的安定与和谐需要强大的国家做支撑,再加上罗斯福新政的实践证明和凯恩斯主义的论证,"大政府小社会"模式一时在西方国家普遍得到认可。但是 20 世纪 70 年代后,随着西方国家普遍干预和福利国家政策造成的政府负担不堪重负,社会发展停滞不前等各种弊端日益突出,"大政府小社会"的模式逐遭到以哈耶克、布坎南、诺斯以及诺奇克为代表的"弱政府强社会"理论者的严厉批判,"小政府大社会"的政府模式改换为"弱国家强社会"形式再次成为西方国家的神话。①

哈耶克指出,政府适当的、符合法治的活动是必要的,但是计划经济和福利国家的行为是走向极权的奴役之路,是"最坏形式的当代蒙昧主义"。②在哈耶克看来,市场自身具有有效性,不需要政府干预,因为人类社会是自生自发的秩序,凡是深思熟虑的制度设计和有意识的人为干预都是与自由为敌。③布坎南认为市场的自发调节有缺陷,也有失灵的时候,但是政府的干预同样存在缺陷和失灵的时候。西方国家遇到的问题不是市场的问题,而是政府失灵所致,通过制度选择来克服与削弱政府的干预是解决问题的根本之道。④诺斯则认为国家具有二重性:一方面通过向不同的势力集团提供产权而获得租金的最大化,另一方面又试图降低交易费用,获得社会效益的最大化,进而增加国家税收。⑤国家二重性的矛盾在于有效产权制度的确立与统治者利益最大化,而解决这一矛盾的关键就在于有效约束国家权力的限

---

① "小政府大社会"的政府模式与"弱国家强社会"的政府模式尽管强调的对象不一样,前者侧重于政府规模大小,后者侧重于政府职能的强弱,但是二者的价值取向是一致的,都是构建一个消极的国家,构建一个小规模的政府,减少政府的干预行为。

② [英]哈耶克:《通往奴役之路》,王明毅译,中国社会科学出版社,1997 年,第 226 页。

③ 参见[英]哈耶克:《自由秩序原理》(上),邓正来译,生活·读书·新知三联书店,1997 年,第 70 页。

④ 参见[美]詹姆斯·M.布坎南:《自由、市场和国家》,吴良健等译,北京经济学院出版社,1998 年;[美]詹姆斯·M.布坎南、戈登·图洛克:《同意的计算:立宪民主的逻辑基础》,陈光金译,上海人民出版社,2014 年。

⑤ 参见[美]道格拉斯·诺斯:《经济史中的结构与变迁》,陈郁等译,上海三联书店,1994 年,第 25 页。

度。诺齐克则认为国家的职能有且仅是保护个人的自由和绝对安全的"守夜人",是个人权利和财产的忠实看护者,除此之外,国家不能干预个人想做的一切事情。"最弱意义的国家"既是国家的上限,也是国家的下限,是国家的合乎必要性与道德性的存在。①

　　尽管在 20 世纪 90 年代时,针对"弱政府强社会"政府模式弊端又出现了"强国家强社会"理论,但是,"小政府大社会"的政府模式一直占据着理论的主流地位,一直都是各国政界与学界追求的理想政府形态。其实,"小政府大社会"抑或"弱政府强社会",它们的基本理念是:政府在公民自由和个人权权利领域做个"小政府",在社会安全,社会保障等领域做个"大政府"。然而,这样的"小政府大社会"理想政府形态是否真的存在呢? 当下中国是否适合走这样的一条政府改革与建设的路径呢? 首先,我们对世界各国的政府规模进行简单的实证考察。

二、政府规模的实证考察

　　尽管西方国家一直都认为"小政府大社会"的政府形态是人类社会的理想政府形态,但人类至今都不曾出现一个标准化的"小政府大社会"式的政府。虽然有些国家声称是小政府,但并没有得到学术界和政治界的普遍认可,仍然充满争议。其实政府规模的大小只是一个相对比较的结果,衡量政府规模的大小的标准一般有三个:政府机构规模、政府公务员数量(官民比)、政府行政管理费。本书仅从政府公务员数量(官民比)和政府行政管理费规模两个角度,对世界上尤其是西方发达国家的政府规模进行实证考察。

---

① 参见[美]罗伯特·诺奇克:《无政府、国家与乌托邦》,姚大志译,中国社会科学出版社,2008 年。

1. 政府公务员占总人口比重

就政府中公务员数量的标准而言,政府公务员数量指公务员的总量、政府公务员占全国总人口的比重或公务员占全国就业人数的比重。政府公务员的数量越大,或者所占全国人口比重越高,占全国就业人数的比重越高,政府规模就越大,反之亦然。就公务员数量占全国人口比重而言,有学者研究表明,一个国家(或地区)的公务员数量占总人口比重不宜低于1%,世界上发达国家的公务员数量占总人口比重普遍在2%以上,甚至在3%以上,[①] 只有达到这样规模的政府才能真正满足国家治理的需要。根据政府中公务员数量占该国总人口比重这一标准,世界上一些国家和地区的政府规模统计如下:

表28 世界上一些主要国家(地区)的公务员占总人口的比重

年份	国家(地区)	人口总数(万人)	公务员(万人)	比例(%)
2002	美国	32819.69	916.4	3.25
2003	加拿大	3175.28	76.5	2.39
2002	法国	6118.2	98.9	1.62
2002	英国	5933.2	189.8	3.2
2002	德国	8248.2	397.37	4.82
2000	冰岛	27.8	2.26	8.13
2001	卢森堡	44.3	1.93	4.36
2001	韩国	4700.8	75.3	1.6
2000	日本	12685	214	1.69
2000	新加坡	402	13.4	3.3
2008	俄罗斯	14195	400.9	2.82
2010	波兰	3818.4	89.9	2.35
2010	捷克	1052.5	30.2	2.87

---

① 参见李利平:《中国公务员规模问题研究》,天津人民出版社,2014年,第50页。

续表

年份	国家(地区)	人口总数(万人)	公务员(万人)	比例(%)
2008	埃及	8153	109.1	1.34
2006	巴西	18932	370.1	1.95
2008	中国香港	697.7	15.5	2.22
2012	中国台湾	2231.6	34.4	1.54

注:(1)公务员的数量包括政府机关中的专职行政人员和政府雇员,但不包括公检法以及政党、军队等部门的人员,不包括医生、教师等事业单位的职员。
(2)数据根据李利平:《中国公务员规模问题研究》,天津人民出版社,2014年,第25~49页,整理而成,略有改动;朱光磊、张东波:《中国政府官员规模问题研究》,载《政治学研究》,2003年第3期。

从这些统计结果看出,发达国家的官僚群体占总人口的比重比较低的是日本、韩国以及法国等国,比例在2%以下,而美国、德国都在3%以上,北欧的一些国家就更高了,冰岛就达到8%以上。一些转型和发展型国家的比重也普遍在2%左右。这些数据主要是来自各个国家全国层面的数据,就各国家的地方政府而言,官僚群体占总人口比重可能与整个国家层面的数据有所差异,下面以美国和日本的一些地方政府或基层政府为例,看看在主要发达国家的地方政府和基层政府中,官僚群体数量占总人口的比重情况。

表29　美国与日本部分地方和基层政府中公务员占总人口的比重

国家	地方或基层政府	年份	人口(人)	公务员(人)	比重(%)
美国	塞勒姆市	2002	40000	552	1.4
	库帕斯克里斯蒂市	2002	280000	6826	2.5
	杜姆市	2003	193300	2204	1.1
	布鲁克林镇	2003	53000	1350	2.5
日本	神奈川县	2008	—	75909	0.85
	新岛县		—	35649	1.48
	岛根县		—	14288	1.95

国家	地方或基层政府	年份	人口(人)	公务员(人)	比重(%)
	大阪市	—	—	41124	1.64
	福冈市	—	—	10390	0.76
	爱知县	—	—	72015	0.98

注:(1)公务员的数量包括政府机关中的专职行政人员和政府雇员,不包括公检法以及政党、军队等部门的人员,不包括医生、教师等事业单位的职员。

(2)数据转自李利平:《中国公务员规模问题研究》,天津人民出版社,2014年,第26、100页,数据整理而成。

从表29可以看出,在美国地方和基层政府中,官僚群体数量占人口比重都在1%以上,高者达2.5%,平均在1.6%以上,相比较而言,在日本的地方和基层政府中,官僚群体的数量占总人口的比重较小,普遍在2%以下,平均只有1.3%左右。

综合表28、29来看,一个国家或地区的官僚群体占总人口的比重(无论是国家层面,还是地方层面)的合理范围应该1%—2%。

2. 政府行政管理费占财政支出的比重

政府行政管理费占财政支出的比重是衡量政府规模大小的重要标准之一。行政管理费的比重越高,政府规模越大,反之亦然。目前世界上一些主要国家的行政管理费情况统计如下:

表30　世界上一些主要国家的行政管理费占财政支出的比重

年份	国家	行政管理费(本币/亿)	财政支出(本币/亿)	行政/财政(%)
2007	美国	5739	51291	11.2
2007	法国	1037	9910	10.5
2007	德国	1145	10616	10.8
2006	英国	642	5843	11
2007	荷兰	389	2569	15.1
2006	瑞士	239	1647	14.5
2007	丹麦	915	8637	10.6

续表

年份	国家	行政管理费(本币/亿)	财政支出(本币/亿)	行政/财政(%)
2007	日本	453	3729	12.1
2006	意大利	182218	1835969	9.9
2005	加拿大	68	369	18.4
2007	俄罗斯	17600	85300	20.6
2007	波兰	594.7	4832	12.3
2007	捷克	2066	14209	14.5
2005	南非	719	5894	12.2
2007	埃及	656.5	2396	27.4
2006	印度	12805	112391	11.4

注:数据来自:杨宇立:《中外政府行政管理成本实证比较》,载《社会科学》,2011年第11期。

从表30看到,世界上一些主要发达国家的行政管理费占财政支出的比重基本上在10%—15%之间,而一些转型国家和发展型国家的行政管理费相对较高,多者达到20%以上。

三、中国基层政府规模

根据政府公务员占总人口的比重以及行政管理费占财政支出的比重两种衡量政府规模的标准,我们在上文中考察了世界上一些主要国家,尤其是发达国家的政府规模情况。下面,我们同样以这两种衡量政府的标准,具体考察下当前我们城市基层政府的规模。

根据中国第六次人口数据,中国的总人口数是13.328亿多人。有学者根据相关资料统计,当下中国的各类治理群体,包括中央政府以及村居委会的各种公职人员(行政编、事业编、无编制等人员)的数量达5660万人,占总人口数的 4.2%。①由于资料的限制,本书不能对全国的政府规模情况进行真实的研究,也不能证实其他学者数据的统计真伪,但本书能够通过上海市 K 区和 D 区的数据统计情况,看看上海市地方与基层政府的规模状况。

根据前文已经展示的有关数据, 在上海中心城区 K 区的 8 个街道办事处,郊区 D 区 5 个街道办事处,7 个镇政府中,官僚群体与派生群体即编制的公职人员占辖区内实际人口的比重,官僚群体、派生群体以及雇佣群体即编制内与编制外的公职人员占辖区实际人口的比重统计如下:

表 31　K 区各街道(SK)办事处治理群体占辖区人口比重

街道	居委会	实际人口	治理群体(实际)			总计	比重(%)(公+事)	比重(%)(编外)	比重(%)(总)
			公务员	事业	编外人员				
SK1	32	81724	61	45	404	510	0.13	0.49	0.62
SK2	18	66352	53	31	305	389	0.13	0.46	0.59
SK3	37	107059	55	37	449	541	0.09	0.42	0.51
SK4	36	109401	61	34	455	550	0.09	0.41	0.50
SK5	22	114858	55	33	430	518	0.08	0.37	0.45
SK6	24	99185	50	35	361	446	0.09	0.36	0.45
SK7	27	94474	48	30	363	441	0.08	0.39	0.47
SK8	30	112192	48	28	471	547	0.07	0.42	0.49
总计	226	785245	431	273	3238	3942	0.09	0.41	0.50

注:(1)数据来源见本书表 2。
(2)人口数量是实际数量,不是户籍数量;治理群体的数量不是官方设定的额度,而是实际数量。
(3)统计的治理群体的数量仅指在街道办事处各职能部门工作的工作的人员,不包括公检法部门,不包括街道辖区内的事业单位人员,如教师、医生等人员。

① 樊鹏:《构建合理适度政府规模的经验尺度——基于美中两国的比较分析》,《政治学研究》,2015 年第 2 期。

表32　D区各街道(SD)或镇(TD)治理群体占辖区人口比重

街道或镇	村居会(居+村)	实际人口	治理群体(实际)			总计	比重(%)(公+事)	比重(%)(编外)	比重(%)(总)
			公务员	事业	编外人员				
SD1	17+0	74542	51	76	295	422	0.17	0.40	0.57
SD2	12+3	108803	39	46	391	476	0.08	0.36	0.44
SD3	8+4	77852	35	34	287	356	0.09	0.37	0.46
SD4	11+1	59269	39	35	218	292	0.12	0.37	0.49
SD5	13+20	167648	42	44	632	718	0.05	0.38	0.43
TD1	12+8	171196	46	62	473	581	0.06	0.28	0.34
TD2	20+42	255647	61	95	581	737	0.06	0.23	0.29
TD3	24+16	280889	47	69	823	939	0.04	0.29	0.33
TD4	18+16	183407	45	82	592	719	0.07	0.32	0.39
TD5	2+19	89434	43	76	535	654	0.13	0.60	0.73
TD6	2+11	41135	35	39	269	363	0.23	0.65	0.88
TD7	2+10	85701	40	74	282	396	0.13	0.33	0.46
总计	141+150	1595523	523	752	5378	6653	0.08	0.34	0.42

注:(1)数据来源见本书表4。

(2)人口数量是实际数量,不是户籍数量;治理群体的数量不是官方设定的额度,而是实际数量。

(3)统计的治理群体的数量仅指在街道办事处各职能部门工作的工作的人员,不包括公检法部门,不包括街道辖区内的事业单位人员,如教师、医生等人员。

　　从表31、32能看到,在K区8个街道办事处,官僚群体与派生群体之和即编制内的工作人员与各辖区内的实际人口之比最高的是0.13%,最低的是0.07%, 平均大约是0.09%;雇佣群体与各辖区内的实际人口之比最高是0.49%,最低是0.36%,平均是0.41%;所有治理群体与各辖区内的实际人口之比最高的是0.62%,最低的是0.45%,平均大约是0.50%。在郊区D区各街道办事处和镇政府中, 官僚群体与派生群体之和即编制内的工作人员占各辖区实际人口比重最高的是0.23%,最低的是0.04%,平均是0.08%;雇佣群体与各辖区内的实际人口之比最高是0.65%,最低是0.23%,平均是0.34%;

D区各街道(镇)的所有治理群体占各辖区的实际人口比重最高的是0.88%,最低的是0.29%,平均大约是0.42%。换言之,在上海的中心城区K区的各街道辖区,每10000个群众大约配置9名官僚群体或者派生群体,41名雇佣群体,即每10000个群众大约配置50名治理群体为其提供服务;在郊区D区的各街道或镇辖区,每10000个群众配置8名官僚群体或派生群体,34名雇佣群体,即每10000个群众大约配置42名治理群体为其提供服务。尽管上海的情况比较特殊,流动人口较多。但是,这与世界上大部分国家不低于1%的官民比相比,或者与大部分国家的1%—2%的官民比相比,都相距甚远。从治理群体与总人口规模的比重来看,我国城市地方和基层政府的规模与世界其他国家相比,规模确实不大。

我们再考察一下我国基层和地方政府的行政管理费占财政支出的情况。上海中心城区K区SK5街道办事处2015年的财政支出是1.13亿,用于人头费的支出是66213713.87元,占街道办事处总财政支出的58.6%,其中官僚群体与派生群体(包括在职与退休人员)的人头费支出是46397465.87元,占了总财政支出的41.1%,雇佣群体的人头费支出是19816248元,占了总财政支出的17.5%。2016年SK5街道办事处的财政支出是1.24亿,①其中,用于雇佣群体的人头费支出是27438502元,占街道财政总支出的22.1%,如果再加上街道办事处官僚群体与派生群体的人事费用支出,2016年SK5街道办事处仅人头费用支出就占总财政支出的60%以上。② K区SK5街道办事处的行政经费支出情况与郊区D区的SD1街道办事处的情况非常相似。"我们街道2015年的财政收支出1.2亿元,三种治理群体的人头费是

---

① 上海市2016年起取消各街道办事处的招商引资功能,招商引资这块的经费返还暂时没有拨付给街道,但是据街道有关领导和财政科的工作人员说,尽管暂时没有返还,等段时间会以其他形式返给各街道,因为没有这些钱,各街道每年的正常经费开支无法实现。

② K区SK5街道办事处财政科科长F的访谈,2016年4月28日。

6500 万以上,约占去街道总支出的 54.2%。2016 年的人头费占街道总财政支出估计要达到一大半以上了,因为街道的招商引资功能被取下了,我们的财政收入减少了,但是编外人员的工资整体上又被提升了,这就需要更多的人头经费支出。"[1]我们可以看到,SK5 街道办事处和 SD1 街道办事处的 2015 年和 2016 年的人头费占街道财政支出都在 60%。上海其他街镇的情况与 SK5 和 SD1 街道办事处的情况类似,"不仅我们街道是这个情况,其实,上海各个街镇基本都是这个情况,人头费支出都占了街道财政支出的大部分"[2]。

需要强调的是, 尽管我们看到的是人头费支出占政府财政经费支出的比重,并不是街道办事处的行政管理费支出的比重,但是由于人头经费是行政管理经费最主要构成部分,在一定程度上,人头费与行政管理经费可以画等号的。换言之,在调研的基层政府中,政府行政管理经费占财政总支出的比例在 60%左右,甚至达到 70%。我们在上文中对世界上一些主要国家行政管理经费占财政支出的比重进行了统计:国家的行政管理经费在 10%~15%之间,一些转型的国家相对较高,高者达到 27%左右。但是,我们再对比一下我们基层政府的行政管理经费支出情况,令人吃惊的达到了 60%左右,甚至更高。从行政管理经费占财政支出比重的角度看,与世界上的一些主要国家相比,即使与世界上其他发展中国家相比,我们的地方和基层政府的规模庞大。

从行政管理费占财政支出比重的角度看, 当下的上海市各基层政府是一种大政府模式,甚至是超大政府模式。然而,我们再进一步深入分析发现,在上海各基层政府中,官僚群体与派生群体人头费占财政支出的 40%以上,而雇佣群体人头费支出仅占到财政支出的 17%左右(以 2015 年的数据为准)。实际上,政府行政管理费用支出比重高,主要是高在官僚群体与派生群体的人头费上,而不是高在雇佣群体的人头费上,但是,雇佣群体的数量与规模

---

① D 区 SD1 街道办事处党政办主任 Z 的访谈,2016 年 4 月 25 日。

② K 区 SK5 街道办事处财政科科长 F 的访谈,2016 年 4 月 28 日。

却是官僚群体与派生群体的数倍。这也就是我们国家历年政府改革一直强调刚性控制编制名额、紧缩人员经费开支的重要原因,也是雇佣群体大量存在的一个重要原因。

基于以上的分析,我们可以得出以下结论:从官民比的角度看,我国基层政府的规模与世界上一些主要国家相比,基层政府规模相对较小;从政府行政管理经费角度看,我国城市基层政府的规模远远大于世界上一些主要国家的政府规模。但是行政管理经费比重高主要表现在由官僚群体与派生群体组成的正式政府上,而由雇佣群体组成的"非正式政府"的行政管理经费(人头费)所占比重较小。基于此,对于当下中国城市基层政府的规模,我们不能简单地用"大政府"或"小政府"进行概念的标签化。

那么,中国基层政府的未来改革方向适合建立"小政府大社会"的政府形态吗?本书认为,政府规模大小只是政府的形式表现,政府的有效性和绩效能力才是政府的灵魂。当下中国的组合型政府模式是适应中国特殊国情需求的产物,是各种因素叠加与相互作用的产物,不仅能够满足当下中国基层社会有效治理的现实需求,也是古代中国基层社会治理逻辑的延续与变异。组合型政府在当下中国基层社会是合理、恰当的存在。中国城市基层政府未来的改革主要方向不是讨论基层政府的规模形式问题,而是如何有效推进官僚群体的职业化、派生群体的规范化以及雇佣群体的社会化改革,进一步优化群体三分治理结构,理顺正式政府与非正式政府之间的关系。

第三节　群体三分治理结构的未来趋向

官僚群体、派生群体和雇佣群体,三种不同治理群体构成了当下中国城市基层社会治理的群体三分结构。如何进一步优化群体三分治理结构是未来中国城市基层社会实现善治的关键。本书认为,群体三分治理结构的未来发展趋势主要体现在官僚群体的职业化趋向、派生群体的规范化趋向以及雇佣群体的社会化趋向。

一、官僚群体的职业化趋向

马克斯·韦伯说,任何一种合法性的权威必须要依靠一种支配结构,理性权威的支配结构就是官僚制,[①]而官僚制必须建立在官员或雇员职业化的基础上,官员是作为一种职业而担任官职。官员的职业化体现在哪里呢？韦伯认为主要有:(1)官员入职必须经过专业化的考试;(2)官员要经过专业化的培训,以具备长时间持续工作的能力;(3)官员要以忠于职务目标(Amtstreue)为义务(Pflicht),而不是像封建社会那样确立对个人领导关系,不是某个统治者的私人臣仆,是非人格化的;(4)官员要有神圣的价值观和文化观,要获得某种意识形态的光环或意识形态的神圣性;(5)官员的官职不是用来获取个人收入的,也不是用来服务交易的,官员会接受一份通常是固定的薪金形式的货币报酬,而且还会有一笔养老金作为老年保险,收入有很大的保障。[②]其实,韦伯是分别从职业准入机制、职业训练、职业认同、职业文化、职业道德等五个方面阐释了官僚群体(官员或公务员)的职业化内容。本书认为,官僚群体的职业化除了韦伯讲五点外,还应该有一点即职业的考评机制。换言之,建立官僚群体的严格准入机制,完善的职业训练机制,强烈的职业认同感、职业道德感,健康的职业文化以及科学的职业考评机制是官僚

①　传统型权威的支配结构是家长制,超凡魅力型权威的支配结构是个人权威,参见[德]马克斯·韦伯:《经济与社会》(第二卷)(上),阎克文译,上海人民出版社,2010年,第1090~1093页。

②　参见[德]马克斯·韦伯:《经济与社会》(第二卷)(上),阎克文译,上海人民出版社,2010年,第1098~1102页。

群体职业化的主要内容。

1993 年国家颁布《国家公务员暂行条例》，公务员制度在我国正式诞生。2006 年实施《中华人民共和国公务员法》则标志公务员制度正式规范化和制度化。2005 年推行，2014 年写入法律的事业单位"逢进必考"制度标志着官僚群体准入机制的职业化。[①]"以后要进入行政编或事业编制就必须通过参加全市统一的笔试、面试考试，现在是逢进必考。"[②]在本书附录 2 与附录 3 中，我们也可以看到官僚群体与派生群体需要参加各种形式的培训与学习，培训内容丰富，形式多样化，培训频率也较高，充分说明当下基层政府中官僚群体的培训训练日益职业化。可见在当下中国城市基层政府中，官僚群体的职业化程度已经取得了巨大进步。然而，基于深度访谈、参与式观察等实践的基础上，本书仍然认为，官僚群体的职业化程度还远远不够，距离严格、标准的职业化要求还相差甚远！尤其体现为官僚群体的职业认同、职业道德、职业文化塑造和职业考评机制等方面。

在职业认同方面。官僚群体是国家公共权力的行使者，是国家公共事务的执行者，其所从事的职业是一项特殊的职业，这就要求官僚群体必须忠于职业目标，对所从事职业的内容、意义等具有高度的认同感。但是在当下的城市基层政府中，官僚群体普遍不是忠于自己的职业目标。

在职业道德方面。官僚群体掌握国家公共权力是为了公共利益而服务的，不是用来交易的，更不是用于为个人谋求私利的。但是在基层政府中存在着一些官僚群体，尤其是干部群体，丧失职业道德，用手中的公共权力谋

---

① 2005 年 11 月 16 日人事部颁布施行的《事业单位公开招聘人员暂行规定》（中华人民共和国人事部令 第 6 号）第一章《总则》第 1 条第 2 款规定："事业单位新进人员除国家政策性安置、按干部人事管理权限由上级任命及涉密岗位等确需使用其他方法选拔任用人员外，都要实行公开招聘。"第 5 条规定："公开招聘由用人单位根据招聘岗位的任职条件及要求，采取考试、考核的方法进行。"

② K 区 SK5 街道办事处人力资源办科长 L 的访谈，2015 年 11 月 10 日。

取私人利益。自党的十八大以来，基层政府中落马的各种"苍蝇"，数量众多、腐败之巨，令人震惊。在当下的基层政府中，尽管像小官巨贪这样的贪腐腐化、完全丧失职业道德的官僚群体是少数，但是不能摆正个人职业道德观的官僚群体却不在少数。除了存在利用公共权力捞取更多的个人利益的职业道德问题外，上文已经提到的，官僚群体和派生群体还存在职能转移的非职业道德现象，即把本属于自己的职能或应该自己处理的问题转移给雇佣群体完成，一旦工作出问题，责任同样转移给雇佣群体，由雇佣群体替其背黑锅。因此当前形势下，进一步加强官僚群体的职业道德建设刻不容缓。

在职业文化方面。官僚群体的职业文化事实上指的是政治文化。阿尔蒙德说，政治文化就是在特定的时期流行的一套政治态度、信仰与感情，它影响担任政治角色的行为，他们的政治要求内容和对法律的反应。[①]健康而积极向上的政治文化能够赋予官僚群体以职业信仰、职业使命感、职业责任感以及职业荣誉感，能够规训官僚群体行为。以为人民服务为宗旨，坚持对人民负责的原则，坚持从群众中来到群众中去的工作方法等构成了我国政治文化的核心内容，这些内容就是我国官僚群体应忠于的职业目标和职业信仰。然而随着市场化经济的深入和一些诱致性因素的存在，部分官僚群体官本位思想仍然比较严重，沉迷于权力，无法控制自己的贪欲，逐渐丧失职业信仰和职业理想，甚至极少数的官僚群体自始至终都没有树立起为人民服务的崇高职业理想和职业信念，乃至最终走向与职业理想相悖的方向。"平时口口声声说要发展和维护好群众的根本利益，我却在群众最迫切需要的通村公路和发展生产的项目资金上打起了主意。"[②]"本来我们都是人民的公仆，为人民服务是我们的宗旨，但现在我们公务员们都很少下去了，与群众

---

① 参见[美]加布里埃尔·A.阿尔蒙德、小 G.宾厄姆·鲍威尔：《比较政治学——体系、过程和政策》，曹沛霖等译，东方出版社，2007年，第26页。

② 庞莹：《一个落马基层干部的忏悔》，《四川日报》，2014年9月15日。

直接打交道的人不多,即使能下去,能直接打交道的部分人员,认为整天管一些东家长西家短的琐事很掉身份。"①近些年,尽管我国的官僚群体的思想改造和政治文化建设工作不断扎实推进,并取得了骄人的成绩,但如何彻底铲除官僚群体的官本位思想,营造官僚群体的职业神圣感和荣誉感,真正将官僚群体的职业信仰与职业理想内化为行动的力量,这是当前形势下亟待深入研究的重大课题。

在职业考评机制方面。科学的考评机制是官僚群体走向职业化的重要步骤,具有职业化的方向引导作用。但在当下的基层政府中,对官僚群体的绩效考核机制存在着流于形式、缺乏约束制约的问题。"公务员考核常常流于形式,唯上不唯下,缺乏切合实际而有效的考核办法。细化考评细则,引入媒体和群众的监督功能,建立科学而完善的官僚群体考评体系,强化考评机制对官僚群体的监督与问责制功能,祛除人情在考评中的作用,把官僚群体的平时考核与年终考核有机结合起来,让官僚群体的客观考核结果在其任免、奖惩、工资、福利等方面真正地体现出来,让干与不干、干多干少、干好干坏不再一样,充分发挥出考评机制对官僚群体的激励、鞭策、制约功能,以激发官僚群体不断提升自身业务素质,积极履行职能,是促进官僚群体职业化趋向亟待解决的现实问题,也是当前官僚群体职业化中最容易做到、且最可能产生显著效果的行为。

二、派生群体的规范化趋向

关于派生群体的未来发展趋势问题,学界的研究成果有很多,但这些研

---

① D区SD1街道办事处城管执法队科员I的访谈,2016年4月27日。

究主要聚焦于事业单位的改革问题,[①]而对派生群体本身的研究成果,尤其是对政府行政机关部门中的派生群体问题的研究成果,可谓凤毛麟角。就当下城市基层政府中的派生群体的未来发展趋势而言,本书认为要逐步走向规范化、制度化的道路。这种规范化的职业发展路径主要体现在职业晋升的去行政化,职业发展的专业化,职业岗位管理的制度化,职业评价的去人情化。

职业晋升的去行政化。在上文的治理群体垂直流动这一节中,通过对上海的 SK5 与 SD1 街道办事处的派生群体的垂直流动情况的考察发现,派生群体的垂直流动晋升率仅为 1.1% 左右,且街道办事处的有关负责人也明确告诉我们,现在在上海的各街道办事处,内部已经形成不成文的规定,派生群体到退休时最多解决其副科级身份,这也仅仅是解决一部分派生群体的身份,而大部分派生群体退休时只能以股级科员身份退休。[②]这种情况在全国各地都是类似的。据有关学者研究统计,2011—2015 年江西全省的派生群体通过考试进入官僚群体队伍的人员仅为 4.13%,平均每年仅为 1.1% 左右,而得到直接提拔晋升的仅为 1.70%,[③]平均每年的提拔晋升率又有多少呢?这就是许多派生群体反复讲到的"抬头就是天花板,一眼就能看到退休"的原因。然而,尽管派生群体的垂直晋升流动率低,但是我们不能忽略这一流动机制的制度安排所带来的示范效应和激励效应,因为它能够给予派生群体改变政治身份、获得更多待遇回报的机会。

---

① 这方面的文献有很多,具有代表性的文章有:徐刚:《事业单位人员编制标准:取向、机制及策略》,《中国人民大学学报》,2010 年第 5 期;左然:《构建中国特色的现代事业制度——论事业单位改革方向、目标模式及路径选择》,《中国行政管理》,2009 年第 1 期;岳云龙:《从传统管理到现代治理——事业单位改革的目标取向及路径选择》,《中国行政管理》,2008 年第 4 期等。

② K 区 SK5 街道办事处党建办主任 Y 的访谈,2016 年 7 月 20 日。

③ 高建设:《乡镇干部队伍面临的困境与出路——基于江西 15387 个样本的调查分析》,《国家治理》,2016 年第 17 期。

本来制度安排的初衷是好的，是为了调动派生群体努力提升自身业务素质和投入工作的积极性，但是晋升困难的现实残酷性让广大的派生群体看不到晋升的希望，制度设计的良好初衷在当下的现实中却走向反面，尤其是和身边的官僚群体的火箭式垂直晋升流动相比，派生群体普遍流露出不满和低落的情绪，76.80%的人认为派生群体的身份影响自己的晋升。[①]换言之，在当下的基层政府中，国家的制度安排给予派生群体垂直流动进入官僚群体和提拔晋升的机会，使得派生群体对自身的晋升抱有希望，充满对改变政治身份和晋升为更高行政级别职位的向往，但是晋升机会概率极低的现实，挫伤了大部分派生群体的工作积极性，反而令部分人不满这一制度的安排，从而以消极怠工，甚至混日子的形式在机关单位中熬着、耗着，工作效率极低。因此本书认为在当下的基层政府中，派生群体的职业晋升应该去行政化，走官僚群体与派生群体的"官""吏"两途的职业发展路径，即官僚群体的职业发展走"官"的行政晋升路径，派生群体的职业发展走"吏"的专业化的晋升发展路径，割除派生群体的行政化倾向。正如基层有些干部所言：提升派生群体的待遇，拓宽职业职称晋升渠道，但要让他们从进机关开始就认识到，自己是专业化人才，行政晋升与自己没有关系，自己只能走专业发展路径，要么就不要进来，就不要考事业编制。[②]

职业发展的专业化。在城市基层政府中，派生群体的主要分布在机关部门的事务中心、网格化中心以及党建中心（如表3所示）。派生群体在这些"中心"的主要职能是：（1）各种信息的统计以及上传下达；（2）行政性的事务服务性工作；（3）专业技术岗位的执行工作，比如电脑网络技术、人力资源、

---

①　高建设：《乡镇干部队伍面临的困境与出路——基于江西 15387 个样本的调查分析》，《国家治理》，2016 年第 17 期。

②　D 区公务员局副局长 V 的访谈，2016 年 4 月 22 日；D 区编制办副主任 Z 的访谈，2016 年 4 月 12 日；K 区 SK5 街道办事处副主任 C 的访谈，2015 年 11 月 16 日。

财务核算等。其中,从事专业技术的派生群体占据基层政府单位中派生群体的大多数,这与上文的研究:派生群体平行流动率极低,绝大多数的派生群体以岗位留滞为主要特征,甚至一辈子也不换岗位的结论是一致的,因为技术的需求,就决定了派生群体流动的困难。实际上,派生群体的这三项主要职能中,(1)和(3)职能基本上具有同质性,因为技术岗位的执行工作多是为了信息统计和各种数据信息的上传下达,而(2)的职能越来越有被人事代理岗位的雇佣群体所代替的趋势,渐渐被转移到雇佣群体身上。因此,派生群体在基层政府中扮演的角色、履行的职能越来越有向专业化、技术化方向发展的趋势。随着信息技术的日新月异,派生群体的职业发展的专业化趋势,既是机关单位工作对专业化人才的现实需求, 又是派生群体职业发展去行政化的要求,同时,也是基层社会治理对治理群体职能分等的要求。那么,派生群体的职业专业化发展路径如何进行呢?

本书认为,当前亟待建立和完善科学的专业化职业发展体系,包括建立派生群体自身的专业化的准入机制, 把派生群体的准入规则与准入考核内容彻底与官僚群体区分开,注重专业化的准入考核;拓宽职业职称的晋升渠道,只要达到职业职称的晋升条件和要求就可以实现晋升,而不是按照人数比例的多少晋升,改变万人挤独木桥的状况,充分调动派生群体的积极性;完善派生群体的薪酬体系,建立与官僚群体相一致的薪酬体系,彻底改变当前城市基层政府中的薪酬体系状况:派生群体的最高薪酬水平基本上低于官僚群体的最低薪酬水平。

职业岗位管理的制度化。为了规范对派生群体的管理和使用,我们相继出台了《地方各级人民政府机构设置和编制管理条例》《事业单位岗位设置管理试行办法》等法律法规,坚决杜绝混编混岗、编制挪用等现象。但是在实际的工作当中,这些法律法规的权威性和规范性没有得到充分的尊重,机关单位的混编混岗,不同身份的人员交叉使用,工作人员身份与岗位职责不符等现象依然比较严重。这主要体现在四个方面：一是派生群体占据机关行政岗位。派生群体个人占事业编制，人事关系在事业单位，日常和年终考评也在事业单位，但他们长期被行政机关借用或调用，在机关行政岗位上履行行政职责。二是拥有派生群体身份编制而享有官僚群体待遇，履行行政岗位职能。基层政府从高校选聘的一些优秀大学生，安排的机关行政职位工作，执行的是官僚群体的政治与经济待遇，但是占用的却是事业编制身份。三是无派生群体身份编制而享有派生群体的待遇，履行行政岗位职能。一些原基层政府机关单位的派生群体因不符合有关规定而没有过渡到官僚群体，但是最终也没有被分流到机关，成为机关单位的无编无名的"黑户"人员，但是鉴于这类人员之前的身份，现在在机关当中尽管没有正式的派生群体身份，但依然享有派生群体的待遇，履行行政岗位的职能。四是以官僚群体的身份招进机关部门，履行行政岗位职能，但统计、登记造册时却被注册为派生群体身份人员。[①]基层政府机关中的混编混岗现象不仅增加了对治理群体的管理难度，更制约了机关单位和事业单位职能的充分发挥，同时，也隐藏着工作职能失范和滋生部分派生群体不满情绪的风险。因此，派生群体的未来发展必须走向制度化管理，积极推行派生群体的编制实名制，完善派生群体的人事编制监督机制，落实派生群体的人事管理责任追究制，加大对派生群体管理和使用的违章违法行为的处罚，确立相关法律法规的权威性。

职业评价的去人情化。在机关单位中，派生群体的垂直流动率和水平流动率都比较低，绝大多数的派生群体都留滞在自己岗位，甚至有些派生群体几十年，乃至一生都在自己的单位或岗位工作，这样，派生群体的新陈代谢的周期比较长。而且，许多派生群体恰恰是奔着事业编制身份以及相关的经济待遇、工作的稳定性而进机关工作的，那么，派生群体的辞职率也相对较

---

① D 区编制办、D 区 SD1 街道办事处、K 区 SK5 街道办事处工作人员的访谈。

低。这样,在城市的基层政府中,相对官僚群体与雇佣群体而言,派生群体在机关单位的工作时间就相对较长,渐渐成为机关单位中年龄较大的治理群体。目前,对这部分人员的考核评价完全是基于人情世故和资历,而非基于工作绩效情况。以年龄、资历、与领导个人关系亲疏等人情化标准考核派生群体的现象必须被彻底铲除,亟须建立基于派生群体工作绩效为基础的考核评价机制,创造公平公正的积极向上的工作氛围。

三、雇佣群体的社会化趋向

在当下的城市基层政府中,相对于官僚群体与派生群体而言,雇佣群体的情况比较特殊,不仅基本的规范管理制度没有建立起来,而且雇佣群体的准确数量和规模至今没有一个政府部门能够搞清楚。当下基层政府的普遍做法是,各职能部门自己花小钱招聘雇佣群体执行政府职能,如果出现职能失范行为,责任由雇佣群体承担,而对雇佣群体缺乏整体性的制度安排。基于当下城市基层社会治理的需求和雇佣群体的现状等因素,本书认为,雇佣群体的职业发展应该定位于社会化取向,其职能主要为基层社会发展和群众生产生活的需求而服务。要使雇佣群体职能社会化,首先应该做好以下几点工作:

第一,摸底调查,规范管理。在当下的城市基层政府中,雇佣群体的管理比较混乱,这种混乱体现在:(1)雇佣群体的录用和用工缺乏统一的机制,雇佣群体的录用都是各街道办事处或各条线部门单独招聘,没有统一的准入标准和准入考试。而且雇佣群体进来后,在用工关系上,有的签订用工合同或协议,有的是口头协议,有的根本不存在任何形式的契约式约定。(2)缺乏统一的管理部门,街道办事处可以招聘雇佣群体,各条线部门也可以招聘雇佣群体,导致在基层政府中的雇佣群体有归街道办事处管理的,有归各条线部门管理的,缺乏统一的管理部门。(3)缺乏统一的分类标准,雇佣群体的类别种类繁多,可以分为人事代理人员、社工、辅工、协管员、退休返聘以及公益岗位人员等,缺乏统一的分类标准,更没有统一的管理规则。(4)缺乏雇佣群体的准确的统计数量与规模,由于雇佣群体是各部门招聘各部门的,各部门招聘的标准也不一样,再加上雇佣群体的辞职流动性比较大,至今没有政府部门对全区各单位的雇佣群体的数量做出准确统计,雇佣群体的数量与规模至今模糊不清。(5)缺乏统一的工资薪酬标准,各街道、各条线部门招聘的雇佣群体,各自承担其工资薪酬,由于每个部门、每个街道的实际经济情况不一样,雇佣群体的经济待遇就不同。基于以上的混乱情况,地方与基层政府首先要对各单位部门的雇佣群体进行彻底摸底,调查清楚雇佣群体的真实现状,然后实施规范化管理。

第二,建立职业化薪酬体系。当前,各地方与基层政府的雇佣群体的薪酬存在一定的差异,郊区不同镇之间的差距较大。对于同一类别的雇佣群体的薪酬,各地方与基层政府应该保持一致,对于不同街镇,尤其是乡镇存在较大差异,应该逐步缩小差距,统筹平衡。上海市 2015 年把雇佣群体分为负责人、主管和工作人员三类,根据雇佣群体的工作年限、受教育程度和相关专业的水平等标准,出台了雇佣群体的职业化薪酬体系,雇佣群体的薪酬水平原则上是全市平均工资的 1—1.4 倍,而随着工作年限、能力业务提升,等级随之逐步提升。

表 33　上海市雇佣群体岗位等级和基本工资系数表①

岗位 等级	工作人员	主管	负责人	基本工资系数
18 级			34 年以上	1.91
17 级			31—33 年	1.83
16 级			28—30 年	1.75
15 级		34 年以上	25—27 年	1.68
14 级		31—33 年	22—24 年	1.61
13 级		28—30 年	19—21 年	1.54
12 级	34 年以上	25—27 年	16—18 年	1.48
11 级	31—33 年	22—24 年	13—15 年	1.42
10 级	28—30 年	19—21 年	10—12 年	1.36
9 级	25—27 年	16—18 年	7—9 年	1.31
8 级	22—24 年	13—15 年	4—6 年	1.26
7 级	19—21 年	10—12 年	3 年及以下	1.21
6 级	16—18 年	7—9 年		1.17
5 级	13—15 年	4—6 年		1.13
4 级	10—12 年	3 年及以下		1.09
3 级	7—9 年			1.06
2 级	4—6 年			1.03
1 级	3 年及以下			1.0

注:基本工资系数中的"1.0"表示雇佣群体的工资薪酬是上海市上一年全市职工平均工资的 1.0 倍。

尽管"编外人员的工资、待遇和机关事业编制人员仍然存在一定的差距,但是以后编外人员也有属于自己的薪酬等级递增体系了,这对编外人员的统一规范化管理,对编外人员以后走向职业化具有重要意义"②。

---

① 上海市人力资源和社会保障办公室:《社区工作者职业化薪酬体系指导意见》(试行),2015 年 4 月 2 日印发。

② D 区编制办副主任 H 的访谈,2016 年 4 月 12 日。

第三,推行弹性工作制度。所谓弹性工作制是指雇佣群体在完成规定的工作任务前提下,可以选择灵活的上下班时间。弹性工作制度是基于基层社会治理的现实情况和雇佣群体自身特点而推行的。在基层社会,尤其是居民区,群众的需求具有琐屑性、偶然性、突发性、紧急性等特征,对治理群体的需求是随叫随到,而不仅仅是正常的上班时间。另一方面,雇佣群体基本都是本地方的人,甚至是本社区的居民,他们在服务群众上具有距离优势,而且,雇佣群体受雇于基层政府的主要原因是方便照顾家庭和孩子,每天上班能晚半小时,下班能提前半小时,对他们来说非常重要。实行弹性工作制度既不影响基层社会治理,又能满足雇佣群体对家庭照顾的现实需求,能够充分调动雇佣群体工作的积极性。

第四,开展专业化职业培训。基层社会治理中经常出现雇佣群体因为执法不当而造成事故的现象。究其原因主要是雇佣群体的自身业务能力和业务素质没有到达要求所致。加强对雇佣群体的职业培训,推动雇佣群体队伍向专业化、职业化、规范化方向发展,能够更好地服务基层社会发展和群众的需求。雇佣群体的专业化职业培训要依托社区学校、培训机构、高等院校、党校、实训基地等;在培训对象上,要根据在基层政府机关工作的雇佣群体、在居民区工作的雇佣群体、各条线专职雇佣群体等不同类别,分负责人、骨干和普通工作人员等,分类分级展开培训;在培训内容上,要注重实务操作技能的培训,可以会同专业力量资源,收集、整理和编写社会治理典型案例,形成实务教材,切实提升雇佣群体的实务操作技能。同时,辅于法律法规和政策理论的培训,要让广大的雇佣群体懂法、用法,更要守法;在培训形式上,可以采用多样的形式,可以采用听课教学形式,可以采用案例研讨的互动形式,可以采用实地的参观研讨形式,还可以采用去其他省市乃至其他国家和地区接受专业化的参观学习和专题培训。

第五,拓宽职业晋升渠道。本书在上文中已经讨论过,雇佣群体晋升为官僚群体或者派生群体的垂直流动率每年在1%左右。换言之,雇佣群体晋升为官僚群体与派生群体的通道极其狭窄,仅仅通过与社会上其他群体(比如大学生群体)一样的方式即考试进入官僚群体与派生群体的难度非常大。因此要拓宽雇佣群体的职业晋升通道,每年的官僚群体与派生群体招录考试应该划拨特定的名额比例给予基层政府中的雇佣群体,并在同等条件下优先招录雇佣群体,构筑起社区工作者与机关事业单位之间的"立交桥",提高优秀的雇佣群体进入机关事业单位的机会。同时,还要在雇佣群体建设体系内,根据岗位、工作年限、专业水平以及工作绩效等综合因素,科学合理地设定雇佣群体的岗位等级,形成阶梯式的发展通道。

第六,实施自下而上的考核机制。对雇佣群体的考核不仅要注重雇佣群体的德、能、勤、绩、廉等方面的基本情况考察,更要注重群众对雇佣群体工作满意度的考核。雇佣群体是党和国家政策的执行者与落实者,是直接与群众打交道的治理群体。尽管从国家的政策法规等文本的角度讲,雇佣群体不具有编制身份,不属于国家体制内的人,但雇佣群体在实际中却是履行国家公共职能的人。在群众看来,雇佣群体与官僚群体、派生群体一样,都代表着国家,代表着党。雇佣群体在群众中的一言一行,所做的各项细微工作都代表着党和国家在群众心目中的形象,都关系到党在基层社会的群众基础和政群关系的巩固。因此对雇佣群体的考核要建立自下而上的考核机制,把群众对雇佣群体的评价纳入考核体系中来。自下而上的考核机制要紧扣基层社会发展方向和居民群众现实的需求,以服务好群体为目的,突出问题导向、需求导向和价值导向,扩大居民群众的参与度,将考核结果与雇佣群体的绩效工资以及续聘等核心内容挂钩,切实提升雇佣群体的责任心和工作的积极性,从而提高基层社会的治理水平。

第四节　研究不足和未来研究方向

一、研究内容概述

　　本书以上海市中心城区与郊区街道办事处中的治理群体(官僚群体、派生群体与雇佣群体)为研究对象,通过参与式观察、深度访谈、对比分析以及文献查阅等研究方法, 揭示了当下中国城市基层政府中多重治理群体身份等序化的差异以及导致身份差异机制的复杂性;揭示了多重治理群体职能分等以及职能耦合的交互性;揭示了治理群体身份差异与职能分等之间的勾连性。本书发现,群体三分治理结构是当下中国城市基层社会治理的制度安排, 这一制度安排既是古代中国基层社会治理结构——官吏分途的延续与变异,又是基于当下中国城市基层社会治理的现实需求。

　　群体三分治理结构的制度安排过程是:国家通过编制硬约束制度的刚性划分,把治理群体分为官僚群体、派生群体和雇佣群体,通过财政软约束制度给予多重治理群体的存在以隐性的财政支持。同时,在基层政府的实际运作当中,由于政府职能的实际增量、体制内的考核游戏规则而导致政府职能的虚增, 官僚群体和派生群体的职能转移以及基层政府的体制内维稳等因素,使得群体三分的存在又有了现实需求的支撑。这样基层治理群体就出现官僚群体、派生群体和雇佣群体三分结构划分。不同治理群体身份差异体现在哪里呢? 国家通过“三规制”将治理群体在政治待遇、经济保障和社会地位上彻底区别开来。身份等序化差异的结果,必然导致各种治理群体发生流动。哪些人能成为雇佣群体,哪些人能成为派生群体、哪些人能成为官僚群体,又有哪些人能成为官僚群体干部群体(如街道的领导班子)? 国家通过公务员考试制度、党管干部制度等一系列的制度安排,促进不同治理群体有机流动。而那些不能成功进入流动序列的治理群体,就会在各自的岗位上留滞下来,这就是群体流动与留滞的制度安排。

通过流动与留滞的制度安排,那些进入官僚群体中的干部群体,主要是对上级政府或更高级别的干部群体负责,为下服务。进入流动序列的这些干部群体是基层社会治理各种政策与措施的制定者与决策者, 在基层社会治理中起到引领的作用;而绝大多数的非干部身份的官僚群体以及派生群体因为不能成功进入流动序列而在岗位上留滞下来, 在基层社会治理中往往起到信息的上传下达和行政性服务工作的作用,他们为上下服务,但主要对上负责。但是大量的雇佣群体,由于制度安排和自身素质等原因,无法进入官僚组织的群体流动序列,就成为似公实私的半行政化人员,执行国家的各种政策方针和惠民措施,成为基层社会服务的主体,主要对群众负责,为下服务。这样,官僚群体、派生群体和雇佣群体就在职能上形成了分等,但真正决定基层社会治理绩效的是官僚群体中进入垂直流动与层级流动序列的干部群体和规模庞大的雇佣群体,前者是基层社会治理的引领者,后者是把各项惠民措施落实到群众家门口的主体力量,且其规模、职能和覆盖面以及国家与社会的嵌入性质,正是城市基层社会治理所需求的。

从基层社会治理的这个过程看, 群体三分治理结构形成了一个组合式政府治理模式,即由官僚群体和派生群体构成一个官僚制的正式政府形态,主要对上负责,引领基层社会治理;由规模庞大的雇佣群体构成一个隐藏在正式政府背后的"非正式政府形态",即隐性政府(Invisible government),执行落实各项公共政策与措施,两个政府功能互补,共同推进城市基层社会的有效治理。本书的重大贡献就是,通过以治理群体为研究对象,将基层政府在基层社会治理中的复杂过程及其背后的各种政治学逻辑很清晰地呈现出来,同时为治理理论提供一个新的研究视角。

二、研究不足

由于数据和资料获得难度和真实性等一系列问题，本书的研究仅选取了上海市这一特大城市的一个中心城区 K 区和郊区 D 区为研究对象，将治理群体，尤其是雇佣群体在城市基层社会治理中的扮演的角色和履行的主要职能，及其多重治理群体背后的复杂性、交互性和勾连性的过程揭示出来。但是由于上海的各个基层政府中都存在大量的雇佣群体，而且雇佣群体的规模也很相似，那么就没有办法对有无雇佣群体或雇佣群体规模有差异的不同基层政府做对比研究。换言之，尽管本书发现和揭示了雇佣群体是影响城市基层社会治理的关键因素，并揭示了治理群体以及雇佣群体影响基层社会治理的过程，但是本书暂时没有对雇佣群体影响基层社会治理绩效的具体程度作深入分析，这是本书研究不足的其一。

其二，本书仅仅聚焦于上海这一特大城市，而对中国中西部地区，乃至南北地区等省份中的基层政府的雇佣群体存在的规模，以及雇佣群体在这些地区的基层社会治理中扮演的角色和功能，也没有做跨省份的区域对比研究。

其三，在中西部省份的基层政府中，雇佣群体有利用其半行政半社会化身份谋取个人利益的行为，比如替群众办理孩子户口牟利，利用在交通局等单位工作开驾校牟利等形式，但在上海基本不存在这样的情况，上海基本切断了雇佣群体牟利的各种可能性。在上海的调研中，只发现一名城市协管员利用自己的身份，让自己的老婆在其负责的片区经营摊饼生意而禁止其他小商小贩经营同类的商品。除了这一案例外，不管是雇佣群体、派生群体，还是官僚群体几乎都一致认为雇佣群体没有利用履行国家公共职能而谋取个人利益的可能。雇佣群体是否利用自己的半行政化身份谋取个人利益，本书暂时没有涉及，这需要作进一步的研究。

其四，由于政府的工作性质具有分散性和零碎性，本书在研究治理群体的职能分等问题时主要从治理群体的日常工作和负责的职能入手，通过观察不同治理群体日常工作状况、访谈日常职能、查阅工作纪实等方式分析他们的职能分等状况，而缺乏一个系统的案例，即缺乏通过一项政策或措施的起草、制定、实施以及反馈这样一个动态的系统的过程来展示不同治理群体在各个环节扮演的角色和职能。

三、未来研究方向

尽管本书的研究还有许多不足的地方，但它是笔者以治理群体，尤其是以雇佣群体为研究对象研究基层社会治理的起点。在未来的研究过程中，笔者会沿着这一研究路径继续深化对当下中国城市基层政府与基层社会治理的研究。就本书而言，未来需要作进一步研究的问题有：

第一，做跨区域的比较研究。本书现在做的是上海的单案例内的不同区域比较研究，但在未来的研究当中，本书将选择当下中国的中西部以及南方、北方等一些城市，做跨省份跨区域的地方与基层政府的比较研究，充实本书的研究案例样本，把上海这一区域性的基层社会治理研究，推广到对全国其他省份城市基层社会治理的研究。

第二，揭示雇佣群体对城市基层社会治理绩效的影响程度。本书提出了影响当下城市基层社会治理的因素主要有两个：一个是官僚群体中的干部群体，他们是基层社会治理的引领者；一个是规模庞大的雇佣群体，他们是基层社会治理中各项措施的执行者与落实者，即基层社会治理绩效 $P \approx C+E$。但是雇佣群体影响基层社会治理绩效（performance）的程度如何需要继续研究,换言之,在控制其他因素对当下城市基层社会治理绩效影响的前提下,证明雇佣群体的行为决定着基层社会治理绩效的结论,需要作进一步的深入研究。

第三,作案例的过程追踪研究,系统而动态地揭示治理群体的职能分等状况。追踪基层社会治理中的一项政府公共政策或措施,从这一公共政策或措施的出台背景、制定过程、实施过程以及效果反馈等环节,深入观察雇佣群体、派生群体以及官僚群体分别在各个环节中发挥的职能,动态展示治理群体的职能分等状况,以弥补本书现在对治理群体职能分等的零碎式、静态式的研究。

总之,本书的研究有其理论与实践的价值所在,但是仍然存在许多的不足,尽管找到未来研究需要继续努力的方向,但是任重道远,仅希望以此书为研究起点,开启未来更广阔的学术研究生涯。

余论 雇佣群体如何被消解?

根据笔者对上海各街镇,尤其是对中心城区 K 区和郊区 D 区各街镇的深入实证调研发现,在上海各地方和基层政府中存在数量与规模庞大的雇佣群体。同时,通过对相关资料以及学界研究成果的考察也发现,在全国其他省份的地方政府与基层政府中同样存在大量的雇佣群体,只是雇佣群体在各地方与基层政府中存在的规模有差异而已。雇佣群体在全国各地方和基层政府中普遍且大量存在已是客观事实。然而,数量与规模庞大的雇佣群体在未来如何被消解呢? 本书的最后,笔者以上海各街镇的雇佣群体为例,谈谈他们在未来会被如何消解。

目前,在上海各地方和基层政府中的雇佣群体主要有以下五类:

(1)人事代理人员。人事代理人员主要存在于各街镇以及部分区级政府机关。他们基本上都是刚毕业的大学生,且学历都是本科以上。由于受到编制硬约束制度的刚性控制,官僚群体与派生群体的额度被严格限制,其数量历年基本没有增加。人事代理人员就成为地方政府与基层政府重要的人员力量补充。他们承担的职能与非干部身份的官僚群体和派生群体承担的职能基本没有区别。尽管他们的政治待遇、社会地位与官僚群体和派生群体相比差异较大,但他们的经济待遇相对比较高,与派生群体的经济待遇相当,远远高于其他几类雇佣群体的经济待遇。人事代理人员在各地方和基层政府中的数量相对较少,在上海的各个街镇政府中大概有 15 名左右。

(2)社工人员。社工是雇佣群体的主体,数量与规模相对比较庞大。一部分社工人员主要在各街镇的党建服务中心、社区服务中心、社区事务受理中心、综合协管中心、网格化管理中心、社会综合治理中心等各中心,履行政府的管理与服务职能,为各街镇居民做好窗口服务;另一部分社工人员主要在街镇各职能部门,如党政办、自治办、经济办等履行行政性的服务功能,如会务、信息的上传下达等工作;还有一部分社工人员在各社区居委会工作,是政府各条线部门下派到各居民区做条线工作的,如禁毒社工、青少年社工、司法社工等。社工人员的学历基本上都是高中到大专以下,他们的平均年龄在 36 岁左右,且 80%以上都是女性。①社工工作的地方基本都是距离家庭比较近的地方,以方便照顾家庭。

(3)"40、50 后"人员。"40、50 后"人员主要是各街镇的各类协管员、居委会的五大员和公益性岗位的人员。各类协管员是指各街镇的劳动监察协管员、社会保险协管员、社会综合协管员、特种设备协管员、市容环境协管员等;居委会的五大员是指居委会工作人员中的宣传员、调解员、安全员、社保员和卫生员等;公益性岗位的人员是指保洁、保绿、助残、助老的人员,比如敬老服务员、居家养老服务员、公益保洁人员、助残员等。这些"40、50 后"主要是 20 世纪 90 年代国企改革时下岗的职工,属于原国有企业的人员。这部分人员的经济待遇比较差,领取的是上海最低工资标准的工资。他们年龄相对较大,在基层社会治理中履行职能的积极性也较差。目前,在基层政府中,"40、50 后"人员的数量与规模相对还比较大。

---

① K 区 SK5 街道人力资源办科长 L、科员 G 的访谈,2015 年 11 月 10 日。

(4)退休返聘人员。各街镇对退休返聘人员的称呼不一,有的街镇称之为辅工,即辅助社工工作的有关人员。他们主要在各街镇的各中心(如社区综合治理中心、社区服务中心等)和各居民区的居委会工作,其职能主要是协助各中心的社工和在居民区工作的各条线社工的工作。

(5)非编制身份警察、辅警、协警、网格化管理人员等。这部分人员在基层政府中的数量非常庞大,本书在研究雇佣群体时,由于资料所限,没有对这部分人员作具体的考察,但这部分人员不仅在基层社会治理中规模庞大,而且发挥着重要作用。据不完全统计,在 D 区各街镇仅非编制身份的警察有 2800 多人,辅警、协警有 3000 人左右,城市网格化管理人员有 3000 人左右,而法院、检察院的辅助性岗位的人员是按照机关事业编制 1:1 比例配备,①因此,在法院、检察院这些机关中同样存在大量的雇佣群体。这些雇佣群体大部分都是来沪工作的外地年轻人,且以男性为主。

以上五类人员基本上是上海各地方政府与基层政府中的雇佣群体。这些雇佣群体存在的原因,是各种因素共同叠加的结果,这在本书的第二章已经作了详细的阐释。那么,这些雇佣群体在未来该如何被消解呢？或者说,在未来我们该如何对待这些雇佣群体呢？本书认为,雇佣群体在未来的消解方式有以下五种:

(1)体制内吸纳。所谓体制内吸纳就是把雇佣群体由体制外吸纳到体制内。换言之,雇佣群体通过流动机制转变为派生群体和官僚群体。通过体制吸纳被消解的雇佣群体主要是人事代理人员。人事代理人员基本都是大学毕业生,有学历、有能力,他们能够通过国家的制度选拔考试进入官僚群体和派生群体,进而实现身份转换。这种现象在当前的上海各地方和基层政府中表现的比较突出。这部分雇佣群体在基层工作,往往都是为了积累工作阅

---

① D区人力资源局工作人员的访谈,2016 年 3 月 11 日。

历和经验,一旦服务期满(一般 2 年),就通过努力考入官僚群体或派生群体。这种现象也是基层政府愿意看到的,因为上海即将推出相关的人事制度改革,在未来禁止基层政府机关使用雇佣群体。①

(2)社会组织的吸收与替代。在城市社会治理当中,社会组织扮演的角色越来越重要,尤其是服务性、专业性与公益性的社会组织对基层社会治理的参与度越来越高,且受到群众的广泛认可。这些社会组织既是吸纳雇佣群体(主要是社工)的重要单元,同时也是取代雇佣群体履行部分政府职能的重要单元。基层政府一方面可以把部分职能和行政权力剥离给社会组织,划分清楚二者的合作范围;另一方面,基层政府可以通过项目制服务外包的形式把部分职能委托给专业化的社会组织承担。这样,既能调动社会组织参与基层社会治理的积极性,激发基层治理的活力,又能消减对雇佣群体的使用。

(3)政府公共服务外包。要不断推进政府职能的市场化改革,必须界定清楚哪些职能是政府必须承担的,哪些职能是可以委托给市场的。该政府承担的职能,政府不能缺位,市场能承担的职能就要积极地委托给市场,深入推进公共服务的外包。在调研中,上海部分街道正在试点把社区事务受理中心的服务项目以及网格化管理中心的管理项目委托给社会服务机构, 而街道只是履行好监督与考核受委托方的职能。这既节省了大量的人力成本,又提高了政府的工作效率。在未来,政府通过市场化的公共服务外包减少对雇佣群体的使用将是消解雇佣群体数量与规模的重要途径。

(4)随历史发展自然消解。维稳始终是地方与基层政府工作的重中之重。当下,在地方与基层政府中存在大量的 40 后、50 后雇佣群体,其年龄较大且工作积极性较差。之所以招募这些雇佣群体,主要原因是这部分人员原

---

① D 区编制办副主任 H 的访谈,2016 年 4 月 12 日。

属于体制内(国企),因国企改革而丢失工作,政府必须对其进行托底化,确保他们的生产生活。否则,这部分人将会影响地方的稳定与发展。招聘40、50后这批雇佣群体是历史因素所导致,也是政府体制内维稳的需要。随着时间的推移,这部分雇佣群体逐渐老去,这一历史遗留问题自然得到解决,而这部分雇佣群体也会自然被消解。

(5)政府人事制度的完善与改革。当下城市基层社会的人口流动不断加剧,各种利益矛盾冲突不断,客观上需要更多的人员力量以维护基层社会的良好秩序。但是,由于受到编制硬约束制度的刚性控制和紧缩财政供养规模的限制,官僚群体与派生群体的数量与规模就是一个常量,历年基本没有增量。在这种情况下,招聘、使用一定数量与规模的雇佣群体就是客观的需要。然而, 在地方与基层政府中, 雇佣群体的管理还相对比较混乱,"同工不同酬"现象更是普遍存在。政府机关必须深化对人事制度的改革,不仅要规范对雇佣群体的管理和使用,还要建立与拓宽雇佣群体的有机晋升流动渠道,更要逐步消除"同工不同酬"的畸形现象。2015年底到2016年初上海各区陆续启动了针对雇佣群体的人事制度改革,不仅明确了雇佣群体的使用范围,建立了完善的雇佣群体薪酬进阶体系, 还对雇佣群体的数量与规模进行定额等。这项改革的效果如何,有待进一步的考察。

附 录

附录1 SD1街道办事处部分雇佣群体的
日常工作纪实①

沈××,街道办事处党政办工作人员(人事代理),负责安全、消防等工作。

11.2(周一)	11.3(周二)	11.4(周三)	11.5(周四)	11.6(周五)
1.日常工作处理 2.整理发票填报领导签字	1.食堂卫生督查 2.采购保洁日用品	1.落实空调清洗保养 2.财务科报销	1.日常总务工作处理 2.社区居委会添置办公家具与供应公司核价	1.落实菊展安保送矿泉水 2.日常总务工作处理
3.14(周一)	3.15(周二)	3.16(周三)	3.17(周四)	3.18(周五)
1.办公用房使用明细统计 2.日常总务工作处理	1.食堂食品卫生、食品安全督查 2.日常总务处理	1.发票领导签字、财务室报销 2.税务所安装热水器验收检查	1.采购档案盒 2.日常总务工作处理	1.日常总务工作处理 2.落实食堂灶台维修

---

① 工作纪实资料是基于对治理群体的访谈和查阅治理群体的日常工作记录整理而成。

续表

3.21(周一)	3.22(周二)	3.23(周三)	3.24(周四)	3.25(周五)
1.食堂食品安全、食品卫生督查 2.日常总务工作处理	1.采购保洁用品 2.日常总务工作处理	1.落实空调保养 2.日常总务工作处理	1.财务报销 2.请假公休	1.迎检巡查 2.日常总务工作处理

朱××,街道社区事务受理服务中心工作人员(人事代理),负责救助工作。

11.2(周一)	11.3(周二)	11.4(周三)	11.5(周四)	11.6(周五)
1.中心窗口工作检查、中心车辆统计、中心慈善超市搬迁协调 2.参加××社区综合整治会议	1.落实中心慈善超市搬迁事宜 2.中心汽车、自行车再统计上报 3.中心小区改造商议	1.中心窗口工作检查 2.中心××小区改造工作商议 3.中心2017年实事项目实地查看、商议	1.中心窗口工作检查 2.中心改造车辆安排 3.中心2017年预算工作商议、中心仓库固定资产盘整	1.中心档案资料整理情况了解 2.到结对学生家庭开学慰问 3.中心改造车棚临时钥匙发放
3.14(周一)	3.15(周二)	3.16(周三)	3.17(周四)	3.18(周五)
1.中心零距离志愿者项目推进会 2.联系动迁户	1.中心窗口工作检查 2.参加街道妇联职场礼仪会议 3.中心改造方案修订	1.中心窗口工作检查 2.中心改造项目商讨 3.中心新系统工作讨论会	动迁家庭联系,做动迁户思想工作 中心改造设计方案商讨	1.中心窗口工作检查 2.中心养生讲座安排、举办中心春季养生讲座
3.21(周一)	3.22(周二)	3.23(周三)	3.24(周四)	3.25(周五)
1.中心窗口工作检查 2.中心改造方案与设计师再沟通、动迁户联系	1.中心窗口工作检查 2.参加街道动迁小组会议、约2户动迁户沟通、看房	1.中心窗口工作检查 2.联系3户动迁户,上门沟通思想 3.参加区妇联活动 4.参加街道民主推荐会	1.中心迎测评工作检查 2.落实整改、联系动迁户上门沟通	1.中心窗口工作检查 2.迎创城及文明单位检查工作落实 3.联系动迁户进一步沟通思想

蒋××,街道办事处社区事务受理服务中心社工,负责社保公益服务等工作。

11.2(周一)	11.3(周二)	11.4(周三)	11.5(周四)	11.6(周五)
窗口服务:1.各物业、社区单位四保人员工资、社保费用收、缴、发有关事项 2.公益万人项目年检、综合保险等有关事项	同周一	同周一	同周一	同周一
3.14(周一)	3.15(周二)	3.16(周三)	3.17(周四)	3.18(周五)
窗口服务:1.各物业、社区单位四保人员工资、社保费用收、缴、发有关事项 2.公益万人项目年检、综合保险等有关事项	同周一	同周一	同周一	同周一
3.21(周一)	3.22(周二)	3.23(周三)	3.24(周四)	3.25(周五)
窗口服务:1.各物业、社区单位四保人员工资、社保费用收、缴、发有关事项 2.公益万人项目年检、综合保险等有关事项	同周一	同周一	同周一	同周一

张××,街道办事处社区平安办社工,负责信访工作。

11.2(周一)	11.3(周二)	11.4(周三)	11.5(周四)	11.6(周五)
1.文书工作 2.信访接待	1.测评 2.文书工作	1.文书工作 2.信访系统操作	1.三五志愿者活动 2.信访事项处理	1.信访接待 2.信访事项处理
3.14(周一)	3.15(周二)	3.16(周三)	3.17(周四)	3.18(周五)
1.每日稳控汇报 2.信访接待 3.文书工作	1.每日稳控汇报 2.文书工作	1.信访接待 2.文书工作	1.每日稳控汇报 2.信访接待	1.每日稳控汇报 2.张秋萍信访事项协调
3.21(周一)	3.22(周二)	3.23(周三)	3.24(周四)	3.25(周五)
1.每日稳控汇报 2.信访事项处理	1.社区信访工作情况检查 2.信访件处理	1.社区信访工作开展情况检查 2.信访接待	社区信访工作开展情况检查	1.李卫星案情况汇报 2.文书工作

谁在治理　为谁治理　如何治理?

杨××,街道办事处规土所社工,负责规土工作。

11.2(周一)	11.3(周二)	11.4(周三)	11.5(周四)	11.6(周五)
1.土地巡查 2.资料整理	创城活动	1.土地巡查 2.盆景准备	1.土地巡查 2.××村给排水会议	1.××街危房现场查看 2.盆景活动
3.14(周一)	3.15(周二)	3.16(周三)	3.17(周四)	3.18(周五)
1.土地巡查 2.房屋数据调查	1.土地巡查 2.房屋数据调查	1.资料整理录入 2.申报数据再整理	1.土地巡查 2.房屋数据调查	1.社区补拍照片 2.危房检测照片补拍
3.21(周一)	3.22(周二)	3.23(周三)	3.24(周四)	3.25(周五)
1.土地巡查 2.房屋数据调查	1.土地巡查 2.数据合并 3.资料送房管局	1.国有资产登记培训 2.女性心理健康音乐会	1.国有资产清理资料整理 2.资料录入	1.土地巡查 2.部门国有资产清理登记、申请

陶××,街道办事处联勤中心社工,负责违建等工作。

11.2(周一)	11.3(周二)	11.4(周三)	11.5(周四)	11.6(周五)
拆违、投诉单等处理事宜	修正无证建筑普查统计数据	1.拆违"一案一室"台账的整理 2.违建投诉的现场处理	1.违建投诉的现场处理 2.拆违工作事宜	拆违投诉件现场处理
3.14(周一)	3.15(周二)	3.16(周三)	3.17(周四)	3.18(周五)
现场查看、协调、处理拆违事宜	撰写拆违简讯	1.数据分析 2.热线投诉件的沟通、处理、回复	1.现场处理违建投诉 2.拆违数据的统计上报区拆违办	处理拆违投诉件事宜
3.21(周一)	3.22(周二)	3.23(周三)	3.24(周四)	3.25(周五)
撰写拆违简讯及其他事宜	处理违建平台上的投诉单及日常工作	处理拆违投诉件的走访、约谈、协调处理	对违建投诉件的现场查看、了解、协调及拆除工作	对违建的巡查复查、跟进整改情况

单××,塔城路社区社工,2015年11月第1周,2016年3月第2、3周工作纪实,主要负责社区老弱病残和妇女等工作。

11.2(周一)	11.3(周二)	11.4(周三)	11.5(周四)	11.6(周五)
独生子女费申请工作	独生子女费申请工作	低保复审工作	第四季度卫生街镇检查	民政救助培训
3.14(周一)	3.15(周二)	3.16(周三)	3.17(周四)	3.18(周五)
1.春季早教宣传报名 2.区残疾人"两项补贴"制度相关工作 3.社工例会 4.走访老人、残疾人	1.区残疾人"两项补贴"制度相关工作 2."携手生命"癌症患者关爱走访 3."关爱女性 共筑健康"健康主题活动	1.区残疾人"两项补贴"制度相关工作 2."携手生命"癌症患者关爱走访 3.2016年区环境综合整治工作推进	1."携手生命"癌症患者关爱走访 2.计生新政策培训 3.65岁及以上老年人免费健康体检工作会议	1.区残疾人"两项补贴"制度相关工作 2.妇女工作实务培训 3.睦邻优抚送健康讲座
3.21(周一)	3.22(周二)	3.23(周三)	3.24(周四)	3.25(周五)
1.社工例会 2.65岁以上老人健康体检宣传工作 3.街道2016年国防后备力量整组工作会	1.65岁以上老人健康体检宣传工作 2.阳光睦邻沙龙活动 3.嘉定镇街道社区人民调解培训	1.65岁以上老人健康体检宣传工作 2.献血工作 3.睦邻趣味运动会 4.志愿者培训讲座	1.宣传食品安全 2.社区便民服务 3.妇女执委会议 4.创城工作测评	1.65岁以上老人健康体检宣传工作 2.嘉定镇街道妇女工作实务培训素质交流

金××,李园二村社区社工,2016年6月第2、3周的工作纪实,主要负责联络社区团体、妇女保健、老龄化、民生保障等工作。

6.13(周一)	6.14(周二)	6.15(周三)	6.16(周四)	6.17(周五)
1.二次供水征询 2.妇女体检登记	1.二次供水征询 2.妇女体检登记	1.二次供水征询 2.妇女体检登记	1."我是小球王"趣味运动会总决赛 2.妇科两病筛查报名	1.妇科两病筛查报名 2.七夕主题联谊活动 3.文明指数测评
6.20(周一)	6.21(周二)	6.22(周三)	6.23(周四)	6.24(周五)
1.妇科两病筛查报名 2.重点场所蚊幼孳生地处置和成蚊密度控制工作进行督查 3.街道老龄工作会议	1.妇科两病筛查报名 2.爱国主义教育项目——传统文化体验活动	1.糖尿病筛查登记 2.整理居民清册资料 3.计生培训 4.组织纳凉联谊会	1.糖尿病筛查登记 2.党员发展会议 3.食品药品安全文艺小戏巡演 4.走访老龄人员	1.糖尿病筛查登记 2.组织社区体育大比拼与健身苑点达标赛 3.残疾人入户调查

李××,嘉中社区社工,2016年2月第3、4周的工作纪实,主要负责社区治安、邻里纠纷等工作。

2.15(周一)	2.16(周二)	2.17(周三)	2.18(周四)	2.19(周五)
1.走访困难残疾人家庭 2.巡查小区	1.巡查小区 2.社工碰头会	1.小区漏水事件处理 2.居委会专业委员会评估	1.漏水纠纷调解 2.老龄工作会议	1.巡查小区 2.情牵你我他残疾人活动
2.22(周一)	2.23(周二)	2.24(周三)	2.25(周四)	2.26(周五)
1.整治二村84号楼的废旧自行车 2.巡查小区	1.两委会会议 2.统计残疾人体检情况	1.巡查小区 2.四位一体联席会议 3.漏水纠纷调解	1.巡查小区 2.走访居民 3.给残疾人理发	1.巡查小区 2.处理嘉钟花苑57号紧急事件

附录2　SD1街道办事处部分派生群体的日常工作纪实

康××,街道办事处党政办科员(事业编人员,下同),负责党务信息与人大、政协工作。

11.2(周一)	11.3(周二)	11.4(周三)	11.5(周四)	11.6(周五)
1.转发及传阅上级部门各类通知及专送件 2.敲字等零碎事宜 3.党政办信息工作 4.统计人大代表知情报告会出席情况	1.转发及传阅上级部门各类通知及专送件 2.敲字等零碎事宜 3.公文类政府信息公开目录、所公开文件上传 4.整理人大代表进社区活动意见	1.参加2015年D区新进事业单位工作人员培训班 2.撰写2015年政务信息公开总结 3.准备人大工作台账	1.参加2015年D区新进事业单位工作人员培训班 2.统计整理公务网手机套餐业务相关材料	1.转发及传阅上级部门各类通知及专送件 2.敲字等零碎事宜 3.参加2015年D区新进事业单位工作人员培训班

3.14(周一)	3.15(周二)	3.16(周三)	3.17(周四)	3.18(周五)
外出培训	外出培训	1.转发及传阅上级部门各类通知及专送件 2.敲字等零碎事宜 3.党政办信息工作	1.转发及传阅上级部门各类通知及专送件 2.敲字等零碎事宜 3.社区代表大会意见整理	1.转发及传阅上级部门各类通知及专送件 2.敲字等零碎事宜
3.21(周一)	3.22(周二)	3.23(周三)	3.24(周四)	3.25(周五)
1.转发及传阅上级部门各类通知及专送件 2.敲字等零碎事宜 3.区人大代表建议和政协提案办理工作会议	1.转发及传阅上级部门各类通知及专送件 2.敲字等零碎事宜 3.对社区代表大会意见进行分类	1.转发及传阅上级部门各类通知及专送件 2.敲字等零碎事宜 3.撰写3月31日创新社会治理加强基层建设推进会主持稿	1.转发及传阅上级部门各类通知及专送件 2.敲字等零碎事宜 3.分派社区代表大会意见给相关部门 4.党政办信息工作	1.转发及传阅上级部门各类通知及专送件 2.敲字等零碎事宜 3.区人大领导到街道调研2016年人大工作

朱××,街道办事处党建服务中心科员,负责睦邻党建工作。

11.2(周一)	11,3(周二)	11.4(周三)	11.5(周四)	11.6(周五)
1.去银行取款、拉对账单 2.去街道签字、找财务对账	整理、汇总4A材料	社团局开会	日常办公室工作	1.购活动物资 2.规范化建设评估
3.14(周一)	3.15(周二)	3.16(周三)	3.17(周四)	3.18(周五)
工作例会	2015年年检工作	准备增补理事申报材料	2015年年检工作	档案管理培训
3.21(周一)	3.22(周二)	3.23(周三)	3.24(周四)	3.25(周五)
1.打印免税资质证明 2.汇总参观保利大剧院人员名单	办理章程、理事变更,刻章	日常办公室工作	社团局培训	社团局培训

谁在治理　为谁治理　如何治理?

钱××,街道办事处社区事务受理服务中心科员,负责城居保和回沪人员工作。

11.2(周一)	11.3(周二)	11.4(周三)	11.5(周四)	11.6(周五)
1.城乡居保业务咨询受理 2.中心卫生检查	1.城乡居保业务咨询受理 2.各类月报统计	1.城乡居保业务咨询受理 2.落实征地养老人员医保	1.城乡居保业务咨询受理 2.参加区农保会议	1.城乡居保业务咨询受理 2.中心培训
3.14(周一)	3.15(周二)	3.16(周三)	3.17(周四)	3.18(周五)
1.征地养老人员镇保人员统计 2.城乡居保业务咨询受理	1.征地养老人员镇保人员统计 2.城乡居保业务咨询受理	1.城乡居保业务咨询受理 2.中心卫生检查	1.城乡居保业务咨询受理 2.参加区农保中心	1.城乡居保业务咨询受理 2.参加三一八活动
3.21(周一)	3.22(周二)	3.23(周三)	3.24(周四)	3.25(周五)
1.中心卫生检查 2.居委政策咨询	1.居委政策咨询 2.城乡居保业务受理	1.居委政策咨询 2.城乡居保业务受理	1.居委政策咨询 2.城乡居保业务受理	1.居委政策咨询 2.城乡居保业务受理

顾××,街道办事处社区服务办公室(综合)科员,负责人口计生工作。

11.2(周一)	11.3(周二)	11.4(周三)	11.5(周四)	11.6(周五)
1.个案及家庭信息维护 2.孕前检查随访工作、报表	个案及家庭信息维护	1.个案及家庭信息维护 2.汪秀娥工作室接待咨询	个案及家庭信息维护	1.个案及家庭信息维护 2.日常工作
3.14(周一)	3.15(周二)	3.16(周三)	3.17(周四)	3.18(周五)
日常工作	日常工作	1.参加街道社区科普大学分校成立仪式 2.汪秀娥工作室接待咨询	日常工作	日常工作
3.21(周一)	3.22(周二)	3.23(周三)	3.24(周四)	3.25(周五)
日常工作	日常工作	日常工作	日常工作	日常工作

丁××,街道办事处社区自治办公室科员,负责物业工作。

11.2(周一)	11.3(周二)	11.4(周三)	11.5(周四)	11.6(周五)
日常办公	迎测评工作	参加区房管局的居委业委会工作培训	日常办公	日常办公
3.14(周一)	3.15(周二)	3.16(周三)	3.17(周四)	3.18(周五)
日常办公	日常办公	关于人民街78弄信访件召开协调会	日常办公	日常办公
3.21(周一)	3.22(周二)	3.23(周三)	3.24(周四)	3.25(周五)
和人民街78弄信访件和业委会再次沟通	日常办公	格林春岸物业费调价协调会	参加278弄8号水管爆裂引起的纠纷协调会	日常办公

沈××,社区平安办公室科员,负责综治业务工作。

11.2(周一)	11.3(周二)	11.4(周三)	11.5(周四)	11.6(周五)
1.社区走访 2.报账	培训	培训	培训	1.科室月报 2.610工作会议
3.14(周一)	3.15(周二)	3.16(周三)	3.17(周四)	3.18(周五)
1.政法综治信息上报 2.报账	"五违"工作协调会	1.综治干部例会 2."五违"工作部署会	1."五违"综合整治工作 2.至提篮桥监狱探视对象	平安建设表彰会
3.21(周一)	3.22(周二)	3.23(周三)	3.24(周四)	3.25(周五)
1.条线简报 2.重大活动安保工作会	1.社区600分考核 2.社区条线季度考核	1.综治联络员工作会议 2."五违"整治工作座谈会	1.报账 2.民主推荐会	1.智慧城市推进会 2.科室月报

燕××,街道办事处规土所科员,负责规土工作。

11.2(周一)	11.3(周二)	11.4(周三)	11.5(周四)	11.6(周五)
人事相关工作	三五志愿者活动	规土事务、信访件处理等	处理信访件	请休假
3.14(周一)	3.15(周二)	3.16(周三)	3.17(周四)	3.18(周五)
完成事业单位年检工作	温宿路沿街底楼商铺摸底收集资料	温宿路沿街商铺调查	温宿路沿街商铺资料整理	完成年检工作上报审核

续表

3.21(周一)	3.22(周二)	3.23(周三)	3.24(周四)	3.25(周五)
人事相关工作	整理建设工程资料	固定资产统计	固定资产统计	固定资产上报

顾××，街道办事处社区发展办公室(经管)科员，负责审计工作。

11.2(周一)	11.3(周二)	11.4(周三)	11.5(周四)	11.6(周五)
审计工作、统计工作、集资工作	同周一	同周一	同周一	同周一
3.14(周一)	3.15(周二)	3.16(周三)	3.17(周四)	3.18(周五)
审计工作、统计工作、集资工作	同周一	培训	培训	培训
3.21(周一)	3.22(周二)	3.23(周三)	3.24(周四)	3.25(周五)
审计工作、统计工作、集资工作	同周一	同周一	同周一	同周一

附录3　SD1街道办事处部分官僚群体的日常工作纪实

甘××，街道党工委书记(公务员，下同)，负责街道党工委的全面工作。

11.2(周一)	11.3(周二)	11.4(周三)	11.5(周四)	11.5(周五)
1.质子中心配套医院项目推进会 2.参加领导干部报告学习会的课程 3.参加2015年度上海干部在线学习的课程	1.参加领导干部报告学习会的课程 2.参加2015年度上海干部在线学习的课程 3.研究拆违工作会 4.四季度村、社区书记扩大会议	1.马东园区规划讨论 2.参加领导干部报告学习会的课程 3.参加2015年度上海干部在线学习的课程	1.马东地区十三五规划讨论会 2.参加领导干部报告学习会的课程 3.参加2015年度上海干部在线学习的课程	1.参加领导干部报告学习会的课程 2.参加2015年度上海干部在线学习的课程 3.日常工作处理

3.14(周一)	3.15(周二)	3.16(周三)	3.17(周四)	3.18(周五)
1.班子会 2.走村入户	1.镇信访工作大会 2.嘉定区领导干部大会	1.区植树活动 2.财政社保工作会议	接待区领导集体经济产权制度改革调研	视察淮北物流等整治地块
3.21(周一)	3.22(周二)	3.23(周三)	3.24(周四)	3.25(周五)
村、社区书记季度例会扩大会	1.接待市委考察组访谈 2.接待全国妇联主席视察希望邻里中心	环境综合整治现场调研会	1.干部大会及访谈 2.镇属公司工作会议	1.办事处办公会 2.集体资产管理体制工作会议

张××，街道党工委副书记、办事处主任，负责街道办事处的全面工作。

11.2(周一)	11.3(周二)	11.4(周三)	11.5(周四)	11.6(周五)
1.班子会议 2.调研街道征收工作 3.参加双月报告会的课程 4.商讨社区营造专家研讨会筹备工作	1.与环保局协调工作 2.听取分管领导汇报各条线街道"十三五"规划与明年工作计划 3.参加双月报告会的课程	1.社区自治口汇报"十三五"规划 2.社区服务口汇报"十三五"规划 3.参加双月报告会的课程	1.社区管理口汇报"十三五"规划 2.向沈区长汇报州桥景区标识标牌工程 3.参加双月报告会的课程	1.与市委党校老师探讨社区营造工作 2.听取嘉康地块相关方案 3.参加双月报告会的课程
3.14(周一)	3.15(周二)	3.16(周三)	3.17(周四)	3.18(周五)
1.班子会议 2.商讨社区微联勤方案 3.街道食品、药品安全工作大会	1.班子会议 2.2016年度街道社区营造专项资金扶持项目评审会 3.嘉定区领导干部大会	1.区推进网上政务大厅建设工作会议 2.老城办工作例会 3.街道"无违"整治碰头会	1.商讨社区微联勤等 2.环境综合整治工作座谈会 3.纪委找谈话	1.研究街道睦邻家园管理平台 2.书记议事
3.21(周一)	3.22(周二)	3.23(周三)	3.24(周四)	3.25(周五)
1.班子会议 2.迎接领导视察的工作部署会 3.商讨600分及"五违"整治工作大会筹备工作	1.商讨领导视察的相关工作 2.接待领导视察桃园社区妇联工作 3.市审改工作电视电话会议	1.科普大学街道分校开学典礼 2.《上海市街道办事处条例》(修订)座谈会 3.商讨睦邻家园管理平台方案	1.区领导巡视老城防汛工程 2.商讨五违整治等工作	1.商讨信访、城管等事宜会 2.区人大领导到街道调研工作

谁在治理　为谁治理　如何治理？

沈××,街道党工委副书记,分管党群口工作。

11.2(周一)	11.3(周二)	11.4(周三)	11.5(周四)	11.6(周五)
1.参加班子会 2.联络筹备周五社工委、社建办来街道调研交流	1.社区条线工作制度拟定分解 2.研究团委、妇联十三五规划、明年重点 3.社区条线十三五规划汇报	1.准备社工委、社建办调研会议 2.书记议事会 3.征收工作碰头研究 4.接待杨浦区老干部工作者来参观夕阳映晚霞项目	1.街道南大街动迁会议 2.区镇志编撰会议 3.银杏物业调价碰头会 4.嘉房置业协调州桥物业成立业委会事项	1.区委组织部职务职级并行工作部署会 2.区社建办、社工委班子来街道调研参观 3.区委统战部来桃园接待参访团
3.14(周一)	3.15(周二)	3.16(周三)	3.17(周四)	3.18(周五)
1.班子会议 2.金地物业调价工作碰头会	1.社区营造项目评审会议 2.街道五违整治工作会议 3.找社区书记谈话	1.黑龙江佳木斯社区书记学习基层党建及基层社会治理 2.区城市社区建设办公室对接 3.街道五违整治工作会议 4.参加街道书记议事会	1.区政协委员街镇活动小组会议 2.区妇联召集碰头会 3.联系群团服务站设备定标准 4.区纪委来街道相关工作	1.上级妇联改革视察街道准备会议 2.睦邻平台商议会议 3.区保密工作会议 4.区人大建议、政协提案办理会议
3.21(周一)	3.22(周二)	3.23(周三)	3.24(周四)	3.25(周五)
1.班子会议 2.桃园迎接视察现场准备会议 3.讨论一季度会议方案	1.全国妇联主席来视察现场准备会 2.全国妇联主席桃园视察	1.街道科普大学成立 2.自治办科务会议 3.区文广局来新天地现场商群团服务站	1.街道妇联执委成立仪式 2.区社建办睦邻工作坊联络 3.赴悉尼工商学院联系 4.市合作交流办党委来区调研两新党建	1.南大街征收 2.商镇志工作 3.群团服务站现场碰头会 4.周区长召集奉贤区调研会议

陈××,街道办事处副主任,负责科室部分工作。

11.2(周一)	11.3(周二)	11.4(周三)	11.5(周四)	11.5(周五)
1.老城专题会议纪要 2.代建管理办法修改 3.真新福利院改建项目协调会议 4.区行政服务中心方案专报 5.参加双月报告会的课程	1.窗口四季度总结 2.联三村农村公共服务设施协调会 3.代建管理短名单细则 4.代建管理费细则 5.代建管理示范合同 6.参加双月报告会的课程	1.代建管理材料修改 2.质子刀配套医院项目协调会议 3.四季度窗口总结 4.新城13-2幼儿园调整投资研究 5.参加双月报告会的课程	1.消防演练准备会议 2.二支部爱心助学回访 3.城中路小学联席会议 4.科室年度小结 5.参加双月报告会的课程	1.发改委窗口年度总结 2.科室十月份工作小结 3.参加双月报告会的课程
3.14(周一)	3.15(周二)	3.16(周三)	3.17(周四)	3.18(周五)
1.班子会议 2.安监所工作调研 3.嘉康项目例会 4.博庆公司汇报工作	1.网上政务大厅建设 2.区政务平台建设推进会议 3.城发集团联系项目建设工作 4.嘉城经济城工作调研 5.接待副区长调研	1.召开经济小区工作会议 2.趣医网互联网备案协调公安分局 3.嘉康南地块设计概算编制协调 4.街道食品药品安全工作会议	1.嘉康项目智能化专家评审会专家推荐(区科委) 2.州桥资源整合汇总 3.州桥五违排查数据核定 4.工业区樊珠联系工作 5.街区商户办理证照情况汇报材料	1.公司经营责任考核汇报 2.区烟花爆竹安全管控工作总结暨平安建设表彰会 3.有限公司工作汇报
3.21(周一)	3.22(周二)	3.23(周三)	3.24(周四)	3.25(周五)
1.班子会议 2.陆区长听取工作汇报 3.嘉康公司工作汇报 4.州桥景区五违整治会议	1.天工设计汇报工作 2.交警路政科踏看出入口开设 3.市审改工作电视电话会议	1.嘉佳集团联系五违整治工作 2.街道科普协会会议 3.绿洲控股联系工作 4.国资公司商议经济城事宜	1.佳艺冷弯厂房租赁户五违整治 2.嘉康项目孵化器设计公司进度协调 3.城发集团联系工作 4.区消防工作会议	1.区市场局联系工作 2.国资公司来街道商议现场相关事宜 3.区打非金融工作会议

陈××,街道办事处副主任,负责教育、卫生、计生、体育、科普等工作。

11.2(周一)	11.3(周二)	11.4(周三)	11.5(周四)	11.6(周五)
1.党政班子联席会议 2.实地检查西大街征收工作开展情况 3.参加致公党D区委下半年参政议政工作会议	1.日常工作 2.参加区民宗港澳台侨专委会会议	1.到征收办检查工作 2.参加塔城路西段防汛除涝圩区项目建设现场会议	1.汇报街道建设口十三五规划和2016年工作计划 2.参加书记会议汇报相关事项	1.参加区绿化市容局召开的垃圾处置物流会议 2.日常工作
3.14(周一)	3.15(周二)	3.16(周三)	3.17(周四)	3.18(周五)
1.参加党政班子联席会 2.研究二次供水专题会议 3.参加区小区二次供水专题会议	1.参加街道社区营造会议 2.研究西门旧改项目征收补偿安置方案	1.研究小区二次供水相关前期工作安排 2.会同三个小组研究共商南大街动迁工作	1.到州桥景区实地调研单位违法排污情况 2.走访嘉宝和华中公司协商房修相关事项	1.日常工作 2.会同相关部门商讨西门旧改征收补偿安置方案框架
3.21(周一)	3.22(周二)	3.23(周三)	3.24(周四)	3.25(周五)
1.党政班子联席会 2.日常工作	1.西大街征收工作 2.南大街征收工作与部分小组对接研究	1.日常工作 2.现场检查塔城路西段除涝圩区建设工程建设前期工作	1.研究审计问题整改工作 2.协商今年房屋修缮工程前期工作	1.约谈部分动迁户 2.参加党派换届选举工作会议

张××,街道办事处党政办主任、人大代表联络室专职副主任,负责党政、人大工作。

11.2(周一)	11.3(周二)	11.4(周三)	11.5(周四)	11.6(周五)
1.党工委会议 2.党政班子联席会议 3.参加干部在线学习的课程	1.关于食堂后勤工资调整等相关事宜 2.准备区委书记来街道的调研材料 3.参加干部在线学习的课程	1.文案工作 2.丽景工程查看 3.参加干部在线学习的课程 4.参加上海市依法治国全员培训(网络培训)的课程	1.材料撰写 2.保密工作自查 3.参加干部在线学习的课程 4.参加上海市依法治国全员培训(网络培训)的课程	1.书记议事会 2.后勤管理参加干部在线学习的课程 3.参加上海市依法治国全员培训(网络培训)的课程

3.14(周一)	3.15(周二)	3.16(周三)	3.17(周四)	3.18(周五)
1.党工委会议 2.党政班子联席会议	1.政务大厅建设会议 2.日常工作	1.政务大厅建设会议 2.密码机要检查	1.600分考核会议 2.材料整理	1.企业责任书确定 2.书记议事会
3.21(周一)	3.22(周二)	3.23(周三)	3.24(周四)	3.25(周五)
1.党工委扩大会 2.桃园迎检工作 3.党政班子联席会议	1.桃园迎检工作 2.接待全国妇联主席调研	1.镇志编纂会议 2.镇志工作协调	1.水务局调研 2.日常办公	1.日常办公 2.睦邻家园建设推进会

吴××,街道办事处社区事务受理服务中心主任,负责劳动保障工作。

11.2(周一)	11.3(周二)	11.4(周三)	11.5(周四)	11.6(周五)
1.城乡居民基本医疗保险办法专题工作会议 2.中心青年凝聚力工程——明清街活动等	1.街道薪酬调查工作布置会议 2.征收工作(一户签约) 3.简报、信息分析及相关工作	1.受理中心十三五规划和2016年重点工作整理 2.区创业工作专题布置会议 3.主要领导听取中心十三五规划及2016年重点工作	1.11月份工作月报及简报等整理 2.社会事业月报、困难人员就业工作	1.2016年创业工作专题学习及分析 2.ISO9000硬件设施及档案室、应急处理室等工作 3.工会互助、条线业务专题培训会
3.14(周一)	3.15(周二)	3.16(周三)	3.17(周四)	3.18(周五)
1.2016年劳动保障核心指标工作梳理学习 2.中心零距离服务项目推进会	1.社区营造项目评审会议 2.职场丽人主题讲座 3.民间组织党员工作	1.与万达公司进行中心新系统对接工作会议 2.城中街安徽倒流户消防安全专题会议	1.新进人员工作安排 2.创业、技能培训工作人员分工调整会议 3.受理中心主任专题工作会议	1.D区大就业培训工作会议 2.重点人员职业介绍工作
3.21(周一)	3.22(周二)	3.23(周三)	3.24(周四)	3.25(周五)
1.现场处理欠薪事件相关工作 2.探望中心生育职工	1.创建创业型城区系列筹备工作会 2.创业能力开班筹备	1.创业专项能力工作 2.关爱女性系列工作 3.系统学习2016年人力资源和社会保障工作要点	1.街道妇联执委扩大会议 2.年创业工作专题会	1.创业开班统发稿等工作 2.本周工作梳理、周报等

沈××,街道办事处社区自治办公室主任,负责物业、小区改建等工作。

11.2(周一)	11.3(周二)	11.4(周三)	11.5(周四)	11.6(周五)
1.社区营造方案研究会 2.日常工作	1.科室工作会议 2.社会救助财务审计工作会议 3.规范化评估指导	1.十三五规划及明年工作计划汇报 2.台湾访问团参观桃园	1.关爱功臣活动项目化推进会议 2.日常工作	1.社工委书记调研 2.丽景睦邻中心改建工程协调会
3.14(周一)	3.15(周二)	3.16(周三)	3.17(周四)	3.18(周五)
1.日常工作 2.区村居工作协会第一届第二次会员大会	1.区民生保障工作会议 2.智慧社区方案研究(移动公司) 3.社区用房改建现场会	1.区残联领导调研 2.区创新社会治理加强基层建设推进大会	1.智慧社区方案汇报 2."姜家秦家花园"地块征收工作会议	1.街道2016年两个责任制签约暨群团改革会议 2.2016年D区残疾人工作部署会
3.21(周一)	3.22(周二)	3.23(周三)	3.24(周四)	3.25(周五)
1.物业调价工作研究汇报 2."五违"整治工作会议	1.社区营造项目评审会及指导员聘任仪式 2.金地格林小区物业费调价工作协调会	1.2016年D区镇街道食品药品安全工作会议 2."五违"整治工作会议	1.社区用房改建工作会议 2.丽景社区营造环境优化工作例会	1.智慧社区方案研究会 2.社区营造工作推进会

曹××,街道办事处社区自治办公室副主任,负责残联、社工等工作。

11.2(周一)	11.3(周二)	11.4(周三)	11.5(周四)	11.6(周五)
新进社工座谈会	1.助残公益项目洽谈 2.灾情报灾演练 3.社区老旧用房方案设计	1.十三五村居信息系统 2.实地督查规划工作会议	1.丽景睦邻中心工作协调会 2.助残员培训	1.残疾人服务社4A评估 2.社区建设考察
3.14(周一)	3.15(周二)	3.16(周三)	3.17(周四)	3.18(周五)
1.专业委员会评估事宜商量 2.社工座谈会	1.区600分考核社区抽查 2.残疾人家庭收支监测调查培训会	1.困难群众结对事宜商量 2.失独家庭联谊会 3.残疾人家庭收支监测调查布置	1.残疾人服务社搬迁事宜 2.日常工作	1.机关运动会 2.社工集体生日

3.21(周一)	3.22(周二)	3.23(周三)	3.24(周四)	3.25(周五)
1.蓝天下的至爱募捐活动 2.科室会议	1.残疾人走访慰问 2.丽景睦邻中心功能协调会议	1.柏万青志愿者工作室总结会 2.街道党政负责干部会议 3.睦邻团建工作推进会 4.残疾人走访	1.残疾人收支监测家庭座谈会 2.残疾人收支监测调查员培训会议	1.社区专业委员会评估准备会议 2.就业援助月残疾人专场招聘会

朱××,街道办事处社区平安办公室主任、信访办主任,负责综治工作。

11.2(周一)	11.3(周二)	11.4(周三)	11.5(周四)	11.6(周五)
1.科室日常事务 2.参加上海干部在线学习的课程	1.第四季度人口工作会议 2.平安家庭表彰 3.维稳工作培训	1.街道物流安全管理工作推进会 2.参加上海干部在线学习的课程	1.信访接待 2.参加上海干部在线学习的课程 3.D区社会治安防控体系建设推进会	1.党风廉政建设工作会 2.参加上海干部在线学习的课程 3.政法委相关工作处置会
3.14(周一)	**3.15(周二)**	**3.16(周三)**	**3.17(周四)**	**3.18(周五)**
日常工作	1.2016年度街道、社区营造专项资金扶持项目评审会 2.五违整治会议	日常工作	1.2016年"姜家秦家花园"地块征收工作会议 2.街道创新社会治理加强基层建设暨环境综合整治工作推进会	2016年D区镇街道落实党建工作责任制、党风廉政建设责任制暨群团改革工作推进会
3.21(周一)	**3.22(周二)**	**3.23(周三)**	**3.24(周四)**	**3.25(周五)**
日常工作	1."平安马甲"参与交通大整治 2.综治干部工作例会	1.五违联络员工作会议 2.社区走访	1.区见义勇为先进分子表彰会 2.一镇一品牌方案制定	1.信访接待 2.平安建设工作会议

谁在治理　为谁治理　如何治理?

陈××,街道办事处社区自治办科员,负责老龄、双拥等工作。

11.2(周一)	11.3(周二)	11.4(周三)	11.5(周四)	11.6(周五)
日常办公	日常办公	优抚工作社会化专题培训会	日常办公	日常办公
3.14(周一)	3.15(周二)	3.16(周三)	3.17(周四)	3.18(周五)
日常办公	日常办公	市局双拥工作调研会	日常办公	日常办公
3.21(周一)	3.22(周二)	3.23(周三)	3.24(周四)	3.25(周五)
日常办公	日常办公	日常办公	日常办公	睦邻优抚项目——中医讲座

朱××,街道办事处社区管理办科员,负责工程招投标等工作。

11.2(周一)	11.3(周二)	11.4(周三)	11.5(周四)	11.6(周五)
1.工程项目决算资料整理 2.创城迎检	1.市政署排水接管许可证明事宜 2.六一小区雨污水工程现场协调	1.工程项目决算资料整理 2.工程竣工资料归档整理	1.工程项目决算资料整理 2.领取市政署排水接管许可证明	1.工程项目决算资料整理 2. 创城迎检、背街小巷检查
3.14(周一)	3.15(周二)	3.16(周三)	3.17(周四)	3.18(周五)
1.日常工作 2.2016年公厕维修工程招投标报名审核	1.日常工作 2.2016年公厕维修工程招投标报名审核	1.日常工作 2.植树节活动	1.2016年公厕维修工程发招标文件 2.2016年公厕维修工程现场踏勘	日常工作
3.21(周一)	3.22(周二)	3.23(周三)	3.24(周四)	3.25(周五)
1.雨水泵闸现场勘查 2.嘉康例会	1.日常工作 2.会议	日常工作	1.撰写网宣文章 2.日常工作	日常工作

胡××,街道办事处社区服务办(综合)科员,负责人口计生工作。

11.2(周一)	11.3(周二)	11.4(周三)	11.5(周四)	11.6(周五)
日常工作	创城工作	科室报账工作	日常工作	编写简报
3.14(周一)	3.15(周二)	3.16(周三)	3.17(周四)	3.18(周五)
日常工作	日常工作	失独家庭名单整理汇总	失独家庭生日慰问	档案整理
3.21(周一)	3.22(周二)	3.23(周三)	3.24(周四)	3.25(周五)
日常工作	科普大学成立会议	文明指数测评	日常工作	各社区计生干部例会

附录4　访谈提纲

1.我们单位现在一共有多少人？行政编和事业编制额度是多少？实际人数是多少？除了行政编和事业编的人外，我们还有哪些不同身份的人？分别有多少人？

2.我们单位的编外人员分别是哪一年进来的？通过什么方式进来的呢？

3.在我们机关(部门)中，行政编人员、事业编人员与编外人员在各个科室分布的情况是怎么样的？他们的具体职能是什么？

4.行政编人员、事业编人员与编外人员的政治待遇区别在哪里？经济待遇差别大吗？具体体现在哪里？社会上的人对机关单位中的行政编人员、事业编人员和编外人员的认识和评价分别怎样？

5.编外人员的工资是否由国家财政拨付？如果不是，从哪里来的？怎么解决？

6.我们每年的财政经费是多少？这些经费来自哪里？如何使用的？每年用于行政编、事业编人员以及编外人员的开支分别有多少？

7.我们单位为什么要聘用编外人员呢？他们平时都承担什么工作？怎么进行管理？

8.(如果是行政编或事业编人员)，在你们部门，编外人员做事的效率和积极性是否更高？你对编外人员的工作做的是否满意？

9.(如果是编外人员)在你们部门，行政编与事业编制的人员主要做什么？他们做事情的积极性怎么样？你们做的工作内容有哪些是重叠，又有哪些是不一样的？

10.我们单位有具体的关于行政编人员、事业编人员和编外人员的工作绩效考核吗？具体的考核内容是什么？考核的结果对他们有怎样的影响？

11.近些年(主要近 5 年)，行政编、事业编以及编外人员的进出情况是什么样？你知道他们分别都去了哪里？编外人员最后是否有机会直接变成有编制的人员？

12.(如果是编外人员)你为什么选择在这工作呢？哪一年进来的？怎么知道有这个工作机会？通过什么方式进来的？打算还要在这里做多久？为什么呢？

13.(如果是编外人员)，你在单位里承担什么样的工作？跟在编人员有什么异同？收入怎么样？单位会给你们缴纳五险一金吗？今后是否有机会变成在编人员？你对自己在这里的状况感到满意吗？最不满意的地方是什么？你希望得到什么样的对待呢？

14.我们单位对现有编外人员的安置出台过哪些文件？对现有编外人员的未来安置有明确的制度安排或计划吗？如果有，具体内容是什么呢？

参考文献

一、中文参考文献

（一）中文著作和译著

1.《马克思恩格斯全集》（第 4 卷），人民出版社，1958 年。

2.《毛泽东选集》（第二卷），人民出版社，1991 年。

3.［美］阿伦·利普哈特：《民主的模式：36 个国家的政府形式和政府绩效》，陈崎译，北京大学出版社，2006 年。

4.［美］埃莉诺·奥斯特罗姆：《公共事务的治理之道：集体行动制度的演进》，余逊达、陈旭东译，上海译文出版社，2012 年。

5.［美］艾伯特·奥·赫希曼：《欲望与利益：资本主义走向胜利前的政治争论》，李新华、朱进东译，上海文艺出版社，2003 年。

6.［法］巴斯夏：《财产、法律与政府》，秋风译，贵州人民出版社，2003 年。

7.曹康泰：《地方各级人民政府机构设置和编制管理条例解读》，中国法制出版社,2008 年。

　　8.陈明明:《在革命与现代化之间——关于党治国家的一个观察与讨论》,复旦大学出版社,2015 年。

　　9.程房:《中国县政概论》(下册),商务印书馆,1939 年。

　　10.[英]戴维·毕瑟姆:《官僚制》(第二版),韩志明、张毅译,吉林人民出版社,2005 年。

　　11.[英]亚当·斯密:《国民财富的性质和原因研究》(上卷),郭大力、王亚南译,商务印书馆,2013 年。

　　12.[英]亚当·斯密:《国民财富的性质和原因研究》(下卷),郭大力、王亚南译,商务印书馆,2012 年。

　　13.[美]道格拉斯·C.诺思:《制度、制度变迁与经济绩效》,杭行、韦森译,格致出版社,2014 版。

　　14.[美]道格拉斯·诺斯:《经济史中的结构与变迁》,陈郁等译,上海三联书店,1994 年。

　　15.狄金华:《被困的治理——河镇的复合治理与农户策略(1980—2009)》,生活·读书·新知三联书店,2015 年。

　　16.[美]杜赞奇:《文化、权力与国家:1900—1942 年的华北农村》,王福明译,江苏人民出版社,2003 年。

　　17.费孝通:《乡土中国》(修订本),上海人民出版社,2013 年。

　　18.[美]费正清、刘广京编:《剑桥中国晚清史(1800—1911 年)》(上卷),中国社会科学出版社,1985 年。

　　19.[美]弗朗西斯·福山:《国家构建:21 世纪的国家治理与世界秩序》,黄胜强、许铭原译,中国社会科学出版社,2007 年。

　　20.[美]弗朗西斯·福山:《信任:社会美德与创造经济繁荣》,彭志华译,海南出版社,2001 年。

21.[美]弗朗西斯·福山:《政治秩序的起源:从前人类时代到法国大革命》,毛俊杰译,广西师范大学出版社,2012年。

22.[美]弗朗西斯·福山:《政治秩序与政治衰败:从工业革命到民主全球化》,毛俊杰译,广西师范大学出版社,2015年。

23.[英]弗里德里希·奥古斯特·冯·哈耶克:《通往奴役之路》(修订版),王明毅等译,中国社会科学出版社,2015年。

24.[英]弗里德里希·奥古斯特·冯·哈耶克:《自由秩序原理》,邓正来译,生活·读书·新知三联书店,1997年。

25.高新军:《美国地方治理——案例调查与制度研究》,西北大学出版社,2007年。

26.[美]戈登·塔洛克:《官僚体制的政治》,柏克、郑景胜译,商务印书馆,2012年。

27.顾炎武:《日知录集释》(全校本),上海古籍出版社,2006年。

28.[美]哈罗德·D.拉斯韦尔:《政治学:谁得到什么?何时和如何得到?》,杨昌裕译,商务印书馆,2014年。

29.[德]黑格尔:《法哲学原理》,范扬、张企泰译,商务印书馆,1979年。

30.《后汉书·志第二十八·百官五》,李贤等注,中华书局,1999年。

31.黄宗羲:《明夷待访录》,中华书局,2015年。

32.[美]加布里埃尔·A.阿尔蒙德、西德尼·维巴:《公民文化——五个国家的政治态度和民主制》,徐湘林译,东方出版社,2008年。

33.[美]加布里埃尔·A.阿尔蒙德、小G.宾厄姆·鲍威尔:《比较政治学——体系、过程和政策》,曹沛霖等译,东方出版社,2007年。

34.金红磊:《适度政府规模研究》,人民出版社,2010年。

35.瞿同祖:《清代地方政府》,范忠信等译,法律出版社,2011年。

36.[美]卡尔·波兰尼:《大转型:我们时代的政治与经济起源》,刘阳、冯钢译,浙江人民出版社,2007 年。

37.[美]寇爱伦等:《当代中国政治研究:新材料、新方法和实地调查的新途径》,许安结等译,中国社会科学出版社,2014 年。

38.[美]拉塞尔·哈丁:《群体冲突的逻辑》,刘春荣、汤艳文译,上海人民出版社,2013 年。

39.李利平:《中国公务员规模问题研究》,天津人民出版社,2014 年。

40.[美]李普塞特:《政治人:政治的社会基础》,张绍宗译,上海人民出版社,2011 年。

41.李友梅:《城市社会治理》,社会科学文献出版社,2014 年。

42.李志安、杜家骥:《中国古代官僚政治》,中华书局,2015 年。

43.[美]理查德·拉克曼:《国家与权力》,郦菁、张昕译,上海人民出版社,2013 年。

44.[俄]列宁:《列宁全集》(第一版,第 26 卷),人民出版社,1959 年。

45.[澳]琳达·维斯、约翰·M.霍布森:《国家与经济发展:一个比较及历史性的分析》,黄兆辉、廖志强译,吉林出版集团有限责任公司,2009 年。

46.刘建军:《古代中国政治制度十六讲》,上海人民出版社,2009 年。

47.刘建军:《单位中国:社会调控体系重构中的个人、组织与国家》,天津人民出版社,2000 年。

48.[法]卢梭:《社会契约论》,何兆武译,商务印书馆,1980 年。

49.[美]罗伯特·达尔、爱德华·R. 塔夫特:《规模与民主》,唐皇凤、刘晔译,上海人民出版社,2013 年。

50.[美]罗伯特·达尔:《多头政体——参与和反对》,谭君久、刘惠荣译,商务印书馆,2003 年。

51.[美]罗伯特·达尔:《谁统治:一个美国城市的民主和权力》,范春辉、张宇译,江苏人民出版社,2010 年。

52.[美]罗伯特·E.戈定:《牛津比较政治学手册》(上、下),唐士其等译,人民出版社,2016年。

53.[美]罗伯特·诺奇克:《无政府、国家与乌托邦》,姚大志译,中国社会科学出版社,2008年。

54.[美]罗伯特·D.帕特南:《使民主运转起来:现在意大利的公民精神传统》,王列、赖海榕译,中国人民大学出版社,2015年。

55.[英]洛克:《政府论》(上、下),瞿菊农、叶启芳译,商务印书馆,1982年。

56.[德]马克斯·韦伯:《经济与社会》第二卷(上),阎克文译,上海人民出版社,2010年。

57.[德]马克斯·韦伯:《经济与社会》第二卷(下),阎克文译,上海人民出版社,2010年。

58.[德]马克斯·韦伯:《支配的类型》,康乐译,广西师范大学出版社,2010年。

59.[德]马克斯·韦伯:《支配社会学》,康乐、简惠美译,广西师范大学出版社,2010年。

60.[德]马克斯·韦伯:《中国的宗教:儒教与道教》,康乐、简惠美译,广西师范大学出版社,2010年。

61.[美]曼瑟尔·奥尔森:《国家的兴衰——经济增长、滞胀和社会僵化》,李增刚译,上海人民出版社,2007年。

62.[法]孟德斯鸠:《论法的精神》,张雁深译,商务印书馆,1961年。

63.[法]米歇尔·克罗齐埃:《科层现象》,刘汉全译,上海人民出版社,2002年。

64.缪全吉:《明代胥吏》,嘉新文化基金会,1969年。

65.庞金友:《现代西方国家与社会的关系理论》,中国政法大学出版社,2006年。

66.钱穆:《中国历代政治得失》,生活·读书·新知三联书店,2001年。

67.[美]乔万尼·萨托利:《民主新论》,冯克利、阎克文译,上海人民出版社,2009年。

68.邱建新:《信任文化的断裂——对崇川镇民间"标会"的研究》,社会科学文献出版社,2005年。

69.荣敬本等:《从压力体制向民主合作体制的转变——县乡两级政治体制改革》,中央编译出版社,1998年。

70.石亚军:《中国行政管理体制专项问卷调查数据统计》,中国政法大学出版社,2008年。

71.[英]史蒂文·卢克斯:《权力:一种激进的观点》,彭斌译,江苏人民出版社,2012年。

72.孙立平:《现代化与社会转型》,北京大学出版社,2005年。

73.[法]托克维尔:《论美国的民主》,董果良译,商务印书馆,1991年。

74.[美]托马斯·潘恩:《人的权利》,韦森编,戴炳然译,复旦大学出版社,2013年。

75.王亚南:《中国官僚政治研究》,中国社会科学出版社,2009年。

76.王奇生:《党员、党权与党争——1924—1949年国民党的组织形态》,上海书店出版社,2003年。

77.[德]威廉·冯·洪堡:《论国家的作用》,林荣远、冯兴元译,中国社会科学出版社,1998年。

78.魏光奇:《官治与自治——20世纪上半期的中国县制》,商务印书馆,2004年。

79.魏荣汉:《中国基层选举报告》,作家出版社,2009年。

80.吴晗、费孝通等:《皇权与绅权》,天津人民出版社,1988年。

81.吴思:《潜规则:中国历史中的真实游戏》,复旦大学出版社,2011年。

82.[美]西达·斯考切波:《国家与社会革命——对法国、俄国和中国的比较分析》,何俊志等译,上海人民出版社,2007年。

83.[美]西摩·马丁·李普塞特:《政治人:政治的社会基础》,郭为佳、林娜译,江苏人民出版社,2013年。

84.徐天麟:《西汉会要·职官三》,中华书局出版社,1955年。

85.阎步克:《品位与职位:秦汉魏晋南北朝官阶制度研究》,中华书局,2009年。

86.叶炜:《南北朝隋唐官吏分途研究》,北京大学出版社,2009年。

87.[古希腊]亚里士多德:《政治学》,吴寿彭译,商务印书馆,1983年。

88.[美]伊曼纽尔·沃勒斯坦:《现代世界体系》,郭方等译,社会科学文献出版社,2013年。

89.[英]约翰·斯图亚特·密尔:《代议制政府》,汪瑄译,商务印书馆,2007年。

90.翟校义:《当代中国公共人事制度运行现状调查分析》,中共中央党校出版社,2010年。

91.[美]詹姆斯·M.布坎南、戈登·图洛克:《同意的计算:立宪民主的逻辑基础》,陈光金译,上海人民出版社,2014年。

92.[美]詹姆斯·M.布坎南:《公共物品的需求与供给》,马珺译,上海人民出版社,2009年。

93.[美]詹姆斯·M.布坎南:《宪政的经济学阐释》,贾文华、任洪生译,中国社会科学出版社,2012年。

94.[美]詹姆斯·M.布坎南:《自由、市场和国家》,吴良健等译,北京经济学院出版社,1998年。

95.张纯明:《中国政治二千年》,当代中国出版社,2013年。

96.张静:《基层政权——乡村制度诸问题》,上海人民出版社,2000年。

97.张五常:《中国的经济制度:中国经济改革三十年》,中信出版社,2009年。

98.赵世瑜:《吏与中国传统社会》,浙江人民出版社,1994年。

99.赵树凯:《乡镇治理与政府制度化》,商务印书馆,2010年。

100.赵子建:《基层政府人员编制膨胀问题研究》,国家行政学院出版社,2013年。

101.周保明:《清代地方吏役制度研究》,上海人民出版社,2009年。

102.周黎安:《转型中的地方政府:官员激励与治理》,格致出版社、上海人民出版社,2008年。

103.[日]佐藤庆幸:《官僚制社会学》,朴玉等译,生活·读书·新知三联书店,2009年。

(二)论文、报刊

1.[美]埃里克·马斯金、许成钢、王信:《软预算约束理论:从中央计划到市场》,《经济社会体制比较》,2000年第4期。

2.艾云:《上下级政府间"考核检查"与"应对"过程的组织学分析——以A县"计划生育"年终考核为例》,《社会》,2011年第3期。

3.包国宪、郎玫:《治理、政府治理概念的演变与发展》,《兰州大学学报》(社会科学版),2009年第2期。

4.蔡如鹏:《谁在治理》,《中国新闻周刊》,2016年6月27日。

5.曹正汉:《中国上下分治的治理体制及其稳定机制》,《社会学研究》,2011年第1期。

6.陈长虹、黄祖军:《从运动式到项目化:论基层政府动员转型》,《经济与社会发展》,2014年第1期。

7.陈辉:《城市基层治理的双重困境与善治的路径选择》,《南京师大学报》(社会科学版),2013年第2期。

8.陈辉:《新中国成立60年来城市基层治理的结构与变迁》,《政治学研究》,

2010 年第 1 期。

9.陈家建、边慧敏、邓湘树:《科层结构与政策执行》,《社会学研究》,2013年第 6 期。

10.陈家建等:《项目制与政府间权责关系演变:机制及其影响》,《社会》,2015 年第 5 期。

11.陈家建:《项目制与基层政府动员——对社会管理项目化运作的社会学考察》,《中国社会科学》,2013 年第 2 期。

12.陈捷、卢春龙:《共通性社会资本与特定性社会资本——社会资本与中国的城市基层治理》,《社会学研究》,2009 年第 6 期。

13.陈潭、刘兴云:《锦标赛体制、晋升博弈与地方剧场政治》,《公共管理学报》,2011 年第 2 期。

14.陈振明:《转变中的国家公务员制度——中西方公务员制度改革与发展的趋势及其比较》,《厦门大学学报》(哲学社会科学版),2001 年第 2 期。

15.崔之元:《"混合宪法"与对中国政治的三层分析》,《战略与管理》,1998年第 3 期。

16.狄金华:《政策性负担、信息督查与逆向软预算约束——对项目运作中地方政府组织行为的一个解释》,《社会学研究》,2015 年第 6 期。

17.樊鹏:《构建合理适度政府规模的经验尺度——基于美中两国的比较分析》,《政治学研究》,2015 年第 2 期。

18.冯军旗:《中县干部》,北京大学博士学位论文,2010 年。

19.冯仕政:《中国国家运动的形成与变异:基于政体的整体性解释》,《开放时代》,2011 年第 1 期。

20.高建设:《乡镇事业编干部队伍面临的困境与出路——基于江西15387个样本的调查分析》,《国家治理》,2016 年第 17 期。

21.郭为桂:《"组织起来":中国近代化进程中的基层治理变迁》,《党史研究与教学》,2015 年第 6 期。

22.何哲:《政府边界问题及行政体制改革的基本原则研究——基于政府权力边界、职责边界、效率边界与能力边界分析》,《北京行政学院学报》,2016年第 4 期。

23.黄芳:《社会秩序理论—— 一种政治思想史的考察》,浙江大学博士论文,2014 年。

24.黄宗智等:《"项目制"的运作机制和效果是"合理化"吗？》,《开放时代》,2014 年第 5 期。

25.黄宗智:《集权的简约治理——中国以准官员和纠纷解决为主的半正式基层行政》,《开放时代》,2008 年第 2 期。

26.贾栋:《超编问题的人员编制管理研究——以陕西省人员编制研究为例》,西北大学硕士学位论文,2007 年。

27.江作军、刘坤:《论当代中国社会资本的转型》,《江海学刊》,2005 年第 5 期。

28.金太军、沈承诚:《政府生态治理、地方政府核心行动者与政治锦标赛》,《南京社会科学》,2012 年第 6 期。

29.景亭、褚晓红:《中国公务员制度创新——以职业化为中心的分析》,《南京社会科学》,2006 年第 11 期。

30.景亭:《论中国公务员的职业化发展方向》,《南京师大学报》(社会科学版),2007 年第 3 期。

31.赖诗攀:《中国科层组织如何完成任务:一个研究述评》,《甘肃行政学院学报》,2015 年第 2 期。

32.雷戈:《三吏分治:西汉中后期吏治生态研究》,《史学月刊》,2013 年第 9 期。

33.李金龙、黄建红:《完善和超越官僚制:我国行政组织体制改革的理性选择》,《湖南大学学报》(社会科学版),2007 年第 1 期。

34.李利平:《中国公务员规模问题研究》,南开大学博士论文,2015 年。

35.李林倬:《基层政府的文件治理——以县级政府为例》,《社会学研究》,2013 年第 4 期。

36.李洵:《论明代的吏》,《明史研究》,第 4 辑。

37.廖德凯:《公务员自述:"同工同酬"难解决,只是编制的错吗?》,《上海观察》,2016 年 3 月 30 日。

38.林尚立:《国家建设:中国共产党的探索与实践》,《毛泽东邓小平理论研究》,2008 年第 1 期。

39.林毅夫、刘志强:《中国的财政分权与经济增长》,《北京大学学报》(哲学社会科学版),2000 年第 4 期。

40.刘尔铎:《从协管员现象看中国的临时工作制度》,《人民论坛》,2007年第 22 期。

41.刘建军、马彦银:《从官吏分途到群体三分:中国地方治理的人事结构转换及其政治效应》,《社会》,2016 年第 1 期。

42.刘建军:《新型精英与使命政治:共产党执政体系的干部制度基础》,《探索与争鸣》,2010 年第 11 期。

43.刘剑雄:《中国的政治锦标赛竞争研究》,《公共管理学报》,2008 年第 3 期。

44.刘明兴等:《地方政府的非正式权力结构及其经济影响》,《社会学研究》,2013 年第 5 期。

45.刘为民、游博:《机构编制实名制的管理学分析》,《中国行政管理》,2007 年第 3 期。

46.刘筱勤、庄国波:《科层官僚制与公共权力监督》,《广东行政学院学报》,2011 年第 5 期。

47.刘旭涛:《职业化管理让"两官分途"》,《人民论坛》,2010年第2期。

48.刘选会:《公务员数量比较分析的困境》,《云南行政学院学报》,2012年第4期。

49.刘玉东:《街道职能改革视角下社区治理模式的建构》,《岭南学刊》,2015年第6期。

50.陆德全:《"关系"——当代中国的交换形态》,《社会学与社会调查》,1991年第5期。

51.吕芳:《中国地方政府的"影子雇员"与"同心圆"结构——基于街道办事处的实证分析》,《管理世界》(月刊),2015年第10期。

52.毛寿龙:《现代治道与治道变革》,《南京社会科学》,2001年第9期。

53.穆朝庆:《宋代中央官府制论述》,《历史研究》,1990年第6期。

54.欧阳静:《论基层运动型治理——兼与周雪光等商榷》,《开放时代》,2014年第6期。

55.欧阳静:《乡镇干部的真实生存状态》,《中国党政干部论坛》,2016年第1期。

56.欧阳静:《压力型体制与乡镇的策略主义逻辑》,《经济社会体制比较》(双月刊),2011年第3期。

57.潘维:《当前"国家治理"的核心任务》,《人民论坛》,2014年第9期。

58.庞莹:《一个落马基层干部的忏悔》,《四川日报》(第11版),2014年9月15日。

59.丘海雄、徐建牛:《市场转型过程中地方政府角色研究述评》,《社会学研究》,2004年第4期。

60.渠敬东:《项目制:一种新的国家治理体制》,《中国社会科学》,2012年第5期。

61.渠敬东、周飞舟、应星:《从总体支配到技术治理——基于中国30年改革经验的社会学分析》，《中国社会科学》，2009 年第 6 期。

62.冉冉:《"压力型体制"下的政治激励与地方环境治理》，《经济社会体制比较》（双月刊），2013 年第 3 期。

63.孙立平等:《改革以来中国社会结构的变迁》，《中国社会科学》，1994 年第 2 期。

64.孙立平:《改革前后中国国家、民间统治精英及民众间互动关系的演变》，《中国社会科学季刊》，1994 年第 1 卷。

65.孙立平、郭于华:《"软硬兼施":正式权力非正式运作的过程分析——华北 B 镇收粮的个案研究》，《清华社会学评论》特辑，2000 年。

66.孙立平:《科举制:一种经营再生产的机制》，《战略与管理》，1996 年第 5 期。

67.孙涛:《比较视野下的中国政府官员规模研究》，《南开学报》（哲学社会科学版），2008 年第 1 期。

68.谭功荣:《公务员职业化:起源、内涵及模式比较》，《中国行政管理》2009 年第 2 期。

69.唐皇凤:《常态社会与运动式治理——中国社会治安治理中的"严打"政策研究》，《开放时代》，2007 年第 3 期。

70.托尼·赛奇:《盲人摸象:中国地方政府分析》，《经济社会体制比较》（双月刊），2006 年第 4 期。

71.王波:《政治学基本人性假设的再探讨——论"政治理性人"的基本逻辑》，《浙江社会科学》，2007 年第 6 期。

72.王汉生、王一鸽:《目标管理责任制:农村基层政权的实践逻辑》，《社会学研究》，2009 年第 2 期。

73.王强:《治理与社会资本问题研究》，《内蒙古民族大学学报》（社会科学版），2007 年第 2 期。

74.王正绪:《国家建设、现代政府和民主之路:六十年来中国的政治发展》,《马克思主义与现实》,2010 年第 1 期。

75.魏云:《压力型体制下的行政问责模式研究》,复旦大学博士学位论文,2011 年。

76.吴刚:《对赎买劳动力国有身分的理性思考》,《财经理论与实践》,1998 年第 1 期。

77.吴光芸、杨龙:《社会资本视角下的社区治理》,《城市发展研究》,2006 年第 4 期。

78.吴军民:《行政体制、关系网络与基层公务员兼职》,《公共管理学报》,2015 年第 4 期。

79.吴月:《吸纳与控制:政府购买社会服务背后的逻辑》,《学术界》,2015 年第 6 期。

80.徐刚:《事业单位人员编制标准:取向、机制及策略》,《中国人民大学学报》,2010 年第 5 期。

81.徐刚:《事业单位人员编制标准:取向、机制及因应策略——兼论人员编外性问题的消解》,《理论与改革》,2010 年第 5 期。

82.徐刚:《"体制化"漠视:基层政府人员薪酬极化的组织行为分析——以广州市 P 区为例》,《公共管理学报》,2015 年第 4 期。

83.许凡:《元代的吏员出职制度》,《历史研究》,1984 年第 6 期。

84.阎步克:《品位与职位——传统官僚等级制度研究的一个新视角》,《史学月刊》,2001 年第 1 期。

85.燕继荣:《社区治理与社会资本投资——中国社区治理创新的理论解释》,《天津社会科学》,2010 年第 3 期。

86.杨善华、苏红:《从"代理型政权经营者"到"谋利型政权经营者"——向市场经济转型背景下的乡镇政权》,《社会学研究》,2002 年第 1 期。

87.杨雪冬:《近 30 年中国地方政府的改革与变化:治理的视角》,《社会科学》,2008 年第 12 期。

88.杨雪冬:《压力型体制:一个概念的简明史》,《社会科学》,2012 年第 11 期。

89.叶静:《地方软财政支出与基层治理——以编外人员扩张为例》,《社会学研究》,2016 年第 1 期。

90.于建嵘:《从刚性稳定到韧性稳定——关于中国社会秩序的一个分析框架》,《学习与探索》,2009 年第 5 期。

91.俞可平:《中国公民社会的兴起及其对政治生活的影响》,《学习时报》,2002 年 8 月 26 日。

92.岳云龙:《从传统管理到现代治理——事业单位改革的目标取向及路径选择》,《中国行政管理》,2008 年第 4 期。

93.张帆、薛澜:《弥合碎片化的政策设计:从提升专业性的角度深化公务员制度改革》,《中国行政管理》,2015 年第 12 期。

94.张光:《财政规模、编制改革和公务员规模的变动:基于对 1978— 2006 年的实证分析》,《政治学研究》,2008 年第 4 期。

95.张继良:《推进基层治理的十个理论问题》,《中国社会科学报》,2016 年 2 月 18 日。

96.张静:《中国社会治理:演变与危机》,《文化纵横》,2016 年第 5 期。

97.张康之:《超越官僚制:行政改革的方向》,《求索》,2001 年第 3 期。

98.张康之:《论政府的社会秩序供给》,《东南学术》,2001 年第 6 期。

99.赵毅:《明代吏员与吏治》,《史学月刊》,1987 年第 2 期。

100.郑崇明、倪星:《从官吏分途到科层内部市场化:次官僚与国家治理的有效性——以公安机关警务辅助力量为研究对象》,《领导科学论坛》,2016 年第 3 期。

101.周保明:《二十多年来中国古代吏制研究述略》,《中国史学动态》,2006年第11期。

102.周保明:《清代的地方吏役、地方政府与官僚政治》,《史林》,2007年第2期。

103.周飞舟:《锦标赛体制》,《社会学研究》,2009年第3期。

104.周黎安等:《"层层加码"与官员激励》,《世界经济文汇》,2015年第1期。

105.周黎安:《行政发包制》,《社会》,2014年第6期。

106.周黎安:《中国地方官员的晋升锦标赛模式研究》,《经济研究》,2007年第7期。

107.周平:《街道办事处的定位:城市社区政治的一个根本问题》,《政治学研究》,2001年第2期。

108.周雪光:《从官吏分途到层级分流:帝国逻辑下的中国官僚人事制度》,《社会》,2016年第1期。

109.周雪光:《从"黄宗羲定律"到帝国的逻辑:中国国家治理逻辑的历史线索》,《开放时代》,2014年第4期。

110.周雪光:《国家治理逻辑与中国官僚体制:一个韦伯理论视角》,《开放时代》,2013年第3期。

111.周雪光:《基层政府间的"共谋现象":一个政府行为的制度逻辑》,《社会学研究》,2008年第6期。

112.周雪光、练宏:《政府内部上下级部门间谈判的一个分析模型——以环境政策实施为例》,《中国社会科学》,2011年第5期。

113.周雪光、练宏:《中国政府的治理模式:一个"控制权"理论》,《社会学研究》,2012年第5期。

114.周雪光:《"逆向软预算约束":一个政府行为的组织分析》,《中国社会科学》,2005 年第 2 期。

115.周雪光:《权威体制与有效治理:当代中国国家治理的制度逻辑》,《开放时代》,2011 年第 10 期。

116.周雪光:《项目制:一个"控制权"理论视角》,《开放时代》,2015 年第 2 期。

117.周雪光:《运动型治理机制:中国国家治理的制度逻辑再思考》,《开放时代》,2012 年第 9 期。

118.周业安、赵晓男:《地方政府竞争模式研究——构建地方政府间良性竞争秩序的理论和政策分析》,《管理世界》,2002 年第 2 期。

119.朱光磊、李利平:《公务员占人口的适当比例问题刍议》,《中国行政管理》,2009 年第 9 期。

120.朱光磊、张东波:《中国政府官员规模问题研究》,《政治学研究》,2003 年第 3 期。

121.朱应皋、吴美华:《论政府规模扩张及其治理》,《江淮论坛》,2002 年第 4 期。

122.左然:《构建中国特色的现代事业制度——论事业单位改革方向、目标模式及路径选择》,《中国行政管理》,2009 年第 1 期。

(三)法律、法规、地方志、统计年鉴(报告)

1.《北京志·人事志》,北京出版社,2004 年。

2.《东莞统计年鉴 2013》,中国统计出版社,2013 年。

3.《东莞市志(1979—2000)》(中卷),广州人民出版社,2013 年。

4.《东莞统计年鉴 2014》,中国统计出版社,2014 年。

5.国务院办公厅:《中华人民共和国政府信息公开条例》,2007 年。

6.国务院:《地方各级人民政府机构设置和编制管理条例》,2007 年。

7.国务院:《关于机关事业单位工作人员养老保险制度改革的决定》,2015 年。

8.国务院:《事业单位及其工作人员依法参加社会保险,工作人员依法享受社会保险待遇》,2014 年。

9.《虹口年鉴(2015)》,上海社会科学院出版社,2015 年。

10.《虹口志》,上海社会科学院出版社,1999 年。

11.湖北省委办公厅、省政府办公厅:《湖北省机构编制政务信息公开办法(试行)》,2007 年。

12.湖北省委办公厅、省政府办公厅:《湖北省机构编制政务信息依申请公开办法(试行)》,2007 年。

13.《嘉定财政志》,学林出版社,2008 年。

14.《嘉定县志》,上海人民出版社,1992 年。

15.《马陆戬浜合志(1990—2007)》,学林出版社,2009 年。

16.《2015 年上海市嘉定区国民经济和社会发展统计公报》,2016 年 2 月。

17.宁委办:《南京市关于严格规范市级机关和事业单位编外人员管理的意见》,2013 年。

18.人力资源和社会保障部、民政部:《关于印发民政事业单位岗位设置管理指导意见的通知》,2008 年。

19.人事部:《事业单位岗位设置管理试行办法》,2006 年。

20.人事部:《事业单位公开招聘人员暂行规定》,2005 年。

21.《上海人事志》,上海社会科学院出版社,2010 年。

22.《上海市虹口区志(1994—2007)》,方志出版社,2011 年。

23.上海市人力资源和社会保障办公室:《社区工作者职业化薪酬体系指导意见(试行)》,2015 年。

24.上海市人民政府:《上海市行政机构设置与编制管理办法》,2013 年。

25.中共上海市委办公厅:《关于建设专业化社区工作者队伍的实施意见》,2015年。

26.中共上海市委、上海市人民政府:《中共上海市委上海市人民政府关于进一步创新社会治理加强基层建设的意见》,2014年。

27.《中共中央关于全面深化改革若干重大问题的决定》,2013年。

28.中共中央办公厅、国务院办公厅:《关于县以下机关建立公务员职务与职级并行制度的意见》,2015年。

29.中共中央办公厅、国务院办公厅:《行政执法类公务员管理规定(试行)》,2016年。

30.中共中央办公厅、国务院办公厅:《专业技术类公务员管理规定(试行)》,2016年。

31.中央编办:《关于加快推进机构编制实名制管理工作的通知》,2009年。

32.中央编办:《关于事业单位分类试点的意见》,2010年。

33.中组部:《党政领导干部辞职暂行规定》,2004年。

二、英文参考文献

1.Adam Przeworski and Fernando Limongi,Modernization:Theories and Facts,*World Politics*,Vol.49.No.2.1997.

2.Allen Carlson,Mary E.Gallagher,Kenneth Lieberthal and Melanie Manion,*Contemporary Chinese Politics:New Sources,Methods,and Field Strategies*,Cambridge University Press,2010.

3.Andrew Walder,*Zouping in Transition:The Process of Reform in Rural North China*,Cambridge Mass:Harvard University Press,1998.

4.Bai Chong-en and Wang, Yijiang,Bureaucratic control and the soft budget constraint, *Journal of Comparative Economics*, Vol.26.No.1.1998.

5.Bo Zhiyue, *Chinese provincial leaders:economic performance and political mobility, since1949*, Armonk, N.Y.:M.E.Sharpe, 2002.

6.Daniel Kaufmann, Aart Kraay, Eduardo Lora and Lant Pritchett, Growth without Governance, *Economía*, Vol.3.No.1.2002.

7.David Li, Insider Control and the Soft Budget Constraints:A Simple Theory, *Economics Letters*, Vol.61.No.3.1998.

8.David L.Wank, *The Institutional Process of Market Clientelism:Guanxi and Private Business in a South China City*, The China Quarterly, 1996.

9.D.M.Lampton, A Plum for a Peach:Bargaining, Interest, and Bureaucratic Politics in China, in Lieberthal K.and D.M.Lampton. eds. *Bureaucracy, Politics, and Decision −Making in Post −Mao China*, Berkeley:University of California Press, 1992.

10.Edin Maria, State Capacity and Local Agent Control in China:CCP Cadre Management from a Township Perspective, *China Quarterly*, Vol.173.No.173.2003.

11.Eric S.Maskin, Theories of the soft budget −constraint, *Japan and the World Economy*, Vol.8.No.2.1996.

12.G.Kenneth Lieberthal, *Governing China:from revolution through reform*, New York:Norton, 1995.

13.GP Brown, F Christiansen and Z Junzuo, Budgets, cadres and local state capacity in rural Jiangsu, in F.Christiansen and J.Zhang, eds. *Village Inc.:Chinese Rural Society in the 1990s*, Honolulu, HI:University of Hawaii Press, 1998.

14.G.Walder, *Local Government as Industrial Firms:an Organizational Analysis of China's Transitional Economy*, American of Sociology, 1995.

15.Janos Kornai, The Soft Budget Constraint, *Kyklos*, Vol.39.No.1.1986.

16.Jean C.Oi, The Role of the Local State in Chinas Transitional Economy, *The ChinaQuarterly*, Vol.144.1995.

17.John Gerring, *Case study research:Principles and Practices*, Cambridge University press, 2007.

18.Kang Xiaoguang and Han Heng, Administrative Absorption of Society:A Further Probe into the State–Society Relationship in Chinese Mainland, *Social Sciences in China*, Vol.28.No.2.2007.

19.Kautsky John H.Jul, Revolutionary and Managerial Elites in Moderniz- ing Regimes, *Comparative Politics*, Vol.1.No.4.1969.

20.Kevin.J, Lianjiang Li, Selective Policy Implementation in Rural China, *Comparative Politics*, Vol.31.No.2.1999.

21.K.Lieberthal and Michel Oksenberg, *Policy Making in China:Leaders, Structures, and Processes*, Princeton:Princeton University Press, 1988.

22.Landry Pierre F, *Controlling decentralization:The Party and local elites in post–Mao Jiangsu*, University of Michigan, Political Science, Ph.D.Disserta- tion, 2000.

23.Lan Shapiro, Rogers M.smith and Tarek E.Masoud, *Problems and Meth- ods in the Study of Politics*, Cambridge University Press, 2004.

24.Lazear Edward P, Rosen Sherwin, Rank–Order Tournaments as Optimum Labor Contracts, *Journal of Political Economy*, Vol.89.No.5.1981.

25.Li Cheng, *Rediscovering China:Dynamics and Dilemmas of Reform*, Lanham:Rowman, Littlefield, 1997.

26.LILY L. TSAI, Solidary Groups, Informal Accountability and Local Public Goods Provision in Rural China, *American Political Science Review*, Vol.101.

No.2.2007.

27.Lily L.Tsal,*Accountability without democracy*,New York:Cambridge U-niversity Press,2007.

28.Parson.T,*Sociological Theory and Modern Society*,New York:Free Press,1967.

29.Philip A Kuhn,Political Participation and the Chinese constitution:The Role of the West,*Chinese Historians*,Vol.5.No.2.1992.

30.Qingyi Qian,A Theory of Shortage in Socialist Economies Based on t he Soft Budget Constraint,*The American Economic Review*,Vol.84.No.1.1994.

31.Richard McKeon,*The Basic Works of Aristotle*,New York:Random House,1941.

32.R.K.Robert King Merton,*Bureaucratic Structure and Personality*,New York:Free Press,1952.

33.Robert D. Putnam,Bowling Alone:America's Declining Social Capital,*Journal of Democracy*,Vol.6.No.1.1995.

34.Rod Hague and Martin Harrop,*Polilitical Science:A Comparative In-troduction*(3rd Edition),New York:palgrave,2001.

35.Shiping Tang,*Order:A Conceptual Analysis*,Chin.Polit.Sci.Rev.,2016.

36.Shue.V,*The Reach of the State:Sketches of the Chinese Body Politic*,Stanford:Stanford Press,1998.

37.Todd Landman and Neil Robinson,*The SANE Handbook of Compara-tive Politics*,Sage Publications,2009.

38.Valerie Bryson,Georgina Blakeley,*Contemporary Political Concepts:A Critical Introduction*,London Sterling,Virginia:Pluto Press,2002.

39.Wildasin D E,*Externalities and Bailouts:Hard and Soft Budget Con-*

straints in Intergovernmental Fiscal Relations, Policy Research Working Paper, 1997.

40.Xiaobo Zhang, Shenggen Fan, Linxiu Zhang and Jikun Huang, Local Governance and Public Goods Provision in Rural China, *Journal of Public Economics*, Vol.12.No.88.2004.

41.Zang Xiaowei, *Elite dualism and leadership selection in China*, London, New York: Routledge Curzon, 2004.

42.Zhong Yang, *Local Government and Politics in China: Challenges from Below*, Armonk, NY; London: M.E.Sharpe, 2003.

43.Zhou xueguang, The Institutional Logic of Collusion among Local Governments in China, *Modern China*, Vol.36.No.1.2010.